처분론

처분론

방동희

KSi 한국학술정보㈜

Verwaltungsverfügung
(Administrative Action)

by

DONG-HEE, BANG, DR.JUR.

(Ph.D. in Public Law)

2010

Korean Studies Information Publishing Co.

Paju, Korea

서 문

I

우리나라는 행정소송에 있어서의 "취소소송 중심주의" 라는 특수한 행정법적 상황으로 인하여 행정소송법상 취소소송의 대상이 되는 '처분' 이 행정법관계상 권리구제의 제1차 관문 역할을 수행하고 있다. 소위 "'처분' 인 행정작용" 만이 취소소송 등을 통하여 통상의 행정소송절차로 진입할 수 있게 되는 것이다. 이 때문에 '처분' 개념에 대한 논의는 행정법관계에 있어서 국민의 권리구제의 확보 및 신장이라는 차원에서 행정소송법 개정 시 또는 개정논의 시 주요한 논의의 대상이 되었다. "취소소송 중심의 편협된 행정소송 구조" 下에서, 행정소송에 있어서 권리구제 및 행정통제의 공백을 극복하기 위하여 "'처분' 으로의 편입 - 즉 항고소송의 대상성 긍정 - 을 통한 국민의 권익구제 및 행정의 적법성 통제 확보" 라는 명제에 기반한 논의가 유력하게 주장되었다. 실제로 학계의 논의는 소위 '모든 행정작용의 처분성 긍정' 이라는 '처분성 확대' 논의와 이를 반대하는 논의가 대종을 이루었으며, 이는 '처분' 개념의 조작을 위하여 필수적 선결문제에 해당하는 행정소송의 기능 - 특히 취소소송의 성질 - 에 대한 논의를 동반시켰다. '처분' 개념에 대한 확대 논의는 폐쇄적인 우리 행정소송구조를 극복하기 위하여 제시된 획기적인 대안임은 분명하나, '처분' 개념 조작을 위한 과정에서 나타난 행정소송의 기능 - 특히 취소소송의 성질 - 등 에 대한 '원리 내지 이론' 적 논구는 우리가 디디고 서 있는 "실정법"과 "실체법적 행정법관계"의 중요성을 간과하게 한 것이 사실이다. 더불어 이론적 논구 과정에서의 해외 입법례 적용은 그 간 체계적으로 발전을 도모해 온 대한민국 행정법의 이론적 성과의 단절 가능성을 고려하지 못했다는 측면이 존재한다. 그리하여 본 서는 우리나라의 법제도 현실 - 실정법・행정법이론체계・행정환경 - 에 근간을 두어 '처분' 개념이 분석되고 개념화되어야 한다는 점을 기본시각으로 출발하였다. 이러한 문제의식 하에서 본 서는 우리나라의 공법체계 및 행정환경에 터 잡은 '처분' 개념 구성을 위한 지도원리 및 '처분' 개념의 정의를 모색하는 것을 연구의 목적으로 하였다. 그리고 이를 위하여 제헌헌법 이래로 명시된 헌법상 '처분' 개념, 제정행정소송법 이래로 명시된 행정소송법상 '처분' 개념, 판례상 나타난 '처분' 개념, 해외 선진국의 '처분'에 해당하는 실정법상 개념 및 변화하는 행정환경에서의 '처분' 개념을 분석・비판하는 방법론을 사용하였다.

이 책에서는 헌법 및 행정소송법의 해석, 판례의 비판, 해외 입법례 연구 및 행정환경변화의 고려를 통하여 '처분' 개념 구성을 위한 일반원칙 또는 지도원리 - 이 논문에서는 '모멘트'라 칭하였다 - 를 도출하였다. '처분' 개념 구성을 위한 모멘트는 총 6가지로 "(ㄱ) 처분과 명령・규칙의 분리 (ㄴ) 주관소송 및 형성소송의 성질을 가진 취소소송 (ㄷ) 행정작용체계론 - 행정의 행위형식 - 의 중시 (ㄹ) 행정소송에 있어서 소송제도의 완비 (ㅁ) 명확한 '처분' 개념 (ㅂ) '처분' 대상 판단 시 '권리의무 침해' 요건 판단의 배제"를 제시하였다.

상기 제시한 '처분' 개념 구성을 위한 '모멘트'에 근거하여 우리 공법체계 및 행정현실에 터 잡은 '처분' 개념은 '강학상 행정행위 - 실체법상 행정행위 - '를 의미하도록 다음과 같이 구성・도출하였다. '처분' 이란, "행정청이 구체적 사실에 관하여 외부적으로 직접적인 법적효과를 발생시키며 행하는 법집행으로서의 공권력 행사" 로 하였다. '처분' 에 대한 행정소송 유형으로는 '취소소송', '무효확인등소송' 및 '의무이행소송' 을 둘 것을 제안하였다.

'처분' 이라는 소송법상 개념은 실체법 관계에 터 잡은 도구적 개념이다. 물론, 실체법적 개념과 도구적 개념인 소송법적 개념사이의 연결고리가 끊어지고 없어지는 순간, 도구적 개념인 소송법적 개념은 실체법적 개념이 수행하는 역할을 보조적으로 또는 더 나아가 주도적으로 수행해야 만하는 상황에 직면할 수 있다. 그러나 그것은 어디까지나 임시방편의 일이다. 이제 50여년의 역사를 가진 우리나라 행정법학의 발전단계에 있어서, 지금이 명실상부 대한민국 행정법학, 더 나아가 대한민국 공법학에 터 잡아, '처분' 개념에 대한 논의를 활발하게 발현시키고 진전시켜 나가야 할 시기라고 생각한다.

Ⅱ

이 책이 나오기까지 많은 분들의 도움을 받았다. 지도교수님이신 홍정선 교수님께는 형언할 수 없는 감사를 올리며, 앞으로도 지도교수님의 모든 형상을 닮아가는 학자가 되도록 정진할 것을 다짐 드린다. 한국외국어대학교 법학전문대학원장님이신 김해룡 교수님, 연세대학교 법학전문대학원 김성수 교수님, 한견우 교수님, 최진수 교수님, 중앙대학교 법학전문대학원 김중권 교수님께 특별한 감사를 올린다. 교수님들께서는 우리나라 행정법학을 선도하시는 학자분들로서 이 책의 처음과 끝을 있게 해주신 분들이시다. 또한 이 책을 쓰는 과정 내내 생각에 생각을 거듭할 수 있게 해 주신 서울대학교 법학전문대학원 박정훈 교수님, 고려대학교 법과대학 교수님이셨던 고 류지태 교수님께도 심심한 감사를 올린다. 그 외에도 감히 존함을 열거할 수 없는 선구학자님들께 감사 올린다. 이 책을 작성하는 과정에서 물심양면으로 도움을 주신 한국정보화진흥원 이규정 박사님, 류석상 부장님, 박정은 부장님, 권웅기 부장님, 이영선 부장님, 황종성 단장님, 이정아 책임님, 김현경 선임님, 차재필 선임님께 감사올리며, 응원을 아끼지 않으시며 힘을 북돋아 주신 단국대학교 정준현 교수님, 지성우 교수님, 용인송담대학 박영철 교수님, 성균관대학교 김민호 교수님, 김일환 교수님, 경희대학교 박균성 교수님, 정완 교수님, 선문대학교 김재광 교수님, 홍익대학교 황찬근 교수님, 한양사이버대학교 양재모 교수님, 강릉원주대학교 고민수 교수님, 건국대학교 이현수 교수님, 한림대학교 안정민 교수님, 서강대학교 홍대식 교수님, 충남대학교 이철남 교수님, 경원대학교 최경진 교수님, 가톨릭대학교 이민영 교수님께도 감사를 올린다. 연세대학교 행정법 연구실의 선후배님께도 감사 올린다. 끝으로 국정쇄신과 국가선진화를 위해 불철주야 노력하시는 김황식 감사원장님, 정창영 사무총장님, 김용우 감사원 감사연구원장님, 박희정 감사원 감사연구원 연구부장님께도 감사를 올린다. 공직 입문 동기로서 동고동락하는 김난영 박사님, 유승현 박사님, 조형석 박사님께도 감사 올린다.

　사랑하는 할머니, 아버지, 어머니, 항상 인내하며 믿어준 사랑하는 아내와 이 세상에서 가장 소중한 사랑하고 이쁘고 아름다운 큰딸, 그리고 이제 막 세상에 나와 멋지게 세상을 포용해 나갈 사랑하는 멋지고 늠름한 둘째 아들에게도 감사함을 전하고 싶다. 이

책을 세상에 내주시는 데 기꺼이 도움을 주신 한국학술정보의 채종준 사장님, 기획부터 세세한 사항까지 신경을 써주신 문진현 님, 표지디자인에 많이 애를 써주신 양은정 님, 편집에 고생을 해주신 박재규 님께도 감사드린다.

2010년 4월
서초동 우거에서
방 동 희 씀

간 략 목 차

세 부 목 차

제1장 처분론의 의의

처분론의 목적

　행정소송법은 항고소송의 대상으로서 '처분' 개념을 전제로 하고 있다. 항고소송의 대상은 처분과 행정심판재결이다.(행정소송법 제3조 제1호, 제2조 제1항 제1호) 재결을 논외로 한다면, 국가의 행정작용 중 처분에 해당하는 것만이 항고소송 – 취소소송·무효확인소송·부작위위법확인소송 – 의 대상이 될 수 있다. 취소소송이 행정소송의 대종을 이루는 것이기 때문에 '처분' 개념은 행정에 대한 사법심사 및 권리구제의 범위를 결정짓고 이는 궁극적으로 행정부와 사법부의 관계를 결정짓는 중요한 요소가 된다.[1] 이와 같이 처분 개념은 우리나라 법질서의 근간을 이루는 요소 중의 하나이다.

　'처분' 개념에 대한 논의는 우리 행정소송법 개정의 역사와 함께 해 왔다. 1951년 제정된 행정소송법에는 직접적으로 '처분'에 대한 정의를 규정하지 않았으며, 법원의 해석에 의존하였다. 1984년 개정 행정소송법에서 '처분' 개념을 명시적으로 규정함으로써, 국민의 권익구제 확대를 도모하고자 하였다. 그러나, 취소소송중심주의의 문제상황과 더불어 우리 법원의 행정재판에 대한 소극적 태도로 인하여 실제적 효과는 크지 않았다. 2002년에 이르러, 대법원은 행정소송제도의 전근대성을 탈피하고, 행정소송의 실효성 확보와 소위 '현대형 행정'에 대한 권리구제의 실질화를 도모하기 위하여 행정소송법개정위원회를 구성하고 행정소송법 개정논의를 본격화

---

[1] 홍정선, 행정법원론(상), Rn.2431 (17판, 2009); 김남진·김연태, 행정법 I, p.647 (13판, 2009); 김성수, 일반행정법, p.10 (4판, 2008); 한견우, 현대행정법강의, p.943 (3판, 2008); 김해룡 "행정소송법개정에 대한 고찰", 공법연구 제34집 제3호, p.365, p.382 (한국공법학회 편, 2006); 김중권, "행정소송제도의 개편방향에 관한 소고", 공법연구 제31집 제3호, p.643, p.659(한국공법학회 편 2003)

하였다. 행정소송법 개정 논의는 행정소송의 기능 – 취소소송의 특성 등을 – 등을 감안하여 '처분' 개념을 새롭게 재구성하여야 한다는 주장과 현행의 '처분' 개념은 유지하되 소송유형의 확대를 도모해야 한다는 주장 등이 제시되었으나, 대법원은 '처분' 개념을 새롭게 재구성 하는 방향으로 의견을 모아 국회에 개정의견을 제출하였다[2]. 반면, 2007년에는 정부가 대법원의 개정의견과는 다르게 현행의 '처분' 개념을 변경하지 않고 행정소송법 전부개정안을 국회에 제안하였다.[3]

행정소송법 개정과 더불어 제안된 '처분' 개념에 관한 논쟁은 우리 행정소송제도를 선진화하는데 있어서 기여함이 있었음에도 불구하고 논의의 방법적 측면에서는 다소 쏠림현상이 존재하였음이 사실이다. 행정소송의 기능에 대한 논쟁 – 또는 취소소송의 성질 – 에 천착한 나머지 '이론 또는 원리적' 논의에 경도되어 '실정법' 과 '실체법적 행정법관계'를 도외시한 면이 없지 않으며, 비교법 또는 비교법 정책론적 견지에서 반드시 더 우월하다고만 볼 수 없는 해외 제도의 의존으로 그간 체계적으로 발전을 도모해 온 대한민국 행정법 이론의 성과의 단절 가능성을 고려하지 못했다는 측면이 존재한다.

그리하여 본 서는 '처분' 개념 논의의 소용돌이 가운데 우리나라의 법제도 현실에 근간을 둔 '처분' 개념을 분석하고 개념화함에 목적을 두고자 한다. 제헌헌법 이래로 명시된 헌법상 '처분' 개념

---

2) 대법원은 동 논의의 결과를 제17대 국회에 「행정소송법 개정의견(의안번호 ZZ1816)」으로 제출하였다. 대법원, 행정소송법 개정의견, 2006. 9.(2010. 4. 30. 최종방문)
〈http://likms.assembly.go.kr/bill/jsp/BillDetail.jsp?bill_id=036714〉

3) 정부, 행정소송법 전부개정법률안(의안번호 177827), 2007.11.19.(2010. 4. 30. 최종방문)
〈http://likms.assembly.go.kr/bill/jsp/BillDetail.jsp?bill_id=PRC_V0K7Q1X1T1X9–F1G4W4I1A4G0Q8X1K7〉

대한 분석을 통해 행정소송법상 '처분' 개념의 모멘텀을 찾고, 그간의 행정소송법상 '처분' 개념에 관한 논쟁을 정리·비판하며, 우리 법원의 '처분' 개념 해석상 문제를 밝히고자 한다. 또한, 우리 행정소송법의 원류인 독일·프랑스의 행정소송제도를 해당 국가의 행정연혁 및 배경과 더불어 검토함으로써 비교법정책론적 측면에서 '처분' 개념 도출시 유의할 점과 그 외 해외 선진국 – 영·미·일 – 의 '처분' 개념에 대한 경향과 시사점을 살피고자 한다. 특히 최근 일본의 행정소송법 개정은 유사한 법제·행정 환경에서 우리나라에 미치는 영향이 작지 않다고 할 것이다.

우리나라의 법제도 현실에 터 잡은 '처분' 개념의 구성은 우리의 법치국가실현에 있어서 극히 중대한 의미를 갖는 일이다. 본 서에서는 '처분' 개념에 관한 우리 실정법, 판례 및 해외제도의 분석 결과를 바탕으로 새로운 '처분' 개념 구성에 있어서 그 원칙이 될 요소를 추출하였고, 끝으로 추출한 원칙 요소를 바탕으로 우리나라의 행정법 환경에 적합한 '처분'에 대한 새로운 '개념'을 미약하나마 제시함으로써 입법론에 갈음하였다.

처분론의 방법

　본 서에서는 '처분' 개념과 도출을 위하여 실정법 – 헌법 및 행정소송법 – 의 관련 조항을 해석하는 해석론, '처분' 개념과 관련된 해외 법제도를 고찰하는 비교법 연구, '처분' 개념의 새로운 대안을 제시하는 입법론을 병행하였다. 해석론에 있어서는 헌법상 '처분' 이라는 용어를 명시하는 조항의 체계적 의미를 분석하였으며, 그 이후에 '처분' 개념에 관한 헌법상 지도원리를 도출 하는 순으로 논의를 전개하였다. 즉, '처분' 이라는 용어만 열거하였지, 그 의미에 대해서는 '헌법'이 직접 정의하는 바가 없으므로, 헌법과 행정법을 연결 – 架橋의 의미 – 하는 대원칙인 법치주의원리 – 기본권 보장, 권력분립, 사법적구제의 완비 등 – 를 토대로 '처분'이 가지는 헌법적 의미 관련성을 탐색하였다. 행정소송법상 '처분' 개념의 해석에 관해서는 신·구 행정소송법을 대비하였으며, 판례의 입장을 기술하고 이에 대하여 비판론을 제시하였다. 특히 현행 행정소송법의 '처분' 개념의 해석과 관련해서 이를 확대하여 해석하려는 이론 구성에 대하여 설시하고 비판하였다. 이 가운데, '처분' 을 다투는 항고소송의 성격 – 취소소송의 성질 – 및 유형 – 무명항고소송의 가능성 – 에 대한 논의가 병행되었다. 주지하다시피, '처분' 개념의 귀결은 행정소송의 양대 축인 국민의 권익구제와 행정의 적법성 보장에 있다. 즉 '처분' 개념에 대한 논의는 '처분' 의로의 포섭 및 이에 대한 사법적 구제를 전제하는 바 항고소송의 유형에 대한 논의는 필수적이다.

　해외 제도의 소개에 있어서는 해당 국가의 행정법의 연혁과 특성 등 행정법적 현실을 충분히 검토한 뒤, 행정소송관계법상 '처분' – 또는 '행정행위', '결정' – 개념을 분석하였다. 비교법 연구에 있어서 함정 – 해당 국가의 전체 행정법 체계를 보지 못하고 하나의 개별적인 제도를 전부인양 판단하는 것 – 에 빠지지 않도록 특별히 유의하였다. 우리나라에서도 어느덧 50년간 – 1980년대부터 본격적으로 – 판례가 상당수 축적되고 재판실무도 정착됨으로써 우리 나름의 독자적인 행정소송 체계를 갖추었다고 할 수 있다[4]. 이러한 상황에서 이제 종래의 한 나라에만 편향된 비교법적 연구에서 탈피하여 다원적이고 주체적인 법비교를 통해 그 동안 우리가 발전시켜온 행정소송제도의 현황과 위치를 확인하고 그 개선방향을 모색해야 할 때이다.[5] 특히 '프랑스'의 제도를 설명함에 있어서는 '프랑스' 고유의 특별한 행정환경에 더욱 중점을 두었으며, 최근 일본의 행정사건소송법의 개정과 관련해서도 기술하였다.

'처분' 개념에 대한 입법론은 헌법 및 행정소송법의 해석론, 판례의 비판 및 해외입법례가 각각 시사하는 '처분' 개념 구성의 일반 원칙 – 본 서에서는 '모멘트' 라 칭함 – 을 도출하고 '처분' 개념 구성을 시도하였다. 새로운 '처분' 개념을 바탕으로 항고소송의 유형을 제안하였다. 끝으로, 대법원의 행정소송법 개정의견(2006) 및 법무부의 행정소송법 전부개정안(2007)에 대하여 비판론을 제시하였다.

'처분' 에 대한 논의는 행정법의 시작이자 끝이다. '처분' 을 소

---

4) '행정법'은 1980년대 이후 일반행정법에 관한 판례가 축적되어 있어 이를 근거로 반드시 법률의 근거를 전제하지 않는 독자적 체계가 구축되어 있다는 점에서 독일의 행정법에 상응하다고 할 수 있지만, 개별 행정영역에 관해서는 독일의 특별행정법에 비견할 만한 포괄적 체계가 아직 없다고 할 수 있다.
5) 김동희, "새 천년의 행정법학의 발전방향 및 현안문제", 제49권 제1호, p.224, pp.224 – 229 참조 (법조협회 편, 2000)

구하는 행정소송의 방식인 항고소송’의 관계성으로 인하여 ‘처분’에서 배제 되는 개념 또는 소위 ‘항고소송’ 이외의 행정소송의 유형에 대해서는 입체적 논의가 필요로 하는 부분에서만 약하여 논하였다. 즉, ‘처분’ 개념에 대한 성공적 논의의 필요조건은 ‘처분’개념에 포섭되지 못한 행정작용에 대한 소구방식이 완비되어 있고 원활히 운용되는 환경일 것이다.

제2장 '처분'의 개념

제1절 헌법상 '처분'의 개념

일찍이 Otto Mayer는 "헌법의 역할은 행정법에게 법규를 제공하는 법률의 수단(Mittel des Rechtssätze lieferenden Gesetzes)"이라고 역설한 바 있으며, 법치국가는 "잘 정돈된 행정법의 국가"(Staat des wohlgeordneten Verwaltungsrechts)로서, 헌법의 역할은 이러한 행정법에게 "법명제를 부여하는 법률이라는 수단"(Mittel des Rechtssätze lieferenden Gesetzes)을 제공한다고 하였다.[1] 또한 독일 연방행정재판소장이었던 Fritz Werner는 "헌법의 구체화법으로서의 행정법"(Verwaltungsrecht als konkretisiertes Verfassungsrecht)이라고 하였다.[2] "행정법은 헌법의 구체화법"이라는 말은 이를 뒤집어 보면, "헌법은 이제 행정법의 실효적 法源의 하나가 되었다"라는 의미이다[3]. 이러한 관점에서, 오늘날 행정법적 판단에서 필수적으로 원용되는 기본권과 헌법원리, 특히 평등권과 직업선택의 자유 등은 헌법으로서 행정법 영역에 적용되는 것이 아니라 바로 행정법의 일부분을 이루는 것이다[4].

우리나라의 경우는 1970년대 후반 내지 1980년대 초반부터 전후

---

1) Mayer, Deutsches Verwaltungsrecht. Ed. 1. 3. Aufl.. 1923, S. 58.

2) Werner, Fritz, "Verwaltungsrecht als konkretisiertes Verfassungsrecht", DVBl, 1959, S. 527.

3) 헌법은 행정법의 최상위의 법원이 되며, 양 규범간 충돌시 헌법이 우선하게 된다. 홍정선 (2009). Rn.118.

4) 헌법과 행정법은 규율대상, 규율의 척도인 규범, 규율의 원리인 이념 그리고 규율의 강제력 실현을 위한 재판절차 면에서는 여전히 서로 상이하다. 이에 대해서, 헌법과 행정법은 행정권을 규율하는 관계에서는 동일한 대상을 규율한다는 점에서 본질상 규율척도·규율원리·재판절차의 면에서도 궁극적으로 합치되어야 함을 주장하는 학자도 있다. 박정훈. "헌법과 행정법 – 행정소송과 헌법소송의 관계", 법학 제39권 제4호, p.81, pp.81~105 참조 (서울대학교 법학연구소 편, 2003a)

독일의 행정법 이론이 소개되면서 헌법의 구체화법으로서의 행정법이 강조되고 종래 조리로 파악되어 오던 비례원칙, 신뢰보호원칙, 평등원칙, 부당결부금지원칙 등이 이제는 헌법원리로 이해되기 시작하였다. 법률에 적합하게 내려진 과세처분을 신뢰보호원칙 위반을 이유로 위법한 것으로 판시한 대판 1980.6.10. 80누6 전원합의체 판결을 특기 할 수 있다.[5] 그리하여 행정조직에 관한 헌법 규정뿐만 아니라 기본권 규정 기타 헌법원리를 전혀 주저함이 없이 행정법의 최고 법원으로 인정하게 된 것이다. 이는 곧 행정소송에 있어 사법심사의 척도로서 헌법상 기본권 규정들이 점차 중요성을 갖게 되었음을 의미한다.

1948년 제정헌법은 '처분'이라는 문구를 법문안에 명시하고 있다. 헌법에서 명시하고 있는 '처분' 개념의 의미를 밝히는 것은 그 후 1951년에 제정된 행정소송법상 '처분' 개념의 의미를 밝히는데 분명 실마리를 가져다 줄 수 있다. 이는 헌법은 국가의 기본법으로서 국가의 통치조직과 통치작용의 원리를 정하고 국민의 기본권을 보장하는 최고법인 점[6], 우리 헌법이 헌법보장의 수단으로 위헌법률심사제를 두고 있다는 점[7], 행정법은 헌법의 구체화법(Verwaltungsrecht als konkretisiertes Verfassungsrecht)인 점[8] 등 내용상으로 국가공동

---

5) 이 판결에 관해 특히, 김도창, "행정법상의 신뢰보호원칙", 牧村김도창박사논문집, p. 580 p.580 – 593 참조, (1983).

6) 헌법재판소는 "헌법은 국민적 합의에 의해 제정된 국민생활의 최고도덕규범이며 정치생활의 가치규범으로서 정치와 사회질서의 지침을 제공하고 있기 때문에 민주사회에서는 헌법의 규범을 준수하고 그 권위를 보존하는 것을 기본으로 한다"고 판시하고 있다. 헌법재판소 1989 .9 .8. 선고 88헌가6 판결 (헌집1, 199)

7) 위헌법률심사제는 입법부의 위헌법률제정에 대항하여 헌법을 보장하는 사법적 수단으로서 중요시되고 있다. 위헌법률심사제란 법률이 그 상위규범인 헌법에 합치하는가 여부를 사법부 내지 특별한 재판기관이 심사하여, 헌법에 위배된다고 생각하는 경우에 그 효력을 상실케 하거나 그 법률의 적용을 거부하는 제도를 말한다. 김철수, 헌법학개론, p.72 (19전정신판, 2007).

8) Fritz Werner, DVBl. 1959, S. 527ff.

체의 기본문제를 규율하는 헌법은 스스로 행정에 관해 직접·간접으로 규정하는 바, 그 범위에서 행정법의 법원이 되기 때문이다[9].

따라서 본 절에서는 헌법상 '처분' 개념의 의미를 헌법 개정과 관련하여 밝히고, '처분' 개념 구성에 있어서 헌법이 주는 메시지 - 헌법상 지도원리 - 는 과연 무엇인가에 관한 물음에 조금이나마 답을 제시할 수 있도록 하고자 한다.

I. 헌법과 '처분' 개념

1. 도입

대한민국 헌법은 제헌헌법 이래로 총 9차에 걸쳐 개정이 이루어졌으며, 제6공화국에 이르러 있다. 제헌헌법상 '처분'이라는 문구는 제57조 대통령의 '긴급재정경제명령·처분권[10]', 제72조 '국무회의 의결사항[11]' 제80조 '법관의 신분보장[12]' 제81조 대법원의 '명령·규칙·처분 심사권[13]'에 명시되어 있다[14]. 제헌헌법 제57

---

9) 헌법은 실정법상 모든 법현상에 대한 효력의 근거이기 때문에 헌법은 행정법의 최상위의 법원이 된다. 따라서 양 규범간의 충돌시 헌법이 우선하게 된다. 홍정선 (2009), Rn.118.

10) 제헌헌법 제57조 「내우, 외환, 천재, 지변 또는 중대한 재정, 경제상의 위기에 제하여 공공의 안녕질서를 유지하기 위하여 긴급한 조치를 할 필요가 있는 때에는 대통령은 국회의 집회를 기다릴 여유가 없는 경우에 한하여 법률의 효력을 가진 명령을 발하거나 또는 재정상 필요한 처분을 할 수 있다.
전항의 명령 또는 처분은 지체없이 국회에 보고하여 승인을 얻어야 한다.
만일 국회의 승인을 얻지 못한 때에는 그때부터 효력을 상실하며 대통령은 지체없이 차를 공포하여야 한다.」

11) 제헌헌법 제72조 「좌의 사항은 국무회의의 의결을 경하여야한다.
1 - 3〈생략〉
4. 예산안, 결산안, 재정상의 긴급처분안, 예비비지출에 관한 사항
5 - 13〈생략〉」

12) 제헌헌법 제80조 「법관은 탄핵, 형벌 또는 징계처분에 의하지 아니하고는 파면, 정직 또는 감봉되지 아니한다.」

조 및 제72조는 국가비상상황 시 긴급재정ㆍ경제상처분권의 발령 권한 및 절차를 규정하는 조항이며, 동 헌법 제80조는 법원의 징계 처분으로 인한 법관의 신분보장에 관한 사항을 정한 것이다. 결국 본 서가 관여하는 행정소송의 대상으로서 '처분'의 통제와 관련을 맺는 조항은 제81조 '대법원의 명령ㆍ규칙ㆍ처분 심사권'이다. 아래에서는 제헌헌법 제81조 및 동조에 해당하는 개정헌법상 조항이 정하는 '처분' 개념의 의미를 분석하기로 한다.

제헌헌법 제81조는 제9차의 헌법개정을 거치는 동안 문구상 변화가 있었다. 가장 큰 변화는 1962년 제5차 개정시 "명령ㆍ규칙ㆍ처분이 헌법이나 법률에 위반되는 여부가 재판의 전제가 된 때에는 대법원은 이를 최종적으로 심사할 권한을 가진다(제5차개정 헌법 제102조 제2항)"라고 하여 "재판의 전제가 된 때"라는 문구가 추가된 점이다. 또한 1987년 현행 9차 개정 헌법에서는 "명령ㆍ규칙ㆍ처분"이 "명령ㆍ규칙 또는 처분"으로 변경되었다[15]. 따라서,

---

13) 제헌헌법 제81조 「대법원은 법률의 정하는 바에 의하여 명령, 규칙과 처분이 헌법과 법률에 위반되는 여부를 최종 적으로 심사할 권한이 있다.
법률이 헌법에 위반되는 여부가 재판의 전제가 되는 때에는 법원은 헌법위원회에 제청하여 그 결정에 의하여 재판한다.
헌법위원회는 부통령을 위원장으로 하고 대법관 5인과 국회의원 5인의 위원으로 구성한다. 헌법위원회에서 위헌결정을 할 때에는 위원 3분지 2이상의 찬성이 있어야 한다.헌법위원회의 조직과 절차는 법률로써 정한다.」

14) 제헌헌법상 동 조항들은 헌법개정 과정을 거치면서 현행 제9차 개정헌법에도 그 내용이 유지되고 있다. 현행헌법 제76조(긴급재정ㆍ경제처분권, 긴급명령권), 제89조(국무회의심의사항), 제106조(법관의 신분보장)이 그것이다. 현행 헌법상 '처분'이라는 문구가 포함된 기타 조항으로는 제12조(신체의자유), 제28조(형사보상청구권), 제46조(국회의원의 의무), 제64조(국회의자율권 및 징계)가 있으나 역시 행정소송법상 '처분' 개념의 의미를 탐구함에 있어서는 직접 관련성이 없다.

15) 제헌헌법 제81조의 개정과정&은 다음과 같다.
대한민국헌법[제정 1948.7.17 헌법 제1호]제81조 대법원은 법률의 정하는 바에 의하여 명령, 규칙과 처분이 헌법과 법률에 위반되는 여부를 최종적으로 심사할 권한이 있다.
법률이 헌법에 위반되는 여부가 재판의 전제가 되는 때에는 법원은 헌법위원회에 제청하여 그 결정에 의하여 재판한다.
헌법위원회는 부통령을 위원장으로 하고 대법관 5인과 국회의원 5인의 위원으로 구성한다.

헌법위원회에서 위헌결정을 할 때에는 우원 3분지 2이상의 찬성이 있어야 한다.

헌법위원회의 조직과 절차는 법률로써 졍한다.

대한민국헌법[일부개정 1952.7.7 헌법 제2호]제81조 대법원은 법률의 정하는 바에 의하여 명령규칙과 처분이 헌법과 법률에 위반도는 여부를 최종적으로 심사할 권한이 있다.

법률이 헌법에 위반되는 여부가 재판의 전제가 되는 때에는 법원은 헌법위원회에 제청하여 그 결정에 의하여 재판한다.헌법위원회는 부통령을 위원장으로 하고 대법관 5인 민의원의원 3인과 참의원의원 2인의 위원으로 구성한다.

헌법위원회에서 위헌결정을 할 때에는 위원 3분지 2이상의 찬성이 있어야 한다.

헌법위원회의 조직과 절차는 법률로써 졍한다.

대한민국헌법[일부개정 1954.11.29 헌법 제3호]제81조 대법원은 법률의 정하는 바에 의하여 명령규칙과 처분이 헌법과 법률에 위반되는 여부를 최종적으로 심사할 권한이 있다.

법률이 헌법에 위반되는 여부가 재판의 전제가 되는 때에는 법원은 헌법위원회에 제청하여 그 결정에 의하여 재판한다.헌법위원회는 부통령을 위원장으로 하고 대법관 5인 민의원의원 3인과 참의원의원 2인의 위원으로 구성한다.

헌법위원회에서 위헌결정을 할 때에는 위원 3분지 2이상의 찬성이 있어야 한다.

헌법위원회의 조직과 절차는 법률로써 정한다.

대한민국헌법[일부개정 1960.6.15 헌법 제4호]제81조 ①대법원은 법률의 정하는 바에 의하여 명령규칙과 처분이 헌법과 법률에 위반되는 여부를 최종적으로 심사할 권한이 있다.

②삭제〈1960.6.15〉

③삭제〈1960.6.15〉

④삭제〈1960.6.15〉

⑤삭제〈1960.6.15〉

제83조의3 헌법재판소는 다음 각호의 사항을 관장한다.

1. 법률의 위헌여부 심사

2. 헌법에 관한 최종적 해석

3. 국가기관간의 권한쟁의

4. 정당의 해산

5. 탄핵재판

6. 대통령, 대법원장과 대법관의 선거에 관한 소송

[본조신설 1960.6.15]

대한민국헌법[일부개정 1960.11.29 헌법 제5호]제81조 ①대법원은 법률의 정하는 바에 의하여 명령규칙과 처분이 헌법과 법률에 위반되는 여부를 최종적으로 심사할 권한이 있다.

②삭제〈1960.6.15〉

③삭제〈1960.6.15〉

④삭제〈1960.6.15〉

⑤삭제〈1960.6.15〉

대한민국헌법[전부개정 1962.12.26 헌법 제6호]제102조 ①법률이 헌법에 위반되는 여부가 재판의 전제가 된 때에는 대법원은 이를 최종적으로 심사할 권한을 가진다.

②명령·규칙·처분이 헌법이나 법률에 위반되는 여부가 재판의 전제가 된 때에는 대법원은 이를 최종적으로 심사할 권한을 가진다.

대한민국헌법[일부개정 1969.10.21 헌법 제7호]제102조 ①법률이 헌법에 위반되는 여부가 재판의 전제가 된 때에는 대법원은 이를 최종적으로 심사할 권한을 가진다.

②명령·규칙·처분이 헌법이나 법률에 위반되는 여부가 재판의 전제가 된 때에는 대법원은 이를 최종적으로 심사할 권한을 가진다.

역대헌법에 관한 기술에서는 제헌헌법과 1962년 제5차 개정헌법을 나눠서 고찰하고, 현행 헌법은 항을 달리하여 살피기로 한다.

2. 역대헌법상 '처분' 개념

(1) 제헌헌법상 '처분' 개념

1) 처분과 명령·규칙의 구별

제헌헌법 제81조 제1항의 명령·규칙·처분 심사권은 우리 헌법상 명령과 규칙과 처분을 구분하고 있음을 시사해 준다. 명령, 규칙 및 처분의 열거적 나열은 헌법상 명령, 규칙과 처분이 혼합될 수 없음을 의미한다. 본 조항은 열거적 표현은 현행 헌법에도 유지되고 있다. 이는 후술하게 될 현행 행정소송법의 '처분' 개념의 확대해석 논의와 관련하여 중요한 헌법적 한계가 존재하고 있음을 제시한다고 할 수 있다.

명령·규칙과 처분의 구별에 대해서는 당시 헌법학자 박일경 교

대한민국헌법[전부개정 1972.12.27 헌법 제8호]제105조 ①법률이 헌법에 위반되는 여부가 재판의 전제가 된 때에는 법원은 헌법위원회에 제청하여 그 결정에 의하여 재판한다.
②명령·규칙·처분이 헌법이나 법률에 위반되는 여부가 재판의 전제가 된 때에는 대법원은 이를 최종적으로 심사할 권한을 가진다.
대한민국헌법[전문개정 1980.10.27 헌법 제9호]제108조 ①법률이 헌법에 위반되는 여부가 재판의 전제가 된 경우에 법원은 법률이 헌법에 위반되는 것으로 인정할 때에는 헌법위원회에 제청하여 그 결정에 의하여 재판한다.
②명령·규칙·처분이 헌법이나 법률에 위반되는 여부가 재판의 전제가 된 경우에는 대법원은 이를 최종적으로 심사할 권한을 가진다.
③재판의 전심절차로서 행정심판을 할 수 있다. 행정심판의 절차는 법률로 정하되, 사법절차가 준용되어야 한다.
대한민국헌법[전부개정 1987.10.29 헌법 제10호]제107조 ①법률이 헌법에 위반되는 여부가 재판의 전제가 된 경우에는 법원은 헌법재판소에 제청하여 그 심판에 의하여 재판한다.
②명령·규칙 또는 처분이 헌법이나 법률에 위반되는 여부가 재판의 전제가 된 경우에는 대법원은 이를 최종적으로 심사할 권한을 가진다.
③재판의 전심절차로서 행정심판을 할 수 있다. 행정심판의 절차는 법률로 정하되, 사법절차가 준용되어야 한다.

수도 1957년 발간한 「헌법요론」에서 우리 헌법이 명령, 규칙과 행정처분을 구분되는 相異한 것으로 보고 있다고 지적하고 있다.

헌법 제81조 제1항은 대법원은 법률의 정하는 바에 의하여 명령 규칙이 헌법과 법률에 위반되는 여부를 최종적으로 심사할 권한이 있다고 규정하여 대법원의 명령 및 규칙에 대한 최종적인 형식적·실질적 심사권을 인정하고 있다. 그리고 대법원의 본조 본항에 의한 권한의 행사에도 법리상 법률의 제정을 필요로 한다. 그런데 이에 관하여 문제되는 것은 명령 심사 그 자체를 위한 법률의 제정이 없는 현재에도 법원이 현행법인 행정소송법에 의하여 일정한 범위 내에서 명령심사권을 행사할 수 있느냐의 문제이다. 이에 관하여 김도창 교수[16]는 행정청의 입법행위 또는 공고 등 일반처분도 그것이 직접 개인의 권리이익을 침해하는 것일 때에는 행정처분으로서 행정소송법의 대상이 된다고 주장하고 대법원의 판례[17]도 이와 같은 취지이다. 그러나 이러한 견해는 현행법 해석상 무리가 아닐까 생각한다. 그 이유는 첫째로 헌법은 명령, 규칙과 처분이라고 규정하고 있는데 이는 헌법이 명령, 규칙과 행정처분을 구분되는 相異한 것으로 보고 있다고 해석된다. 둘째로 판례도 인정하는 바와 같이 명령, 규칙은 법령의 효력을 가진 것으로서 행정소송법상 행정처분이라 볼 수 없다고 해석함이 타당하다. 셋째로 이 견해의 주장하는 바와 같이 법규명령으로서의 명령, 규칙이 직접 개인의 권리를 침해할 경우를 가정할 때에도, 그 법상의 효과는 개인의 공법(헌법 내지 행정법)상의 권리의 침해의 면뿐 아니라 개인의 민사상의 권리의 침해 내지 형사상의 책임의 면을 가지는 것이 일반적일 것이다. 그런데 행정소송은 오로지 그 행정법상 내지 공법상의 효과에만 관련성을 가지는 것이니 법규명령은 명령, 규칙으로서 행정소송의 대상이 되는데 그치는 것은 극소수의 예외에 불과할 것이다. 대법원 기타 법원이 명령규칙심사권을 행사하여 명령 규칙을 취소하고 그를 무효로 할 수 있게 하기 위하여는 새로운 법률의 제정이 필요하다고 생각되며, 또 이러한 법률은 무엇보다도 명령규칙의 효력에 관한 법원의 판결의 통일성을 기할 수 있는 방책을 강구하여야 할 것이다. 그러나 법원은 재판에 대하여 그가 헌법 또는 법률에 위반된다고 생각하는 명령 규칙을 그대로 적용하여야

16) 김도창, 행정법론(상), p.333 (1958)
17) 대판 1954. 8. 19. 4286행상37 (집1(4)행.034)

한다고 볼 수 없음은 전술한 바와 같으므로 이 경우에는 법원은 그 명령 규칙의 적용을 거부할 수 있다고 보아야 할 것이다. 그러나 그를 취소하여 무효로 할 수는 없을 것이다.[18]

'처분' 개념의 해석과 관련하여 행정법학자인 김도창 교수는 1958년 발간한 「행정법론(상)」에서 "행정청의 입법행위 또는 공고 등 일반 처분도 그것이 직접 개인의 권리이익을 침해하는 것일 때에는 행정 처분으로서 행정소송법의 대상이 된다"고 주장함으로써 행정소송법 상의 '처분' 개념 안에 명령·규칙이 포함된다고 설시하였다. 즉, 행정소송법상 '처분' 개념과 헌법상 '처분' 개념을 별개로 판단 - 행정소송법상 '처분'은 침해의 직접성이 인정되면 성립한다 - 한 결과이다. 이에 대해서는 제헌 당시 헌법과 행정법의 생성모델의 차이 - 헌법은 통치구조 위주로, 행정법은 행정의 법률적합성을 판단하는 모델 - 등 헌법과 행정법의 완전 합치가 어려웠던 시대적 상황[19]에서 기인한 결과로 판단된다. 이에 대한 자세한 논의는 현행 헌법상 '처분' 개념의 의미를 밝히는 항에서, "행정소송법 즉 행정재판의 근거로 현행 헌법 제107조 제2항을 볼 수 있는가 관한 논의"를 통해 자세히 다루기로 한다[20].

2) 위법한 '행정처분'에 대한 "사법적 구제"의 완비

제헌헌법은 '대법원은 법률의 정하는 바에 의하여 명령, 규칙과 처분이 헌법과 법률에 위반되는 여부를 최종적으로 심사할 권한이

---

18) 박일경, 헌법요론, p.388 (1957).

19) 박정훈 교수는 헌법과 행정법의 합치가 어려웠던 이유를 우리나라의 법치주의 생성·발전과정 즉, 헌법은 통치구조, 행정법은 행정의 적합성 보장에 주안점을 둔 것에 비롯되었다고 지적하면서, 그로 인하여 국가권력에 대한 법적 구속은 법률의 단계에서 실현되었고 헌법차원까지는 확대되지 못했다고 한다. 박정훈, (2003a) p.96.

20) 제2장 제1절 Ⅰ. 3. (2) 참조.

있다(제81조)'라고 하여 대법원의 명령·규칙·처분 심사권을 재판의 전제성과 무관하게 직접 인정하였다[21]. 대법원의 '처분' 심사에 관한 직접적 실질적 권한을 명백히 규정한 것이다. 이 규정은 대법원이 법률의 정하는 바에 의하여 모든 명령, 규칙과 처분이 헌법과 법률에 위반되는지 여부를 최종적으로 심사할 권한이 있는 것을 규정한 것으로, 본 규정의 핵심은 행정처분을 주로 하는 국가의 처분행위를 법원이 심사할 수 있다는 점에 있다. 더 나아가 본 규정의 해석과 관련하여 유진오 교수는 '처분' 개념을 직접적으로 정의하고 있지는 않지만, 처분개념의 해석과 관련해서는 과거의 일본에서는 행정소송사항을 법률에 열거한 것에 제한하였었기 때문에 법률에 열거되지 아니한 사항에 관하여는 위법한 행정처분에 의하여 권리를 침해받은 경우에도 국민은 출소할 방도가 없었던 것이지만 그렇게 하여서는 국민의 권리가 보호된다 할 수 없으므로 우리나라에 있어서는 행정소송사항을 특별히 제한하지 않고 위법한 행정처분에 대하여서는 "전면적으로 소송을 제기"할 수 있도록 하였다고 하면서 국민의 기본권 보장을 위하여 "위법한 처분"에 대해서는 국민에 대한 폭넓은 권리구제방도 – 행정소송 – 가 강구되어야 함을 강조하였다.[22]

---

21) 유진오 교수는 『헌법기초회고록』의 '대한민국헌법 제안이유 설명'에서 제81조의 취지에 대하여 다음과 같이 설명하고 있다. "제80조에서 주목할 점은 제80조 제1항은 행정소송에 대해서 대륙식 특별재판소제를 취하지 않고 영미식 제도를 취해본 것입니다. 종래의 불란서라든가 이러한 구라파대륙에서는 행정권의 처분에 관해서 그 불법을 주장하는 사람이 있다고 하더라도, 보통재판소에 소송을 제기하지 못하고 행정재판소라는 특별한 기관을 통해서만 할 수 있게 되어 있던 것입니다. 그러나 이렇게 행정권의 처분에 관한 소송을 행정권 자신에게 맡기는 것은 국민의 자유와 권리를 보장하는 의미에 있어서 적당치 아니하다고 해서 법률의 정하는 바에 의하여, 명령, 규칙, 처분 그런 것이 헌법과 법률에 위반되는 경우에는 보통재판소에다가 소송을 제기할 수 있다고 이렇게 한 것입니다." 유진오, 헌법기초회고록, pp.242 – 243 (1981).

22) 유진오, 헌법해의, p.248 (1952)

당시 헌법학자 유진오 교수의 헌법상 '처분' 개념의 해석 기준은 제헌자의 '처분'에 관한 헌법적 지침을 제공해 주는 바[23), 그 의미가 크다. 이하는 유진오 교수가 1949년 발간한 「헌법해의」 중 "'위법한 처분'에 있어서 '사법적 권리구제'의 중요성'을 강조한" 대목이다.

> 제헌헌법 제81조 제1항은 대법원이 법률이 정하는 바에 의하여 모든 명령, 규칙과 처분이 헌법과 법률에 위반되는가 안되는가를 최종적으로 심사할 권한이 있는 것을 규정하였는데, 명령과 규칙이 헌법 또는 법률에 위반되는 여부를 법원이 심사할 수 있음은 세계 각 민주국가에서 인정되는 원칙이므로 특히 설명의 필요가 없고, 본 항의 중점은 행정처분을 주로 하는 국가의 처분행위를 법원이 심사할 수 있다는 점에 있다. 본조에 의하여 우리나라에서는 구주대륙제국과 달라서 본장의 법원이외에 독립한 행정재판소를 설치할 수 없게 되었으나 대법원은 모든 명령, 규칙과 처분이 헌법 또는 법률에 위반되는 여부를 최종적으로 심사할 권한이 있다 하였을 뿐이므로 필요에 의하여 하급심 재판소로서 특별히 행정재판소를 설치하는 것은 무방하다 할 수 있지마는, 행정소송법은 하급재판소로서의 행정재판소도 인정하지 않고 모든 행정소송은 처분을 행한 행정청의 소재지를 관할하는 고등법원이 관장하도록 규정하였다.(행정소송법 제4조 제1항) 위법한 행정처분에 대하여 여하한 정도와 범위에서 출소를 허용할 것인가 하는 문제에 대하여는 과거 일본에서는 행정소송사항을 법률에 열거한 것에 제한하였었기 때문에 법률에 열거되지 아니한 사항에 관하여는 위법한 행

---

23) 제헌헌법 제81조는 유진오 교수가 기초한 것으로 이는 다음과 같은 변천과정을 통해 제헌헌법으로 탄생되게 되었다. "동조항에 대한 최초의 헌법초안초고는 '제○○조 법원은 법률이 정하는 바에 의하여 모든 종류의 명령과 처분이 헌법과 법률에 위반되는 여부를 심사할 권한이 있다.' 로서 이에 대하여 유진오 교수는 "이초고는 당초 내(유진오)가 독력으로 작성하다가 1948년 2월부터 황동준, 윤길중 兩氏의 협력을 얻어 완성한 것인데 조문의 순서 등이 미정리상태로 남아 있다"고 지적했다. 동 조항은 1948년 5월에 사법부 법전편찬위원회에 제출되었으며, 내용은 최초의 초안초고와 동일했다. 그 이후에 사법부 법전편찬위원회에 제출한 헌법초안을 놓고 행정연구회 멤버(신익희氏 주도)들과 토의하여 작성된 안이 "제85조 법원은 모든 종류의 명령규칙과 처분이 헌법과 법률에 위반되는 여부를 심사할 권한이 있다"이며, 이는 국회 헌법기초위원회에 제출되었다. 이를 통해 제헌헌법 제81조가 탄생 되었다. 유진오 (1980), p.164 이하 참조.

정처분에 의하여 권리를 침해받은 경우에도 국민은 출소할 방도가 없었던 것이지만, 그렇게 하여서는 국민의 권리가 보호된다 할 수 없으므로 우리나라에 있어서는 행정소송사항을 특별히 제한하지 않고 위법한 행정처분에 대하여서는 전면적으로 소송을 제기할 수 있도록 하였다. 다만 삼권분립의 정신으로 보아 또 행정처분은 내용이 복잡하고 기술적인 것이 많은 점으로 보아 위법한 행정처분에 대하여 다른 법률에 규정의 의하여 소원, 심사의 청구, 이의의 신청 기타 행정청에 대한 불복의 신청을 할 수 있는 경우에는 이에 대한 재결, 결정 기타의 처분을 경한 후가 아니면 행정소송은 제기할 수 없게 되었다.(행정소송법 제2조 제1항) 그러나 이 점을 너무 고집하면 국민의 권리가 보호되지 아니할 우려가 있으므로 소원 기타 불복의 신청을 행한 날 로부터 2개월을 경과한 때 또는 소원의 재결을 경함으로 인하여 중대한 손해가 발생할 우려가 있는 때 기타 정당한 사유가 있는 경우에는 소원의 재결을 경히지 아니하고 소송을 제기할 수 있도록 하였다.(행정소송법 제2조 제2항)[24]

유진오 교수는 "'위법한 처분'에 대해서" 소원전치 등 사전절차가 필수적으로 요구되는 경우라 하더라도 정당한 사유가 있는 경우에 있어서는 곧바로 소송을 통한 권리구제가 가능하다고 하면서 '위법한 처분'에 대한 '소구가능성'을 강조하였다. 결국 "위법한 처분"에 있어서는 전면적으로 소송제기가 가능하도록 해야 함을 강조하였다.

3) 검토

제헌헌법은 제81조 제1항에서 "대법원이 법률이 정하는 바에 의하여 명령, 규칙과 처분을 헌법과 법률에 위반되는 여부에 대하여 최종적으로 심사할 권한을 가지고 있음"을 규정한 바, 처분과 명령·규칙은 제헌 헌법상 서로 혼합될 수 없는 다른 개념으로 즉, 처분과 명령·규칙의 분리를 예정하고 있음을 확인하였다. 헌법 제정안의 기초를

---

24) 유진오, 헌법해의, p.248. (1949)

설계하고 헌법 제정안 초안을 작성한 유진오 교수[25])는 제81조 제1항에 대하여 '위법한 행정처분'에 관하여서는 전면적인 소송제기 – 사법적 권리구제가능성 – 가 가능하도록 사법적 장치 – 행정소송제도 – 가 완비되어야 함을 강조하였다. 이러한 제헌자의 입헌취지는 1951년 '위법한 처분'을 다투는 행정소송법의 제정으로 연결되었음이다. 1951년 제정 행정소송법상 위법한 '처분' 과 사법적 구제제도에 관하여는 차후에 연결되는 "행정소송법상 '처분' 개념을 다루는 절에서 상세히 기술하기로 한다.[26])

제헌헌법상 '처분' 은 제헌자 및 당시 헌법학자의 의견을 종합하여 객관적·체계적 의미관련성을 따져볼 때, '명령·규칙'과의 분리를 예정하고 있음을 파악할 수 있다. 또한, 1951년 행정소송법 제정에 앞서 제헌 헌법의 '처분' 관련 조항의 의미를 객관적으로 해석하건데, 과거 열기주의를 취했던 일본과는 다르게 위법한 처분에 대해서는 전면적으로 소송 – 행정소송 – 을 제기할 수 있도록 하고 있음을 파악할 수 있고, 이는 당시 곧 제정될 행정소송법에 있어서 가장 큰 헌법적 요청사항이라고 볼 수 있다.

(2) 1962년 헌법상 '처분' 개념

1) 재판의 전제성 추가

제헌헌법 제81조 제1항은 1960년 제4차 개정 헌법까지 유지되어 오다가, 1962년 제5차 개정 헌법에 이르러 "명령·규칙·처분이

---

25) 상술한 바, 1981년 발간한 헌법기초회고록을 보면, 유진오 교수가 직접 자필로 작성한 최초의 헌법초안초고를 싣고 있다. 이에 대하여 유진오 교수는 "이초고는 당초 내(유진오)가 독력으로 작성하다가 1948년 2월부터 황동준, 윤길중 兩氏의 협력을 얻어 완성한 것인데 조문의 순서 등이 미정리상태로 남아 있다"고 생생히 기록하고 있다. 유진오 (1981), pp.242 – 243.

26) 뒤의 제2장 제2절 I. 2. (2)

헌법이나 법률에 위반되는 여부가 재판의 전제가 된 때에는 대법원은 이를 최종적으로 심사할 권한을 가진다"(제102조 제2항)로 개정되었다. 제헌헌법에 존재하지 않았던 "재판의 전제가 된 때에는"이라는 문구가 삽입됨으로써 '재판 전제성'이라는 요건이 추가되었다.[27] '재판 전제성'은 제헌헌법 제81조 제2항의 위헌법률심사제도에서 유래한 것으로 특정한 법률을 재판에 있어서 적용하고자 함에 있어 법률적용의 구체적 사건이 있는 경우에 법원이 당해 법률의 위헌심사를 청구할 수 있음을 의미한다,[28] 또한 동조상 '최종적'이라는 용어는 1960년 제4차 개정 헌법당시에 – 헌법의 조항간 비교를 통하여 – 법률의 위헌여부에 관하여서는 대법원이 최종적 결정권을 가지지 못하고, 헌법재판소가 그 결정권을 가지고 있었던 것에 대응하여 행정처분의 위헌여부에 관해서는 대법원이 최종적인 결정권한을 가지고 있음을 다시금 확인·강조하게 한 것으로 파악된다.

제5차 헌법 공포 후, – 관련 문헌의 객관적 해석에 의거하자면 – '재판 전제성'은 명령·규칙에만 해당할 뿐 '처분' 심사의 요건에는 해당하지 않음을 알 수 있다. 박일경 교수는 1963년 발간된 「새헌법」에서 헌법 제102조의 재판전제성은 '명령·규칙'에만 해당하는 사항으로, '처분' 심사의 요건으로는 해당사항이 없다고 하였으며[29], 김철수 교수는 1964년 발간된 「헌법총람」에서 '처분'에 관한 행정재판제도를 설명하고는 있으나, '재판 전제성'에 관해서는 달

---

27) 더불어, '법률이 헌법에 위반되는 여부가 재판의 전제가 된 때에는 대법원은 이를 최종적으로 심사할 권한을 가진다.'(동 헌법 제102조 제1항) 라고 하여 헌법재판소의 위헌법률심사권을 대법원으로 이관하였다. 1962년 제5차 개정헌법을 계기로 대법원은 위헌법률심사권과 위헌위법명령·규칙·처분심사권을 동시에 갖게 되었다.

28) 유진오, 헌법해의, p.249 (1949)

29) 박일경, 신헌법해의, p.370. (1963)

리 언급이 없다[30]. 한태연 교수[31], 문홍주 교수[32]는 각각 1963년 「헌법」, 1965년 「한국헌법」에서 명령·규칙에 대한 심사권을 '재판 전제성'의 문제와 결부해서 설명하고 있을 뿐, '처분'에 대한 심사권은 설명을 하지 않았다. 결국 '처분'에 관해서는 박일경 교수가 '재판 전제성'과는 관련이 없다고 해석하고 다른 교수는 '재판 전제성'에 관한 문제를 명령·규칙과 결부해서만 언급함으로써 '처분'의 재판전제성 요건에 관해서는 침묵하고 있음을 확인할 수 있다.

박일경 교수는 '명령·규칙'에 관해서는 권력분립의 관점에서 당해 사건에서 위헌·위법한 명령·규칙에 대해서 그 효력을 부정하여 재판할 수 있으며, '처분'에 관해서는 우리 헌법이 기본적으로 영미의 사법국가형의 제도에 기반하고 있으므로 대법원의 최종적 심사권한을 명시한 것이라고 지적한다. 다시 말하면 우리 행정재판제도가 사법국가형[33]을 취하므로 '처분'에 대해서는 법원이 위헌·위법성을 심사하고, 다만 명령·규칙에 있어서는 위헌·위법의 명령·규칙을 기준으로 '처분'을 심사할 수 없으므로 위헌·위법의 명령·규칙은 법원이 행정부와 대등하게 독자적으로 해석하여 당해 사건에서 위헌·위법의 명령규칙의 효력을 배제할 수 있다는 의미이다. 아래에 박일경 교수의 글을 인용한다.

우리나라 헌법은 제102조 제2항에서 행정처분의 위헌·위법심사권을 최

---

30) 김철수, 헌법총람, 676.p. (1964)

31) 한태연, 헌법, 519.p. (1963)

32) 문홍주, 한국헌법, 538.p (1965)

33) 헌법기초위원으로 건국헌법제정에 주도적 역할을 수행했던 유진오 교수는 건국헌법 제80조 제1항(현행헌법 제107조 제2항에 해당)의 취지를 행정소송에 대하여 대륙식 특별재판소제를 취하지 않고 영미식 제도를 취해 본 것이라고 명시적으로 밝힌 바 있다. 국회도서관, "헌법제정회의록(제헌의회)", 헌정사자료 제1집, p.108 (1967)

종적으로 대법원에 부여하고 있기 때문에 우리나라에서는 행정재판은 최종적으로는 최고의 사법재판소인 다법원이 관장하게 되어 있고, 따라서 대법원으로부터 독립한 행정법원의 설치는 허용되지 않는다. 그 위에 행정소송법 제4조는 행정소송은 피고의 소재지를 관할하는 고등법원의 전속관할로 하고 있으니 우리나라 현행법상으로는 하급심으로서의 행정법원도 인정되지 않는다. 이와 같이 우리나라는 영미식 사법형을 채택하고 있으니, 헌법이 규정하는 사법권의 관념은 이를 민사·형사·행정재판권과 기타 법률에 의하여 특히 법원에 인정된 재판권을 포함하는 일체의 재판권의 의미에 해석하여야 할 것이다.[34]

명령·규칙 그 중에서도 행정부가 발하는 명령·규칙에 대하여서는 법원의 형식적심사권 뿐만 아니라 실질적심사권까지도 인정되는 것이 원칙이며, 법률에 대한 실질적심사권을 용인하지 아니하는 국가에서도 원칙적으로 이를 용인하고 있다. 입헌주의에 있어서는 법률우위주위하에 사법권 및 행정권은 국회의 의결을 거친 법률의 기초하에서만 행동할 수 있는 것이 원칙이고, 따라서 사법권은 최소한 행정권과 법상 대등한 지위에 있다. 그러므로, 사법권은 행정권에 대한 이와 같은 대등한 지위에서 행정권의 의사표시인 명령 및 규칙의 해석에 곤하여 행정권에 복종할 필요는 없고 그에 대하여 독자적 해석을 할 수 있다. 이리하여 법원은 행정부가 발하는 명령·규칙에 대하여 원칙적으로 실질적심사권을 가지게 되는데, 법원의 이와 같은 권한은 법률우위주의, 사법권 독립 등 법치주의에서 비롯된 것이다. 법원의 심사대상이 되는 명령·규칙이라 함은 행정권에 의하여 발하여 지는 위임명령·집행명령, 순수한 행정규칙, 지방자치단체의 자치법규를 포함한다. 그리고 국회·대법원·중앙선거관리위원회의 규칙도 포괄한다.

1962년 제6호 헌법 제102조 제1항은 "법률이 헌법에 위반되는 여부가 재판의 전제가 된 때에는 대법원은 이를 최종적으로 심사할 권한을 가진다"라고 규정하고 있다. 본 조상 재관의 전제가 된다함은 구체적으로 사건을 재판할 때에 그 사건에 적용할 법률의 위헌여부가 문제되는 것을 말한다. 따라서 법원이 사건과 관계없이 자발적으로 법률을 심사할 수 없음은 물론, 국민도 자기의 권리·의무와 관계되는 사건이 있어서 그 재판을 청구할 때에 한하여 법률심사를 청구할 수 있다. 이러한 제도를 구체적 규범

---

34) 박일경 (1963), p.262.

통제라고 하는데 추상적 규범통제를 부정하는 이유는 헌법재판소를 상설화하면 모든 법률의 위헌여부를 권리구제에 관계없이 제소할 수 있게 되는데 이렇게 되면 입법부에서 다수결에 패한 야당이나 일부국민이 무절제하게 제소하여 법질서를 혼란시키고 법의 권위를 저하시킬 염려가 있기 때문이다. 또한, 본 조는 법률의 위헌판결의 효력을 규정하고 있지 않다. 본 조의 법률심사는 구체적 규범통제를 목적으로 하고 있는 점, 법원이 법률심사권을 가진다 하더라도 이는 입법권의 상위에 서서 그 권한을 부정하는 것이 아니라는 점 등으로 보아, 법률의 위헌판결의 효력이 그 법률 또는 법률조항을 무효화한다고 보는 것은 부당하고, 다만 그 사건에 그 법률 또는 법률조항의 적용을 거부함에 그치는 것이 되어야 할 것이고 또 이로써 법원의 법률심사의 목적은 달성될 것이다.[35]

1962년 헌법 제102조 제2항은 처분이 헌법과 법률에 위반되는 경우에 대법원은 이를 최종적으로 심사할 권한이 있다고 규정하고 있는데, 이 '처분'에 대한 심사권이 통상의 용어에 있어서의 행정재판권을 의미한다. 이리하여 본조 제2항은 행정처분에서 유래하는 행정사건에 대하여도 최고의 사법재판소인 대법원이 최종적으로 심사할 수 있음을 규정하고 있다. 이와 같은 헌법은 영미의 선례에 따라 사법형을 채택하고 있다. 그러므로 우리나라에서는 프랑스에 있어서와 같이 사법재판소 특히 대법원과 전혀 분리·독립된 행정재판소를 설치할 수 없다. 본조 제2항의 최종적이라는 말을 구헌법당시에 법률의 위헌여부에 관하여서는 대법원이 최종적결정권을 가지지 못하고 헌법재판소가 그 결정권을 가지는데 대응해서 행정처분의 위헌여부는 대법원이 최종적으로 결정할 수 있다는 의미로 사용된 문구이며 따라서 하급심으로서의 행정재판소를 상정하고 있는 것이라고 할 수 없다.[36]

다음 본항(제102조 제2항)에 의한 법원의 권한행사절차를 규정하는 현행법의 주요한 것으로는 행정소송법이 있다. 행정소송사항에 관하여는, 법치행정의 근본정신상 그리고 국민의 권리보장의 만전을 기하기 위하여 가능한 한 전면적으로 이를 인정하여야 한다는 입장에서 개괄주의를 취하고 있다. 다만 행정작용이 가지는 특수성을 고려하여 동법은 행정소송의 전제단계로서 원칙적으로 처분청 또는 상급청에 대한 소원을 경유하도록 하고 있다.[37]

---

35) 박일경 (1963), p.364.

36) 박일경 (1963), p.370.

끝으로 본조 제2항은 명령 · 규칙 · 처분이 …… 「재판의 전제가 된 때」라는 표현을 사용하고 있으나 이는 명령 · 규칙에 걸리는 용어이고 처분은 다른 사건의 재판과 독립하여 재판대상이 될 수 있는 것은 물론이다.[38]

'처분'과 '재판의 전제성'의 관련성은 1962년 제5차 개정 헌법 제102조 제2항 에서 '재판의 전제성' 요건이 추가되었을 당시의 법제도적 상황을 객관적으로 종합해석하면 간명하게 해결된다. 오늘날 '처분' 과 '재판 전제성' 에 관한 논쟁은 1962년 상황과는 다르게 매우 치열한 양상이다. 1962년 헌법 개정 당시의 논의를 존중하는 방편이 당시 개헌론자의 개정취지 및 연혁적인 배경을 정확하게 수용할 수 있는 것이 아닌지 조심스럽게 생각해 본다.

2) 검토

1962년 제5차 개정 헌법은 제헌헌법상 명령 · 규칙 · 처분 심사권에 '재판의 전제성' 이라는 새로운 요건을 추가했을 뿐이다. 결국, 제헌헌법의 취지와 같이 명령 · 규칙과 '처분'은 서로 구별되고, 혼입이 불가능한 별개의 대상으로 해석함이 타당하다. 또한, 제헌헌법상 '위법한 처분'에 관하여는 사법적 권리구제 방안이 마련되어 있어야 한다는 제헌취지도 그대로 계승되고 있음으로 봄이 타당하다. 즉, 1962년 제5차 개정 헌법도 "명령 · 규칙과 처분의 구별", "위법한 행정처분에 대한 사법적 구제의 완비"를 '처분' 관련 조항에서 그 취지로 담고 있음으로 평가할 수 있다.

반면 1962년 제5차 개정 시 새롭게 추가된 "재판 전제성"에 관하여는, 개정 당시 헌법학자의 해석하여 객관 · 종합적으로 분석해

---

37) 박일경 (1963), p.370.
38) 박일경 (1963), p.370.

볼 때, '재판 전제성은 명령·규칙에 해당하는 요건'이며, '처분'과는 관련성이 없다고 파악함이 타당하다. 특히, 1962년 처음으로 삽입된 '재판 전제성'의 의미를 그 당시의 문헌을 통하여 밝히는 것은 현재로서 더욱 의의가 매우 크다고 할 수 있다. 즉 이는 최근 논쟁이 가열되고 있는 헌법 제107조 제2항의 해석론에 있어서 큰 실마리가 됨이 틀림이 없다.

(3) 소결

제헌헌법 이래로 우리 헌법은 '처분' 개념을 행정재판과 관련한 조항에서 명시하고 있는 바, 제헌자 및 당시 헌법학자의 의견을 종합하고 체계적·객관적으로 그 의미관련성을 논구해 볼 때, 명령·규칙과 '처분'과는 구별됨으로 봄이 타당하다. 또한, 우리 헌법은 '처분'에 대한 개념을 도입함에 있어 일본의 행정소송 열기주의와는 달리 모든 위법한 처분에 대해서는 사법적 구제를 완비하도록 하는 개괄주의를 취하고 있음이다.[39)]

1962년 제5차 개정 헌법에서 추가된 "재판 전제성"의 요건은 당시 문헌 분석과 제정 헌법 이후의 헌법 조항을 객관적·체계적으로 해석해 볼 때, '재판 전제성'은 명령·규칙에 대해서만 규범통제의 요건으로 작용하고, −소위 구체적 규범통제− '처분'에 대해서는 관련성이 없음으로 봄이 타당하다. 이후에서는 구 헌법상 '처분' 개념 유래 및 개정을 통한 그 의미내용에 기반하여 현행 헌법상 '처분' 개념의 의미를 분석·검토한다.

---

39) 최근 헌법재판소도 "구 행정소송법(1984. 12. 15. 법률 제4754호로 전부 개정되기 이전의 것)은 처분 개념에 대한 정의규정을 두지 않은 채 행정소송법의 목적에 관한 규정(제1조)에서 간접적으로 항고소송의 대상이 '행정청 또는 그 소속기관의 위법한 처분'임을 규정하였고, 학설은 이를 근거로 구법이 항고소송의 대상에 관하여 개괄주의를 취한 것으로 보면서……"라고 판시하여 이를 뒷받침한다. 헌재 2009. 4. 30. 2006헌바66 전원재판부. 동 판례에 대하여 자세한 내용은 뒤의 제2장 제3절 Ⅱ. 참조.

3. 현행헌법상 '처분' 개념

(1) 일반

제5차 개정헌법 제101조 제2항 현행 제9차개정 헌법 제107조 제2항으로 개정되어 "명령·규칙 또는 처분이 헌법이나 법률에 위반되는 여부가 재판의 전제가 된 경우에는 대법원은 이를 최종적으로 심사할 권한을 가진다"라는 법문으로 표현되었다. 제5차 개정헌법과 현행헌법의 차이는 "명령·규칙·처분"이 "명령·규칙 또는 처분"으로 변경되었으며, '재판의 전제가 된 경우' 및 '대법원은 이를 최종적으로 심사할 권한' 은 그대로 유지되었다.

동 조항은 상술한 바와 같이 제헌헌법 제81조, 제5차 개정헌법 제101조에서 비롯되었고, 당시에 동 조항의 해석에 있어서는 사법형국가의 행정재판제도를 수용하는 근거조항으로서 큰 이견이 존재하지 않았다[40]. 그러나 최근에는 동 조항에 대하여 행정재판제도의 근거여부, 행정소송제도의 유형 설정, 행정재판과 헌법재판간의 권한분배정도를 두고 학자들간에 크게 견해를 달리하고 있다. 문제의 핵심은 '재판 전제성'에 대한 해석이다. 본 항에서는 이러한 논쟁을 살핌으로써 헌법상 '처분' 개념의 의미 획정에 도움을 얻고자 한다.

(2) 제107조 제2항의 해석론

1) 문제 상황

제107조 제2항에 대한 해석의 핵심은 '재판 전제성'에 대한 해석이며, 이는 '재판 전제성'의 해석 여하에 따라 행정소송의 폭과 구

---

40) 유진오 (1949), p.248; 박일경 (1963) p.370; 김철수 (1964) p.676.

제가능성이 광협을 달리하게 되기 때문이다. 종래 각국이 행정입법의 유효성 여부를 직접 다툴 수 있도록 하는 본안적 규범통제(eine prinzipale Normkontrolle)[41]의 도입에 대하여 부정적 또는 소극적 입장을 취하여 온 주요한 이유는 일반적·추상적 규율인 법규범이 집행되기 위하여는 개별적·구체적 규율인 행정행위를 필요로 한다는 이유 때문이었다[42]. 즉 개인은 행정처분에 대하여 직접 취소소송을 제기하고, 취소소송절차에서 법원은 행정처분의 근거가 되는 법규명령이나 조례의 위헌·위법여부에 대하여 부수적으로 심사하면 – 부수적 규범통제(eine inzidente Normkontrolle) – 개인의 권리구제가 충분히 보장되기 때문이다. 그러나 이러한 전통적인 견해는 점차 설득력을 상실하여 갔다. 왜냐하면, 법규명령에 대한 헌법소원이 일반적·추상적 법규명령 – 이른바 '조치적 법규'[43] – 에 의하여 행정행위의 매개없이 직접 개인의 기본권이 침해될 수 있을 수 있음을 충분하게 보여주고 있기 때문이다.[44]

---

41) 우리나라에서는 본안적 규범통제(eine prinzipale Normkontrolle)라는 표현보다는 추상적 규범통제가 더 익숙하다. 그러나 추상적·구체적 규범통제의 분리는 규범통제의 실질을 제대로 반영하지 못하는 면이 있다. 규범통제에서의 핵심은 심사·심판이후의 대상규범의 효력 문제이다. 이에로 바르게 접근하기 위해서는 심사·심판권과 관련하여 대상규범에 대한 直接的 판단을 내릴 수 있는가가 중심이 되어야 한다. 결국, 규범의 심판·심사주체의 지위를 분명히 할 수 있는 "본안적 규범통제(eine prinzipale Normkontrolle)와 부수적 규범통제(eine inzidente Normkontrolle)"로 구분함이 제도의 이해를 균형있게 하는 측면에서 바람직하다. 김중권, "독일의 규범통제제도에 관한 개관과 그 시준점에 관한 소고", 중앙법학 제11집 제1호, p.348 (2009)

42) 행정입법에 대한 규범통제에 대하여는 Maurer, Rechtsschutz gegen Rechtsnormen, FS fur Kern, 1968, S. 275; Renck, Zur Dogmatik der verwaltungsgerichtlichen Normenkontrolle, BayVBL 1979, S. 225; Papier, Normenkontrolle, FS fur Menger, 1985, S. 517.

43) 김중권 교수는 '처분적' 이라는 개념은 '처분성'을 연상시키고 곧바로 행정행위성을 연상하게 하고 심지어 처분적 법률을 행정처분으로서 취소소송의 대상이 되는 양 보게 하므로 같은 의미인 '조치적' 이라는 개념을 사용함이 타당하다고 지적한다. 또한 日人學者(山田 晟)의 "ドイツ法律用語辭典"(1984)에서도 'Maβnahmegesetz'을 措置法으로 바르게 옮긴 사례를 소개했다. 김중권, "조치적 명령내지 개별사건규율적 명령에 대한 권리보호에 관한 소고", 법조 제51권 제15호, p.90 이하 참조 (법조협회 편, 2002a).

이러한 상황은 1988년 헌법재판소의 도입과 더불어 헌법재판제
도가 활성화됨에 따라 배가 되었다[45]. 즉, 종래 행정소송을 통해
해결가능성이 적었던 문제가 "보충성의 예외"를 이유로 헌법재판
소의 심사대상으로 됨[46]으로써 제107조 제2항에 대한 해석논쟁을

---

44) 일반적·추상적 법규명령에 대한 대표적인 헌법재판소의 판결례로는 헌재 1993. 5. 13. 92
헌마80 (헌집5, 365) (구 체육시설의설치·이용에관한법률시행규칙 제5조에 대한 헌법소원);
헌재 1995. 2. 23. 91헌마204 (헌집7, 267) (구 교육법시행령 제71조 등에 대한 헌법소
원); 1995. 4. 20. 92헌마264,279병합 (헌집7, 564) (담배자판기설치금지조례에 대한 헌
법소원) 이 있다.

45) 1988년 헌법재판소의 도입과 함께 헌법재판과 행정소송은 경합관계에 놓이게 되었다. 종래
헌법위원회 제도하에서 유명무실하였던 위헌법률심판과 헌법소원심판이 헌법재판소에 의해
실효적으로 작동되게 되었다. 반면, 행정소송은 행정처분을 대상으로 하는 항고소송 – 취소소
송·부작위위법확인소송·무효확인소송 – 에 국한되고 그 항고소송의 원고적격 및 권리보호
필요성이 엄격하게 제한되기 때문에, 이로써 행정소송이 불가능한 공행정작용에 대해서는 보
충성 원칙의 예외 내지 비적용으로서 헌법소원이 가능하게 된 것이다. 그리하여 사실상 행정
소송과 헌법소원은 택일관계·상호배척관계에 놓이게 되었다. 김유환, "헌법재판과 행정법의
발전 – 헌법재판소 판례의 분석", 공법연구 제27집 제1호, p.83 p.83이하 참조. (1998a).

46) 헌법재판소는 ① 행정소송의 확정판결에 대한 헌법소원에 관하여, 이는 현행법상 원칙적으로
허용되지 않지만 '헌법재판소가 위헌으로 결정한 법령을 적용함으로써 국민의 기본권을 침해
한' 확정판결에 대해서는 헌법소원이 가능하다고 하며(1997.12.24. 선고, 96헌마172,173
(병합) 결정), ② 원처분에 대한 헌법소원에 관하여, "공권력 행사인 행정처분에 대한 구제절
차로서 법원의 재판을 거치는 경우, 그 처분의 기초가 된 사실관계의 인정과 평가, 단순한 일
반법규의 해석·적용의 문제는 '원칙적으로' 헌법재판소의 심판사항이라고 할 수 없
다"(1992.6.26. 선고, 90헌마73 결정; 1994.12.29. 선고, 92헌마201 결정)고 판시함으로
써, '예외적인' 원처분의 헌법위반을 이유로 한 헌법소원의 가능성을 열어두고 있고, ③ 예컨
대 시위진압명령에 관하여, 이에 대한 행정소송은 "소의 이익이 없다 하여 각하될 가능성이
매우 크므로 이와 같은 경우에는 구제절차가 있다고 하더라도 권리구제의 기대가능성이 없고
다만 기본권 침해를 당한 자에게 불필요한 우회절차를 강요하는 것밖에 되지 않는 경우로서
헌법재판소법 제68조 제1항 단서의 예외의 경우에 해당"(1995.12.28. 선고, 91헌마80 결
정)한다고 판시함으로써 대상적격·원고적격·권리보호필요성 등의 흠결 때문에 행정소송이
부적법 각하될 것으로 예견되는 경우 헌법소원이 인정된다는 원칙을 천명하고 있는바, 이러
한 견지에서 행정입법부작위(1998.7.16. 선고, 96헌마246 결정), 권력적 사실행위(국제그룹
해체지시: 1993.7.29. 선고, 89헌마31 결정; 서신검열: 1995.7.21. 선고, 92헌마144 결
정), 행정계획안(신입생선발입시안: 1992.'0.1. 선고, 92헌마68.76(병합) 결정), 행정내부적
행위(교수재임용추천거부: 1993.5.13. 선고, 91헌마190 결정), 행정부작위(문서열람.복사신
청의 거부: 1989.9.4. 선고, 88헌마22 결정)에 대한 헌법소원을 허용하고 있으며, ④ 법규
명령·조례에 관하여는 법무사시행규칙(대법원규칙)에 대한 1990.10.15. 선고, 89헌마178
결정에서 "헌법 제107조 제2항이 규정한 명령·규칙에 대한 대법원의 최종심사권이란 구체
적인 소송사건에서 명령·규칙의 위헌여부가 재판의 전제가 되었을 경우 …… 최종적으로
심사할 수 있다는 의미이며, …… 헌법소원심판의 대상으로서의 '공권력'이란 입법·사법·
행정 등 모든 공권력을 말하는 것이므로 입법부에서 제정한 법률, 행정부에서 제정한 시행령

심화시켰다. 현재, 제107조 제2항의 문제는 행정소송과 헌법재판의 관계 나아가서는 주무기관인 대법원과 헌법재판소의 갈등관계[47]를 유발시킨 중핵에 해당한다. 아래에서는 '재판 전제성'의 해석 기준에 따라 펼쳐지고 있는 학자들의 견해를 정리하고자 한다.

2) '재판 전제성'을 선결 문제로 파악하는 견해
① 제107조 제2항의 행정재판 근거성 부인
ⓐ 명령·규칙·처분 모두 '재판 전제성'을 완비해야 하고, 명령·규칙의 추상적 규범통제는 불가능하다는 견해

'재판 전제성'은 '선결 문제'를 의미하고 명령·규칙·처분 모두 '재판 전제성'의 요건을 충족하는 경우에만 대법원의 최종적인 심사권능이 있다는 의미로 해석해야 하므로 '처분'을 직접 심사하는 행정소송법상 취소소송 등 행정소송제도는 헌법 제107조 제2항이 의미하는 바와는 거리가 멀다고 주장한다. 즉, 처분의 위헌·위법

이 나 시행규칙 및 사법부에서 제정한 규칙 등은 그것들이 별도의 집행행위를 기다리지 않고 직접 기본권을 침해하는 것일 때에는 모두 헌법소원심판의 대상이 될 수 있는 것이다"라고 판시한 이래 이러한 입장을 고수하여 체육시설의설치.이용에관한법률시행규칙(1993.5.13. 선고, 92헌마80 결정), 공무원임용령(1992.6.26. 선고, 91헌마25 결정) 등에 대한 헌법소원을 허용하였다.

47) 대법원과 헌법재판소간 갈등관계 중 특히 헌법해석 권한에 관해서는 특히 그 귀추가 주목된다. 헌법재판소는 양도소득세부과에 있어 투기거래의 경우 실지거래가액을 기준으로 한다는 구소득세법 시행령(제170조 제4항 제2호)의 위임근거규정인 구소득세법 제23조 제4항 단서에 관해, 동 법률조항이 실지거래가액에 의한 세액이 기준시가에 의한 세액을 초과하는 경우까지 포함하여 대통령령에 위임한 것으로 해석하는 한도 내에서는 위헌이라는 한정위헌결정을 내린 바 있다[1995.11.30.선고, 94헌바40 등 (병합) 결정]. 그 이후에 대법원이 양도소득세부과처분 취소소송에서 위 헌법재판소 결정에도 불구하고 그 부과처분의 전제가 된 위 구소득세법 및 동법시행령 규정들은 합헌이라는 판결을 하면서 행정소송의 심리에 있어 요청되는 헌법해석은 대법원이 그 최종적 권한을 갖는다고 판시한 것이다[대법원 1996.4.9. 선고 95누11405 판결]. 이 판결에 대해 헌법소원이 제기되었는데, 동 사건에서 헌법재판소는 재판을 헌법소원의 대상에서 제외하고 있는 헌법재판소법 제68조 제1항은 헌법재판소가 위헌으로 결정한 법령을 적용함으로써 국민의 기본권을 침해한 재판도 포함하는 것으로 해석하는 한도 내에서 위헌이라고 판시하고, 위 대법원판결에 대한 헌법소원을 받아들여 동 판결을 취소하고 있다[1997.12.24. 선고, 96헌마172.173(병합) 결정].

성이 재판의 전제가 되는 것은 민사소송과 형사소송 등에서 선결문제가 되는 경우를 의미하므로, 이 경우에 한해서만 헌법 제107조 제2항은 관련성을 갖게 되며, '처분'을 직접 대상으로 심리하는 현행 행정소송법상 행정소송은 헌법 제107조 제2항이 의미하는 "선결성" 요건에 충족하지 못하므로, 위 헌법 조항은 행정소송 즉 행정소송법의 헌법적 근거가 될 수 없다고 주장한다. 따라서 "처분" 자체에 대하여 직접 심리하는 항고소송에 관해서는 제107조 제2항에 해당사항이 없게 되므로, "대법원의 최종적 심사권한"도 해당하지 않게 된다. 결국 행정소송법상 항고소송이 원고패소로 확정된 이후에도 항고소송의 대상인 원행정처분에 대해서는 헌법재판소에 헌법소원이 허용될 수 있다는 견해이다.[48]

또한 헌법 제101조 제1항이 법원에 포괄적인 '사법권'을 부여하고 있으면서도, 헌법 제107조 제1항, 제2항을 따로 둔 것은 우리 헌법은 법률과 명령 규칙에 대한 규범심사권은 법원에 전속되는 의미의 '사법권'으로 예정하지 않았으며, 헌법 제107조는 이를 전제로 하여 예외적으로 법원에 인정되는 규범심사관련 권한[49]을 설정하기 위하여 특별히 둔 것으로 파악한다. 즉 동조 제1항은 위헌제청을 위해 법률에 대한 1차적 위헌심사권을 제2항은 재판의 전제가 되는 경우에 국한된 명령 규칙의 위헌심사권을 법원에 특별히 부여하고 있는 취지로 해석할 수 있다. 헌법 제107조 제1항은 법률의 위헌 여부가 재판의 전제가 된 경우에 그 법률에 대한 규범통제권을 행사할 수 있다고 규정하고 있을 뿐, 재판의 전제가 되지

---

48) 정종섭, "현행명령·규칙위헌심사제도에 대한 비판적 검토", 고시계 1992년 12월호, p.71 이하 (1992a); 황도수, "원처분에 대한 헌법소원", 헌법논총 제6집, p.191이하 (1995)

49) 허영 교수는 이를 '법원에 속하는 고유한 사법기능'과 대비하여 '법원에 속하는 사법유사의 기능'이라 표현하고 있다. 허영, 한국헌법론, p.961 (2000)

아니한 경우 관하여는 아무런 언급이 없다. 이와 같은 규정의 취지를 재판의 전제성이 없는 법률에 대한 규범통제에 관하여는 헌법이 중립적 입장에 있는 것이라고 봄으로써 법률개정을 통하여 임의로 법원에 그와 같은 규범통제에 관한 관할권을 부여할 수 있다고 해석하는 것은 타당하지 않으며, 이와 동일한 이유로 헌법 제107조 제2항의 규정 내용상, 재판의 전제성이 없는 명령 규칙에 대한 규범통제에 관한 관할권을 법률개정으로 법원에 부여할 수 있다는 해석 또한 불가능하다고 보는 견해이다.[50]

② 선결문제로 파악하되 본안적 규범통제의 가능성을 열어둔 견해

헌법 제107조 제2항은 단지 부수적 규범통제에 있어서 최종적 관할권이 대법원에 있음을 명시하고 있을 뿐, 본안적 규범통제의 도입을 금지하는 것은 아니라는 견해이다 즉, '재판의 전제'를 선결문제로 한정한다고 하더라도 위 헌법 조항은 구체적 규범통제에 관한 대법원의 최종적 심사권한을 규정한 것일 뿐, 대법원이 행정입법에 대한 직접적 통제 - 본안적 규범통제 - 를 하는 것을 금지하거나 이를 헌법재판소의 권한으로 인정하는 것은 아니며, 달리 그러한 규정도 없다는 점이다. 따라서 행정입법에 대한 본안적 심사는 입법자의 입법재량에 속하는 것이라고 한다.[51] 즉 우리 헌법상 '위헌법률심사제' - 법원의 위헌 제청이 있는 경우에 헌법재판소가 제청된 법률을 직접 심판대상으로 하여 심사하는 제도 - 의 예를 놓고 보면, 행정입법의 경우에도 행정입법을 직접 심판대상으로 하여 그 유·무효를 판별함이 가능하다는 의미이다[52]

---

50) 김하열, "행정소송법 개정안에 관한 의견", 행정소송법 개정안 공청회, p.169 (2004)

51) 김해룡 (2006) p.381; 정하중, "행정소송법의 개정방향", 공법연구 제31집 제3호, p.32 (한국공법학회 편, 2003)

52) 주의할 것은 입법형성의 영역은 규범통제의 유형 - 소위 '본안적 규범통제의 허용', 즉 행정

3) '재판 전제성'을 '구체적 사건성'으로 파악하는 견해

① 명령·규칙·처분 모두 본안적 심사의 대상이 가능하다고 보는 견해

명령·규칙·처분 모두 '재판 전제성'을 '구체적 사건성'을 의미하는 것이며, 따라서, 행정입법도 구체적 사건성을 구비하여 – 다시 말해 원고의 법적 지위를 구체적으로 침해함으로써 원고적격을 충족하여 – 직접 항고소송의 대상이 되면 그 위헌·위법성은 본안요건으로서 '재판의 전제'가 되는 것이고, 따라서 위 헌법조항은 행정입법에 대한 항고소송까지 포함하는 것으로서, 이에 대한 대법원의 최종적 심리권한을 인정하는 것이라고 보는 견해이다.[53]

② '처분'만 본안적 심사의 대상이며, 행정소송의 근거로 보는 견해

'처분'의 경우에서는, 위헌·위법성이 재판의 전제가 된다는 의미가 '구체적 사건성'을 의미하는 것이므로, 다시 말해, '재판의 전

입법의 직접심사 허용 – 에 한정되는 것이지 규범통제의 요건의 제거 또는 절차의 파괴 등과 같이 "어느 때건, 어느 누구건", "어떤 방식이건" 등 규범통제의 세부적인 모든 부분에 있어서 완전한 자유를 허용하는 것은 아님이다. 독일의 경우도 기본법 제19조 제4항에 의해서 본안적 규범통제의 유형이 허용되었고, 이를 구체화하기 위하여 규범통제의 요건·절차를 정하는 행정법원법 제47조가 존재함이다. 독일의 규범통제에 대한 요건을 보면, 독일은 1997년까지 행정법원법 제47조 제2항 제1문에 "신청자적격(Antragsbefugnis)"을 상정하여 신청자적격의 요건으로 "불이익의 훼손"을 중심에 두었으나 제6차 행정법원법 개정을 통해서 1997. 1. 1.부터 사람의 신청자 적격은 이들이 규정이나 그것의 적용으로 인해 자신의 권리를 침해받거나, 장차 침해받을 것이라는 점을 주장할 것을 그 요건으로 변경하였다. 이로써 종전의 규준인 불이익(Nachteil)의 훼손이 권리침해로 대체되었다. 김중권 (2009), p.357. 즉, 우리나라에 있어서도 어떤 요건도 구애됨이 없는 "완전한" 일반적 규범통제까지 허용하는 것은 법적안정성 등 법치주의적 관점에서도 용납되기 힘든 일이며, 이는 입법형성의 영역을 넘어서는 처사로 사료된다. 적어도 독일과 같이 최소한의 신청자 적격을 두는 방안이 타당하다고 사료된다. 독일의 규범통제제도에 관하여 최근 현지의 논의를 자세히 소개한 논문으로는 김중권, "독일의 규범통제제도에 관한 개관과 그 시준점에 관한 소고", 중앙법학 제11집 제1호(2009. 4.), p.345 이하 참조

53) 박정훈, "행정소송법 개정의 주요 쟁점", 공법연구 제31집 제3호, p.75. (한국공법학회 편, 2003b)

제'는 항고소송에서 처분을 취소 또는 무효확인하기 위한 전제, 즉 본안요건으로서의 "위법성"을 의미하는 것이므로, 이를 전제로 위헌법조항은 처분에 대한 항고소송의 근거가 된다는 견해이다[54]

③ '처분'은 본안적 심사의 대상이고 '명령·규칙'은 선결문제로 파악하되 본안적 추상적 규범통제는 불가능 하다는 견해

"재판의 전제"는 명령·규칙 만을 수식하고, 제107조 제1항과 같이 구체적 규범통제 및 부수적 규범통제의 모습을 예정하고 있다는 견해이며[55], 여기서의 부수적 규범통제는 협의의 규범통제개념엔 포함시킬 수 없을 정도로 법관의 법적용상의 당연한 심사권에 속한다고 보고 있다[56]. 따라서 행정소송법 등에서 독일 행정법원법 제47조와 같은 본안적·추상적 규범통제제도를 도입하는 것은 현행 헌법의 의미내용에 위배될 뿐더러, 권력분립원칙에 대한 중대한 수정이기에 반드시 헌법에 그 근거규정이 존재하거나 최소한 반대규정이 없을 때에만 가능하다고 본다[57]

4) 검토

'재판 전제성'에 관한 학설을 검토하건데, 우리 제헌헌법 제81조에서 위헌법률심사권을 규정하면서 '재판의 전제'를 명시하고 있는 바 이에 대한 동 조항을 기초한 유진오 교수의 '선결 문제'의 의미로의 해석은 현행 헌법 제107조 제2항의 '재판 전제성'을 해석함에

---

54) 홍준형, 행정구제법, p.452. (4판, 2001)

55) 법규범에 속하는 명령과 규칙을 처분과 구분하여 병렬적으로 규정하고 있는 헌법 제107조 제2항은 이들을 공히 '재판의 전제'에 결부시키는 것은 행정작용법론적으로 치명적인 오류이다. 과거 건국헌법 제81조는 '재판의 전제'를 정당하게 부연하지 않았다. 김중권, "명령(법률하위적법규범)에 대한 사법적통제에 관한 소고", 고시연구 2004년 6월호(통권 제363호), p.162. (고시연구사 편, 2004)

56) Dieter Lorenz, Verwaltungsprozeß recht, 2000, S.422.

57) 김중권, (2004) p.173.

있어서 실마리를 제공한다. 아러 글은 1949년에 발간한 유진오 교수의 「헌법해의」에서 일부를 발췌한 것이다.

> 제81조 제2항은 법원의 법률심사이 관한 권한을 규정하였는데, 미국의 법원은 스스로 법률의 내용을 심사ᄒ·여 그 것이 헌법에 위반한다고 인정할 때에는 위헌판결을 내리는 권한을 가졌으나, 국회에서 제정한 법률을 위헌으로 결정하는 것은 국무상 가장 증대한 일이므로 우리 헌법은 미국식 제도를 취하지 아니하고, 법원이 재판을 할 때에 적용하고자 하는 법률이 헌법에 위반한다고 인정할 때에는 우선 「헌법위원회」에 법률의 위헌여부를 결정하여 줄 것을 제청하고 그의 결정에 의하여 재판을 하도록 한 것이다. 〈중략〉 그러나 우리나라의 법원은 국회에서 제정된 모든 법률에 대하여 당연히 그 위헌심사를 청구할 수 있는 것이 아니라 특정한 법률을 재판에 있어서 적용하고자 할 때에 비로소 이를 발동할 수 있는 것이므로, 법률적용의 구체적 사건이 없는 때에는 법원은 법률의 위헌심사를 청구할 권한이 없는 것이다. 즉 법률의 위헌여쿠의 제청은 당해사건의 담당판사 또는 소송당사자의 신청에 의하여 판사 3인으로 구성하는 합의부의 결정으로써 당해법원이 행하는 것이다(헌법위원회법 제9조). 그리고 본조 제2항은 법률의 위헌여부의 결정을 헌법위원희에 제청할 수 있는 권한을 대법원에 한하도록 하지 않았으므로 하급법원도 이를 행할 수 있는데 반하여, 미국 재판소의 법률심사권은 처음에는 각급법원에 모두 인정되었었으나, 1937년부터는 위헌재판은 하급심을 생략하고 직접 대법원에서 재판하도록 된 점도 주의하여야 할 것이다.[58]

그러므로 명령 · 규칙 · 처분 심사권에 있어서 '재판의 전제' 라는 법문이 처음 명시되었던 1962년 제5차 개정 헌법의 해석에 있어서, − 제헌헌법과의 − 헌법 연혁적 관점에서의 유기적 해석을 도모함이 필요하고, 이렇게 보건데, 이를 '선결 문제' 로 해석함이 타당하다. 제헌 헌법에서 명시된 '위헌법률삼사제도' 의 "재판의 전제성"을 '선

---

58) 유진오. (1949), p.249.

결문제'로 파악한[59] 연후에, 동일 문구가 1962년 제5차 개정헌법의 '대법원의 명령·규칙·처분심사권' 규정에 그대로 명시되었고, 현행 제9차 개정헌법까지 1962년 제5차 개정헌법의 '재판의 전제성' 문구가 그대로 유지된 점을 감안하면, '제정 헌법', '1962년 제5차 개정 헌법' 및 '현행 제9차 개정 헌법' 간 연혁적 측면의 유기적·통일적 해석에 의할 때에도 현행 제9차 개정 헌법의 '재판 전제성'은 선결문제로 파악되는 것이 헌법변천의 체계정당성 측면에서 합당하다. 또한 '재판의 전제성'의 수식대상은 명령·규칙 에만 한정하는 것으로 해석함이 타당하다. 이는 1962년 제5차 개정 헌법의 '재판 전제성'의 해석에서도 검토한 바[60]와 같이 연혁적 관점에서, 현행 제9차 개정 헌법 제107조 제2항에 해당하는 제헌 헌법 조항은 제81조 제1항이며, 제헌 헌법의 동 조항은 법률이 정하는 경우에 '처분'의 위헌·위법을 판단하는 행정재판의 근거조항이었다는 점[61], 이를 근거로 해서 제정되었던 법률이 '제정 행정소송법'이었다는 점, '제정 행정소송법'이 '처분'에 대한 직접적 심사권을 인정하고 '현행 행정소송법'에 이르기까지 1962년 제5차 헌법 개정으로 재판의 전제성 문구가 추가로 삽입되었음에도 '역대 행정소송법'은 처분의 직접적 심사권을 그대로 유지해 왔고, 법원 역시 '처분'에 대한 직접적 심사를 지속해 왔다는 점 을 감안할 때, '재판의 전제성'의 수식대상은 '명령·규칙'에만 한정함이 타당하다.[62] '명령·규칙'의 재판의 전제성을 고

---

59) 박일경. (1963). p.370; 김철수. (1964). 676.p.; 한태연 (1963). p.519; 문홍주. (1965). p.538.

60) 이는 제2장 제1절 Ⅰ. 2. (2) 1) 참조.

61) 이는 제2장 제1절 Ⅰ. 2. (1) 2) 참조.

62) 법규범에 속하는 명령과 규칙을 처분과 구분하여 병렬적으로 규정하고 있는 헌법 제107조 제2항은 이들을 공히 '재판의 전제'에 결부시키는 것은 행정작용법론적으로 치명적인 오류이다. 과거 건국헌법 제81조는 '재판의 전제'를 정당하게 부여하지 않았다. 김중권 (2004). p.162.

려한 행정재판에 있어서도 '역대 행정소송법'이 이에 대한 구체적 규정을 두지 않은 점을 고려할 때, 법원이 '유무효'에 대한 판단을 직접하는 것이 아니라, 해당 구체적 사건에서 위헌·위법의 명령·규칙의 적용을 배재하는 것으로 해석함이 타당하다고 본다.[63] 결국, 제107조 제2항은 처분의 직접적 심사를 규정하는 행정소송법 – 행정재판 – 의 헌법상 근거조항에 해당한다고 봄이 타당하다.[64]

끝으로, 본안적 규범통제와 관련하여 동 조항은 대법원의 최종적인 명령·규칙·처분 심사권한을 규정한 것에 불과한 것으로 본안적 규범통제의 소송유형 신설어 있어서는 현행 헌법은 입법자의 형성의 영역에 맡기고 있다고 해석함이 타당하다고 본다. 왜냐하면, 행정소송제도의 목적은 기본권 보장에 있고, 이는 법치주의 원리에 의한 사법적 권리구제 수단의 확보와 권력분립을 통해 달성되는 바, 대법원의 명령·규칙·처분에 대한 심사권은 국민의 주관적 권리구제와 행정부에 대한 사법부의 견제에 그 목적이 있으므로, 명령·규칙에 대한 본안적 규범통제가 본 제도의 취지를 삭감하지 않고, 제헌헌법에서도 본안적 규범통제를 인정하였으며, 변화하는 행정환경에서 행정입법이 증대함을 감안할 때, 또한 현행 헌법이 대법원의 본안적 규범통제를 금지하거나 이를 헌법재판소의 권한으로 인정한 것도 아니므로, 궁극적으로 명령·규칙에 대한 본안적 규범통제는 입법재량 사항으로 봄이 타당하다[65]. 이는 향후 행정입법의 규범통제 소송에 관한 소송유형을 설계함에 있어 참작해야할 중요한 사항이다. 이에 대한 자세한 논의는 본 연구의 주제

---

63) 이는 제2장 제1절 Ⅰ. 2. (2) 2) 참조.

64) 더불어, 현행 헌법 제107조 제3항이 행정심판의 근거조항임을 감안할 때에도 107조의 체계적 정합성을 유지한다는 측면에서 제107조 제2항은 행정재판의 근거조항으로 봄이 타당하다.

65) 동지: 김해룡 (2006), p.381; 정하중 (2003), p.32; 박정훈 (2003b), p.75.

인 '처분' 개념과는 직접 관련성이 적으므로 약하기로 하며, 다음 항 '처분' 개념의 '헌법상 지도원리'의 '법치주의' 부분의 설명으로 대신하기로 한다.

(3) 소결

현행 헌법 제107조 제2항은 행정재판의 헌법적 근거에 해당하며, 동 조항의 현 '처분' 개념과 관련하여 제헌헌법 및 1962년 제5차 개정 헌법 해석과의 연혁적 체계성을 고려할 때도 '처분'은 명령·규칙과는 서로 혼합될 수 없는 별개의 개념에 해당한다. 이러한 헌법적 지침 – 가이드라인 – 은 행정소송법상 '처분' 개념의 획정에 시사하는 바가 크다. 최근 국민의 권익구제를 위하여 '처분' 개념을 확대하고자 하는 논의에 대해서 우리 헌법이 예정하는 '처분' 개념에 관한 지침을 통해 헌법 및 행정소송 제도간 혼선과 헌법재판소 및 대법원 간의 갈등 등을 종식시킬 수 있는 단초를 제공할 수 있을 것이라고 생각한다.

4. 중결

우리 헌법은 '처분' 개념에 관한 정의를 직접 명시하고 있지는 않으나, 제헌 헌법 이래로 대법원의 '명령·규칙·처분 심사권한'을 규정함으로써 간접적으로 '처분' 개념의 의미를 관련 법문을 통해 명시하였다. 동 조항은 행정재판제도의 근거규정으로 영미의 사법형국가의 제도를 염두하고 고안된 것이다. 즉, 본 제도는 법원의 행정부에 대한 견제 및 국민의 권익구제를 그 목적으로 하고 있는 바, 제헌자는 '위법한 처분'에 대해서는 전면적으로 사법적 권리구제가 – 제소가능성 – 완비되어야 함을 강조하였다. 이는 과거 일본의

경우 행정소송사항을 열기함으로써 열거되지 아니한 사항에 대하여
는 위법한 행정처분에 의하여 권리침해를 받더라도 출소할 방도가
없었음을 거울로 삼아 우리 입헌에 있어서는 위법한 처분에 대해서
는 전면적인 제소가능성을 보장해야 한다는 제헌자의 경험적 의사가
제헌 취지로 반영된 것이다.

　대법원의 '명령 · 규칙 · 처분 심사권'은 '처분'이 명령 · 규칙과
병렬적으로 명시됨으로써 '처분'과 '명령 · 규칙'이 혼합될 수 없는
별개의 개체임을 확인하게 하였다.[66] 또한, 1962년 제5차 헌법 개
정과 더불어 동 규정상 '재판의 전제' 문구가 추가됨으로써, '처분'
과 '명령 · 규칙'의 구분은 더욱 확연한 분리를 가능케 하였다. 즉
헌법 변천의 연혁적인 체계정합성, 역대 행정소송법의 제 · 개정의
유기적 관련성 및 제헌 · 개정 헌법에 대한 해석 등 을 종합적으로
감안할 때, '재판의 전제' 가 수식하는 대상은 '명령 · 규칙'에 해당
하며, '처분'은 그 수식 대상이 되지 않음을 확인할 수 있었다. 결
국 현행 헌법 제107조 제2항의 '대법원의 명령 · 규칙 · 처분에 대
한 최종적 심사권'은 명령 · 규칙에 대해서는 부수적 규범통제를
'처분'에 대해서는 행정소송법상 항고소송을 의미한다고 봄이 타당
하며, 명령 · 규칙에 대한 본안적 규범통제에 대해서는 입법형성의
영역으로 유보하고 있다고 봄이 타당하다.

　최근, '재판 전제성' 에 대한 논의에 있어서는 과거 헌법규정의
취지, 연혁 및 제헌자의 입법의도, 역대 행정소송법과의 관계, 개정
헌법의 해석 등 감안할 때, 선결문제로 해석함이 타당하고, 선결성
의 대상은 "명령 · 규칙"으로 한정하여야 할 것이다. 처분에 관해서

---

66) 동지: 김남진, "참여정부와 공법제도의 개혁", 고시연구, 2003년 6월호, p.177 (고시연구사
　편, 2003); 김중권, (2004), p.162.

는 재판 전제성의 요건에 구애됨이 없으므로 동 조항은 자연스럽게 행정소송의 근거로 파악됨이 타당하다.

정리하자면, 헌법은 '처분'을 '명령·규칙'과 구별하여 혼합될 수 없는 것으로 상정하였으며, '위법한 처분'에 관해서는 '전면적으로 행정소송이 가능하도록' 함으로써 사법적 권리구제가 – 위법한 '처분'에 대한 행정소송제도 – 완비되어야 함을 강조하고 있다. 다음 항에서는 '처분' 개념과 관련한 '헌법상 지도원리'를 파악함으로써 헌법상 처분에 대한 명시적 '정의' 조항이 없는 한계를 극복하고, 우리 헌법이 예정하는 행정소송에 있어서 '처분' 개념에 대한 구성 지침이 무엇이 있을까? 에 대한 물음에 대하여 답을 찾기로 한다.

Ⅱ. '처분' 개념의 헌법적 지도원리('처분' 개념 헌법적 구현원리)

전 항에서 살핀 바와 같이 '처분' 개념에 대해서는 헌법상 명문으로 '정의' 규정을 두고 있지 않음을 확인하였다. 이로 인하여 전 항에서는 '처분' 문구가 포함되어 있는 관련 헌법 조항을 통해 처분의 "외형" – 외적 울타리 등 – 를 살폈다면, 본 항에서는 헌법의 행정법에 대한 지도원리를 통해서 헌법상 예정하는 '처분' 개념 구성상 필요한 지침 – 지녀야할 가치 – 이 무엇인지를 살피기로 한다. Otto Mayer는 법치국가는 "잘 정돈된 행정법의 국가"(Staat des wohlgeordneten Verwaltungsrechts)라고 하였다[67]. 즉, 헌법과 행정법의 연결하는 최대이념인 법치주의원리를 기반으로 '헌법' 예정하고

---

67) O. Mayer, Deutsches Verwaltungsrecht. Bd.1. 3.Aufl., Berlin 1923, S.58.

있는 행정소송에 있어서 '처분' 개념의 지도원리가 무엇인지 살피기로 한다.

1. 법치주의의 원리[68]

(1) 일반

입헌주의의 한 내용으로서 자유주의와 결합한 법치주의는 입법과 행정과의 관계에 있어서는 법치행정의 원칙으로 나타났는데, 법치행정의 원칙이란 행정권의 행사에는 법률에 근거해서만 할 수 있고, 헌법과 법률에 위배된 행정처분의 효력은 법원에서 부인할 수 있는 것을 말한다. O.Mayer는 법치행정의 내용으로서 (ㄱ) 법률의 우위(Vorrang des Gesetzes), (ㄴ) 법률의 유보(Vorbehalt des Gesetzes), (ㄷ) 법률의 법규창조력(rechtssatzchaffende Kraft des Gesetzes)을 들고 있다.[69] 새로운 실질적 법치국가에 있어서는 행정의 형식적 합법성만으로는 충분하지 않고 실질적으로 그 내용에 있어서도 헌법과 법과 법률에 적합하여야만 한다.[70] 행정의 適憲법성과 적법성의 원칙은 (ㄱ) 소극적 의의에 있어서의 적법성의 원칙으로서의 법의 우월성, (ㄴ) 이러한 원칙에서 나오는 행정행위의 예측가능성을 보장해 주는 법률의 규정, (ㄷ) 기본권을 침해할 경우의 법률의 근거와 법률의 유보, (ㄹ) 이러한 행정의 적법성의 보장으로서의 재판에 의한 행정작용의 법적통제 – 협의의 법치행정의 원칙 – 등의 원리를 요

---

68) 법치주의의 전개과정에 관해, 김철수, 헌법학개론, (2007), pp.185 – 186; 허영, 헌법이론과 헌법, pp.253 – 265 (1998); 권영성, 헌법학원론, pp.142 – 145 (1998)

69) O. Mayer, Deutsches Verwaltungsrecht. Bd.1. 3.Aufl., Berlin 1923, S.65.

70) 헌재는 법치주의와 법률의 명확성에 관하여 '법률은 국민의 신뢰를 보호하고 법적 안정성을 확보하기 위하여 되도록 명확한 용어로 규정되어야 한다.(헌재 1992.4.28. 선고 90헌바27, 헌재 1998.4.30. 선고 95헌가16, 헌재 2000.2.24. 선고 98헌바37)라고 줄곧 판시하고 있다.

청하고 있다[71]. 즉, 법치주의는 국가가 국민의 자유와 권리를 제한하든가, 국민에게 새로운 의무를 부과하려 할 때에는 국민의 의사를 대표하는 국회가 제정한 법률에 의하거나 법률에 근거가 있어야 하고, 또 법률은 국민만이 아니고, 국가권력의 담당자도 규율하는 원리를 말한다. 이것은 국가권력에 대하여 국민의 자유와 권리를 보장하려는 것을 이념으로 하는 것으로, 이와 같은 합리적 지배의 원리를 실현하기 위하여 (ㄱ) 먼저 법의 제정이 의회에서 이뤄져야 한다는 것을 전제로 한다. 그리고 (ㄴ) 이 법은 독립된 법원에 의하여 그 법에 따라서 적용되어야 하며 (ㄷ) 행정은 소정의 법에 근거하여 집행되어야 함이 요구된다. 결국 권력분립주의가 법치주의의 기초를 이루고 있으며, 국민의 자유권을 보장하기 위한 자유주의적 원리가 법치주의의 내용을 이룬다.[72]

상술한 법치주의의 원리 및 요소에 따라 우리 헌법도 제헌헌법에서 실질적인 법치주의를 도입한 이래 기본권보장·권력분립·사법적 권리보장을 채택하여 왔다. 현행 헌법에 직접적으로 법치주의를 명시하고 있지는 않지만 헌법 전반에 걸쳐 그 이념을 선언하고 있는 규정들이 상술한 바와 같이 여러 곳에 존재한다. 즉 인간의 존엄과 가치·행복추구권 및 기본적 인권의 보장을 규정한 제10조[73], 경제의 민주화를 규정한 119조 2항[74], 인간다운 생활을 할

---

71) 김철수, 비교헌법론(상), pp.283 - 284 참조 (1980).

72) 이에 따라, 현대헌법의 법치주의 원리는 분배원리(Verteilungsprinzip)와 조직원리(Organ-isationsprinzip)로 나누어지는데, 분배원리는 개인의 기본권의 보장에, 조직원리는 권력분립 원리에 각각 표현되고 있다.

73) 대한민국헌법[시행 1988. 2.25] [헌법 제10호, 1987.10.29. 전부개정] 제10조 모든 국민은 인간으로서의 존엄과 가치를 가지며, 행복을 추구할 권리를 가진다. 국가는 개인이 가지는 불가침의 기본적 인권을 확인하고 이를 보장할 의무를 진다.

74) 대한민국헌법[시행 1988. 2.25] [헌법 제10호, 1987.10.29. 전부개정] 제119조 제2항 국가는 균형있는 국민경제의 성장 및 안정과 적정한 소득의 분배를 유지하고, 시장의 지배와

권리의 보장을 규정한 제34조[75) · 국민의 자유와 권리는 반드시 법률로써만 제한 할 수 있다는 제37조 2항[76) · 제12조 제1항 [77) 등에서 우리 헌법은 형식적 법치주의 뿐 아니라 사회적 법치국가의 이념을 선언하고 있다. 우리 헌법재판소도 실질적 법치주의에 입각하고 있으며[78) 법치주의의 내용의 하나로 법률의 유보를 들고 있으며 이는 이른바 의회유보에 속한다고 보고 있다.[79) 우리 헌법상 법

경제력의 남용을 방지하며, 경제주체간의 조화를 통한 경제의 민주화를 위하여 경제에 관한 규제와 조정을 할 수 있다.

75) 대한민국헌법[시행 1988. 2.25] [헌법 제10호, 1987.10.29, 전부개정] 제34조 ①모든 국민은 인간다운 생활을 할 권리를 가진다.
② 국가는 사회보장 · 사회복지의 증진에 노력할 의무를 진다.
③ 국가는 여자의 복지와 권익의 향상을 위하여 노력하여야 한다.
④ 국가는 노인과 청소년의 복지향상을 위한 정책을 실시할 의무를 진다.
⑤ 신체장애자 및 질병 · 노령 기타의 사유로 생활능력이 없는 국민은 법률이 정하는 바에 의하여 국가 의 보호를 받는다.
⑥ 국가는 재해를 예방하고 그 위험으로부터 국민을 보호하기 위하여 노력하여야 한다.

76) 대한민국헌법[시행 1988. 2.25] [헌법 제10호, 1987.10.29, 전부개정] 제37조 제2항 국민의 모든 자유와 권리는 국가안전보장 · 질서유지 또는 공공복리를 위하여 필요한 경우에 한하여 법률로써 제한할 수 있으며, 제한하는 경우에도 자유와 권리의 본질적인 내용을 침해할 수 없다.

77) 대한민국헌법[시행 1988. 2.25] [헌법 제10호, 1987.10.29, 전부개정] 제12조 제1항 모든 국민은 신체의 자유를 가진다. 누구든지 법률에 의하지 아니하고는 체포 · 구속 · 압수 · 수색 또는 심문을 받지 아니하며, 법률과 적법한 절차에 의하지 아니하고는 처벌 · 보안처분 또는 강제노역을 받지 아니한다.

78) 우리헌법은 국가권력의 남용으로부터 국민의 기본권을 보호하려는 법치국가의 실현을 기본이념으로 하고 있고…실질적 법치국가의 실현이라는 이념도 포함되는 것이다. 이는 국회의 입법재량 내지 입법정책적 고려에 있어서도 국민의 자유와 권리의 제한은 필요한 최소한에 그쳐야 하며, 기본권의 본질적 내용을 침해하는 입법을 할 수 없는 뜻한다(헌재 1992.2.25. 선고 90헌가69 등 병합.)

79) 헌법은 법치주의를 그 기본원리의 하나로 하고 있으며, 법치주의는 행정작용에 국회가 제정한 형식적 법률의 근거가 요청된다는 법률유보를 그 핵심적 내용의 하나로 하고 있다. 그런데 오늘날 법률유보의 원칙은 단순히 행정작용이 법률에 근거를 두기만 하면 충분한 것이 아니라, 국가공동체와 그 구성원에게 기본적이고도 중요한 의미를 갖는 영역, 특히 국민의 기본권실현에 관련된 영역에 있어서는 행정에 맡길 것이 아니라 국민의 대표자인 입법자 스스로 그 본질적 사항에 대하여 결정하여야 한다는 요구까지 내포하는 것으로 이해하여야 한다. 그리고 행정작용이 미치는 범위가 광범위하게 확산되고 있으며, 그 내용도 복잡 · 다양하게 전개되는 것이 현대행정의 양상임을 고려할 때, 형식상 법률상의 근거를 갖출 것을 요구하는 것만으로는 국가작용과 국민생활의 기본적이고도 중요한 요소마저 행정에 의하여 결정되는

치주의의 원리는 기본권보장, 권력의 분립, 사법적 권리보장 등으로 보장되고 있다.

(2) 기본권 보장

우리 헌법은 국가적 안전과 양립될 수 있는 범위 내에서는 최대한으로 개인의 기본권을 보장하고 있다. 즉 헌법 제10조는 "모든 국민은 인간으로서의 존엄과 가치를 가지며, 행복을 추구할 권리를 가진다, 국가는 개인이 가지는 불가침의 기본적 인권을 확인하고 이를 보장할 의무를 진다"라고 규정하고 있다. 또 제37조는 "국민의 자유와 권리는 헌법에 열거되지 아니한 이유로 경시되지 아니한다(제1항) 국민의 모든 자유와 권리는 국가안전보장·질서유지 또는 공공복리를 위하여 필요한 경우에 한하여 법률로써 제한 할 수 있으며, 제한하는 경우에도 자유와 권리의 본질적인 내용을 침해할 수 없다(제2항)"라고 하여 법치주의를 단적으로 표현하고 있다. 그 외에도 제29조에서 공무원의 직무상 불법행위로 손해를 받은 국민은 국가 또는 공공단체에 대하여 정당한 배상을 청구할 수 있도록 하는 등 국민의 기본적 인권을 보장하고 있다.

(3) 권력의 분립

결과를 초래하게 될 것인바, 이러한 결과는 국가의사의 근본적 결정권한이 국민의 대표기관인 의회에 있다고 하는 의회민주주의의 원리에 배치되는 것이라 할 것이다. 입법자가 형식적 법률로 스스로 규율하여야 하는 그러한 사항이 어떤 것인가는 일률적으로 확정할 수 없고, 구체적 사례에서 관련된 이익 내지 가치의 중요성, 규제 내지 침해의 정도와 방법 등을 고려하여 개별적으로 결정할 수 있을 뿐이나, 적어도 헌법상 보장된 국민의 자유나 권리를 제한할 때에는 그 제한의 본질적인 사항에 관한 한 입법자가 법률로써 스스로 규율하여야 할 것이다. 헌법 제37조 제2항은 "국민의 모든 자유와 권리는 국가안전보장·질서유지 또는 공공복리를 위하여 필요한 경우에 한하여 법률로써 제한 할 수 있다"고 규정하고 있는 바, 여기서 "법률로써"라고 한 것은 국민의 자유나 권리를 제한하는 행정작용의 경우 적어도 그 제한의 본질적인 사항에 관한 한 국회가 제정하는 법률에 근거를 두는 것만으로 충분한 것이 아니라 국회가 직접 결정함으로써 실질에 있어서도 법률에 의한 규율이 되도록 요구하고 있는 것으로 이해하여야 한다. 헌재 1999.5.27. 선고 98헌바70

우리 헌법도 국민의 자유와 권리를 보장하기 위하여 권력분립의 원칙을 채택하고 있다. 즉 입법권은 국회에서 행하고(제40조), 행정권은 대통령을 수반으로 하는 정부에 속하며(제66조 제4항), 사법권은 법원에 속하게 하고 있다(제101조). 이러한 권력분립제도는 견제와 균형의 원리에 입각하고 있다. 권력분립주의는 국가권력의 남용을 방지하고 국민의 자유를 확보하기 위하여 입법·행정·사법의 각 장용을 분리·독립시켜 이들을 각각의 기관에 담당케 함으로써 기관 상호간의 억제를 인정하고 균형을 유지하기 위한 통치조직에 관한 원리이다.

　권력분립의 의의는 단순히 성격이 다른 국가권력을 서로 나누어 다른 기관에 귀속시키자는 데 그치지 않고 입법·행정·사법이라는 국가권력이 상호 견제와 균형을 통하여 어느 한 권력의 독주를 막고 이를 통하여 권리를 보호하자는 자유주의적 국가사상에 있다. 그렇다면, 오늘날 행정부에 의한 행정작용의 법적인 견제는 기본적으로 입법부가 법률을 통하여 하는 것이 우선이지만, '일상적인 행정의 감시자'는 바로 사법부이며, 그렇기 때문에 사법부에 행정소송의 심판권을 부여하는 것으로 볼 수 있다. 그렇게 본다면 행정청의 행정작용에 대하여 사법부가 재판권을 행사하는 것은 행정부를 견제하기 위한 사법부 본래의 권한행사에 해당하는 것이라 볼 수 있다. 결국, 소위 '형식적 권력분립설'은 실질적 권력분립의 의미를 희석하고 국민의 기본적인 권리 보장에 충실하지 못하게 하는 전근대적 형식논리에 해당할 것이다[80]. 그렇다면 이러한 이론적 오류가 지양되고 권력분립이 옳게 해석된다면 사법부가 행정부의 행정작용에 대하여 사법심사를 하는 것은 권력분립의 당연한 귀결일

---

80) 김성수, "항고소송", 주석행정소송법 p.103. (김철용·최광율 편, 2004b)

것이다.

(4) 사법적 권리보장

우리 헌법은 사법권의 독립을 보장하여 사법에 의한 국민의 권리보장을 꾀하고 있다. 즉 명령·규칙 또는 처분이 헌법이나 법률에 위반 되는 여부가 재판의 전제가 된 경우에는 법원에서 이를 심사하여 국민의 권리를 보장하고(제107조 제2항), 행정재판에 대해서도 사법일원주의를 채택하여 일반법원에서 이를 심판하며, 대법원에 최종심으로서 상고할 수 있게 하고 있다.(제101조)

2. 법치주의원리와 '처분' 개념의 헌법상 구현원리

(1) 도입

권리구제가 권리에 선행한다(Remedies precedes Right)는 영국의 법언에서 볼 수 있는 바와 같이, 행정상 권리구제(Verwaltungsrechtsschutz)는 법치주의원리를 실질적으로 구현하는 제도인 동시에 그 필수적인 구성요소이기도 하다. 상술한 바와 같이 법치주의에 있어 행정은 적법·타당하게 행해져야 하며 또 개인의 기본권을 존중하지 않으면 안된다. 따라서 행정이 이러한 법치주의 요구에 위배하여 개인의 권리·이익을 침해하였을 때에는 당연히 그에 대한 구제가 주어져야 한다. 법치주의원리의 구성요소로서 행정에 대한 법적 통제가 행해져야 하는 궁극적인 이유는 역시 국민의 권리보호에 있다. 행정의 법적 통제는 법치주의의 수단이며, 국민의 권리보호에 있다. 다시 말하면, 행정의 법적 통제와 행정상 권리구제는 법치주의원리의 당연한 귀결이다. 행정의 법적 통제와 행정상 권리구제에는 여러 가지 수단이 있으나 이 중에서 행정소송은 가장 중요한 통제수단이며 행정상 권리구제수단이다[81]. 즉, '처분'을 다투는 행정 소송에 있어서 헌법상 '법치주의' 원리는 처음과 끝을 관통한다. 이하에서는 '처분'을 다투는 행정소송에 있어서 헌법이 예정하는 '행정소송의 법률상쟁송성', '실체법에 봉사하는 소송법', '사법적 권리구제로서의 소송제도완비'에 대하여 살피기로 한다.

(2) 행정소송의 법률상 쟁송성

'처분' 개념의 구성에 있어서 행정소송의 기능적 특성은 '처분' 에 포함될 행정작용 및 소송물이 중요한 영향을 미치는 바, 헌법이 예정하는 행정소송의 기능적 특성을 살피기로 한다. 우리나라에서 는 행정재판권이 최고법원인 대법원과 각급법원으로 구성된 사법 부에 속한다(헌법 제101조). 행정소송에 있어 민사소송법과는 별도 로 행정소송법이 제정되어 있어 행정소송에 관한 절차적 배타성이 인정되고 있다. 또한 1998. 3. 1.부터 행정법원이 설치되어 행정소 송법에서 정한 행정사건을 제1심으로 심판하게 됨으로써[82] 제1심

---

81) 행정의 법적통제와 행정상 권리구제의 여러 수단에 대하여는 Schmitt Glaeser, Verwaltu-ngsprozessrecht, 12. Aufl., 1993, 18f. 참조.

82) 법원조직법 제3조 제1항 제3조(법원의 종류) ① 법원은 다음의 6종으로 한다.
1. – 5.〈생략〉
6. 행정법원
법원조직법 제40조의4(심판권) 행정법원은 행정소송법에서 정한 행정사건과 다른 법률에 의 하여 행정법원의 권한에 속하는 사건을 제1심으로 심판한다.
[본조신설 1994.7.27]
법원조직법 부칙 〈4765호, 1994. 7. 27〉 제2조 제1조 (시행일) ①이 법은 1995년 3월 1 일부터 시행한다. 다만, 제3조, 제7조, 제29조, 제31조의 개정규정중 시·군법원에 관한 사 항 및 제33조, 제34조의 개정규정과 부칙 제4조의 규정은 1995년 9월 1일부터, 제20조, 제44조, 제44조의2의 개정규정은 예비판사에 관한 사항과 제42조의2 및 제42조의3의 개 정규정은 1997년 3월 1일부터, 제3조, 제5조 내지 제7조, 제9조의2, 제10조, 제14조, 제 28조, 제44조의 개정규정중 특허법원, 특허법원장, 행정법院 또는 행정법원장에 관한 사항 및 제3편제2장(제28조의2 내지 제28조의4), 제3편제5장(제40조의2 내지 第40조의4), 제 54조의2의 개정규정은 1998년 3월 1일부터 시행한다.각급법원의 설치와 관할구역에 관한 법률 제2조 (설치) ①고등법원·특허법원·지방법원·가정법원·행정법원과 지방법원 및 가정법원의 지원, 지방법원 가정지원을 별표 1과 같이 설치한다. 〈개정 2001.1.29〉

관할의 배타성까지 발생하였다. 이러한 행정법원은 대법원을 정점으로 하는 일원적인 사법부의 산하 전문법원의 하나에 불과하다.

행정소송은 행정법규의 적용에 관하여 분쟁이 발생한 경우 법원이 법에 의거하여 그 분쟁을 판정하는 절차인 것이므로, 권력분립 원칙의 관점에서 행정소송의 본질이 문제된다. 우리 헌법 제101조 제1항의 사법의 개념에는 민사·형사의 재판뿐만 아니라 행정사건의 재판도 포함되는 것으로 해석되고[83], 헌법 제107조 2항이 대법원에게 행정사건에 대한 최종적 심사권을 부여한 것은 위 101조 규정을 전제로 한 것이고 또한 사법권을 관장하는 법원은 최고법원인 대법원과 각급 법원으로 조직된다는 제101조 2항을 아울러 고려하면 우리 헌법의 취지는 모든 법률상 쟁송을 원칙적으로 일반법원에 통일하려는 것이라고 보아야 하며, 결국 행정소송은 사법작용에 해당된다.[84]

[전문개정 1994.7.27]
각급법원의 설치와 관할구역에 관한 법률 제4조 (관할구역) 각 고등법원·지방법원과 그 지원, 지방법원 가정지원의 관할구역을 별표 3과 같이 하고, 특허법원의 관할구역을 별표 4와 같이 하며, 가정법원의 관할구역을 별표 5와 같이 하고, 행정법원의 관할구역을 별표 6과 같이 하며, 각 시·군법원의 관할구역을 별표 7과 같이 하고, 항소 또는 항고사건을 심판하는 지방법원본원합의부 및 지방법원지원합의부의 관할구역을 별표 8과 같이 하며, 행정사건을 심판하는 춘천지방법원 및 춘천지방법원 강릉지원의 관할구역을 별표 9와 같이 한다. 다만, 지방법원 또는 그 지원의 관할구역안에 시·군법원을 둔 경우 법원조직법 제34조제1항제1호 및 제2호의 사건에 관하여는 지방법원 또는 그 지원의 관할구역에서 해당시·군법원의 관할구역을 제외한다. 〈개정 2001.1.29, 2002.8.26, 2004.1.20, 2005.3.24〉
[전문개정 1994.7.27]
각급법원의 설치와 관할구역에 관한 법률 [별표 6] 〈개정 2004.1.20〉
행정법원의 관할구역

고등법원	행정법원	관할구역
서울	서울	서울특별시

83) 따라서 헌법 제27조의 재판청구권을 민사·형사뿐만 아니라 행정사건의 재판청구권도 포함된다.

84) 황동준, 행정법원론(하), p.732. (1955a); 이종극, 신행정법(하), p.324. (1960a); 김도창, (1958), p.730; 박윤흔·정형근, 최신행정법강의(상), p.756. (2009); 이상규, 신행정법론(상) p.246. (1964); 유명건, 실무행정소송법, p.3. (2001); 대법 1954.4.19. 선고 4285

행정소송의 사법작용성을 구체화하여 법원조직법 제2조 제1항은 '법원은 헌법에 특별한 규정이 있는 경우를 제외한 일체의 법률상의 쟁송을 심판하고, 이 법과 다른 법률에 의하여 법원에 속하는 권한을 가진다' 라고 규정하고 있다. 결국, 司法개념의 요소가 되고 있는 법률상 쟁송은 당사자 사이의 구체적인 권리의무관계에 대한 법률적용상의 분쟁을 해결함으로써 당사자의 권익을 확보·보장함을 목적으로 하는 주관적 소송임을 의미한다.[85] 따라서, 행정사건도 법률상 쟁송[86]에 해당되는 경우에만 법원의 재판권이 미치는 것으로 해석할 수 있다[87].

법치주의 원리에서 비롯된 헌법상 '처분' 개념의 지도원리인 "행정소송의 법률상쟁송성"은 '처분' 개념의 확대를 도모하기 위한 전제로, 행정소송의 '객관소송'성을 주장하는 학자들에게 시사하는 바가 크다. 이에 대하여는 제2절 행정소송법상 '처분' 개념의 확대이론 부문에서 자세히 기술하기로 한다.[88]

행상20 판결 (집1(4)행,014)

85) 법원조직법 제2조 제1항에서 말하는 일체의 법률상 쟁송 이란 법률에 규정된 모든 종류의 소송을 의미하는 것으로서, 주관소송만이 아니라 객관소송까지를 포함한다는 견해도 있다. 박정훈. "행정소송법 개정의 기본방향" 현대공법학의 과제 - 최송화교수화갑기념논문집. p.661. 참조 (2002).

86) 김해룡 교수는 법률상 쟁송이란 '법집행된 이후의 구체적인 법률관계에 대한 다툼' 을 의미하는 바, "법집행과 무관하고", "구체적인 법률관계가 계쟁되지 않은 다툼"에 대해서는 심판대상 자체가 될 수 없는 본질적인 한계가 개념상 내재되어 있다고 주장한다. 결국, '처분' 개념 역시 행정청의 법집행작용(Gesetzesvollzugsakt)을 의미하는 것이다. 김해룡 (2006). p.369.

87) 사법은 어디까지나 분쟁해결수단(ultima ratio)이다. 사회적 분쟁과 공익을 둘러싼 다툼은 우선적으로 '정치적·정책적 해결'이나 '행정적 조정'을 통하여 이루어져야 하며 이러한 절차적 여과를 거치지 않고 이 문제를 법원이 처리하려고 할 때에는 이제 사법은 '재판의 이름을 빌린 또 하나의 정치'라는 비난을 받을 수도 있다. 김성수. "항고소송의 원고적격 및 기타 논점에 대한 지정토론". 행정소송법 개정자료집. p.891 (법원행정처 편. 2007).

88) 뒤의 제2장 제2절 Ⅱ. 2. (4).

(3) 실체법에 봉사하는 소송법

통상 실체법(materrielles Recht)과 절차법(formelles – bzw. Verfahresrecht) 간의 구분이 기본적으로 중요한데, 소송법(Prozessrecht)은 후자를 대표한다. 실체법과 소송법은 각기 구별되는 목표설정으로 말미암아 체계상으로 규율방식상으로 명확히 구분되고 나름의 특유한 구조원칙을 그 특징으로 한다. 소송법의 형성과 관련해선, 우선 소송법이 일차적으로 실체법의 관철에 기여한다는 점과 그래서 실체법의 구조와 여건을 기준으로 삼지 않으면 안 된다는 점이다[89]. 즉, 소송법은 결코 목적 그 자체를 의미하는 것이 아니라, 실체법의 실현을 목표로 삼는다.(소송법의 봉사적 기능) 그리고 실체법은 그것의 보호를 위하여 제공된 해당 소송법질서에게 결정적인 영향을 미친다. 물론 일방적으로 영향을 미치진 않는다. 왜냐하면 실체법은 다양하게 소송법에 의하여 비로소 성립하거나 형상을 갖추기 때문이다. 요컨대 실체법과 소송법은 상호 밀접한 관련을 갖으며, 이들간에는 상호작용(Wechselwirkung)이 존재한다.[90] 그리고 다른 한편으론 소송법은 그때그때 추구하는 소송목적인 주관적 권리보호, 객관적 법질서의 보전, 확정력 있는 결정에 의한 법적평화의 회복, 개별사건에서 법에 관한 구속적 확인에 의한 법적 안정성의 보장, 법적 통일성의 확보, 최고법원에 의한 법의 지속적 형성 등에 의하여 그 특징이 지워진다. 이들 여러 소송목적은 대립하여 서로 배타적이지 않고 相補的이다. 가령 개인적 권리보호는 객관적 법의 보전에도 이바지하고, 역으로 객관적 법통제가 주관적 권리의 보호에 유용할 수 있다. 그럼에도 불구하고 소송법의 모습과 형태를 가다

---

89) 김중권 (2003), p.645

90) Dieter Lorenz, Verwaltungsproze β recht, 2000, S.2; Maurer, Rechtsstaatliches Prozessrecht, Festschrift 50 Jahre Bundesverfasungsgericht Bd. Ⅱ., 2001, S.467.

듣는데는, 어떤 소송목적이 토대가 될지 그리고 어떤 소송목적에 따라 소송법의 골간을 정할지가 결정적으로 중요하다. 그 물음에 대한 답은 바로 法治國家原理이서 찾아야 한다. 다시 말해 소송법이 자신의 기능에 적합하려면 법치국가원리적 요청을 충족하여야 한다. 법치국가원리는 법적다툼에 관한 결정을 내리기 위한 재판권이 존재할 것만을 요구하는 것이 아니라, 그 재판이 법치국가원리적 관점에서 규율되는 것까지 요구한다. 법치국가에서 국가는 사인의 자력집행의 부인에 대한 보전수단으로써, 효과적인 권리보호체계를 마련하고 적합한 결정을 위한 합절차적 요건을 만들어야 한다.[91]

'실체법에 봉사하는 소송법'의 헌법적 가치는 모든 행정작용을 '처분' 개념으로 흡수하고, 이를 하나의 소송유형 – 항고소송 – 으로 해결하려는 주장에 대하여 시사하는 바가 크다고 본다.

(4) 사법적 권리구제로서 소송제도의 완비

헌법상의 기본권보장주의와 법치행정의 원리, 그리고 헌법 제27조 1항이 보장하는 국민의 재판청구권의 취지에 비추어 볼 때 행정소송법 제3조와 제4조를 행정소송의 가능성이나 범위를 제한하는 방향으로 해석하여서는 안 될 것이다. 물론 우리 헌법에는 독일 기본법 제19조 제4항과 같이 명시적으로 포괄적 권리보호(umfassender Rechtsschutz)를 명하는 규정은 없다. 그러나 비록 약하기는 하지만 헌법 제27조 제1항으로부터 재판을 통해 공백 없는 권리보호를 받을 수 있는 권리를 도출해 낼 수 있을 것이다. 즉, 법치주의의 관점에서 국민의 기본권을 최대한 보장할 수 있도록 소송제도를 완

---

91) Maurer, Rechtsstaatliches Prozessrecht, Festschrift 50 Jahre Bundesverfasung-sgericht Bd. II., 2001, S.468.

비하는 의미로 받아들여야 할 것이다.

제헌헌법상 '처분' 개념에서 살펴보았듯이 유진오 교수는 '위법한 행정처분'에 대해서는 빠짐없는 소송을 통해 권리구제 가능성이 보장되어야 함을 강조하였다.[92] 이 역시, 본 "사법적 권리구제로서의 소송제도 완비"와 밀접한 관련을 맺는다고 본다.

'사법적 권리구제로서의 소송제도의 완비'는 현행 행정소송구조의 단순성 및 폐쇄적인 현행 행정소송제도에 법치주의적 관점에서 소송제도의 변화에 새로운 "개방"의 시각을 불어 넣을 수 있는 기회를 마련하는 근거를 제공할 수 있다는 측면에서 의의가 크다. 특히 이후에서 논의할 최근 "독일"의 개별행정작용 마다 소구방식을 달리 두고 있는 소위 '권리구제 다양화주의'의 입장[93], 우리 대법원 판례가 "무명항고소송을 인정하지 않고 있는 입장"[94] 등 이후에 논의될 '처분' 개념과 관련된 논증에 있어서 빠짐없이 등장하게 될 중요한 지침이다.

3. 중결

법치주의원리의 도그마적 내용은 간단한 정의상의 토대에 고정될 순 없다. 오히려 그것은 여러 다른 구조와 일관성하에 있는 층들로 구성되어 있으며, 이들은 연역추론함에 있어서, 헌법본문이 가장 중요한 인식원이긴 하나, 유일한 것은 아니다. 헌법상으로 확실한 영

---

92) 제2장 제1절 Ⅰ. 2. (1) 2) 참조.

93) 제3장 제1절 Ⅱ. 1. (2) 참조.

94) 대법원은 애국지사의 유족연금 등에 대한 청구권 및 행정청의 동 연금등지급의무의 존재확인을 구하는 소송은 "작위의무확인소송으로서 항고소송의 대상이 되지 아니한다"고 판시한 바 있다. 대법. 1990. 11. 23. 선고 90누3554 판결, 그 밖에도 대법 1987. 3. 24. 선고 86누182 판결, 대법 1989. 1. 24. 선고 88누3314 판결, 대법 1992. 11. 10. 선고 92누1629 판결 등이 있다.

역이 아닌 경우엔, 법국가적 상태(Rechtsstaatlichkeit)는 개별법적인 결정 – 규정 – 을 통해 완성될뿐더러, 전통·의미의 상관관계로부터 구체화되면서 명료하게 된다.[95] 그래서 독일 연방헌법재판소도 "헌법상으로 일부에서만 상세히 형쾌가 부여되어 있는 법치국가원리가, 세세히 분명하게 결정된 명령과 금지를 결코 담고 있지 않다. – 사물적 여건에 맞춰 구체화가 필요하다 – 하지만 이때 법치국가와 법치국가적 상태의 근간적 요소 – 기본권 보장과 권력분립 – 가 전체적으로 변함없이 견지되어야 한다"고 지적하고 있다.[96]

모든 국가가 법치주의 원리를 따르고 있고, 권력분립론을 주장하고 있으나 행정재판의 본질, 대상을 고려함에 있어 권력분립론 일반론에서 형식적으로 결론을 도출하기 보다는 법치주의 전체원리 – 형식적법치주의원리와 실질적법치주의원리를 결합한 –, 즉 기본권보장, 권력분립, 사법적 구제 등 헌법 전체의 취지를 감안하면서 '처분' 개념에 관한 구현 가치를 연구할 필요가 있다고 본다.

본 항에서는 '처분' 개념 구현을 위하여 헌법상 법치주의적 구현 가치로 '행정소송의 법률상 쟁송성', '실체법에 봉사하는 소송법' 및 '사법적 구제로서의 소송제도 완비'를 제시하였다. 제시한 가치 이외에도 '처분' 개념을 둘러싼 헌법상 법치주의 실현을 위한 가치는 무궁무진하다고 본다. '처분' 개념의 헌법상 구현 가치는 본 연구 진행 과정에서 '처분' 개념의 정립을 위한 큰 '실마리'를 제공하게 되며, 이는 해당 항에서 자세히 기술하기로 한다.

---

95) 김중권, 행정법 기본연구 I, p.6. (2008a)
96) BVerfGE 65, 283(290)

Ⅲ. 헌법상 '처분' 개념에 따른 입법적 대안과 고찰

1. 요약 및 정리

본 절의 논의를 정리한다. 행정법은 헌법의 구체화법이며, 헌법은 행정법의 최고의 법원에 해당하므로 헌법1상 '처분' 개념은 행정소송법상 '처분' 개념의 정립에 있어서 실마리를 제공할 수 있다. 우리 헌법은 '처분' 개념에 대하여 직접적으로 '정의'하고 있지는 않으나, 행정재판의 근거조항인 대법원의 명령·규칙·처분 심사권에 관한 조항을 제헌헌법 이래도 둠으로써 '처분' 개념의 해석에 있어서 헌법상 예정한 지침을 제공하고 있다. 우선 법문상 '처분'을 명령·규칙과 동위로 열거함으로써 '처분'은 '명령·규칙'과 혼입될 수 없는 관계에 있다. 동 조항 입헌취지는 '위법한 처분'에 관해서는 국민의 빠짐없는 권리구제를 필요하며, 이를 위해 '전면적 소구가능성'이 보장되어야 함에 있다. 즉 위법한 처분에 대한 행정소송제도의 완비를 의미한다. 또한 1962년 제5차 개정 헌법에서부터 법문상 명시된 '재판 전제성'에 관하여는, 제헌자의 입법취지와 당시 헌법학자의 해석론, 명령·규칙과 처분의 행정작용형식체계, 헌법개정 – 헌법변천 – 의 역혁상 체계적정합성 및 역대 행정소송법과의 관계를 고려할 때, '재판 전제성'의 의미는 '선결 문제'로 파악되어야 하고, 선결성의 대상은 '명령·규칙'에만 해당한다고 봄이 타당하다. 즉, '명령·규칙·처분심사권'을 규정하는 헌법 제107조 제2항은 '처분'에 대한 행정재판의 근거로서 행정소송법의 헌법적 근거이며, '명령·규칙'에 대한 부수적 규범톤제를 명시하는 조항으로 해석함이 타당하다. 또한 대법원의 명령·규칙·처분의 최종적 심사권을 명시한 권한의 최종적 심사권 소재를 명시하는 조항으로서, 본안적 규범통제에 관해서는 입법자의 재량에 맡겨져 있음으로 해석함이 타당하다.

헌법상 법치주의 원리는 행정법을 잘 정돈되게 만드는 바, '처분' 개념의 헌법적 가치를 구현하기 위한 법치주의적 지침으로 행정재판의 법률상 쟁송성, 실체법에 봉사하는 소송법, 사법적 권리구제로서의 소송제도 완비를 제시하였다. 이러한 지침은 행정소송법상 '처분' 개념을 정립하는데 있어서 영향력 있는 '실마리'로 작용될 것이다.

2. '처분' 개념 구성에 있어서 입법적 대안 및 고찰

(1) 입법적 대안 설정

헌법상 '처분' 개념이 예정하는 외형적 가이드라인과 구현 가치를 종합하여 다음과 같이 '처분' 개념에 대한 立法的 代案을 설정할 수 있다.

(i) 헌법상 '처분' 개념과 행정소송법상 '처분' 개념이 일치하는 경우

(ii) 헌법상 '처분' 개념과 행정소송법상 '처분' 개념이 일치하지 않는 경우

(2) 입법적 대안(i) 고찰

우선 (i) 헌법상 '처분' 개념과 행정소송법상 '처분' 개념이 일치하는 경우로 입법적 대안을 설정할 경우 헌법이 규정하는 '처분' 개념에 예정했던 가치들로 인하여 행정소송법상 '처분' 개념은 '명

령·규칙'이 제외될 것이며, 따라서 행정소송법상 '처분' 개념에 '명령·규칙'을 포함하는 논의는 설득력을 잃게 된다. 즉, 명령·규칙에 까지 '항고소송'을 인정하는 주장은 위헌성을 극복하지 못하게 될 것이다.

둘째로, (ⅰ) 헌법상 '처분' 개념과 행정소송법상 '처분' 개념이 일치하는 가정에서면, 현행 대법원이 인정하는 '조치적 명령'에 대한 항고소송의 대상성 인정은 '명령·규칙'을 '처분'으로 보았다는 측면에서 헌법이 예정하는 지침과 불일치하므로 법원의 법률해석에 있어서 치명적인 오류로 판명될 것이다[97] 다시 말하면, 명령·규칙은 항고소송의 대상이 될 수 없고, 명령·규칙의 심사가 가능하려면 별도의 소송유형 신설을 통해서만 위헌·위법한 명령·규칙의 통제가 가능할 것이며, 덧붙여 현행 헌법은 본안적 규범통제에 관해서 입법자의 재량에 맡겼으므로, 법률에 본안적 규범통제 조항을 둠으로써 명령·규칙에 대한 심사가 가능할 것이다.

셋째로, (ⅰ) 헌법상 '처분' 개념과 행정소송법상 '처분' 개념이 일치하는 입장에 의하면, 제헌자는 '위법한 처분'에 관해서는 사법적 권리구제의 완비를 주문하고 있고, '처분'과 '명령·규칙'을 분리하는 헌법상 '처분' 관련 제107조 제2항을 감안한다면, '처분'에 포함되는 행정작용에 대한 소송제도가 완비되어야 할 것인데, '처분'을 실체법적 행정행위로 볼 것이냐, 쟁송법적 처분개념으로 볼 것이냐에 따라 전자로 보게되면 현행의 취소소송은 실체법적 행정행위를 다툴 수 있는데 적합한 소송제도이므로 현행 제도는 제헌자의 입헌 취지에 합당한 것이며, 만약 '처분'을 후자로 파악하여 '쟁송법적 처분'개념으로 파악한다면, 소위 '형식적 행정행위' 개념

---

97) 김중권 (2004), p.166.

에 대한 적절한 소송유형을 두고 있지 않는 현행 소송제도 및 '무명항고소송'을 부정하는 판례의 태도에 비추어 봤을 때, 제헌자의 입헌취지를 충족하고 있지 못함으로 판명될 것이다.

끝으로 상기 분석 각각에 '처분' 개념의 헌법상 구현원리를 더함이 필요한데, '처분' 개념에 명령·규칙을 포함하는 입장은 구현원리 중 '실체법에 봉사하는 소송법' 즉 행정입법과 행정행위는 그 실체법상 그 작용체계를 달리함에도 불구하고 같은 소송형식으로 놓아둠으로써 '실체법에 봉사하는 소송법'에 위배되고, 조치적 명령을 항고소송으로 인정하는 것은 역시 '실체법에 봉사하는 소송법'에 위배됨과 동시에, '명령·규칙'에 대한 별도의 소송유형을 행정소송법상 두고 있지 못한 우리의 행정재판제도는 '사법적 구제의 소송제도 완비' 차원에서도 비판되어야 할 것이다. 행정상 사실행위의 소제기에 있어서는 '실체법에 봉사하는 소송법' 및 '사법적 구제의 소송제도 완비' 측면에서 권력적 사실행위의 경우에는 별도의 항고소송 유형을 신설하는 방안도 고려될 수 있겠으나, 행정의 행위형식론─행정작용체계론─측면에서 '사실행위'는 아예 별도로 '항고소송'의 대상에서 제외시켜 "별도의 소송유형"으로 정함이 더욱 정결할 것이다.

(3) 입법적 대안(ⅱ) 고찰

다음으로 (ⅱ) 헌법상 '처분' 개념과 행정소송법상 '처분' 개념이 일치하지 않는 입장에서는 헌법상 '처분' 개념과 행정소송법상 '처분' 개념은 별개이며, 다만 헌법이 '처분' 개념의 구성에 있어서 요구하는 법치주의적 요구 가치─'처분' 개념의 헌법상 구현원리─를 수용하여 행정소송법상 '처분' 개념을 구성하여야 할 것이다. 즉 행정재판 역시 법률상 쟁송성을 가지므로 주관적 권리침해가 없는 경우까지 행정소송의 대상으로 삼기는 어려워 현행의 행정소송제도를 객관소송제도로 운용하는 것은 불가능하며, 실체법에 봉사하는 소송법 즉, 행정작용은 그 행위의 형식별로 체계를 달리하므로, 행정입법, 행정행위, 행정사실을 한데 묶어 하나의 소송유형 – 예를들어 항고소송 – 으로 주장하는 것은 헌법상 법치주의의 구현원리에 합당하지 못하게 된다. 또한 '사법적 구제의 소송제도 완비'의 헌법적 구현원리에 따라 '처분' 개념 또는 행정작용 – 행정입법, 행정행위, 행정상 사실행위 등 – 에 대한 권리구제의 유형을 – 소송유형 – 가능하면 법정화하여야 한다는 결과가 나오게 된다.

3. 논의의 전개

이와 같은 입법적 대안을 토대로 '처분' 개념에 대한 논의를 전개하되, 본 절에서 상술한 바와 같이 헌법은 행정법의 최상위 법원이라는 점, 행정법은 헌법을 구체화한 법이라는 점, 헌법과 행정법의 규율영역은 같다라는 점, 헌법은 모든 법규범을 아우르는 최상위 법이라는 점, 헌법 제107조 제2항이 '처분'에 관한 행정재판의 헌법적 근거규정 인 점에서 헌법상 '처분' 개념을 행정소송법상 '처분' 개념과 동일하게[98] 놓고 논의를 전개하는 방안이 국법체계의 통일성 측면, 제헌자의 입헌취지 측면, 국민의 헌법적 기본권의 실효적 보장 측면에서 타당하다고 사료된다.

헌법상 '처분' 개념과 행정소송법상 '처분' 개념을 달리 본다하

---

[98] 대부분의 행정법 학자는 대법원의 최종적인 '처분' 심사권한을 명시한 헌법 제107조 제2항을 행정소송법의 헌법적 근거조항으로 파악하고, 헌법 제107조 제2항의 '처분'과 행정쟁송법상 '처분'의 동일성을 긍정하고 있다. 이를 명시하고 있는 저서는 다음과 같다. 황동준(1955a), p.84 ; 이종극, 신행정법(상), p.88 (1955a); 이상규, 신행정쟁송법, pp.240 – 241. (1993); 김도창, 일반행정법론(상), p.669. (1993); 박윤흔, 최신행정법강의(상), pp.563 – 564 (1977); 서원우, 현대행정법론(상), 박영사, p.823 참조. (1983)

더라도[99] '처분' 개념 구성에 있어 필요한 헌법상 구현원리를 실현함으로써 행정소송법상 '처분' 개념을 구성하여야 할 것이다.

다음 절에서는 헌법상 '처분' 개념의 외형적 지침 – 가이드라인 – 과 '처분' 개념의 헌법상 구현가치를 토대로 행정소송법상 '처분' 개념을 분석하기로 한다.

제2절 행정소송법상 '처분'의 개념

행정소송은 행정청의 위법한 처분 그 밖에 공권력의 행사·불행사 등으로 인한 국민의 권리 또는 이익의 침해를 구제하고, 공법상의 권리관계 또는 법적용에 관한 다툼을 적정하게 해결함을 목적으로 한다(행정소송법 제1조). 행정소송에 있어서 '처분'은 심사의 대상이 되며, '처분'으로서의 '자격'이 인정되어야만 본안판단을 받을 수 있게 되므로 행정소송의 1차 관문에 해당한다. 따라서 행정소송법상 '처분' 으로의 인정·불인정은 국민의 권리 또는 이익의 침해를 구제하는 데 있어서 중대한 역할을 수행 한다. 본 절에서는 본 서가 연구하는 직접적이고 핵심적인 객체인 행정소송법상 '처분'의 개념을 살피기로 한다. 본 절의 목적은 실정법률이 지칭하는 '처분' 개념을 밝히는 데 있다. 즉 행정소송법에서 예정했던 '처분'

---

99) 행정소송에서는 '처분'이 직접 재판의 '대상'으로 되기 때문에, 이 경우는 헌법 제107조 제2항이 규정하고 있는 '재판의 전제'가 된 경우에 해당하지 않으며, 따라서 헌법 제107조 제2항의 처분은 이 조항의 명령·규칙이외에「행정소송의 대상이 되는 처분이 아니면서 동시에 구체적 집행행행위가 요구되는(=직접성을 가지지 아니하는) 것으로 성질상 사법적 판단이 가능한 어떠한 국가작용」으로 헌법상 '처분' 개념과 행정소송법상 '처분'개념은 다르다. 정종섭. "헌법소송과 행정소송 – 현행 명령·규칙에 대한 위헌심판절차의 문제점과 그 해결방안", 헌법논총 3집. p.343. (關西憲法研究會 편. 1992b)

개념 – 이른바 제정 행정소송법상 '처분' 개념 또는 구 행정소송법상 '처분' 개념 – 은 무엇이고, 또한 현재 예정하고 있는 '처분' 개념 – 현행 행정소송법상 '처분' 개념 – 이 무엇인지를 살피고, 이러한 실정법상 '처분' 개념의 한계를 극복하기 위한 소위 '처분' 개념의 '확대' 해석 논의에 대하여 살피기로 한다.

I. 행정소송법과 '처분' 개념

1. 도입

'처분' 개념의 실정법적 도입은 1948년 제정 '헌법'에서 비롯되었고, 1951년 행정소송법이 제정됨으로써 구체화되었다. 행정소송법은 제정 이후로 7차례의 개정이 있었다. 1차[100] · 2차[101] 개정은 출소기간에 관한 사항이었고, 3차 개정은 전부개정법률[102]로 "현행 행정소송법은 1951년 제정 시행된 이래 30여년간 주요내용의 개정이 이루어지지 아니하여 발전하는 행정상황에 부응하지 못할 뿐 아니라 국민의 권리구제에도 미흡한 실정이므로 이를 전면개정하여 국민의 권익을 최대한 보호함과 아울러 행정목적의 실현에도 지장이 없도록 하려는 함"을 목적으로 한 것이었다. 제4차 개정[103]

---

100) 행정소송법[시행 1955. 7. 5] [법률 제363호, 1955. 7. 5. 일부개정] 개정이유는 행정소송의 출소기간을 소원의 재결을 경한 경우와 소원의 재결을 경하지 아니한 경우로 나누어 명시하려는 것이다.

101) 행정소송법[시행 1963. 5. 2] [법률 제1339호, 1963. 5. 2. 일부개정] 개정이유는 행정소송의 출소기간에 관하여 소원을 제기한 사건에 대하여는 그 재결을 기다리는 동안에 처분이 있는 것을 안 날로부터 6월, 처분이 있는 날로부터 1년이 경과하여 재결서의 정본을 받은 날로부터 1월이내면 족함을 명시함으로써 의문을 없애려는 것이다.

102) 행정소송법[시행 1985.10. 1] [법률 제3754호, 1984.12.15. 전부개정]

103) 행정소송법[시행 1988. 9. 1] [법률 제4017호, 1988. 8. 5. 일부개정]

은 헌법재판소의 도입에 따라 기관소송 중 헌법재판소법상 권한쟁의심판의 대상이 되는 사항을 제외하여 헌법재판소와의 권한분장을 명확히 하기 위한 것이었다. 제5차 개정[104]은 행정법원의 설치와 함께 취소소송의 관할법원을 1심법원으로, 소원전치주의를 폐지하는 내용을 담았다. 제6차[105] 및 제7차[106] 개정법률은 민사소송법의 개정내용을 반영한 것이다. 븐 항에서는 '처분' 개념에 대한 '정의' 조항 유무를 기준으로 제3차 개정 이전과 제3차 개정 이후로 나눠서 살피기로 한다. 제3차 개정 이전 행정소송법은 제정 행정소송법을 기준으로 논의하고-'구 행정소송법'으로 표기한다-, 3차 개정 이후의 행정소송법에 대하여는 현행 행정소송법을 기준으로 논의를 전개-'현행 행정소송법'으로 표기한다-하기로 한다.

2. 구 행정소송법상 '처분'의 개념

(1) 구 행정소송법 연혁

민사소송등과는 구별된 형태의 행정소송제도를 둘 것인가의 여부 혹은 어떤 형태로 이를 구성할 것인가라는 것은 그 시대, 그 국가의 법현실과 행정현상에 따라 결정된다. 그러나 우리나라에서 채택한 근대적 의미의 행정소송제도는 우리 고유의 법제도와 법이론으로부터 발전되어 온 것이 아니라 서구에서 발전한 제도와 이론을 배경으로 하는 것이다. 우리나라의 근대 행정법 문헌으로서 가장 오래된 것으로 알려진, 1908년에 발간된 "행정법대의"에 의하면, 구한말 행정재판은 평리원에서 겸행하였으며, 하급심으로는 보

---

104) 행정소송법[시행 1998. 3. 1] [법률 제4770호, 1994. 7.27, 일부개정]
105) 행정소송법[시행 2002. 7. 1] [법률 제6626호, 2002. 1.26, 타법개정]
106) 행정소송법[시행 2002. 7. 1] [법률 제6627호, 2002. 1.26, 타법개정]

통지방행정청이 그 역할을 하였다[107]고 한다. 이처럼 행정법 및 행정재판에 관한 관념 및 제도는 근대법제가 계수되기 시작한 구한말부터 존재했다고 할 수 있다. 그러나 구한말부터 계수되기 시작한 근대 행정법제는 가장 기본적인 법 발전의 붕아도 제대로 보이지 못한 채 대한민국의 건국을 맞이하게 되었다. 한반도를 근대화한다고 하는 미명을 앞세우고 자행된 일제 강점의 시기에는 조선에서 근대적 의미의 행정재판의 기회를 부여하지 않았다. 이 시기에 문헌을 보면, 행정재판제도에 대하여 소상히 소개하면서 그것이 한반도에서는 시행되지 않은 점을 분명히 밝히고 있다.[108] 이러한 상황은 1945년 광복 후에도 미군정법령에 의하여 행정소송에 관해 일제시대의 법체제가 그대로 적용됨에 따라 상당기간 지속되었다. 1948년 건국 후에도 당분간 이러 상황이 계속되었다. 그러다가 마침내 1951년 법률 제213호로 행정소송법이 제정됨으로써 비로소 행정법과 행정소송제도의 실질적인 출발이 이루어 졌다. 이때의 법제정은 제2차 대전의 종전 후 일본에서 제정·실시된 바 있는 행정사건소송특례법에 영향을 받았다. 이러한 행정소송법 제정으로, 일제시대에는 허용될 수 없었던 법발전의 길이 열리게 되었다. 즉 한편으로는 국민에게 권익구제의 기회를 부여하면서 또한 행정청의 법집행에 대한 적정성 여부를 심사·감독할 수 있는 법적인 통로가 만들어진 것이다.

---

107) 張憲植, 강술/신해영 校閱, 행정법대의, p.74. (1908)

108) 행정재판법은 소원법과 함께 아직 조선에서 시행되지 않고 있다. 따라서 이곳에서의 위법한 행정처분에 의해 권리를 침해당한 자는 이에 대하여 행정소송을 구하는 방법은 없고, 법치국가의 요구인 행정의 적법한 행정감독에 의해서 또는 행정기관의 자제에 의해 이를 기대하는 수밖에 없고, 권리침해의 경우에는 법이 인정하는 경우에 한해서 이의신청, 민사소송에 의해서 이것이 구제되도록 바랄 수밖에 없는 상태에 있다. 은급법(恩給法)은 조선의 관리에 대해서도 적용되고, 따라서 은급권에 관해서는 행정소송을 제기할 수 있을 뿐이다. 園部敏(원부민), 행정법원론, pp.422 - 423. 참조. (1924)

제정 행정소송법은 전문 14개조로 간략하게 구성된 법으로 정부 수립 후에 충분한 사전적 연구가 선행됨이 없이 일본에서 제2차 세계대전 이후 미군의 점령하에 제정된 행정사건특례법을 그대로 옮겨온 법이다. 1951년 제정 행정소송법은 행정법관계에서 발생하는 소송을 규율하기 위한 원초적인 문제의식을 충족시켜주는 수준의 법이다. 동법은 문자 그대로, 행정청 또는 그 소속기관의 위법에 대한 그 처분의 취소 또는 변경에 관한 소송 기타 공법상의 권리관계에 관한 소송절차를 정하여 국민의 권리보호를 도모하려는 의도를 지니는 입법이었다. 이 법의 주요 골자는, (ㄱ) 소송대상을 개괄주의로 하고[109], (ㄴ) 행정소송의 종류를 항고소송과 당사자소송으로 구분하였으며, (ㄷ) 행정소송은 소원의 재결을 거친 후가 아니면 제기할 수 없도록 하고, (ㄹ) 행정소송은 피고의 소재지를 관할하는 고등법원의 전속관할로 하며, (ㅁ) 행정소송은 처분사실을 안 날로부터 3월, 처분이 있은 날로부터 1년 이내에 제기하도록 하고, (ㅂ) 취소소송이 제기되어도 처분의 효력은 정지되지 않도록 하며, (ㅅ) 원고의 청구가 이유 있는 경우에도 처분의 취소·변경이 공익에 현저히 반하는 때에는 청구를 기각할 수 있도록 하는 것 등으로 요약된다. 동법은 1955년과 1963년의 경미한 개정[110]을 제외하고는 1984년의 전문개정에 이르기까지 30년 이상 시행 되었다.

---

109) 이에 대하여는 헌법상 '처분' 개념 부분어서도 상술한 바 있다. 제2장 제1절 Ⅰ. 2. (1) 참조; 또한 이를 뒷받침하는 최근 헌재판례로는 헌재 2009. 4. 30. 2006헌바66 전원재판부. 이는 제2장 제3절 Ⅱ. 참조.

110) 행정소송의 출소기간에 관한 개정으로 가정사항은 각각 다음과 같다. 1955년 개정 행정소송법[시행 1955. 7. 5] [법률 제363호, 1955. 7. 5, 일부개정]은 행정소송의 출소기간을 소원의 재결을 경한 경우와 소원의 재결을 경하지 아니한 경우로 나누어 명시하였으며, 1963년 행정소송법[시행 1963. 5. 2] [룹률 제1339호, 1963. 5. 2, 일부개정]은 행정소송의 출소기간에 관하여 소원을 제기한 사건에 대하여는 그 재결을 기다리는 동안에 처분이 있는 것을 안 날로부터 6월, 처분이 있은 날로부터 1년이 경과하여도 재결서의 정본을 받은 날로부터 1월이내면 족함을 명시하였다.

이 법은 오랜 전제왕조체제와 일제 36년간의 식민지배라는 암울한 역사 속에서 권리구제제도가 거의 전무하였던 우리나라에서 행정구제제도의 확립에 결정적인 기여를 하였다[111].

(2) 구 행정소송법상 '처분' 개념

1) '처분' 개념 정의 부재

제정 행정소송법은 제1조에서 행정소송의 종류를 "처분의 취소·변경에 관한 소송과 공법상의 권리관계에 관한 소송"으로 규정하고[112], 행정소송의 대상인 "처분"에 대하여는 따로 정의규정을 두지 않았다.

2) '처분' 개념 인정 범위

처분 개념의 범위에 대해서는 당시의 학자들의 일치된 견해를 보였으며, 특기할 만한 것은 행정입법과 사실행위에 있어서도 직접적인 권리침해가 인정되면 '처분'성을 긍정하여 항고소송의 대상으로 삼았다는 점이다.

당시 학자들[113]의 견해와 판례를 종합하면, 제정행정소송법상 행

---

111) 1951년의 행정소송법은 아직 우리나라에서 행정법적 문제의식이 무르익기도 전에 존재하였던 것으로서 우리 나름의 행정법적 제도 발전을 반영한 것은 아니었고 일제하의 제도의 연장선상에 존재하던 것에 불과하였다. 그러나 1960년 이후 이루어진 경제개발과 시민의식의 성장 등으로 인하여 1980년대에 이르러 우리 행정법 현실도 많이 달라졌고, 보다 발전적인 행정소송제도를 모색할 현실적인 필요성도 제기되어졌다. 이에 1983년 행정소송법 개정 작업이 법무부 법무자문위원회 규정 및 동 규칙에 의하여 법무자문위원회 내에 행정쟁송제도개선을 위한 특별분과위원회(약칭 공법연구특별분과위원회, 이하 위원회라 한다)가 구성되었고, 이 위원회를 중심으로 행정쟁송제도의 전면적인 개편작업이 본격적으로 추진되었다. 최송화, "현행 행정소송법의 입법경위", 공법연구 제31집 제3호, p.3. (한국공법학회 편, 2001)

112) 행정소송법[제정 1951.8.24 법률 제213호] 제1조 행정청 또는 그 소속기관의 위법에 대한 그 처분의 취소 또는 변경에 관한 소송 기타 공법상의 권리관계에 관한 소송절차는 본법에 의한다.

113) 황동준 (1955a), p.757.; 이종극, 행정법정의, p.244. (1955b); 이종극, 신행정법(하),

정처분에는 법률행위적행정행위, 준법률행위적행정행위, – 예를 들면 공증행위, 통지행위[114] – 와 사실행위[115]도 포함되었다. 다만 사실행위는 실무상로는 '행정처분의 존재 요건'을 결여하여 '처분으로 인정되지 못하는 경우가 많았다고 한다.[116] 행정처분은 국민에게 대하여 행해진 것임을 요했다.[117] 행정청의 입법행위나 지방의회의 의결은 행정처분이 아니었으나,[118] 단, 그것이 특히 직접 개인의 권리를 침해하는 처분적 의미를 갖는 경우에는 여기에 이른바 '처분'으로 인정되었다.[119] 헝정청 이외의 기관, 예를 들면 법원 검찰청 등의 행위와 같이 이에 대하여 소송법 등에 의한 항고가 기타의 불복신청수단이 따로 인정되는 경우에는 그러한 수단에 의할 수 있을 뿐, 여기에 이른바 행정처분에는 포함되지 아니했다.[120] 행정청의 사법상의 행위, 아직 외부에 표시되지 아니한 행정청 내부에서의 의사결정은 '처분' 개념에서 제외하였다.[121] 행정청의 부작위에 대해서는 원칙적으로 제소할 수 없었으며, 다만 일정한 기간내에 행정처분을 해야 한다는 법적 제한이 있음에 불구하고 이 기한내까지 처분을 행하지 아니할 때[122] 또는 소원을 제기한지 2

---

p.346. (1960); 김도창 (1958), p.332; 윤세창, 행정법(상), p.365. (1976); 박윤흔 (1977), p.411; 이상규 신행정법론(상), p.548. (1981)

114) 일본판례는 공매공고는 행정처분으로 인정했지만(1915년3월10일 行判), 납세의 독촉·대집행의 계고는 부인했다(1915년12월17일, 1936년1월11일 行判)

115) 1917년3월21일, 1926년11월3일 日本 行判

116) 김도창 (1958), p.332

117) 행정조직내부에서 행해지는 인가, 승인 같은 것은 행정처분이 아니다. 1952년1월25일 日本 最高 裁判所 民判.

118) 1955년1월21일 日本 最高 裁判所 民判; 1948년10월16일 日本 福井地方 判決

119) 1909년2월23일 1920년2월12일 日本 行判

120) 주세법 위반에 대한 세무기관의 고발, 통고처분 같은 준사법적 처분은 행정처분이라 할 수 없다. 1952년12월24일 日本 最高 裁判所 民判

121) 1927년1월29일, 1913년7월25일 日本 行判

개월이 넘도록 재결처분이 없을 때에는 각하의 재결이 있은 것으로 인정하고 항고소송을 제기할 수 있었다.(제정 행정소송법 제2조 제1항 단서) 또한 대등한 지위에서 행하여지는 공법상계약, 사법상 계약 기타의 사법적행위가 행정처분이 아님은 물론이고 상대방 기타 관계자의 법률상 지위에 변동을 주지 아니하는 알선 권고 등의 행위도 '처분' 개념에서 제외시켰다.

이하는 황동준 교수가 제정 행정소송법이 공포·시행된 당시, 1955년 발간한 "행정법원론(하)에서 '행정처분'의 개념에 관해 설시한 글이다.

> 행정처분에는 법률행위적행정행위뿐만아니라 준법률적행정행위와 사실행위도 포함되며, 입법행위나 일반처분적성질을 가진 행정처분도 그가 직접 개인의 권리를 침해하는 처분적의의를 가지고 있을때에는 역시 행정처분에 포함된다고 해석하여야 할 것이다. 오직 행정청의 처분중에서도 조세범처벌절차법과 관세법의 의하여 행사하는 세무서장, 세관장등의 통고처분등과 같이 실정법상 그에 관하여 별개의 계통의 이의신립의 절차가 인정되어있는 것을 때에는 해당처분은 행정소송의 대상으로부터 제외되어야 하며 또 행정청의 행위도 어떤 계획의 승인등과 같이 타행정청에 대한 의사표시에 그친다던가 법률적효과의 발생을 목적으로 하지 않는 권고, 조정등은 이곳에서 말하는 행정처분에 해당하지 않으며 또 행정청이 행한 사법상의 행위라든가 외부에 아직표시되지 않은 행정청의 내부적 의사결정에 대하여 항고소송을 제기할 수 없음은 물론이다[123].
> 행정처분이 위법이드라도 그에 의하여 국민의 권리를 훼손하지 않았을 때에는 항고소송을 제기할 수 없으며 단순한 감정적·도의적 이익 또는 법규의 반사적이익에 그치는 경우는 제외하여야 할 것이다. 그의 공권이냐 사권이냐를 불문하고 또 널리 자유권도 포함된다고 해석하여야 할 것이다[124].

---

122) 1934년9월21일 日本 行判은 반대취지
123) 황동준 (1955a), p.757.

3) 정리

제정 행정소송법 체제하에서는 행정처분의 개념을 '강학상의 행정행위'개념[125]과 유사하게 파악하였다. 그러므로 행정소송사항으로서의 '처분'이란 구체적인 사실에 대한 법집행행위로서하는 단독적 공법행위를 의미하며, 대법원도 "항고소송의 대상이 되는 행정처분은 행정청의 공법상 행위로서 특정사실에 대하여 법규에 의한 권리의 설정 또는 의무를 명하며, 기타 법률상의 효과를 발생케 하는 등 국민의 권리의무에 직접 관계가 있는 행위를 말한다[126]"라고 하였다.

---

124) 황동준 (1955a), p.759.

125) 행정행위는 구체적으로 어떤 법률관계를 규율하기 위하여 법 밑에서 행정기관이 지배권 또는 우월적인 의사의 발동으로서 행하는 행위를 말한다. (1) 행정행위는 구체적 경우에 어떤 법률관계를 규율하기 위하여 법에 따라 법의집행으로서 행하는 행위이다. 근대민주국가에 있어서는 행정행위는 모두 법률에 의한 행정행위가 아니면 아니 된다. 그러므로 이 의미에 있어서 행정행위는 새로운 법의 제정인 입법행위와 구별되는 것이다. 또 소위 통치행위는 정치의 분야에 속하고 재판적 통제에 服하지 않는 점에 있어서 행정행위와 구별되는 것이다. (2) 행정행위는 행정권의 주체가 행하는 행위이다. 국가외의 지방자치단체, 공공조합, 공기업 기타 사인도 행정권이 부여된 범위내에서는 행정권의 주체라 할 수 있으며, 따라서 그 지위에서서 행하는 행위는 행정권의 발동인 행위로서 행정행위의 성질을 가진다. (3) 행정행위는 지배권 또는 우월적인 의사의 발동으로서 그에 복하는 관계에 있는 자에게 대하여 행하는 행위이다. 이 의미에 있어서 대등한 당사자간에 행하여지는 공법상의 계약 또는 합동행위와 같은 소위 관리행위는 행정행위와 구별된다. (4) 행정행위는 원칙적으로 일반권력관계에 있어서 행정권의 주체가 국민이 대하여 행하는 행위이다. 이 의미에 있어서 특별권력관계에 있어서의 행위(직무명령, 징계처분)와 행정조직의 내부에 있어서 행하는 행위(일관청의 타관청에 대한 승인등)는 행정행위와 구별된다. 이와 같은 행위에 대하여는 원칙적으로 법률에 의한 행정행위의 원칙이 적용되지 않고 또 자주 재판적통제의 대상으로부터 제외되는 것이다. (5) 행정행위는 법적행위이다. 이 의미에 있어서 행정행위는 사실행위와 구별된다. 사실행위는 도로, 하천의 공사, 위법한 광고물의 철거, 임검검사, 시위행진의 강제해산등과 같은 행위로서 때로는 행위의 결과에 대하여 쟁송의 제기, 손해배상책임, 형사책임등의 법률적 효과가 부수되는 일이 있으나 행위자체는 단순한 사실이어서 그 행위에 의하여 행위자와 그의 상대자의 의사를 구속한다는 의미의 법률적효력이 생하지 않고 또 그의 무효 또는 취소의 문제를 생하지 않는 점에 있어서 행정행위와 구별되는 것이다. 다만 실정법상 '행정처분' 또는 '처분'이라는 용어를 사용하고 있는 경우에 법적행위로서 행정행위가 아니고 사실행위를 의미하는때가 적지 않은 것을 유의하여야 한다. 황동준, 행정법원론(상), p.85. (1955b)

126) 대판 1967.6.27. 67누44 (집15(2)행,022)

다만, 주지할 사항은 '행정상 입법행위' 및 '행정상 사실행위'에 있어서도 직접적으로 권리를 침해하는 경우에는 '처분' 개념에 포함시켰다는 점이다.[127]. 즉, 행정청의 위법 부당한 사실행위에 대해서도 국민의 권익을 보호해야 하므로 행정청의 행위의 적법 여부에 관한 판단은 사실행위에도 미치게 된다는 것이며,[128] 입법행위는 법정립행위이므로 '처분' 개념에 속하지 아니함이 원칙이지만, 그러한 법정립행위가 다른 행정행위를 기다릴 것 없이 직접 그 자체로 개인의 권익을 침해하는 결과를 발생하게 하는 성질의 것이면 행정소송의 목적물인 처분으로 보아야 한다[129]는 것이다.

4) 헌법상 '처분' 개념과의 비교

제헌 헌법은 제81조 제1항에서 '처분'과 '명령 · 규칙'을 분리하여 그 구별을 전제하고 있음을 살폈다. 그러나 제정 행정소송법상 '처분'에 대해서는 원칙적으로 강학상 '행정행위'에 해당하지만, 행정입법 및 사실행위의 경우에도 직접적으로 권리가 침해될 경우에는 행정소송법상 '처분'으로 파악함으로써, 제헌 헌법이 예정하는 '처분' 개념과 다르게 해석하고 있음을 알 수 있다[130]. 즉, 제정 헌

---

127) 황동준, (1955a), p.757.; 이종극, 행정법정의 (1955b), p.244; 이종극 (1960), p.346; 김도창 (1958), p.332; 윤세창 (1976), p.365; 박윤흔 (1977), p.411; 이상규 (1981), p.548.

128) 이종극, 행정법정&의, p.99. (1954)

129) 대판 1954. 8. 19. 1953행상31 "대통령령은 법령의 효력을 가진 것으로서 행정소송법상 처분이라 볼 수 없다고 해석함이 타당할 것이므로 그 내용의 적법여부를 논할 것이 없이 행정소송의 목적물이 될 수 없다. 물론 법령의 효력을 가진 명령이라도 그 효력이 다른 행정행위를 기다릴 것 없이 직접적으로 또 현실이 그 자체로서 국민의 권리훼손 기타 이익침해의 효과를 발생케 되는 성질의 것이라면 행정소송법상 처분이라 보아야 할 것이다."

130) 이에 대하여 황동준 교수는 '처분' 개념은 통상 '행정행위'와 같은 의미로 실정법(헌법 제81조제1항, 행정소송법 제1조, 지방자치법 제153조제1항, 정부조직법 제2조)에서 '처분'이라는 용어를 사용하나 그 용례가 반드시 일정하지 않으므로 그것이 무엇을 의미하느냐는 각각 실정법의 해석을 기다릴 수밖에 없으나 대체에 있어서는 '행정처분' 또는 '처분'의 용어는 이곳에서 말하는 행정행위의 의미로 사용하는 때가 많은 것이다"라고 지적한다. 즉 헌

법과 제정 행정소송법 간 '처분' 개념은 각 실정법의 용례에 맞게 해석 - 제정 행정소송법의 입장에서는 행정소송개괄주의의 취지에 맞게 주어진 소송유형을 통해 최대한 국민의 권익구제를 도모하려는 취지에서 '처분' 개념을 넓게 해석 - 되었음을 확인할 수 있다. 또한 상술한 바[131]와 같이 제헌 당시 헌법과 행정법의 생성모델의 차이 - 헌법은 통치구조 위주로, 행정법은 행정의 적법성통제 위주로 별로도 주안점을 두고 있었던 상황 - 등 헌법과 행정법의 완전 합치가 어려웠던 시대적 상황에서 행정의 적법성 통제라는 행정법의 목적을 최대한으로 달성하기 위한 적극적 해석의 결과로 판단된다.

5) 명령·규칙의 '처분' 대상 인정 경위 검토

추가하여, 앞서 박일경 교수가 1957년 「헌법요론」에서 제시한 "명령·규칙은 법령의 효력을 가진 것이므로 개별사건을 통해서 무효·취소하게 되면 타 법원과의 법적용의 비통일성 등 심각한 문제가 발생할 수 있기 때문에 명령·규칙을 행정소송법상 항고소송의 대상인 '처분'으로 동일하게 보아서는 아니된다"라고 한 주장[132]에 대하여 비교하여 논한다. 본 주장의 핵심은 개별 행정소송에서의 명령·규칙에 대한 무효·취소는 행정입법의 특성상 법원 재판의 혼란을 가중시킬 수 있으므로 현행의 항고소송을 통한 무효·취소 선언은 부적합하고 당해사건에서만 해당 명령·규칙을 비적용 하자는 것이다. 즉 행정소송법상 '처분'과 같이 '명령·규칙'을 항고소송의 형태로 일괄 해결하는 것은 적절하지 않다는 의

법 까지 포함한 여러 실정법 - 행정소송법, 지방자치법, 정부조직법 등 - 상 열거된 '처분' 개념에 대하여 상황에 맞게 해석될 수 있는 여지를 둔 글이다. 황동준 (1955b), p.85

131) 제2장 제1절 Ⅰ. 2. (1) 1) 참조.

132) 제2장 제1절 Ⅰ. 2. (2) 1) 참조; 박일경 (1957), p.388

미이다. 따라서 제정 헌법이 위임한 바133)에 따라 별도의 입법을 통해 행정입법에 대한 통제를 가능하게 하자는 입장이다.

이에 대하여 이종극 교수는 1954년 발간한 그의 저서 「행정법정의」에서 "행정입법과 행정행위를 구별하는 실익은 주로 행정상의 쟁송에 있으며, 행정입법은 원칙적으로 쟁송의 제기를 허용하지 않는다"라고 지적 한 바134), 특기할 만 하다. 즉, 제정 행정소송법 체제 하에서는 행정입법은 원칙적으로 '처분' 개념에 해당하지 않아 쟁송의 제기 자체가 불가능하고, 따라서, 불가피하게 예외를 두어 '직접적으로 권리를 침해하고 있는 경우'에 한해서만 행정입법을 행정소송법상 '처분'으로 봄으로써 국민의 권익구제를 도모하였음을 확인할 수 있다. 이는 제헌 행정소송법이 명령·규칙·처분에 대한 직접적 심사를 가능케 한 제헌 헌법의 취지에 부합되게 행정소송의 유형으로 규범통제소송을 두었어야 함에도 불구하고 이를 불비한 탓임을 지적한 것이다.

박일경 교수의 행정입법의 무효·취소는 불가능하다는 주장에 대하여, 제정 행정소송법 체제하에서 '행정입법'이 '처분' 개념에 포함되고 있음을 소개하는 일반적인 대표 판례인 "대판 1954. 8. 19. 4286행상37 판결"의 내용을 자세히 보면, 동 판결은 주문으로

---

133) 대한민국헌법[시행 1948. 7.17] [헌법 제1호, 1948. 7.17, 제정] 제81조 대법원은 법률의 정하는 바에 의하여 명령, 규칙과 처분이 헌법과 법률에 위반되는 여부를 최종적으로 심사할 권한이 있다.

134) 입법권은 원칙적으로 입법기관인 국회의 권한에 속하지만 예외로 행정권에 의한 입법도 일정한 조건 하에 허용된다. 그런데 행정행위와 행정권에 의한 입법행위(행정입법)와의 구별은 매우 델리키트한 바 있어 분별하기 어려운 경우가 있다 예를 들면, 각종 법령을 실시하기 위한 고시 기타의 소위 일반처분이라 일컫는 행위의 성질이 문제된다. 일반 추상적인 법조의 형식으로 제정되었느냐 또는 그렇지 않게 제정되었느냐를 따라 입법행위와 행정행위를 구별해야 한다는 주장이 많지만, 그러한 표준에만 의할 수 는 없다. 왜냐하면, 일반적 추상적 규율이라 함은 법의 한 특색이요, 그 본질은 아니기 때문이다. (행정입법과 행정행위를 구별하는 실익은 주로 행정상의 쟁송에 있다. 행정입법은 원칙적으로 쟁송의 제기를 허용하지 않기 때문에) 이종극 (1954), p.100.

"대통령령은 법령의 효력을 가진 것으로서 행정소송법상 처분이라 볼 수 없다고 해석함이 타당할 것이므로 그 내용의 적법여부를 논할 것이 없이 행정소송의 목적물이 될 수 없다"라고 판시하였고, 단지 "판결이유"에서만 "물론 법령의 효력을 가진 명령이라도 그 효력이 다른 행정행위를 기다릴 것 없이 직접적으로 또 현실이 그 자체로서 국민의 권리훼손 기타 이익침해의 효과를 발생케 되는 성질의 것이라면 행정소송법상 처분이라 보아야 할 것"이라 밝힌 것임을 확인 할 수 있다[135]. 즉 인용되는 동 판례가 당해 사건에서 명령·규칙 즉 행정입법을 항고소송의 대상으로 파악하여 행정입법의 무효나 취소를 선고한 판례가 아니다.[136]

따라서, 박일경 교수가 지적한 바와 같이 '명령·규칙'의 행정입법의 특성상 재판 간 통일성 확보가 중요하므로, 명령·규칙과 관련한 '처분'의 항고소송에 있어서 당해 재판에서만 명령·규칙의 적용을 거부시키는 조처가 타당한 것으로 사료된다.

박일경 교수의 논증은 명령·규칙은 현행 항고소송의 형태로 해결할 수 없고, 현행 항고소송의 형태를 차용한다 하더라도 명령·규칙에 대해 일방적으로 무효·취소 선언을 하는 것은 법적용 체계상 타당하지 않으며, 결국 행정입법에 대한 별도의 행정소송의 유형을 만듦이 타당한 처사임을 확인케 한다.

(3) 소결

'제정' 행정소송법상 '처분' 개념은 원칙적으로 통상 '실체법상

---

135) 서원우, 현대행정법론(상), p.789. (1979)

136) 행정입법의 처분성 인정과 관련하여 대법원 1954. 8. 19. 4286행상37카3275판결에서는 가능성만 인정하였으며, 대법원 1996. 9. 20. 선고 95누8003 '두밀분교' 판결은 처분적 명령을 인정하고 있다. 이광윤, "행정소송법개정안에 대한 검토", 행정소송법 개정자료집Ⅱ, p.1061. (법원행정처 편, 2007)

행정행위'로 봄이 타당하다. 예외적으로 행정입법의 '처분'성을 긍정하려는 해석과 시도는 행정입법의 소송제기 가능성이 전무한 '구 행정소송법의 체제'에서 국민의 권익구제를 위한 노력으로 이해되어 질 수 있는 것이다.

제정 행정소송법은 소송의 방법을 명시하지 아니하였다는 점에서 입법의 불비라는 비난을 면하기 어렵다. 특히, 제헌헌법 제81조 제1항가 '법률이 정하는 바에 따라 명령·규칙·처분에 대한 대법원의 최종심사권한'을 정하고 있음에도 제정 행정소송법은 '처분'에 대한 항고소송만 예정하고, 명령·규칙에 대해서는 적절한 소송의 방법을 묵과함으로써, 명령·규칙의 "항고소송으로의 도피"라는 상황발생을 불가피하게 하였다. 이는 '처분' 개념의 헌법상 구현원리 제시한 '실체법에 봉사하는 소송법'의 관점에서도 설명된다. 행정의 행위형식과 체계가 다른 행정입법과 행정행위 즉 '처분'은 각기 해당 작용체계의 특성에 맞는 행정쟁송의 소구방식을 인정하여야 할 것이다[137]. 행정소송법이 행정소송사항에 관하여 개괄주의를 채택하였다 하더라도 그에 따른 소송 방법이 갖춰져 있지 못할 경우 국민의 권리구제는 온전하게 이뤄질 수 없다. 따라서 행정소송에 있어서 어떠한 소송방법이 인정되는가는 실체법적 권리 구제의 실질화 측면에서 대단히 중요한 문제가 아닐 수 없다.

3. 현행 행정소송법상 '처분'의 개념

1951년 제정 행정소송법 - 구 행정소송법 - 은 상술한 바와 같이 일본의 행정소송사건특례법을 그대로 옮겨 온 것이다. 행정소송개

---

137) 박일경 (1957), p.388

괄주의를 취하는 우리 행정소송제도의 운용[138)에 있어서 행정상황에 제대로 부응하지 못하고, 국민의 권리구제에도 미흡하다는 지적은 계속되었으며, 이로 인해 1984년, 행정소송법은 전면개정 되기에 이르렀다. 그 간 해석에 맡겨졌던 '처분' 개념에 관해서도 '정의' 조항을 두는 등 입법적 해결을 꾀하였다. 1984년 행정소송법 개정 이후로 현행 행정소송법에 이르기까지 '처분' 개념과 그에 따른 행정소송의 유형과 관련해서는 큰 변함이 없이 1984년도 틀을 유지하고 있다. - 따라서, 이하의 논의는 '현행 행정소송법'을 기준으로 전개하기로 하며 '현행 행정소송법'으로 표기하도록 한다 - 이하에서는 1984년 행정소송법 개정일반에 대한 내용을 먼저 살피고, 1984년 개정 행정소송법에 반영된 '처분' 개념의 정의 및 이에 따른 일반적 해석론을 정리하고, 비판하기로 한다. 반면, '처분' 개념에 실제적 제도 운용, 즉 법원의 '처분' 개념의 해석·적용에 관한 사항은 "판례상 '처분' 개념의 해석과 적용"의 절에서 별도로 상세히 다루기로 한다.[139) 이는 '처분' 개념에 대한 일반 해석론과 판례상 '처분' 개념의 해석·적용에 관한 사항을 분리함으로써 보다 면밀하게 문제점을 제시하기 위함이다.

(1) 행정소송법 개정

1) 일반

1984년 행정소송법의 전부개정은 1951년 제정 시행된 이래 30여 년간 주요내용의 개정이 이루어지지 아니하여 발전하는 행정상황에 부응하지 못할 뿐 아니라 국민의 권리구제에도 미흡한 실정이

---

138) 행정소송의 개괄주의는 최근 헌재판례를 통해서도 재차 확인된 바 있다. 관련 헌재판례로는 헌재 2009. 4. 30. 2006헌바66 전원재판부 참조.

139) 뒤의 제2장 제3절 Ⅰ.

므로 이를 전면 개정하여 국민의 권익을 최대한 보호함과 아울러 행정목적의 실현에도 지장이 없도록 하려는 것이었다. 이는 우리 행정법사의 한 획을 긋는 중대한 발전으로서, 행정소송 발전의 중요한 계기를 이루는 것이었다. 그러나 당시 여전히 권위적인 정권 하에서 행정소송이 활성화될 수 있는 정치적·사회적 여건이 성숙되지 않은, 특히 시민의 법치주의적 요구가 저조한 상황으로 말미암아, 법개정에 관여한 학자와 실무가들의 노력에도 불구하고 여러 가지 약점140)을 내포하고 있었다고 평가한다.141) 이러한 약점은 결국 본 서가 논하고자 하는 핵심이며, 차기 행정소송법 개정에 있어서 반드시 반영되어야 할 중요한 사항이다.

 2) 주요 개정 사항

 개정 행정소송법은 '처분' 개념을 "행정청이 행하는 구체적 사실에 관한 법집행으로서의 공권력의 행사 그 거부와 그 밖에 이에 준하는 행정작용 및 행정심판에 대한 재결"을 말한다고 구체적으로 정의하였다. 또한 '처분'을 다투는 항고소송의 유형을 적시하였으며, 그간 해석상 여지가 있었던 부작위 위법확인소송제도를 항고소송의 한 유형으로 제시하였다. 취소소송 이외에 처분의 효력유무 또는 존재여부의 확인을 구하는 무효등확인소송을 명문화하였다. 따라서 1984년 개정 행정소송법은 항고소송으로서 취소소송·무효

---

140) 김남진 교수는 ⅰ) 비록 시안보다는 좁혀졌지만 처분의 개념 정의가 여전히 미흡하다. ⅱ) 처분에 대한 취소소송만이 — 그것도 열기주의에 따라 제한적으로 — 원칙시되었던 시대의 행정소송분류를 취하는 일본의 행정사건소송법상의 행정소송 분류를 답습하는 것은 시대낙후적인 현상이다. ⅲ) 원고적격과 관련하여, 일본의 행정사건소송법상의 그것을 답습한 듯 한 "법률상 이익"이라는 용어는 권리와 법률상 이익이 별개의 것이어서 공권과 반사적 이익의 구별이 무의미해질 것이라는 오해를 가져와 자칫 행정법체계를 혼란에 빠뜨릴 염려가 있다. 등을 지적하였다. 김남진, 행정법 Ⅰ. p.660 이하. (4판, 1992); 김남진, "행정소송법개정 법률상의 문제점", 고시계 1985년 4월호. p.86 이하 참조. (1985)

141) 박정훈 교수는 이를 '미완의 개혁'이라 칭하였다. 박정훈 (2003b) p.42 참조.

등확인소송·부작위위법확인소송을 명시하였으며, 당사자소송·기관소송·민중소송의 기타 행정스송의 유형을 포함하여 소송유형의 법정화를 꾀하였다. 소송유형의 법정화는 법률로 정하지 않은 소송유형에 대하여 해석을 통하여 소송유형을 창출할 수 있는가? − 무명항고소송의 인정 − 관해서 논란을 제기하게 하는 등 이후, 또 다른 논쟁의 불씨가 되기도 하였다. 그러나 법정화의 취지는 국민의 권익구제에 있으며, 또한, − 비법정소송유형이 인정될 수 있는 경우를 가정한다면, − 비법정소송유형의 인정기준을 제공할 수 있으므로 진일보 한 것으로 평가할 수 있다. 이에 대하여는 '처분' 개념의 확대해석론에서 자세히 논하기로 한다142).

그 밖에, 명령·규칙의 위헌·위법 판결에 대한 공고제도의 도입, 거부처분취소판결 확정후 간접강제규정 등을 두는 등 그 간 행정소송과정의 운영에 있어서 문제시되었던 규정을 대폭 추가하거나 손질하였다.143)

(2) 현행 행정소송법상 '처분' 가념 일반적 고찰

1) 일반 − 개념징표의 모호성어서 기인한 해석갈등

현행 행정소송법상 '처분' 개념은 '행정청이 행하는 구체적 사실에 관한 법집행으로서의 공권력의 행사 그 거부와 그 밖에 이에 준하는 행정작용'으로 정의되어 있다. 동 조항이 '행정청이 행하는 구체적 사실에 관한 법집행으로서의 공권력의 행사 그 거부'와 '그 밖에 이에 준하는 행정작용'으로 명문화 된 배경에는 개정안 준비과정에서 처음에는 처분을 널리 "행정청이 행하는 공권력 행사 또

---

142) 뒤의 제2장 제2절 Ⅱ.
143) 김남진 (1985), p.86; 최송화 (2001), p3 이하 참조.

는 그 거부"로 정의하였다가, 나중에 "구체적 사실에 관한 법집행"이라는 제한적 징표를 삽입하는 대신 "그 밖에 이에 준하는 행정작용"이라는 문구가 추가됨으로써 탄생된 타협의 과정이 담겨 있기 때문이다.[144] 이후에 동 문구 –'그 밖에 이에 준하는 행정작용'–는 형식적 행정행위 개념 – 형식적 처분 개념 – 관한 논쟁의 불씨가 되었다.[145]

본 항에서는 현행 행정소송법상 '처분' 개념 문구 –"행정청이 행하는 구체적 사실에 관한 법집행으로서의 공권력의 행사 그 거부와 그 밖에 이에 준하는 행정작용"– 를 분할하고, 분할된 개별 단위의 – 소위 '개념 징표' – 의미를 살피기로 한다. 특히 각 개념징표의 "모호성"으로 인해, '각 개념간의 확대해석'을 시도하는 견해를 살핌으로써, 현행 '처분' 개념의 "모호성"으로 인한 문제 가능상황을 시사하고, 또한 '개별 개념의 확대 가능성'을 시도하는 견해에 대한 문제점을 제시함으로써 "개념징표의 '모호성'"과 "확대해석의 위험성"을 동시에 체계적으로 검토하기로 한다.

2) '구체적 사실에 대한 법집행 행위로서의 공권력의 행사'의 해석
① '구체적 사실'의 의미
ⓐ 침해의 직접성 · 현재성
'구체적 사실에 관한 법집행행위'의 범주에서 판단되어야 할 처분의 개념요소로서 '직접 효과성'을 논의할 필요성이 있다. 이 '직접 효과성'이라는 개념은 우리나라와 일본의 문헌상 '사건의 성숙성' 등의 개념과 관련되고, 헌법소원의 요건으로서의 '침해의 직접성', '현재성' 등과도 관련된다. 국민의 권리 · 의무에 직접적 효과

---

144) 박정훈 교수는 이를 '타협의 산물'이라고 칭한다. 박정훈 (2003b), p.44
145) 이는 제4장 제1절 Ⅰ. 2. (3) 2)에서 논한다.

를 가지는 행위로서 처분성이 인정되는 것으로서는 종래 행정행위로 관념되었던 행정청의 통상적인 집행행위만이 아니라, 직접적·현재적 권리, 의무변동을 초래하는 행정계획 등도 이에 해당한다고 볼 여지가 있다. '사건의 성숙성' 또는 '침해의 현재성', '직접성'의 판단에 있어서 어느 정도의 기준이 적당한가 하는 것을 판단하는 것은 현재 사건을 심리할 정도로 침해가 현재화되었는가, 침해가 법적 해결을 요할 정도로 직접적인가 하는 것이 원칙적 문제이겠으나, 문제되는 상황에서의 처분성의 인정이 권익구제에 실질적인 관점에서 어떠한 의미가 있으며, 어느 정도에 까지 침해의 직접성, 현재성을 인정하여야 할 것인가 하는 소송정책적 측면에서의 고려도 중요한 판단요소가 된다고 하여야 할 것이다[146]. 우리나라의 경우 예방적 형태의 소송을 원칙적으로 인정하고 있지 않으므로 침해의 직접성, 현재성에 대한 판단을 엄격히 하게 되면 국민의 권익구제측면에서는 바람직하지 않은 결과가 초래될 수 있다.

ⓑ '개별 사건 발생의 개연성'

'구체적 사실에 관한' 이란 개별 경우 - 사건 - (Einzelfall)에 대해서 일정한 규율을 한다는 것을 의미한다.[147] 즉 기본적으로 관련자가 개별적이고 규율대상이 구체적인 것을 뜻한다. 이를 또 달리 표현하면 "개별사건 개연성"으로 지칭될 수 있다. 이와 관련해서는 '구체적 사실'의 판단을 '개별사건의 개연성'이 아닌, '단순한 규

---

146) 김유환 교수는 처분성의 인정에 있어서 침해의 직접성을 좁게 해석하면 침해의 직접성이 인정되지 않는 부분 중 상당부분이 결국 헌법재판사항이 될 있다는 사항을 지적하면서, 헌법재판소의 서울대학교 신입생선발입시요강이 국민의 기본권에 직접 영향을 미치는 공권력 행사라는 점을 확인한 헌재판례(헌재 1992. 10. 1. 선고 92헌마68·76(병합))를 예로 들었다. 김유환, "취소소송의 대상", 주석행정소송법, p.511 이하 참조 (김철용·최광율 편, 2004)

147) 김중권, "행정처분의 의의와 종류", 행정소송 I, p.498 (한국사법행정학회 편, 2008c)

율의 대상 획정 등 방법에 있어서 구체성'을 의미하는 것으로 파악하는 견해가 있다[148]. 동 견해에 따르면, "구체적 사실에 관한"의 의미를 '규율의 대상 획정 등 방법에 있어서 구체성'으로 파악하여 '규율 대상 획정 등 방법에 있어서" 모든 법적 규율은 극단적인 추상성과 극단적인 구체성 사이의 스펙트럼 상에 존재한다고 지적한다. 즉, '처분'의 개념 요소 중 '구체적 사실'에 대한 해석을 보다 상대주의적인 관점에서 넓게 할 수 있게 됨으로써, "행정입법"도 '처분' 개념의 요건인 '구체적 사실'을 충족시킬 수 있다고 주장한다.[149] 그러나 동 견해는 상술 한 바와 같이 '구체적 사실'의 요건 파악에서 이미 오해가 있고, 결국, '구체적 사실'에 대한 잘못된 이해에 터 잡아 '처분' 개념의 확대를 도모한 견해이므로, 견해 수용에 있어서는 심사숙고가 필요하다고 본다.

---

148) 박정훈 (2003b) p.75.

149) 박정훈 교수는 "구체적 사실"을 "규율 대상의 획정 등 방법에 있어서의 구체성"으로 파악하고 "구체적 사실"에 대한 상대적 해석가능성에 대하여 다음과 같이 지적하고 있다. "가장 극단적으로 추상적인 규율의 예로는 공공복리에 반하는 행동은 금지된다 라는 규범을. 가장 극단적으로 구체적인 규율의 예로는 특정인이 특정 일시장소에서 특정의 자동차를 특정의 방향으로 특정의 방법으로 운전하는 것을 금지하는 조치를 들 수 있다." 전자는 불명확성으로 인한 법적불안정을 이유로 헌법위반이 될 것이고, 후자는 법적으로 허용되겠지만 그 정도로 구체적인 조치를 할 필요가 없는 경우가 대부분일 것이다." 결국, 행정입법은 처분의 개념징표 중 '구체적 사실'의 요건을 충분히 충족한다고 주장한다. 박정훈 (2003b) p.75. 이에 대하여 "구체적 사실"을 설령 "규율 대상의 획정 등 방법에 있어서의 구체성"으로 파악한다고 하더라도, 2차적으로 문제될 수 있는 사항은 "스펙트럼"이라는 개념의 상대적 접근 방식이다. 만약 구체·추상의 정도의 스펙트럼을 강조하여 법 개념으로서 포섭에 있어서 지나친 융통성을 발휘한다고 하면, 여타의 모든 법 개념 역시 상대적 접근이라는 불명확성의 함정에 빠져 법해석·적용에 있어서 혼란을 초래할 것이 자명하다. 결국, "개념"에 대한 사실 대입은 개념 자체에 의존할 것이 아니고 그간 내려온 판례, 관습 등 법제도를 둘러싼 여러 가지 주변적 상황이 가미되어야 할 것이며, "개념" 자체의 의존한 조작은 모든 법 개념을 "모든 사회 현상을 접수 할 수 있는" 그릇으로 파악함으로써, 불명확성의 함정. 나아가 법치주의에 심각한 위기를 초래할 수 있다.

② '법집행'의 의미

　'처분'의 개념 중 '법집행' 의 의미를 '국민의 권리의무에 직접 변동을 일으키는 행위' 에 한정하지 않고 '법적인 척도에 따라 그 적법성과 위법성이 판단될 수 있는 행위' 이면 모두 법집행에 포함시켜야 한다는 견해가 있다[150]. 동 견해에 따르면, "법집행"은 독일 법상의 '직접적 법적효과의 발성' 과는 달리 널리 "헌법과 법률에 규정된 법목적을 실현하기 위해 법적판단을 거쳐 행하는 행정작용" 을 의미하는 것이라 하며, 그렇게 되면 권력적 사실행위는 물론 행정지도 등 비권력적 사실행위도 그것이 법 목적의 실현을 위해 법적판단에 의거한 공적결정에 의거한 것이라면 법집행이라고 할 수 있으며, 행정입법의 경우에도 넙률의 시행을 위한 것이기 때문에 그것이 법집행에 해당함은 의문의 여지가 없게 된다고 한다. 덧붙여서, 프랑스, 영국, 미국, 유럽공동체에서 행정소송의 대상이 되기 위한 핵심적 징표가 '결정'(decision, décision)인데, 바로 우리의 "법집행"에 상응하는 것이라고 부연하고 있다. 이는 결국, 행정입법의 처분성을 인정하여 취소소송을 허용하여야 한다는 의미이다[151]. 본

---

150) 박정훈 (2003b) p.75.

151) 박정훈 교수는 '처분'의 의미를 넓게 해석하여 '취소소송'으로의 소구가능성을 넓히는 것이 － 독일과 달리－ 처분에 해당하지 않는 행정작용을 다툴 수 있는 행정소송 유형을 별도로 마련하지 아니한 점에서도 개정 행정소송법 입법자의 취지라고 이해한다. 박정훈, "인류의 보편적 지혜로서의 행정소송", 법학 제42권 제4호 p.104 이하. (서울대학교 법학연구소 편, 2001) "항고소송의 대상이 되는 처분에 관해 살펴보면, 행정소송법은 제2조 제1항 제1호에서 처분을 "행정청이 행하는 구체적 사실에 관한 법집행으로서의 공권력의 행사 및 그 거부와 그 밖에 이에 준하는 행정작용"으로 정의하고 있다. 이 조항은 1984년 행정소송법 전면개정시 새로이 규정된 것이다. 이는 독일의 행정행위 개념과는 달리 개별사안이 아니라 "구체적 사실"이고, 외부에 대한 직접적 법적 효과의 발생을 목적함이 아니라 단순히 "법집행"이며, 규율이 아니라 널리 "긍권력의 행사"이고 게다가 "그 밖에 이에 준하는 행정작용"이라는 포괄조항까지 갖고 있다. 여기서 우리는 당시 입법자가 처분을 독일의 행정행위 개념보다 훨씬 넓게 정의하고자 하는 의도를 가졌음을 인식 할 수 있다. 뿐만 아니라 독일과는 달리 처분에 해당하지 않는 행정작용을 다툴 수 있는 행정소송 유형을 별도로 마련하지 아니한 점에서도 처분 개념을 넓게 파악하여 가능한 한 취소소송 기타 항고소송

논의 역시 '처분'의 대상성을 확대함으로써 취소소송으로의 길을 열어놓자는 의미이나, 이 역시도 행정입법과 행정행위는 서로 다른 행정작용의 양태로서 그 체계를 달리함에도 양자를 동일한 소송형태로 해결할 수 있는지에 대한 문제[152], 또한 사실행위에 대한 취소가 가능한지에 대한 문제 등 본 견해에 대한 인정에 있어서는 심사숙고가 필요하다. 본 견해에 대한 자세한 논의도 '처분' 개념의 확대에 대한 논의에서 상술하기로 한다.[153]

③ '공권력의 행사' 의미
ⓐ '공권력의 행사'와 사실행위

'공권력의 행사'란 반드시 법적행위에 의한 공권력의 행사만을 의미하는가 아니면 사실행위에 의한 공권력의 행사도 포함된다고 보는가 하는 점이다. 사실행위에 대한 취소와 사실행위에 대한 무효확인이라는 것은 논리적으로 성립하기 어려운 것이며, 따라서, 순수한 사실행위에 대해서는 항고소송의 관념은 인정 될 수 없게 된다[154]. 권력적 사실행위를 처분 개념에 포함시켜 이해하려는 취

으로 해결한다는 것이 입법자의 의사였음을 이해 할 수 있다"

152) 김해룡 교수는 행정입법과 행정행위의 상이성에 대하여 간명하게 해설하고 있다. 이하는 김해룡 교수가 지적한 사항을 인용한 글이다. "실정법규의 제정과 그 집행, 그리고 그에 대한 사법적 통제구조를 근간으로 하는 대륙법체계의 행정법학은 소위 민주적 기본질서라고 하는 삼권분립제도에 바탕을 두고 있다. 행정법체계는 입법행위, 그 집행행위, 그리고 사법부의 법판단작용의 관계를 근간으로 하고 있는데, 법규명령 및 조례, 규칙의 제정작용은 본질적으로 일반적-추상적 규율인 법규범의 제정작용이다. 그러므로 법규명령이 단지 행정청에서 만들어진다는 이유만으로 법집행작용으로 인식하는 것은 삼권분립원칙에 바탕을 둔 행정법학의 이론체계와 잘 조화되지 아니하는 것으로 보인다. 법규명령이 행정작용(Verwaltungshandeln)으로 불 리우는 것은 그것이 단지 행정청이 수행하는 것이라는 의미 밖에 없다고 해야 할 것이다. 일반적-추상적(generelle-abstrakte)인 법규범으로서의 법규명령은 가언적 명제의 규율이기 때문에 아직 특정 개인에 대한 구체적 법률관계를 발생시키지 아니하고 행정청에 의한 집행행위를 통해서만이 개인의 권리, 의무에 직접적인 효력을 발생한다는 점은 주지하는 바이다." 김해룡 (2006), p.382.
153) 뒤의 제2장 제2절 Ⅱ.
154) 홍정선, "행정소송법상 '처분'의 의미", 월간고시 1992년 9월호, pp.41-42. (월간고시사

지는 권력적 사실행위에 의한 권익침해에 대한 효율적인 쟁송수단이 달리 뚜렷하게 존재하지 않는 점에 있었다.[155] 그러나 이론적 측면에서 본다면 순수한 사실행위에 대한 항고소송의 관념은 인정될 수 없다. 이렇게 본다면 처분에는 권력적 사실행위를 포함시키지 않음이 논리상 타당하다고 할 것이다. 그리하여 사실행위에 대한 쟁송은 무명항고소송 또는 공법상 당사자소송의 형태로, 결과제거청구권 등에 근거한 이행소송, 일정한 사실행위를 할 권한이 없음을 구하는 확인쟁송 등으로 해결함이 이론상 적합한 것이다. 이에 대하여 권력적 사실행위가 수인의무를 수반한다는 점에 비추어 논리적으로는 권력적 사실행위를 수인의무를 과하는 행정행위와의 합성행위로 이론구성하거나 또는 권력적 사실행위에는 수인의무를 부과하는 일종의 절차적 효과가 수반된다고 간주하여 권력적 사실행위의 취소는 수인의무의 해제의 효과를 가져오는 것으로 이론구성을 하기도 하나[156] 순수 논리적 측면에서 볼 때 권력적 사실행위에 대한 쟁송을 사실행위 자체에 대한 쟁송으로 취급하기 보다는 그에 부수되거나 합성되는 수인의무부과의 해제를 위한 쟁송으로 이해한다는 점에서 권력적 사실행위의 취소 또는 무효확인이라고 하는, 즉 사실행위에 대한 쟁송의 본질적 측면을 정면으로 다루지 못하고 있어 문제가 있어 보인다[157]. 궁극적으로 사실행위에 대한 다양한 형태의 행정소송이 허용될 수 있도록 행정소송법의 개정이

편, 1992)

155) 앞의 제2장 제2절 Ⅰ. 2. (2)

156) 김동희, 행정법 Ⅰ, p.702. (2009)

157) 이로 인하여 일본의 행식적 행정쟁위 관념에 입각하여, 권력적 사실행위의 경우 그 근거가 되는 행정청의 고권적 결정행위 자체를 처분이라고 이해하고 권력적 사실행위에 대한 항고쟁송은 그러한 고권적 결정행위에 대한 쟁송으로 파악하는 방식의 권력적 사실행위에 대한 2단계설의 적용도 고려해 볼 필요가 있다고 지적한다. 김유환, (2004), p.532; 이는 뒤의 제3장 제4절 Ⅱ. 3. 에서 상세히 논한다.

이루어져야 할 것이다.

ⓑ '공권력의 행사' 해석의 확대 가능성

통상 공권력행위라 함은 상대방에 대하여 우월적 지위에서 행하는 고권적 또는 일방적 행위를 의미하므로, '고권성' 또는 '일방적 행위'를 키워드로 하는 '공권력의 행사'의 개념의 재해석함으로써, 다음 사항을 포섭할 수 있다고 주장하는 견해가 있다[158]. 첫째로, 보조금의 지급결정, 급부결정 등과 같이 전통적인 의미에서 공권력적 작용이라고 관념될 수 없는 것으로 공법상의 당사자소송이나 민사소송으로 다투어야 할 것 같은 행위일지라도 그 행위양식이 마치 처분과 같은 형식으로 이루어지는 경우, 둘째로, 공공시설의 설치결정행위와 같이 종래 공권력적 처분에 해당하는 것으로 관념하지 않았으나 행정청의 고권적 지위에서 이루어지는 행위, 셋째로, 종래 처분성을 인정받을 수 없었던 행정내부적 행위의 경우 전통적인 의미에서의 공권력적 작용이라고 할 수는 없으나, 이는 형식적·기술적 의미에서의 공권력 행사라고 할 수 있고, 이에 대한 법적 구제를 행정소송의 틀 내에서 가능하게 할 수 있다고 한다.

이에 대하여는 '공권력의 행사'의 해석을 통해 기존의 전통적인 의미의 '처분' 개념으로 포섭할 수 없었던 '고권적·일방적' 행정작용을 '처분' 개념으로 흡수할 수 있는 도구로 활용했다는 점에 대해서는 그 가치가 인정된다. 그러나, '공권력의 행사'라는 개념을 통해 전통적인 '처분'으로 흡수할 수 없었던 행정작용을 포괄하게 되면 굳이 '그 밖에 이에 준하는 행정작용'을 둔 개정 행정소송법

---

158) 김유환 교수는 소위 '공권력의 행사'의 재해석 필요성을 강조하면서, '이에 준하는 행정작용'은 '공권력의 행사'를 명시적으로 표현한 것에 불과하다고 주장하고 있다. 김유환, (2004), p.528.

의 '처분' 개념에 대한 취지가 희석될 수 있다는 점에서 추후에 입법론으로 제시되면 타당한 견해라고 생각된다. 이에 대해서는 바로 다음 설명인 '그 밖에 이에 준하는 행정작용' 의미를 설명하면서 계속하기로 한다.

3) '그 밖에 이에 준하는 행정작용'의 해석

① 문제상황 – 독특한 개념범주

우리 행정쟁송법상 처분 개념 중 가장 독특한 개념범주가 바로 '그 밖에 이에 준하는 행정작용'이다. '그 밖에 이에 준하는 행정작용'이라는 입법문언은 지나치게 광범위한 해석을 유발할 수 있는 것이어서, 이에 대한 지나친 의미부여가 있을 경우, 법률관계의 종류에 따라 항고소송·당사자소송·민사소송이라는 형태로 쟁송형태가 구분되어 있는 현재의 법체계를 크게 혼란시킬 우려가 있고, 항고소송에 지나친 비중을 두게 되어 장기적으로 다양한 소송유형의 인정을 통한 바람직한 법발전을 저해하게 될 가능성이 크게 된다. 이러한 까닭에 '그 밖에 이에 준하는 행정작용'의 의미내용은 해석을 통해서 일정범위로 제한되어야 하며 이러한 입법문언을 체계적으로 해석할 수 있도록 하는 해석상의 기본개념이 요구된다고 할 것이다.

② "구체적사실·법집행·공권력행사"의 '개념내재적' 연장선상에서 처분성 인정

그러나 이 입법문언과 관련하여서는 행정소송법 개정 이후 현재까지 학설, 판례 공히 뚜렷한 해석지침을 제시하지 못하고 있는 상황이다. 오히려 이 입법문언은 형식적 행정행위 개념 – 형식적 처분개념 – 등의 쟁송법적 처분개념론에 대한 논쟁 – 일원·이원론 – 을

불러일으키는 도화선이 되었다. 그 동안 동 입법문언과 관련하여, 구속적 행정계획, 권력적 사실행위, 추상적 법령, 행정규칙, 행정지도, 일반처분, 알선, 권유행위, 경고행위, 일정한 내부조치, 비권력적 행정조사, 공공시설설치행위, 보조금교부결정, 급부결정 등이 처분성을 인정받을 수 있을 것이라는 일반적 차원의 논의들이 있어 왔으나[159] 이러한 다양한 요소를 관통하는 해석원리의 제시는 없었다. 그러나 최소한 '행정청이 행하는 구체적 사실에 관한 법집행으로서의 공권력의 행사' 에 준하는 행정작용 에 해당하려면, 그러한 공권력 행사작용과의 동가치성을 인정할 수 있는 기준은 제시됨이 타당할 것이다 결국, 현행 '처분' 개념의 징표에 해당하는 "구체적 사실", "법집행", "공권력행사"의 '개념내재적' 연장선에서 처분성 인정은 이뤄져야 한다고 본다.[160][161]

---

159) 김도창 (1993), p.752; 조용호. "항고소송의 대상인 행정처분", 행정소송에 관한 제문제 (상), 자료 67집 p.168. (1995)

160) 이에 대하여 김해룡 교수는 '처분' 개념의 중심지표는 "법집행작용"이며, '그 밖에 이에 준하는 행정작용' 역시 앞단의 개념징표와 더불어 '법집행작용'으로 해석되어야 함을 강조한다. 김해룡 (2006), p.369 "현행 행정소송법 제2조에서 "처분 등이라 함은 행정청이 행하는 법집행작용으로서의 공권력의 행사 또는 그 거부와 그 밖에 그에 준하는 행정작용" 및 행정재결을 말하는 것으로 정의하고 있기 때문에 독일에서의 Verwaltungsakt를 의미하는 강학상의 행정행위에 더하여 그것에 준하는 여타의 행정작용을 포괄하는 것으로 규정하고 있다. 그러한 점에서 현행 행정소송법에서의 처분개념도 실재로 좁은 의미의 강학상의 행정행위보다 확장된 의미의 쟁송법상행정행위개념이라고 설명되고 있다. 그러나 이와 같은 처분개념은 어디까지나 행정청의 법집행작용(Gesetzesvollzugsakt)을 의미하는 것이라는 점에서 독일의 Verwaltungsakt 개념범주를 탈피하였다고 할 수 없는 것이다."

161) '개념내재적' 연장선상에서 처분성 인정하는 학자들의 '그 밖에 이에 준하는 행정작용'을 파악하고 있는 견해를 분류하자면 다음과 같다. (i) 법집행으로서의 공권력의 행사로서의 성질은 갖지만 전형적인 행정행위에 해당하지 않는 행정작용인 권력적 사실행위가 그에 해당한다는 견해(김남진 · 김연태 (2009), p.680), (ii) 당해 행정작용이 공권력 행사로서의 성질은 갖지만, 구체적 사실에 관한 법집행으로서 외부적인 법적 구속력을 갖는 '일반처분'의 경우가 이에 해당한다는 견해(류지태 · 박종수 (2009), p.553), (iii) 쟁송법상 행정행위 개념과 실체법상 행정행위 개념간의 한계설정과 행정의 행위형식에 관한 분류의 필요성을 이유로 일반처분과 처분적 법령에 한정하여야 한다는 견해(정하중 (2005a), p.722) 이에 대한 자세한 내용은 홍정선 (2009a), Rn.2507.

③ 처분 개념의 일반적 범주에 해당되지 않는 행정작용들의 포괄

이에 대하여 김유환 교수는 '그 밖에 이에 준하는 행정작용'이라는 입법문언 자체가 일본 행정사건소송법 제3조 '그 밖에 공권력행사에 해당하는 행위' 라는 용어와 일본의 처분성 확대이론에 큰 영향을 받았다고 보고, 또한 이러한 현상은 독일과는 달리 다양한 소송유형이 발전되지 못하고, 일본과 같이 행정법관계의 권익구제에 있어서 항고소송의 비중이 큰 우리나라에 있어서 다소간 불가피한 것이라고 지적한다. 다만, 일본의 처분성 확대이론 중 처분개념을 완전히 소송법적 의미관련에서만 사고하는 입장은 소송제도의 질서를 혼란시키고, 실체법과 소송법의 관련구조를 지나치게 훼손하는 것으로서, 이를 받아들일 수는 없으며, 이러한 관점에서 보면 보충적인 권익구제를 위하여 제한적으로 형식적 행정행위 개념을 인정하고 이 개념을 매개로 하여 처분과 행정행위 개념의 일치를 형식적으로라도 유지하면서 처분 개념의 일반적 범주에 해당되지 않는 행정작용들을 이에 포괄하도록 하는 것이 가장 적절한 방안이라고 한다. 우리 학설이 주장하는 처분 개념의 확장 대상이 되는 행위들은 일반적인 처분 개념의 범주에 포함되지 않는 한, 형식적 행정행위 개념으로 포괄할 수 있으므로, '그 밖에 이에 준하는 행정작용' 이란 문언은 형식적 행정행위를 의미하는 것으로 해석하는 방안도 고려할 수 있다고 보고 있다.162)

---

162) 다만 일본의 형식적 행정행위론은 우리 식의 '그밖의 이에 준하는 행정작용'이라는 입법문언 없이도 이루어 질 수 있었다는 점을 고려하고 우리 행정소송법상의 처분 개념의 '공권력의 행사'라는 개념요소가 존재한다는 점을 생각하면, '공권력의 행사'라는 개념요소의 확장해석을 통해서도 형식적 행정처분 개념을 처분으로 인정할 수 있는 가능성이 있다고 할 것이므로 '그 밖에 이에 준하는 행정작용'이라는 입법문언은 이와 같은 사정을 보다 명확히 하는데 그 의의가 있다고 한다. 김유환 (2004), p.532.

④ 검토 - '처분' 개념의 내재적 한계 유지

한편 이미 기술한 바와 같이, '그 밖에 이에 준하는 행정작용'을 형식적 · 기술적 의미의 공권력 행사작용으로 이해한다 하더라도 그의 인정범위 역시 매우 제한시킬 필요성이 있다. 즉, 당사자소송, 민사소송 등과의 관계에서 소송의 병용을 허용한다는 것은 소송법의 일반적인 취지에 맞지 않고, 법적 혼란을 가져올 뿐 아니라 소송법과 실체법체계와의 관련구조의 정합성을 손상시키는 것이어서 바람직하지 않다고 할 것이며, 장기적인 법발전을 위해서도 부정적인 측면이 많을 것이다. 그러므로 현행의 "모호한 '처분' 개념이라는 '비정상적' 상황 하에서는 '그 밖에 이에 준하는 행정작용'의 인정은 타소송형태로도 권익구제가 이루어질 수 없는 권익구제의 사각영역에서 최소한 '처분' 개념의 내재적 한계를 기반으로 하여 보완적으로 인정되는 개념징표로 인식"됨이 타당하다고 본다.

4) 정리

개정 행정소송법상 '처분' 개념에 대한 고려는 소송방식인 '취소소송'과의 동시적 고려가 필연적으로 요구된다. 신설된 '처분' 개념에 대한 정의를 논증함에 있어서도 소송방식에 대한 고려가 전제되었음을 이해하여야 한다.

'처분' 개념의 해석에 있어서 '구체적', '법집행'에 대하여 기 사용하는 언어의 용례를 넘어서서 입법자의 제정취지만 고려하여 무리하게 확대하여 해석을 취하는 태도는 오히려 행정재판제도의 전체 체계와 질서를 깨뜨릴 수 있게 된다. 물론 행정청의 행정작용의 증가에도 불구하고 개정 행정소송법은 '처분'을 중심으로 소송유형을 명시한 - 이는 '처분' 이외의 행정작용에 대하여 세세히 소송유형을 둔 독일과 비견된다 - 입법태도로 인하여 가능하면 모든 행정작용을 '처분'으로 포섭함으로써 우리 행정소송법이 명확하게 명시한 항고소송이라는 소송형식을 통해 국민의 권익구제를 도모하겠다는 취지는 충분히 수긍이 간다. 그럼에도 불구하고, 행정작용의 형식에 따라 하자의 체계, 그 효과 등이 다른 기존 행정작용법의 체계에 혼선을 줄 수 있다는 점[163], 현행 행정재판제도의 경우 취소소송 이외에도 당사자소송이 존재한다는 점[164]을 고려해 보면 관점을 달리해서 볼 여지도 있다고 생각한다.

둘째 '처분' 개념의 불명확성을 논한다. 현행 '처분' 개념은 상술한 바와 같이 타협적 입법의 산물에서 빚어진 결과인지, 해석에 있어서 광협을 달리할 수 있음을 내포하고 있다. '공권력의 행사'와 '그 밖에 이에 준하는 행정작용 등'의 해석 부분인데, 불명확성으로 인해 '처분' 개념으로 포섭되는 부분이 많고, 그로 인해 취소소송으로의 제소가능성을 넓히는 것은 국민의 권익구제 차원에서 높이 평가할 만하나, 모든 행정소송의 취소소송화 — 넓게는 항고소송화 — 는 행정작용의 체계형식을 흩트려 오히려 국민의 권익구제에 혼선을 일으킬 수 있고, 여타 행정소송제도를 유명무실하게 함으로써 오히려 행정법의 발전에 저해가 될 수 있다는 점에서 개선의 필요성이 있다고 본다.

(3) 소결

1984년 행정소송법의 개정은 행정재판제도에 있어서 '획기적인 변화'였음은 주지의 사실이다. '처분' 개념의 도입, '소송유형의

---

163) 그러한 하자 효과의 차이를 극복하기 위하여 제시한 이론이 소위 "주관 및 확인 소송설"인 바 이는 다음 항에서 세세히 검토하기로 한다.

164) 이에 대하여는 우리 행정법원의 당사자소송 이용률의 저조 등 행정법원의 당사자소송 비활용 이라는 현실적인 문제에 대한 논의가 심도 있게 필요하다. 본 부분에 대해서는 본 연구와의 관련성이 불가피함에도 불구하고 연구범위의 한계로 상론을 피한다.

명시' 등은 국민의 권익구제를 한층 더 강화할 수 있는 계기를 마련하였다. 그럼에도 불구하고 '처분' 개념의 불명확성으로 인해 모든 행정작용의 '처분'으로의 도피라는 해석의 가능성을 열어두었고, 이러함에도 불구하고 소위 '행정행위'에 대한 소송유형 – 취소소송, 무효등확인소송, 부작위위법확인소송 – 만 예정함으로써 행정행위 이외의 행정작용 – 행정입법, 사실행위 – 에 대한 실제적 소제기로 인한 권리구제는 불가능하게 됨을 초래하였다. 이는 결국 '처분' 개념에 대한 해석 논쟁, '행정소송'의 기능 및 '취소소송'의 성질 논쟁, '여타 행정소송 유형의 무익화'를 초래하였다.

(4) 현행 행정소송법에 있어서 처분 – 소구방식 매트릭스와 그 진단

현행 행정소송법이 (ㄱ) '처분' 개념을 넓게 인정하여 고권성·일방적인 모든 행정작용을 '처분'으로 수용하려는 취지였다면 행정의 작용형식별 (ⅰ) 항고소송 유형의 명문화가 이뤄졌거나 또는 (ⅱ) 무명항고소송의 인정가능성을 보다 명시적으로 열어 두어야 했으며, (ㄴ) '처분'을 '전통적인 의미의 행정행위'만을 가정하여 설계하였다면, (ⅰ) 당사자소송을 적극 활성화하거나, (ⅱ) '처분' 이외의 행정작용에 대한 행정소송 방식을 명문화하거나 (ⅲ) 새로운 소송유형의 해석가능성에 대해 보다 명료하게 개방성을 취하고 있음을 예단케 했어야 함일 것이다.

결국, 개정 행정소송법은 1차로 '처분'으로서 수용가능성에 대해서 불명확 했고, 2차로 이를 소구하는 방식의 부재로 인하여 '처분'의 개념, '소송 유형의 채택'에 관한 복합적인 문제를 불러일으켰다.

4. 중결

 항고소송의 대상인 '처분'에 관한 문제는 항고소송을 통한 국민의 권리구제의 범위와 관련하여 핵심적인 문제에 해당한다. '처분'의 개념 자체가 학문적·실무적 업적을 바탕으로 하여 역사적으로 생성된 개념이고, 현대 행정이 복잡하고도 광범위하게 펼쳐짐으로써 그 수단인 행정작용도 다양해지고 내용적으로도 불명확하여 그 처분성의 판단이 곤란한 사례가 증가하고 있는 것이 현실이다.

 우리 행정소송법은, 제정 행정소송법에 있어서는 명시적으로 '처분' 개념을 정의하지 않았으나, '처분'을 원칙적으로는 강학상 '행정행위'로 보았다. 예외적으로 '행정입법' 및 '사실행위'에 관해서도 그 대상성을 인정함으로써 '처분' 개념을 넓게 인정하는 노력을 보였으나 이는 소송유형의 불비로 행정입법 및 사실행위에 대한 권리구제를 위한 예외적 시도였다. 이러한 문제에도 불구하고 1984년 개정 행정소송법은 '처분' 개념의 정의 및 기존에 인정되어오던 항고소송의 유형을 명시함에 그침으로써, 제정 행정소송법이 가지는 문제점 – 행정입법과 사실행위 등에 대한 소송유형의 완비 – 을 근본적으로 해결하지 못하였다[165].

 1984년 개정 행정소송법은 '처분' 개념을 "행정청이 행하는 구체적 사실에 대한 법집행으로서의 공권력의 행사 또는 그 거부와 그밖에 이에 준하는 행정작용"로 정의함으로써 가능하면 넓게 그 대상성을 인정함으로써 행정청의 고권적·일방적 행정작용에 대해

---

165) 우리나라의 행정소송법제는 행정작용법과 행정구제법간의 이와 같은 체계정합성 – 행정작용의 법적 특성에 따른 행위형식에 상응하는 행정소송유형의 정비라는 과제 – 을 철저히 추구하지 못하였다. 즉 행정청의 권력적 처분행위에 대해서만 항고소송을 인정하고 여타의 행정작용들에 대해서는 각각에 대한 적절한 소송유형을 마련하기보다는 공법상 법률관계의 다툼에 관한 소송인 공법상 당사자소송으로 권리구제의 길을 뭉뚱그렸다. 김해룡 (2006) p.384.

'항고소송'의 길을 열어두려 하였으나, 행정작용체계 및 하자체계에 부합하는 구체적인 항고소송 유형의 불비로 인하여 제정 행정소송법이 가지는 문제점을 그대로 지닐 수밖에 없는 한계가 있었다.

본 문제 상황을 해결하기 위한 논의[166]는 크게 2가지로 전개되는 바, 취소소송의 객관·확인소송성 인정을 통한 소위 "'처분' 개념 확대를 통한 취소소송 해결론"과 강학상 '행정행위'에 해당하지 않는 '처분'에 대해 무명항고소송을 인정하자는 소위 "형식적 행정행위(형식적 행정행위＝쟁송법상 처분개념－실체법상 행정행위)에 대한 무명항고소송인정론"이 그것이다. 이 논의는 항을 달리하여 설명하기로 한다.

II. '처분' 개념 확대 논의

1. 도입

개정 행정소송법의 '처분' 개념의 정의를 법률에 명문화하였다. 그러나 전 항에서 기술한 바와 같이 소위 "넓은 처분" 개념과 "그에 따르는 소송유형의 불비"라는 문제점－즉, 처분 개념을 넓게 인

---

166) 이에 대하여 홍정선 교수는 다음과 같이 기술하고 있다. "이와 같은 행정소송법의 문제상황을 해결하는 방식에는 몇 가지가 있을 수 있다. 예컨대 (ⅰ)행정소송법을 개정하여 중지명령의 소송, 일반적 급부소송, 또한 권한부존재확인의 소 등의 소송방식을 도입하는 방식, (ⅱ)행정소송법 제4조가 정하는 항고소송의 종류를 제한적·열거적인 것이 아니라 예시적인 것으로 해석하여 법원이 새로운 소송방식(무명항고소송)을 판례로서 만들어 내는 방식, 그리고 (ⅲ) 행정소송법 제4조가 정하는 항고소송은 법적행위 뿐만 아니라 사실행위까지도 대상으로 한다고 이론을 재구성하는 방식등이 그것이다. (ⅰ)은 확실한 방법이지만, 가까운 시일내에 실현가능성은 미약해 보이고 (ⅱ)는 적지 아니한 수의 행정법학자들이 지지하는 방법이기는 하지만, 법원이 이에 대하여 거부반응을 보이고 있고, (ⅲ)은 소송은 법적 분쟁의 해결절차이다 라는 소송법의 기본명제에 반하는 것이므로 택하기 곤란하다." 홍정선, "행정행위개념과 행정소송법상 처분개념", 고시계 2001년 11월호, p.26, (고시계사 편, 2001)

정하려는 입법취지에도 불구하고 그에 따르는 적합한 소송유형이 부족한 문제 상황 – 이 제기되었으며, 이러한 문제 상황을 극복하기 위하여 "처분 – 소송유형 상의 원활한 연결고리를 형성하게 하려는 소위 '소송유형에 관한 조작적 논의'"를 전개하였다.

통상, 행정법 교과서에서는 행정쟁송법상 처분개념과 실체법상 행정행위개념의 관계를 기준으로 일원론, 이원론으로 설명하고 있다[167]. 일원론은 쟁송법상 처분개념과 실체법상 행정행위개념은 동일하다는 입장, 이원론은 쟁송법상 처분개념은 실체법상 행정행위개념와 형식적 행정행위 – 또는 형식적 행정처분 – 의 합을 의미하고, 따라서 쟁송법상 처분개념과 실체법상 행정행위개념은 상이하게 된다는 입장이다. 일원론에 따르면 행정소송법상 '처분'은 형성소송성을 갖는 취소소송으로, 형식적 행정행위는 당사자소송이나 민사소송으로 해결해야 한다[168] 고 하며, 이원론의 입장에서는 다시 세분하여 쟁송법적 처분개념에 속하는 '실체법적 행정행위와 형식적 행정행위를 확인소송성을 갖는 취소소송으로 해결할 수 있다는 입장[169], 실체법적 행정행위와 형식적 행정행위를 취소소송으로 해결하되, 전자는 형성소송성을 갖는 취소소송으로 후자는 확인소송성을 갖는 취소소송으로 해결하자는 입장[170], 실체법적 행정행위

---

167) '행정쟁송법상 처분'은 행정소송법·행정심판법에 명시되어 있는 '처분' 을 말하고, 실체법상 행정행위는 학문상 용어로서의 행정행위를 말하는 것으로 '행정청이 법 아래서 구체적 사실에 대한 법집행으로서 행하는 권력적 단독행위인 공법행위'를 의미한다. 홍정선 (2009), Rn.801 이하 참조.

168) 홍준형 (2001), p.727 이하 참조.

169) 박정훈 (2003b), p.75 이하 참조.

170) 김동희 (2009), p.701 이하 참조. 다만, 2009년(15판) 교과서에서는 "권력적 사실행위의 취소"에 있어서, 국민의 신체·재산에 직접적으로 실력을 가하여 행정목적을 실현하는 권력적 사실행위에 있어서는, 행정청은 그어 불복하는 국민에 대하여 행사되는 자력강제에 따를 수인의무를 부과하는 일종의 절차적 효과가 수반된다고 보며, 따라서 이러한 권력적 사실행위의 취소는 단지 당해 행위의 위법선언에 그치지 않고 국민에게 과하여진 수인의무의

는 형성소송성을 띤 취소소송으로, 형식적 행정행위는 법정외(무명)항고소송으로 해결하자는 입장[171]이 있다. 무명항고소송으로 해결하자는 입장은 기본적으로 취소소송은 형성소송으로 이해하고 있으며, 법원에서 무명항고소송을 긍정하지 않게 되면, 일원론과 별반 차이가 없게 된다. 결국 무명항고소송을 도입하려는 목적은 행정소송법상 '처분' 개념의 의미를 확보하기 위함이다.

이하에서는 행정소송법상 '처분' 개념의 의미를 확보하기 위하여 취소소송의 객관·확인소송성을 논증함으로써, '처분' 개념 안에 행정입법, 행정행위, 사실행위 등 모든 행정작용의 수용을 정당화함으로, 이를 법정 항고소송을 통해 해결할 수 있다는 논의와 소위 "넓은 처분" 개념 안에 포섭되는 여타의 고권적·일방적 행정작용 – 소위 "형식적 행정행위(＝쟁송법상 처분개념 – 실체법상 행정행위)[172]" – 에 대하여 그 행정작용형식에 적합한 무명 – 비법정 – 항고소송을 인정해야 한다는 논의[173]를 차례로 살핀다.

해제의 효과도 가지는 것으로 본다고 하고 있다. 또한 "형식적 행정행위를 인정하는 경우에 그에도 공정력이 인정되고 기타 실체적 행정처분에 대하여 인정되는 행정소송상의 다수의 제약(출소기간의 제한·가처분의 배제 등)이 이러한 형식적 행정행위에도 그대로 인정되는지의 여부 등의 여러 가지 어려운 문제가 발생하는데, 그러한 점에서 형식적 행정행위의 관념은 전통적 행정처분관념에 대한 하나의 쟁론(Polemik)으로서 중요한 의미가 있는 것이기는 하나, 그 자체가 이미 명확하고 구체적인 내용을 가진 관념이나 이론은 아니라 할 것이다"라고 기술함으로써 명확하게 형식적 행정행위에 대한 취소에 있어서 "확인소송"의 성질을 띤다고 말하기는 무리가 있을 수도 있으나, 권력적 사실행위나 형식적 행정행위의 취소에 있어서 소급적 효력을 갖는 형성의 소로서의 성질을 갖는 것이 아니므로, 2004년판 교과서상 기존견해(구제소송설)를 유지한 것으로 파악하여 기술하였다.

171) 홍정선 (2009), Rn.808 참조.

172) 동 개념에 대해서는 "형식적 행정행위"로 그 개념을 지칭하기도 하나, 쟁송법적 처분 개념에서 실체법적 행정행위를 제외한 나머지, 즉 오로지 권리구제에만 초점을 두어 내용상의 실질이 상이한 여러 행정의 행위형식을 묶어 하나의 새로운 개념으로 구성하는 것은 오히려 비논리적이기 때문에 "형식적 행정행위"라고 칭하는 것도 문제가 있다. 홍정선 (2009), Rn.807a.

173) 이외에도 – '처분' 개념의 확대론과 거리가 멀긴 하지만, – "처분" 개념은 명확하게 실체적 행정행위에 대해서만 인정을 하고, 그 외의 행정작용에 대해서는 당사자소송을 활용하여

두 논의 모두 현행 행정소송법의 조건하에서 국민의 권익구제를 도모하기 위하여 현행 행정소송법을 최대한 활용할 수 있는 방법을 제시한 것으로 일응 그 의의가 있다고 본다. 이하에서는 각 논의의 제명을 편의상 "객관·확인소송론", "무명항고소송론"으로 칭하기로 한다. 양자의 논의를 자세히 살피고 검토 한다.

2. 객관·확인소송론

(1) 일반

통상 행정소송은 행정통제로서 기능과 행정구제로서의 기능을 모두 갖고 있으나,[174][175] '처분' 개념과 관련하여 어떤 기능을 중시하는가에 따라 행정소송의 구조 내지 전체방향이 결정되게 되는 바, 객관·확인소송론의 입장에서는 우리 행정소송법상 취소소송을 객관소송·확인소송으로 파악한다.

한다는 견해가 있다. 이는 처분성의 확대에는 한계가 있을 뿐만 아니라 제소기간의 제한이라는 부작용이 뒤따르게 되므로, 취소소송 등 항고소송에 연연하지 말고 처분개념을 엄격히 해석하되, 처분에 해당하지 않는 행정작용에 대하여 널리 당사자소송의 형태로 독일의 금지소송, 일반이행소송 및 확인소송과 동일한 행정소송을 인정하여야 한다는 입장이다. 이는 독일법에 충실한 견해로서 독일에서 행정행위 여부에 따라 소송유형이 달라지듯이 처분인가 처분이 아닌가에 따라 항고소송과 당사자소송을 구별하고자 하는 것이다. 홍준형 (2001), p.730. 본 논의는 '처분' 개념 - 항고소송의 관련성보다 '당사자 소송' 관점에서 그 논의 가치가 크므로, 본 연구의 범위에서는 제외시켰다.

174) 홍정선 (2009), Rn.2431 이하; 김남진·김연태 (2009), p.603 이하 (2001); 김도창 (1992), p.197; 김성수 (2008), p.845 이하; 김철용, 행정법 I, p.610 (2009); 박균성, 행정법론(상), p.852. (2009); 유명건 (2001), p.4; 이상규, 행정쟁송법, p.232 이하 (2004); 홍준형 (2001), p.450 이하

175) 추가하여 행정소송의 기능에는 행정청의 입장에서 임무경감의 기능도 있다. 법원에 의한 심사는 행정권의 분권에 이바지 하게 되며, 이는 행정청으로 하여금 자신의 소관사항과 거리가 먼 업무에 대해서는 개입을 멀리하게 하는 기능을 수행하게 된다. 임무경감기능은 행정청의 무절제한 권한영역확대로부터 고유한 임무영역에로의 절제를 의미하는 것으로 거시적 측면에서 행정법 발전에 기여한다. 동지: 홍정선, (2009) Rn.2434.

(2) 내용

객관·확인소송론은 취소소송을 객관소송으로 파악함으로써[176],

176) 항고소송을 객관소송으로 파악하는 견해는 다음과 같은 논거를 제시하고 있다. 첫째, 우리
의 행정소송은 항고소송·당사자소송의 이원적 구조를 취하고 있는바, 이는 프랑스의 월권
소송·완전심리소송에서 유래된 것으로, 당사자소송은 완전심리소송과 같이 전형적인 주관
소송인 반면, 항고소송은 월권소송과 같이 객관소송적 성격이 강한 것으로 보아야 한다는
점. 둘째, 우리 헌법상 독일에서와 같이 권리침해를 행정소송의 전제로 명시한 규정은 없고,
헌법 제107조 제2항은 "처분이 헌법이나 법률에 위반되는 여부"를 대법원이 최종적으로
심사한다고 규정하고 있다는 점. 셋째, 행정소송법 제4조 제1호가 취소소송을 "행정청의
위법한 처분 등을 취소 또는 변경하는 소송"이라고 정의하고 있듯이, 우리의 취소소송의 본
안요건은 위법성만이고 그 이외에 권리침해를 요건으로 하지 않는다는 점. 반면, 일본 행정
사건소송법은 제10조 제1항에서 "취소소송에 있어서는 자기의 법률상 이익과 관련이 없는
위법을 이유로 하여 취소를 구할 수 없다"고 규정함으로써 취소사유를 법률상 이익과 관련
있는 사항에 한정하고 있으나, 우리 행정소송법에는 이러한 규정도 두지 않았다는 점. 넷째
로는, 행정소송법 제12조는 "처분 등의 취소를 구할 법률상 이익"을 원고적격의 요건으로
규정하고 있는데, 우리 판례는 비록 "법률상 이익"을 해석함에 있어 법률과의 연결고리를
고수하면서 처분의 근거법률이 원고의 사익을 보호하는 경우에 한정하고 있지만, 독일에서
와 같이 개개의 위법사유마다 그 근거규정의 사익보호성을 따지는 것이 아니라, 위법사유를
전제하지 않은 채로 근거법률 전체의 내용에 비추어 계쟁처분과 관련하여 원고의 사익이
보호되고 있는가를 문제 삼고 있다고 하면서, 독일에서와 같은 원고적격과 위법성과의 견련
성이 요구되지 않는 점을 주장한다. 즉, 행정소송법 조문상으로도 "처분의 취소를 구할" 법
률상 이익이 요구되는 것이므로, 그 법률상 이익은 계쟁처분의 존재 자체에 의해 침해되고
있는 것이면 충분하고, 계쟁처분의 구체적인 위반사항까지 문제 삼지 않는다는 점에서 우리
취소소송의 원고적격은 근거법률과 헌법을 포함한 전체 법질서에 비추어 계쟁처분을 배제
함으로써 보호받을 수 있는 것으로 판단되는 이익으로서 프랑스 월권소송의 원고적격인 개
인적이고 직접적인 이익에 접근한다고 한다. 또한, 그 판단기준을 판례에서와 같이 근거법
률로 한정한다 하더라도, 독일에서 보호규범이론에 의해 이해되고 있는 권리침해보다는 훨
씬 넓은 개념이라고 하고 있다. 다섯째, 우리 행정소송법 제29조 제1항은 취소판결의 대세
적 효력을 명시하고 있는데, 이는 이러한 규정이 없는 독일에서도 그 성질상 당연히 대세적
효력이 있는 것으로 인정되는 취소판결의 형성효, 즉 행정행위가 폐지(Aufhebung)되는 효
과를 주의적으로 규정한 것에 불과한 것이 아니라, 이를 넘어 취소판결의 기판력, 즉 처분
의 위법성을 확인하는 효과에 관해서도 대세적 효력을 부여한 것으로 보아야 할 것이라고
하고 있다. 또한, 그렇기 때문에 동법 제31조는 취소판결에 의해 권리 또는 이익의 침해를
받은 제3자의 재심청구를 허용하고 있는데, 이는 프랑스의 제3자 재심청구(tierce
opposition)에 상응하는 것이라고 강조하고 있다. 여섯째, 행정소송에 관한 소송상 화해를
명문(행정법원법 제106조)으로 인정하는 독일과는 달리 우리 행정소송법에는 이에 관한 규
정이 없는 점. 또한 행정소송에 관한 부제소합의를 인정하는 독일과는 달리 판례가 이를 무
효로 보고 있다는 점. 그 이외에도, 일곱째 항고소송의 피고는 독일과 같이 행정주체가 아
니라 프랑스와 같은 처분청이라는 점(행정소송법 제13조 제1항 본문). 여덟째 판례는 프랑
스에서와 같이 취소소송의 위법판단 기준시를 처분시로 고수하고 있다고 주장하면서 처분
사유의 추가·변경을 엄격하게 제한하고 있는 점 등이 우리나라 항고소송이 객관소송적 성
격을 갖는 것임을 단적으로 드러내는 근거라고 주장하고 있다. 끝으로, 우리 행정소송법상
거부처분 취소소송만이 인정될 뿐 의무이행소송은 허용되지 않는 것 또한 독일의 의무이행

- 취소소송의 목적이 원고의 권리를 구제하는데 한정되는 것이 아니고, 행정의 적법성 통제가 그 본질적인 목적과 기능에 속하는 것이므로 - 적법성 통제의 대상이 될 만한 행정작용은 모두 취소소송의 대상으로 보자는 견해이다.[177][178] 즉, 취소소송으로 객관소송으로 보게 되면, 행정입법은 물론, 법적 판단에 의거한 공적 결정에 의해 이뤄지는 행정작용이면 개인의 권리의무와 직접 변동을 일으키는 법적 효력을 갖지 않더라드 거의 모두 포함되는 것으로 모든 행정작용에 대한 위법성 판단이 가능하여 적법성 통제의 대상이 될 수 있게 된다고 지적한다. 결국, 취소소송의 본질을 '위법성의 확인'에서 찾게 되면 취소소송의 대상인 처분을 엄격한 의미에서 권리제한·의무부과라는 법적인 효과를 발생하는 '행정행위'에 한정하지 않고 법규명령, 행정규칙, 사실행위 등으로 확대할 수 있으며, 또한 취소소송을 확인소송으로 이해하면, 취소소송은 법적 효력을 소급적으로 상실시키는 것이 아니고 그 위법성을 확인하는 것이기 때문에 만일 그 대상행위가 법적 효력을 지향하는 것이라면 위법성이 확인됨으로써 처음부터 무효가 확정되고, 대상행위가 법적 효력과 무관한 사실행위라도 위법성이 확인됨으로써 이를 중지하고 그 위법성을 제거할 행정청의 의무가 행정소송법 제30조 제1항 소정의 기속력에 의해 발생하게 된다는 의미이다.

소송이 철저한 주관소송이라는 점을 감안한다면, 우리 취소소송이 객관소송적 성격을 갖는다는 근거가 될 수 있다고 주장한다. 박정훈 (2003b), p.62 이하 참조. 이에 대한 비판으로는 김중권 (2003a), p.650. 이하; 정하중 (2003a), p.25. 이하 참조.

177) 박정훈 (2003b), p.62 이하

178) '객관소송'이라 함은 만인소송을 의미하는 것이 아니라, 소송의 주된 목적이 행정처분을 위법성을 이유로 취소하는데 있고 원고적격은 그 취소를 구할 수 있는 자격에 불과하다는 것을 의미한다는 점이다. 말하자면, 주관소송에서는 소송의 과녁이 원고 자신의 권리에만 향해져 있는데 반해, 객관소송에서는 소송으 과녁이 원고 이외의 대상, 즉 행정처분에 향해져 있다. 박정훈 (2003b), p.62 이하 참조.

(3) '처분' 개념과 소송유형

본 입장에 서게 되면, 현행 행정소송법상 '처분' 개념 안에 행정행위, 행정입법, 행정상 사실행위를 모두 포괄할 수 있으며, 항고소송으로 구제가 가능하게 된다. 따라서, 현행 행정소송법상 '처분' 개념을 넓게 인정하고 있으면서 이에 대한 소송유형은 '항고소송'만을 인정해 둔 현행 행정소송법상의 문제 상황을 해결할 수 있게 한다.

(4) 검토

취소소송의 객관 · 확인소송성 주장은 현행 행정소송법상 '처분 – 취소소송'의 의미를 확보할 수 있는 기초를 제공한다. 그럼에도 불구하고, 취소소송을 객관 · 확인소송으로 이해하는 입장은 '처분' 개념의 헌법상 구현원리에서도 밝혔듯이, 우리 헌법이 취하는 "행정재판의 법률상 쟁송성" 즉, 행정소송의 한 유형인 취소소송은 법률상 권리 · 의무의 분쟁을 의미하는 주관소송의 성격을 띠며, 이는 행정소송법 제1조도 같은 입장이고, 또한 취소소송은 본래 행정행위의 '공정력'에 기한 형성소송성에서 기인한 것으로 이제까지 형성소송으로 이해되어온 취소소송을 '처분' 개념의 확장을 이유로 '확인소송'으로 변경하려는 시도는 다소 무리가 없지 않다고 볼 것이다.[179] 이하에서 항목별로 자세히 검토하기로 한다.

---

179) 김남진 교수는 객관 · 확인소송론에 대하여 첫째로, '일반 · 추상적 규율로서의 명령', '개별 · 구체적인 규율로서의 처분' 및 '직접적 법적효과를 발생하지 않는 사실행위' 등이 상이한 성질과 효과를 가짐에도 불구하고 그것들을 하나로 묶어서 항고소송의 대상으로 하는 경우, 불필요한 혼란을 일으킬 염려가 많다고 하는 점. 둘째로, '법적으로 정당한 이익'이라는 애매모호한 규정 보다는 오히려 현재의 '법률상 이익'이라는 규정을 그대로 두는 것이 낫다"고 주장하고 있다. 김남진 (2003), p.177 이하.

1) 취소소송의 주관소송성

① 행정소송의 '법률상 쟁송성'

항고소송을 '객관소송'으로 파악하는 것은 헌법상 '처분' 개념 구현원리에서 제시한 "행정소송의 '법률상 쟁송성'"에 정면으로 위배되는 결과를 초래하게 된다. 즉 우리헌법은 모든 국민에게 재판을 받을 권리를 보장하고(헌법 제27조 제1항), 그에 따라 행정소송법은 행정소송사항에 관하여 위법한 처분 기타 공권력의 행사에 대한 국민의 권리구제를 인정하고 있다. 헌법은 "명령·규칙 또는 처분의 헌법과 법률 위배에 대한 최종심사권한을 대법원에게 부여(헌법 제107조 제2항)하여 법원의 처분에 대한 심사권한을 명시하였다. 이와 관련하여 법원조직법 제2조 제1항은 "법원은 헌법에 특별한 규정이 있는 경우를 제외한 일체의 법률상의 쟁송을 심판하고"라고 하여 원칙적으로 법률상 쟁송만이 법원의 심판대상이 되는 것으로 규정하고 있다. 여기서 처분에 대한 법원의 심사권한과 법원의 법률상의 쟁송에 대한 심판을 유기적으로 해석하면, 처분 역시 법률상 쟁송이 되었을 경우에 법원은 이를 심판할 수 있음을 확인할 수 있다. 법률상 쟁송이탄 "당사자 사이의 권리의무에 관한 다툼으로서 법령의 적용에 의하여 해결할 수 있는 분쟁"을 말한다. 따라서 현행법의 테두리 내에서 단순한 반사적 이익의 침해를 이유로 하는 행정소송은 부적법한 것으로 허용되지 않게 된다. 즉, 항고소송은 법률적 쟁송으로 권리와 의무의 소재를 다투어 해결하는 주관소송에 해당한다. 행정소송법 제12조는 "취소소송은 처분등의 취소를 구할 법률상의 이익이 있는 자가 제기할 수 있다"고 규정하고 있는 바, 이 규정은 원고적격의 문제에 있어 법률상 쟁송으로서의 취소소송의 내용을 재차 확인하고 있는 것이다.[180] 즉 항고소송으로서의 취소소송이 국민의 권리 내지 법률상 이익의 구제를 위한 것으로 법률상 쟁송을 그 대상으로 하고 있음을 구체화한 것으로 파악된다. 결국 취소소송을 객관소송으로 보는 입장은 우리 헌법하에서 대법원을 위시로 한 현행 법원의 재판시스템하에서는 수용하기 힘든 논리라 할 것이다.[181]

② 행정소송법 제1조의 취지 – 주관소송

일반적으로 행정소송은 주관적 소송과 객관적 소송으로 분류된다. 주관적 소송은 개인의 권리나 이익을 보호하기 위하여 인정되는 소송으로서 권리침해 또는 이익침해의 주장을 원고적격으로 요구하고 있는 것이 일반적이다. 반면에 객관적 소송은 행정의 적법성·타당성 확보라는 공익보호만을 목적으로 하는 소송으로서, 직접적인 이해관계자 이외의 자에게도 제소권을 인정하기 때문에 원고적격에 있어서 권리나 이익의 침해의 주장을 요구하지 않는다. 권리나 이익의 구제를 목적으로 하는 주관적 소송은 모든 위법한 행정작용을 그 통제대상으로 하지 않기 때문에, 객관적 쟁송의 성격을 가진 전심절차를 통하여 보완되는 것이 일반적이다. 이에 대하여 행정작용의 적법성통제를 목적으로 하는 객관적 소송은 이른바 만인소송을 방지하기 위하여 열기주의로 제한되는 것이 일반적인 특징이다. 객관적 소송과 주관적 소송을 이와 같이 이해할 때, 흔히 객관적 소송으로 평가되는 프랑스의 월권소송 역시 원고적격으로서 원고의 개인적이고 직접적 이익이라는 주관적 요소를 요구

---

180) 김동희, "취소소송", 주석행정소송법, p.275 (김철용·최광률 편, 2004b)

181) 한편, 취소소송을 주관소송으로 파악하면, 취소판결의 형성력도 당사자간에만 미친다고 보게 되어 취소판결의 대세효를 인정하기 곤란하다는 입장에 대하여 우리 행정소송법은 제29조 제1항에서 '처분 등을 취소하는 확정판결은 제3자에게도 효력이 있다'고 하며 규정하고 있어 입법적으로 해결하고 있음을 알 수 있다.

하고 있기 때문에 순수한 의미의 객관적 소송이라고 할 수가 없을 것이다.[182] 우리 행정소송법 제1조는 "행정소송절차를 통하여 행정청의 위법한 처분 그 밖에 공권력의 행사·불행사 등으로 인한 국민의 권리 또는 이익의 침해에 대한 구제제도를 확립하고"라고 규정하여 행정소송이 원칙적으로 주관적 소송임을 밝히고 있다. 원고적격으로서 법률상 이익을 요구하고 있는 항고소송은 주관적 소송의 성격을 가지며, 당사자소송 역시 권리와 의무를 내용으로 하는 법률관계의 존부를 대상으로 한다는 점에서 역시 주관적 소송의 성격을 갖는다고 할 것이다. 따라서, 항고소송의 객관소송성은 행정소송법 제1조와도 정면으로 배치되어 수용하기 힘든 논의라 할 것이다.

2) 취소소송의 형성소송성

행정소송상 취소소송은 행정행위의 실체법적 효력인 공정력[183]에 의하여 발생된 법률관계를 소급적으로 소멸시키는 형성적 기능 즉 형성소송으로서의 성질[184]을 갖고 있는 것이다.[185] 우리의 행정

---

182) 한견우, "프랑스 행정제도상 월권소송에 있어서 소의 이익", 연세법학연구 제1집, p.215 (연세대학교 법학연구소 편, 1990); 박정훈 (2002), p.653 이하

183) 행정행위의 公定力이란 일단 성립하여 상대방에게 고지되면 그 성립에 하자가 있다고 하더라고, 그것이 중대하고 명백하여 당연히 무효로 인정되는 경우를 제외하고는 권한있는 기관 (처분청·감독청·수소법원)에 의하여 취소되기까지 유효한 것으로 통용되는 힘을 말한다. 즉 취소소송이란 위법하기는 하나, 公定力에 의하여 일응 일정한 법률관계를 성립시킨 행정행위의 효력을 다툼으로써, 당해 행정행위의 취소·변경을 통하여 그 법률관계를 소멸·변경시키는 것을 그 본질로 하고 있다. 취소소송의 형성적 성격은 무엇보다 행정행위의 公定力으로부터 발생된다.

184) 취소소송의 성질이 형성소송으로 파악된다는 점에 있어서 형성소송(Gestaltungsklage)이란 어디까지나 소송법상의 범주로서, 반드시 실체법적 형성권(취소권)의 존재를 전제로 하는 것은 아니다. 이것은 가령 전형적인 형성소송의 하나로 파악되는 상법 제376조에 의한 주식회사 주주총회결의취소의 소의 경우만을 보아도 분명히 알 수 있다. 이러한 소송은 가령 주주 등이 갖는 결의취소권이라는 이름의 실체법적 형성권이 존재한다는 것을 전제로 한 것이 아니라 상법이 그와 같은 소송법적 규정을 둠으로써 주주 등에게 주주총회결의의 취소가능성을 열어주었기 때문에 허용된 것이라고 볼 것이다. 여기서 주주 등이 갖는 권리란 실체법적 형성권으로서의 취소권이 아니라 단지 소권(Klagebefugnis), 즉 결의취소소송제기권일 뿐이다. 홍준형 (2001a), p.523.

법이론은 행정행위의 하자를 이분화하여, 단순위법의 경우에는 권한 있는 기관에 의한 취소가 있을 때까지 유효한 행정행위로서 그 효력을 지속시키고, 쟁송기간이 경과하면 하자를 더 이상 다툴 수 없도록 함으로써 법적 안정성을 도모하고 있으며, 하자가 중대하고 명백한 경우에는 무효로 하여 어떠한 효력도 발생시키지 않게 함으로써 실질적 정의를 도모하고 있다. 결국, 공정력에 터잡은 취소소송의 형성소송성에 대한 기존의 행정법학의 연혁적 논의를 간과한 취소소송의 확인소송성 긍정론은 그간 연혁적으로 집적해온 행정법학의 이론체계를 도외시하고 이를 명확하게 극복할 수 있는 논거를 제공하지 못했다는 측면에서 한계를 갖는다.

3) 정리 – 학설 · 판례

항고소송의 법적 성질에 관해서는 첫째, 우리나라의 지배적 견해는 취소소송 등 항고소송을 독일의 행정소송과 동일하게 주관소송으로 파악하고 있다.[186] 즉, 소송의 목적이 개인의 권리 · 이익의 보호에 있고 따라서 소송의 대상에 관해 개인적인 권리 · 이익이 있는 자에게만 당사자적격이 부여되는 쟁송이라는 것이다.[187] 본안요건에 관해서는, 대부분의 학설은 위법성만을 본안요건으로 보고 있으나, 독일의 취소소송과 마찬가지로 본안요건에 위법성과 더불어 권리침해도 포함시키는 견해도 있다.[188] 그리하여 원고적격의

---

185) 행정행위의 公定力의 근거에 대하여는 지금까지 학설에서 다양한 견해가 개진되어 왔다. 公定力의 근거에 대하여 자세히는 정하중, "행정행위의 공정력과 구속력", 고시연구 2001년 8월호, p.102 참조. (2001a)

186) 홍정선 (2009), Rn.2435; 김도창 (1993), p.675; 김남진 · 김연태 (2009), p.654; 김동희, (2009), p.656; 김철용 (2009), p.615; 박윤흔 · 정형근 (2009), p.756; 이상규 (2004) p.29; 홍준형 (2001), 523 참조.

187) 주관적 쟁송에 있어서도 부수적으로 객관적 적법성 통제의 기능이 있음을 지적하는 견해로는 김도창 (1993), p.675; 박윤흔 · 정형근 (2009), p.696

188) 홍정선 (2009), Rn.2490a; 김남진 · 김연태 (2009), p.665; 홍준형 (2001a), p.635.

요건으로서 행정소송법 제12조 소정의 "취소를 구할 법률상 이익"을 보호규범 이론에 의거한 독일의 권리개념과 동일하게 해석하는 견해가 있는가 하면, 판례는 독일의 권리개념과 동일한 것으로 보지는 않지만 근거법률에서 보호하는 사익으로 파악하여 법률과의 연결고리를 고집하고 있다. 둘째, 취소소송을 독일의 그것과 동일하게 형성소송으로 파악하는데 학설이 일치하고 있다.[189] 취소소송을 명시적으로 형성소송으로 단시하고 있는 오래된 판례도 있으나,[190] 최근 판례에서도 취소소송을 "위법한 처분에 의하여 발생한 위법상태를 배제하여 원상으로 회복시키고 그 처분으로 침해되거나 방해받은 권리와 이익을 보호 구제하고자 하는 소송"이라고 설시하여[191] 취소소송의 성질을 형성소송으로 파악하고 있음은 변함이 없다.

(5) 소결

박정훈 교수가 주장한 객관·확인소송론은 행정소송법상 '처분 – 취소소송'의 제한된 구조를 원활하게 활용할 수 있게 하는데 있어서, 설득력 있는 이론적 토대[192]를 제공했다 라는 측면에서 그 의의는 실로 크다고 생각된다. 그럼에도 불구하고, 기존에 굳혀진

---

189) 홍정선 (2009), Rn.2436; 김도창 (1993), pp.744 – 745; 김남진·김연태 (2009), p.665; 김동희 (2009), p.671; 김철용 (2009), p.625; 박윤흔·정형근 (2009), p.772; 이상규, (2004), p.294; 홍준형 (2001), p.523 참조.

190) 대판 1960. 9. 30. 4292행상20 : "취소한 행정처분의 취소를 구하는 형성의 소에 속하고 원고승소의 형성판결은 형성권의 존저를 확인하고 법률상태의 변경, 즉 형성의 효과를 生게 하는 것"이라고 판시하였다.

191) 대판 1987. 5. 12. 87누98 (공1987.7.1.803),1009); 대판 1992. 4. 24. 91누11131 (공1992.6.15.(922),1738).

192) 객관·확인소송론을 주장하기 위하여 박정훈 교수의 국내외 제도에 대한 논거는 치밀했고 설득력이 충분히 존재한다고 본다. 이로 인하여 박정훈 교수의 논거를 세세히 비판하는 논문도 등장하였다. 이는 김해룡 (2006), p.365 이하; 김중권 (2003), p.643 이하; 정하중 (2003), p.32 이하 참조.

개념 체계 - 행정소송의 법률상 쟁송성, 취소소송의 형성소송성 등 - 를 극복하는데 있어서는 한계가 있었으며, '처분' 개념의 헌법상 구현원리에서도 제시한 '실체법에 봉사하는 소송법'이라는 측면에서 행정의 여러 행위형식을 하나의 소송법적 개념인 '처분 - 취소소송'으로만 해결하려고 함으로써, 행정작용간 체계를 고려하지 못했다는 비판, 나아가서는 행정작용체계 전반을 흩으러 놓을 수 있는 지적까지 제기됨을 면치 못했다. 이하에서는 객관·확인소송론의 적용결과론적 문제점을 중심으로 상세히 검토하기로 한다. 이는 추후 새로운 '처분' 개념을 구성함에 있어서도 시사하는 바가 크다고 본다.

1) 행정작용형식론의 붕괴

행정작용일반을 포용하는 처분개념을 받아들인다면, 이는 행정작용법론, 실정법상의 행정법의 체계 나아가 행정법학까지도 흡입하여 용해시키는 "블랙홀"이 될 수도 있다고 지적한다.[193]. 즉, 이종의 다양한 행정작용을 하나의 단위로 삼아 단일된 소송형태를 취한다는 구상이 설득력을 가지려면, 무엇보다도 이들 행정작용에 관한 사법심사의 강도와 내용이 단일하여야 한다[194]. 행정작용 간에는 서로지향점이 다르기에, 규율의 대상을 염두에 둔 입법자가 그런 점에 상응한 형식수단을 선택한 것이다[195].

---

193) 김남진, "행정소송법시안상의 문제점", 고시연구 1984년 1월호, p.49 이하 (1984)

194) 행정행위와 행정입법을 보건대, 애써 행정재량과 구별되게 명령형성자유를 사용하는 것이 보여주듯이, 그곳에 통용되는 내용은 다를 수밖에 없다. 왜냐하면 행정재량수권은 개별적 정의의 실현을 추구하는 반면에 명령수권은 입법적 형성자유의 측면을 담고 있기 때문이다. 김중권 (2003), p.643 이하.

195) 서로 어울릴 수 없는 성향의 무리로 하여금 하나의 문을 통과하도록 만든 뒤에 이들을 재차 각각의 기준에 의거하여 재단케 한다는 것은, 법원에게 소관의 확대와 더불어 일차적 판단의 용이함을 가져다 줄 것 같지만, 본안에 들어가서 카주이스틱으로 전락할 구체적 판단의 곤란함도 동반한다. 그 결과 하나의 문을 거쳐 들어온 무리(群)들에 대해서, - 설령 이질성

결국, 처분 안에 모든 행정작용을 포괄하게 하는 객관·확인 소송론의 입장은 객관·확인소송성의 성격에 관한 문제는 차제에 두고라도 결과론적으로 모든 행정작용을 하나의 '처분' 개념의 틀에 용해시킴으로써 행정작용체계론[196]에 대 혼란을 가져다 줄 수도 있게 된다. 생각건대, 처분안에 모든 행정작용을 포괄하게 된다면, 취소소송의 과부하로 인해 행정수단의 다양성이 무시되고[197], 결국에는 복잡한 오늘날의 행정현상에 대한 법의 집행부전 내지 대처부

을 인식한다 하더라도 — 사안의 전문성고 복잡성을 이유로 마침내는 단일한 무차별적 취급으로 귀결될 가능성이 크다. 김중권 (2003a), p.643 이하.

196) 행정의 법적 작용형식은 일종의 여러 門(Tore)이다. 행정상의 다양성으로 인해 개관할 수 없고 無定形한 행정활동은 이 문들을 지나서 법의 질서세계로 들어선다. 따라서 법적으로 정연하고 법적 판단을 가능케 하는 행정작용형식을 전개하고 주조하는 것은, 법치국가에서 행정법학과 행정실무가 띤 두드러진 특징이자, 지속적인 임무이다. 따라서 형식화사고(Formungsidee)와 체계사고(Systemidee)를 결합시킨 데 바탕을 두고 있는 행정작용형식론은 대륙법적 사고의 전형적인 특징이자, 일반행정법의 핵심이다. 이런 작용형식론의 과제이자 임무는, 행정활동을 합리화하는 것, 법에 알맞은 결정을 장려하는 것, 기본적인 사실·평가의 문제를 신뢰할 수 있는 도그마적 구조로 조정하는 것, 행정활동에 관한 법적 통제를 유도하여 개관 가능하게 만드는 것이다. 요컨대 작용형식론의 이 같은 정서작용은 행정법적으론 다음의 두 가지 측면에서 영향을 끼친다. 첫째로, 작용형식의 선택은 어떤 활동에 대해 특히 절차적 면에서 법이 요구하는 사항을 정하는 셈이다. 절차·형식·효력규정은 선택되거나 사후에 해석되어진 작용유형에 좌우된다. 즉, 작용형식은 그것의 체계화를 위한 결정적인 연결점으로서 간주된다. 둘째로, 작용형식은 권리구제와 법적 안정성을 위해서 규준이 되는 하자효과(Fehlerfolgen)에 대한 주의를 환기시킨다. 행정작용형식의 체계는 이론적으로 다양한 착안점에서 전개할 수 있다. 공통된 적법성요건, 공통된 법효과와 공통된 하자효과가 독립된 작용형식을 솥립케 하는 유형화징표이다. 본시 연계된 효과(Wirkungen)와 법효과(Rechtsfolgen)에 의해서 주조된 작용형식이 문제되었기에, 작용형식은 본래 하자유형체계에서 비롯되었다. 요컨대 현행의 권리보호체제하에서 하자효과에는 무효, 소효가능성(취소가능성, 폐지가능성), 무결과(Folgenlosigkeit, 대단치 않음, 유효) 뿐만 아니라, 원상회복청구권(부작위청구권도 포함하여)과 (원상회복불가능시엔) 손실보상청구권도 포함된다. 그리하여 하자효과의 관점 하에서 작용형식체계는 행정행위, 법률하위적 규범, 공법계약, 그리고 사실행위의 네가자 유형으로 완성된다. 김중권, "행정의 작용형식의 체계에 관한 소고", 공법연구 제30집 제4호, p.314 이하 참조(한국공법학회 편, 2002b)

197) 이에 대하여 박정훈 교수는 취소소송을 객관·확인소송으로 파악하여 행정작용 전체를 취소소송의 대상으로 한다고 하여도 원고적격, 사법심사의 척도 및 강도(재량 및 판단여지의 문제)와 관련하여 중요한 의미를 갖는 것이고, 이러한 점에서는 위 이론은 오히려 중요성을 더하게 될 것이다. 다시 말해, 대상적격의 제한을 철폐하고 나면 원고적격의 문제와 특히 본안에서의 사법심사의 강도의 문제가 본격적으로 부각되게 되며, 이를 위하여 행정작용 유형론은 여전히 존재의의가 있다고 한다. 박정훈 (2003b), p.75 이하 참조.

족을 낳을 수 있다. 그러므로, '처분' 개념의 설정에 있어서도 행정
작용체계론에 부합하는 세분화 고려가 필요하다고 본다.

2) 법발전에 있어서 개념법학의 한계

법에 있어 모든 개념은 심지어 '법'개념 자체도 목적의 산물이지
만, 여기엔 다른 법규정상의 동일하거나 다른 법개념과의 사실적
합치가 승인되어야 함을 간과해선 안 된다. 즉, 체계정합성을 일탈
한 목적론적 접근은 곤란하다. 새삼 판단여지와 관련지어, Otto
Bachof가 "서로 성질과 현상을 달리 하는 것을 하나의 이름으로 부
른다는 것은 결코 허용된 용어사용이 아니라 용어의 남용이다"라
고 말하였음에 유의가 필요하다.198) 우리나라 행정소송법상 취소소
송의 개념은 일본, 그 전에는 독일로부터 계수되어 설계된 개념으
로 제헌 헌법·제정 행정소송법 이래로 주관소송, 형성소송으로 이
해되어 왔다. 현행 행정소송법의 문제 상황을 해결하기 위하여 취
소소송의 굳혀진 속성까지 변형 시키는 것은 현행까지 지녔던 개
념 내지는 속성에 대한 합의를 혼란 내지는 혼동케 함으로써 그로
인해 드는 사회적 비용은 더 크다고 볼 수도 있다. 즉, 개념에 대
한 변형 해석은 그 만큼 사회적 공감대의 형성과 인식이 선결되어
야 가능하다고 본다.

개념의 체계정합성에 관한 문제이다. 즉, 취소소송의 성질 - 예를
들면 객관소송·주관소송으로서의 성질 - 이 취소소송에 필요한 제
도적 장치 - 법조문 - 를 처음부터 끝까지 낱낱이 체계적으로 생산
하지 못한다. 즉 실정법적 제도의 모습은 입법자의 입법형성에 달
려있다. 순수한 형태의 취소소송 모델은 사실 찾아보기 어렵다. 주

---

198) 김중권 (2002b), p.330.

관소송의 전형적 모델로 평가되는 독일의 경우도 주관소송적 경향과 객관소송적 경향이 서로 혼합된 체제로 이해된다.[199] 즉 주관소송구조를 강조하는 소송체제하에서도, 객관소송적 성격이 강한 내용들을 포함하고 있다. 예컨대 행정소송에서 공익을 대표하는 공익대표자가 소송에 참여할 수 있도록 하는 규정(독일 행정소송법 제36조 등)은 이에 해당하는 것으로 이해된다. 또한 프랑스에서 객관소송구조와 조화되기 어려워 보이는 제도인 이행명령판결제도를 1995년 도입한 것도 같은 맥락에서 이해될 수 있다. 따라서 취소소송을 주관소송 구조로 운영하는 독일의 경우나 객관소송구조로 운영하는 프랑스의 경우나, 제도초기의 모습을 그대로 나타내고 있는 경우는 없어 보이며[200] 상호 영향을 받으면서 새로운 측면이 추가되면서 어느 정도 서로 근접하고 있는 것이 최근의 모습이다.[201]

제도의 해석은 제도 제정 그 후의 일이지만, 개념속성을 설정하고 모든 실정법 규정을 그 속에 함몰해서 해석하려는 시도는 해석자의 주관적 틀의 함정에 빠질 수 있다. 즉, 실정법에 발현된 취소소송의 모습은 형성소송성을 원칙으로 하되, 확인소송적 성질을 가미시킬 수도 있다[202][203]. 무조건 확인소송이기 때문에 실정법 규정

---

199) 류지태, "프랑스 행정법에 비추어 본 행정소송법 개정논의", 고려법학 제40호, p.128. (고려대학교 법학연구원 편, 2003)

200) 독일 취소소송의 주관적 경향은 최근 독일 통일을 계기로 발생한 새로운 행정수요를 해결하기 위한 목적의 행정소송법 및 개별법의 개정과정을 통하여 많이 약화된 것이 사실이다. 류지태 (2003), 128.

201) 이러한 경향에 대한 상세한 고찰은 Schwarze, NVwZ 1996, 22ff. 참조.

202) 이러한 해석의 시도가 실제로 있다. 김동희 교수는 "'권력적 사실행위의 취소'에 있어서, 국민의 신체·재산에 직접적으로 실력을 가하여 행정목적을 실현하는 권력적 사실행위에 있어서는, 행정청은 그에 불복하는 국민에 대하여 행사되는 자력강제에 따를 수인의무를 부과하는 일종의 절차적 효과가 수반된다고 보며, 따라서 이러한 권력적 사실행위의 취소는 단지 당해 행위의 위법선언에 그치지 않고 국민에게 과하여진 수인의무의 해제의 효과도 가지는 것으로 본다고 하고 있다. 또한 "형식적 행정행위를 인정하는 경우에 그에도 공정력이 인정되고 기타 실체적 행정처분에 대하여 인정되는 행정소송상의 다수의 제약(출소기간의

은 확인소송의 방향으로 제정되어야 하고, 확인소송의 방향으로 해석·적용되어야 한다는 것은 개념법학의 한계로 오히려 실정법의 발전을 저해할 여지가 있으므로 유의가 필요하다고 본다.

3. 무명항고소송론

(1) 일반

행정처분(Verwaltungsverfügung) 또는 처분이란 개념은 상술한 바와 같이 실정법상의 개념으로서 사용되고 있으며, 학문상의 개념으로는 보통 행정행위(Verwaltungsakt)라는 용어가 사용되고 있다. 행정행위의 개념을 최협의로 파악하여 "행정청이 구체적 사실에 관한 법집행으로서 행하는 권력적 단독행위인 공법행위"를 특히 행

제한·가처분의 배제 등)이 이러한 형식적 행정행위에도 그대로 인정되는지의 여부 등의 여러 가지 어려운 문제가 발생하는데, 그러한 점에서 형식적 행정행위의 관념은 전통적 행정처분관념에 대한 하나의 쟁론(Polemik)으로서 중요한 의미가 있는 것이기는 하나, 그 자체가 이미 명확하고 구체적인 내용을 가진 관념이나 이론은 아니라 할 것이다"라고 기술함으로써 일반 실체적 행정행위에 있어서의 '취소'의 의미와 권력적 사실행위 및 형식적 행정행위에 있어서 '취소'의 성질을 구별짓고 있다. 김동희(2009) 701.p.

203) 무효확인소송을 준항고소송설이라고 보는 김성수 교수의 입장도 동일한 측면이다. 무효확인소송은 행정청의 처분이나 재결의 '효력 유무 또는 그 존재 여부를 확인하는 소송'으로서, 처분 등의 무효확인소송·유효확인소송·부존재확인소송·존재확인소송 및 실효확인소송 등이 이에 속한다. 무효확인소송의 성격에 대하여는 확인소송설, 항고소송설, 준항고소송설 등이 대립되고 있는 바, 우선 무효등확인소송을 확인소송으로 보는 견해는 이 소송의 대상이 행정행위의 무효성 또는 존재 여부에 대한 확인을 구하는 것이므로 처분 등에 대한 불복을 구하는 항고소송과는 구별된다는 입장이고, 항고소송설은 행정행위의 무효와 취소사유가 불명하여 무효인 처분에 불복하는 소송이므로 항고소송의 성격을 갖는다는 입장이며, 준항고소송설은 무효등확인소송이 처분 등의 무효와 부존재여부를 확인하는 소송인 동시에 무효 등에 대한 불복을 의미하므로 항고소송으로서의 성격도 아울러 갖는다는 견해이다. 무효등확인소송이 만약 처분으로 인한 법률관계의 무효나 존재 여부만을 대상으로 하는 것이었다면 순수한 확인소송으로서의 성격을 가질 것이다. 그러나 이 소송이 그 외관이 존재하는 처분의 무효 등을 대상으로 하는 것이므로 동시에 항고소송으로서의 성격을 부인할 수 없으므로 항고소송에 준하는 성질을 갖는다고 보아야 할 것이다. 김성수(2008), p.954. 2000년도에 주장한 김성수 교수의 준항고소송설은 현재 통설이다. 홍준형(2001), p.689; 김동희(2009), p.760, 석종현·송동수, 일반행정법(상), p.953. (2009); 박윤흔·정형근(2009), p.868.

정처분 개념과 대비시킬 수 있다. 원래 행정행위의 개념은 행정재판의 대상을 정하기 위하여 정립된 것인데, 현대복지국가에 있어서 행위형식의 다양화에 수반하여 행정행위의 개념도 재구성할 필요가 있지 않은가 하는 문제가 학문상 논의되고 있는 상황이다. 즉, 학문적 의미의 행정행위와 쟁송법상의 처분을 같은 것으로 보면서 그 처분과 타행정작용과의 구별의 징표를 철저히 탐구하려는 실체법적 처분개념설 – 일원설[204] – 과 현대행정의 적극화·다양화와 더불어 행정소송의 권익구제기능을 중시하여 쟁송법상의 처분개념을 실체법상의 행정행위개념과 별드로 정립하고 전자의 범위를 확대하려는 쟁송법적 처분개념설 – 이원설[205] – 의 대립이 있다.

(2) 내용

실체법상 행정행위의 개념은 '행정청이 법 아래서', '구체적 사실에 대한', '법집행으로서 행하는', '권력적 단독행위로서', '공법행

---

204) 강학상의 행정행위(실체법상의 처분개념)와 쟁송법상의 처분을 같은 것으로 보고 두 개념의 일치를 주장하는 결과, 이른바 형식적 한정처분개념을 부인하는 견해이다. 즉, 먼저 실체법적으로 행정행위의 개념을 정의해 놓고서 그 정의에 해당되는 행정청의 행위에 대해서만 연역적으로 쟁송법상의 처분성을 인정하려는 입장이다. 종래의 전통적인 행정제도국가적 통설로서, 취소소송의 기능을 행정행위의 자기확인적 공정력을 깨기 위한 전심절차로 보아서 취소소송의 대상을 이른바 공정력을 가진 행정행위에 좁게 한정하려는 것이다. 이 견해에서의 처분의 개념에는 법률행위적 행정행위 이외에 준법률행위적 행정행위 및 공권력적 사실행위가 포함된다. 석종현·송동수 (2009) p.886.; 김성수 (2008), p.900

205) 현대행정의 적극화·다양화와 더불어 항고소송의 권익구제기능을 중시하여, 쟁송법상의 행정처분의 개념을 실체적 행정행위 개념과 별도로 정립하여야 한다는 것이다. 오늘날 국민생활의 행정의존도가 높아지고 행정기능이 확대됨에 따라 행정작용의 행위형식이 종래의 행정행위 이외에 권력적 사실행위·일반적 기준설정행위·행정내부적 결정이라든가, 사회보장적 급부결정, 보조금 교부결정, 공공시설 설치행위 또는 행정지도, 비권력적 행정조사, 사법상행위등으로 다양화되어 행정의 중심이 권력행정에서 비권력행정으로 옮겨지고, 국민의 권익이 비권력행정에 크게 영향을 받게 되었는 바, 종래의 전통적인 견해와 같이 항고소송의 대상을 공정력을 가진 행정행위에 한정하는 행정소송제도는 권리구제기능을 충분히 발휘할 수 없다 하여 위와 같은 비권력적 행위도 처분개념에 포함시켜 항고소송의 대상으로 확대하여야 한다는 이론이다. 김도창, (1993), p.752; 이상규, 신행정법론(상), p.808 (1994); 김남진·김연태 행정법 I, p.698, (2009); 김철용 (2009) p.660; 김동희 (2009) p.701; 서원우, "행정처분개념소고", 월간고시 1991년 1월호, p.21 (1991).

위'로 분석할 수 있고, 행정소송법상 처분 개념은 '행정청이 행하는', '구체적 사실에 관한', '법집행으로서의', '공권력의 행사 또는 그 거부와', '그 밖에 이에 준하는 행정작용'으로 분석할 수 있다. 실체법상의 행정행위 개념 중 「권력적 단독행위로서 공법행위」라고 표현되는 부분과 행정소송법상 처분개념 중 「공권력의 행사 또는 그 거부와 그 밖에 이에 준하는 행정작용」이라 표현되는 부분에서 양자간의 차이를 발견할 수 있다. 공권력행사에는 권력적 단독행위로서 공법행위 외에 권력적 사실행위 등도 포함되는 바, 문면상 행정소송법상 처분개념이 실체법상 처분개념보다 넓다는 것은 분명하다[206]. 따라서, 행정소송법상 처분개념 = 실체법상 행정행위개념 + α 의 등식이 성립한다. 이것은 행정소송법상 항고소송의 대상이 되는 행위에는 실체법상 행정행위 이외에 다른 행정작용도 있음을 의미한다. 또한 이렇게 실체법상 처분개념과 쟁송법상 처분개념이 상이하다는 견해를 이원론이라 칭하고, 동일하다는 견해는 일원론이라 부르기도 한다. 이원론에서는 α 를 형식적 행정행위라 부른다. α 부분이 형식적 행정행위라고 불리는 것은 α 부분이 성질상으로 실체법상 행정행위는 아니지만 소송이라는 형식에 비추어 행정행위와 마찬가지로 항고소송의 대상이라는 점에서 나온다. 그러나 현행법상 α 부분이 현실적으로 과연 항고소송으로 다룰 수 있는가의 여부는 별개의 문제라고 할 수 있다. 즉, 이원론을 취하면서도 현실적으로 α 부분을 다툴 수 있는 소송수단이 없다고 보면 이원론과 일원론은 실제상 차이가 없는 셈이 된다.

실체법적 처분개념설은 위와 같은 '구체적 사실', '법집행', '공권력 행사'와 같은 징표를 중시하여 이에 따라 처분성을 한정적으로

---

206) 김유환 (2004), p.511 이하.

인정하고 처분성이 인정되지 않는 행정작용은 당사자소송으로 다툴 수 있는 것으로 생각하였다. 반면에 쟁송법적 처분개념설은 후반부의 '이에 준하는 행정작용'이라는 포괄적 문구를 중시함으로써 항고소송으로 다투게 할 필요가 있는 행정작용은 전반부의 징표를 충족하지 않더라도 널리 처분성을 인정함으로써 항고소송의 대상을 대폭 확대할 수 있을 것으로 기대하였다.

(3) '처분' 개념과 소송유형

쟁송법적 처분개념설은 '처분' 개념 중 후반부의 "이에 준하는 행정작용"이라는 포괄적 문구를 중시함으로써 항고소송으로 다투게 할 필요가 있는 행정작용은 전반부의 징표를 충족하지 않더라도 널리 처분성을 인정함으로써 항고소송의 대상을 대폭 확대를 시도하였다. 그러나, 상술한 바와 같이 항고소송의 대상이 되는 처분개념은 넓게 정의되고 있지만, 또 한편으로 행정소송법에서 규정되고 있는 소송형식 — 취소소송·무효확인소송·부작위위법확인소송 — 은 다만 법적인 행위만을 다툴 수 있는 소송형식 일 뿐, 사실행위를 다툴 수 있는 소송형식은 아니다[207]. "이에 준하는 행정작용"이 법적행위가 아닌 경우에는 행정소송법에 규정되어 있는 소송형식 — 취소소송·무효확인소송·부작위위법확인소송 — 에 의해서는 행정소송으로 다투어질 수 없게 된다. 그리하여, 법정형식외의 항고소송, 소위 "무명항고소송"을 인정하자는 견해이다[208].

무명항고소송의 유형으로 현재 논의되고 있는 것은 의무이행소송 — 의무화소송(Verpflichtungsklage)[209] — , 예방적 부작위소송, 그리

---

207) 행정소송법의 이러한 태도는 많은 종류의 음식(처분)을 차려 놓았지만, 그 음식(처분)을 먹는데(소송) 필요한 도구(소송형태)를 완비해 주지 아니하는 경우와 다를 바가 없다 라고 지적한다. 동지: 홍정선 (2009), Rn.2458 이하 참조

208) 홍정선 (2009), Rn.2903; 김남진, 행정법의 기본문제, p.532. (1994)

고 불이익배제소송 등이 있다. 의무이행소송이란 행정상 이행소송[210]의 일종으로서 행정청에게 일정한 의무가 있음의 확인을 구하는 의무확인소송, 일정한 작위를 구하는 급부소송, 처분의 적극적 변경을 구하는 형성소송을 포함하며, 예방적 부작위소송(vorbeugende Unterlassungsklage)은 위법한 공권력의 행사를 미리 저지할 것을 목적으로 행정청에 대하여 일정한 공권력을 행사하지 말 것을 구하는 금지소송, 행정청이 어느 행정행위를 하지 않을 의무가 있음의 확인을 구하는 부작위의무확인소송, 행정청에게 어떤 처분을 할 권한이 없음의 확인을 구하는 권한부존재확인소송 등을 포함한다. 불이익배제소송이란 가령 소음, 대기오염 등을 이유로 공공시설의 사용금지를 구하는 소송처럼 일정한 불이익을 배제하기 위하여 처분이외의 행정작용을 금지할 것을 구하는 소송을 말한다.[211]

---

209) 의무이행소송을 인정하는 견해는 정하중, 행정소송법의 개정방향, 공법연구(제31집 제3호), 2003. 3. 19면 참조. "행정소송법 제4조의 항고소송의 종류를 열거적으로 해석하고, 아울러 행정소송법 제4조 제1호의 "취소 또는 변경"에 있어서 "변경"의 의미를 "적극적 변경"까지 포함하는 해석을 통하여 의무이행소송을 무명항고소송으로 실무화할 것을 주장함으로써, 행정청의 처분의 거부나 부작위에 대하여는 의무이행소송을 도입하는 것이 바람직하다는 견해로서, 의무이행소송의 판결의 형태를 기속행위와 재량행위로 나누어 기속행위에는 의무이행판결을 그리고 재량행위에는 이른바 지령판결(적법재량행사명령판결)로 구분하여 규정하는 것이 바람직 할 것이다. 재량행위가 행정청의 하자있는 재량행사에 의하여 발급되지 않는 경우에는 의무이행판결 대신에 하자없는 재량권행사하에 재처분을 하도록 하는 내용의 지령판결을 규정하는 것이 행정의 독자성을 존중하고 권력분립주의에 충실한 입법이 될 것이다". 지령판결에 대하여 상세히는 정하중, "무하자재량행사청구권의 법리와 그 실무화", 월간고시 1993년 12월호, p.98 이하 (1993)

210) 독일의 경우 행정법원법상 행정행위의 발급을 구하는 의무이행소송(Verpflichtungsklage)과 행정행위 이외의 행위 또는 급부 등을 구하는 일반이행소송(allgemeine Leistungsklage)가 인정되고 있고 영미에서는 직무집행명령소송(mandamus)이 인정되고 있으나 프랑스에서는 이행소송이 인정되지 않고 있다. 일본은 우리나라와 함께 행정소송사건법에 부작위법확인소송이란 형태의 소송만을 명시하고 있을 뿐이다.

211) 법원행정처, 법원실무제요(행정), p.9 (1998); 김도창, "새 행정소송법운영 1년의 평가", 공법연구 15집, p.91 (한국공법학회 편, 1987); 김도창 (1993) p.747.

(4) 검토 - 긍정론

무명항고소송론은 행정소송법상 "넓은 처분" 개념에 대하여 새로운 유형의 항고소송의 유형을 인정하도록 함으로써 현행 행정소송법의 문제 상황을 해결할 수 있는 최적의 대안을 제시한 이론이며[212], 즉 법정 항고소송의 폐쇄성으로 인해 포섭하지 못하는 고권적 · 일방적 행정작용에 대해서 새로운 유형의 항고소송을 인정하게 함으로써 소위 '항고소송 일원주의' 로 인한 난맥상을 해결하는 지혜를 보여주었다. 아래에서 자세히 보기로 한다.

1) 헌법원칙 구현

헌법상의 기본권보장주의와 법치행정의 원리, 그리고 헌법 제27

---

212) 무명항고소송론과 유사한 무명행정소송이 대한 논의는 다음과 같다. 행정소송은 대체로 행정작용과 관련된 개인의 주관적 권리 · 이익의 보호를 주목적으로 하는 주관적 쟁송으로서의 행정소송과 - 주관적 소송 - 과 행정작용의 적법성 · 공익적합성 유지를 주목적으로 하는 객관적 쟁송으로서의 행정소송 - 객관적 소송 - 으로 나뉘고, 전자는 다시 항고소송과 당사자소송으로, 후자는 민중소송과 기관소송으로 각각 분류될 수 있다. 한편 행정소송은 사법작용으로서의 본질을 갖는 이상 일반소송법상의 소송삼분론에 따라 형성의 소, 이행의 소및 확인의 소로 분류될 수 있다. 행정소송법은 전자의 방식을 따르고 있는데, 행정소송법상명문의 규정으로 인정된 소송형태를 법정행정소송이라 한다면 명문의 규정은 없으나 그 인정 여부가 문제되는 그 밖의 행정소송유형들을 법정외행정소송 또는 무명행정소송이라 할수 있다. 또한 행정소송법 이외에 특별법의 규정에 의해 인정된 행정소송의 유형 - 특별행정소송 - 이 있을 수 있다. 행정소송의 종류를 분명히 하는 것은 행정소송의 각 유형별로통일된 절차를 마련하고, 적용법조의 명확을 기할 수 있다는 점에서 유용성을 가진다. 행정소송법이 전통적인 분류방법에 따라 주관적 소송으로서 행정소송을 항고소송과 당사자소송으로 양분하는 방식을 취한 것은 물론 입법상 문제의 소지가 있으나 해석론적 차원에서도헌법상의 기본권보장주의와 법치행정의 원리, 그리고 헌법 제27조 제1항이 보장하는 국민의 재판청구권 및 행정소송법 제1조의 취지에 비추어 결코 행정소송의 가능성이나 범위를제한하는 방향으로 해석되어서는 안된다(헌법합치적 해석). 따라서 이에 대한 행정소송법제4조는 법적으로 허용되는 행정소송의 종류를 제한적으로 열거한 것이 아니라 주된 행정소송의 유형을 예시한 것으로 해석되어야 하며, 따라서 행정상 권익구제의 수단으로 생각할수 있는 그 밖의 소송가능성을 봉쇄하는 것은 아니라고 보아야 할 것이다. 이러한 견지에서법정외 또는 무명행정소송, 「고유한 의미의 소송(Klageart sui generis)」의 법리를 국민의권익보호에 이익되는 방향에서 적극적으로 모색 · 형성해 나가야 할 것이다. 홍준형(2001), p.466. 한편 "Klageart sui generis"의 譯은 "특별한 소송유형"으로 옮기는 방안이 법정"외" 행정소송의 인정취지를 더욱 명확하게 전달할 수 있는 것 아닌가 생각한다. 직역 하면 "特殊訴訟類型"이라 표기된다. 山田 晟, ドイツ法律用語辭典, p.611 (1993) ; 정우형, 독일법률용어사전, p.479 (1993)

조 제1항이 보장하는 국민의 재판청구권 및 행정소송법 제1조의 취지에 비추어 볼 때 행정소송법 제3조와 제4조를 행정소송의 가능성이나 범위를 제한하는 방향으로 해석하여서는 안 될 것이고, 물론 우리 헌법에는 독일 기본법 제19조 제4항과 같이 명시적으로 포괄적 권리보호(umfassender Rechtsschutz)를 명하는 규정은 없으나, 비록 약하기는 하지만 헌법 제27조 제1항으로부터 재판을 통해 공백 없는 권리보호를 받을 수 있는 권리를 도출해 낼 수 있음을 볼 때, 행정소송법 제4조는 법적으로 허용되는 행정소송의 종류를 제한적으로 열거한 것이 아니라 주된 행정소송의 유형을 예시한 것으로 해석되어야 하며, 따라서 행정상 권익구제의 수단으로 생각할 수 있는 그 밖의 소송가능성을 봉쇄한 것은 아니라고 보아야 한다. 따라서 법정외 또는 무명항고소송 – 소위 '특별한 소송유형'(Klageart sui generis)의 법리 – 을 국민의 권익보호에 이익되는 방향에서 적극적으로 모색·형성해 나갈 필요가 있다고 본다.[213]

---

213) 행정소송법 제4조에 명시된 취소소송, 무효등확인소송, 부작위위법확인소송 이외에 이들 무명항고소송, 즉 법정외항고소송이 허용될 수 있는지에 관하여는 포괄적으로 무명항고소송의 허용여부를 논하거나 각개의 소송유형별로 허용여부를 검토하는 방식으로 논쟁이 이뤄지고 있다. 포괄적으로 무명항고소송의 허용 여부를 검토하는 입장은 현행 행정소송법은 항고소송과 공법상 당사자소송이란 양대 소송유형을 중심으로, 항고소송 가운데 대종을 이루는 소송유형은 취소소송이며, 취소소송은 단연 행정소송의 가장 핵심적 쟁송수단이 되고 있다. 이 취소소송은 특히 침해적 행정행위로부터 국민의 권익을 보호하는데는 적절한 수단이라 할 수 있으나, 행정에 대한 의존성이 현저히 증대된 현대국가에 있어 행정이 그 생존배려를 위한 법적 의무를 다하지 아니하는 경우 행정청의 부작위에 대한 구제수단으로는 충분하지 못하다. 이러한 이유에서 행정청의 의무이행을 관철시키기 위한 소송유형으로서 무명항고소송 또는 법정외항고소송이 필요하고, 행정청이 그 처분등을 하여야 할 작위의무 또는 하지 말아야 할 부작위를 이행하지 아니하는 경우 법원이 그 작위의무의 이행이나 부작위 또는 금지를 명하는 것이 결코 사법권의 범위를 벗어나거나 권력분립의 원칙에 반하지 아니하는 이상 이론상 의무이행소송이나 부작위소송 등과 같은 무명항고소송이 가능하고, 현행 행정소송법의 해석상으로도 제4조에 규정된 종류 이외의 행정소송을 금하는 명시적 규정이 없다는 이유를 들어 무명항고소송이 허용된다고 보는 입장이다. 홍정선 (2009), Rn.2903; 홍준형 (2001) p.475 이하.

2) 법원의 입법보충적 권능

현행 행정소송법의 목적조항은 행정소송의 유형에 대하여 명시적인 언급을 회피하고 있지만 권리침해에 대한 구제와 분쟁해결의 형태를 시사하고 있고, 행정소송의 유형214)에 대해서도 대략적인 방향제시를 하고 있다 할 것이다. 현행 행정소송법 제1조는 다양한 행정소송의 유형에 대한 법창조의 길을 열어둔 것으로 볼 수 있다. 즉, 제1조는 "행정청의 위법한 처분 그 밖에 공권력의 행사, 불행사 등으로 인한 권익구제에 관한 소송"을 통하여 주관소송 그 중에서도 항고적 의미를 가지는 소송유형이 도입될 수 있음을 시사하고 있다. 항고소송은 처분 또는 처분의 부작위에 대한 소송이라고 하는 것이 보통인데, 행정소송법 제1조상 문언은 이러한 의미의 항고소송의 범위를 넘어서서 국민의 권익구제를 위한 소송유형이 추가로 존재할 수 있음을 함축하고 있다. "그 밖에 공권력의 행사, 불행사"란 처분이나 처분의 부작위 이외의 공권력의 행사·불행사를 의미할 수 있으므로 처분 이외의 공권력작용에 대한 "항고적" 소송의 존재가 배제되지 않고 있음을 유념할 필요가 있다. 동 법 제2조가 처분의 개념을 규정하던서 "그 밖에 이에 준하는 행정작용"이라는 표현을 사용하고 있는데, 법 제1조의 취지는 반드시 처분에 준하는 성격을 가지는 것이 아닌 공권력작용에 대해서도 항고적 성격의 소송이 허용될 수 있다는 뜻으로 풀이 될 수 있다215).

---

214) 1983년의 법개정 논의 당시에 행정소송의 유형을 그 성질을 기준으로 할 것인가 아니면, 그 형식을 중심으로 할 것인가를 두고 심도 있는 논의가 진행되었다. 이에 대하여는 법무부, 법무자문위원회 공법연구특별분과위원회 회의록 제1권, p.129 (1983)

215) 최송화, "제1조 목적", 주석행정소송법, p.47 (김철용·최광률 편, 2004) 예를 들어, 항고소송의 허용 여부가 논란이 되는 사실행위, 행정지도, 행정입법, 공공시설의 설치 등의 경우. 이들 행정작용이 처분에 준하는 것으로 인정될 수 있다면 항고소송의 대상이 될 수 있을 것이지만 만약 처분에 준한다고 볼 수 없는 경우에도 그것이 공권력 행사, 불행사에 해당된다고 보여지는 한, 법 제1조의 목적 규정하에서의 권익구제의 대상이 될 수 있고, 따라

그리고 이처럼 '법이 명시적으로 규정하고 있지 않은 소송형태를 인정할 것인가' 라는 것은 반드시 입법사항이라고만 할 수는 없다고 본다.[216) 법 제1조 자신이 소송의 대상에 대한 개방규정을 둔 것으로 해석되기 때문에 법원은 행정소송법에 규정된 소송유형을 제한적인 것으로 미리 단정지울 필요가 없게 되며, 더 나아가 법 제1조를 이렇게 해석하면 무명항고소송의 인정뿐만 아니라 '처분' 이 아닌 그밖의 행정청의 공권력의 행사, 불행사에 대한 소송유형도 법원의 판단에 의해 창출될 수 있다고 본다. 법원은 국민 권익구제에 관한 국가 최고의 권력기구이므로 다른 명시적인 반대 취지의 규범이 존재하지 않는 한, 소송유형의 선택이나 창조에 있어서 입법보충적 권능을 가진다고 보아야 할 것이다.[217)

(5) 소결

현행 우리 행정소송제도 하에서 무명항고소송 인정논의는 최적의 아이디어를 제공한 것이 사실이다. 그러나, 항고소송의 소송법상 형성소송적 성질로 인하여 무분별하게 법정외 항고소송을 인정하게 될 경우, 행정소송법상 항고소송의 과용적 양산 등으로 인해 행정재판제도의 법적안정성 및 신뢰성의 저하를 초래할 수 있다. 즉, 사후적 행정구제를 도모하는 행정소송제도는 예측가능성이 보장될 수 도록 - 법적안정성이 중시되므로 - 사전적으로 완비되어야 할 입법형성의 영역에 해당하고, 따라서 법원의 해석을 통하여 법정외 항고소송을 인정하는 것은 행정법관계의 법적 안정성 차원에

서 그에 적절한 새로운 소송 유형이 창출 된다면 실제로 그에 대한 권익구제가 가능한 것이다.

216) 최송화 교수는 행정소송의 형태를 반드시 법률에 규정해 두어야 할 사항으로 판단하고 있지 않다. 최송화 (2004) p.47

217) 최송화 (2004) p.47 참조.

서 세심한 고려가 필요하다. 그러한 연유로 우리 대법원은 무명항고소송을 부정하고 있다[218]. 이하에서는 부정논의에 대해 자세히 살피기로 한다. 무명항고소송 부정론은 본 연구의 목적인 '처분' 개념을 구성함에 있어서 전제해 두어야 할 필수적 사항이기에 본서의 전개에 있어서 이를 "소결"로 놓고 논의를 전개하기로 한다.

1) 형성소송 법정주의 - 형성소송 열기주의(numerus clausus)

행정소송은 청구의 내용 또는 판단의 형식에 따라 형성소송·확인소송·이행소송의 3종으로 나눌 수 있다. 이처럼 청구의 내용에 따라 분류하는 것은 민사소송에서 소의 유형을 분류하는 전통적인 입장[219]에 기초하고 있는 것으로서, 기본적인 분류방법이라 할 수 있다. 형성소송은 원고가 권리 또는 법률관계의 변동 - 발생·변경·소멸 - 을 위한 일정한 법률요건 - 형성권, 형성요건, 형성원인 - 의 존재를 주장하고, 법원이 이에 터 잡아 권리 또는 법률관계의 변동을 선언하는 판결을 하도록 청구하는 소송이다. 판결에 의하여 권리 또는 법률관계를 변경·형성하는 효력을 판결의 형성력이라고 하는데, 형성소송은 가설적 효과를 목적으로 하며, 이미 있는 법률관계를 확정·실현시키는 선언적 효과를 목적으로 하는 확인소송이나 이행소송과는 구별된다. 행정소송법 제4조 제1호가 규정하는 '취소소송'은 행정처분 등의 취소 또는 변경을 목적으로 하는 것이므로 형성소송의 일례라고 할 수 있다. 형성소송은 민사소송의

---

218) 홍정선 (2009), Rn.2902; 김남진·김연태 (2009), p.663; 박윤흔·정형근 (2004), p.763; 대판 2006. 7. 28. 2004두13219(위법한 행정처분의 취소를 구하는 소는 위법한 처분에 의하여 발생한 위법상태를 배제하여 원상으로 회복시키고, 그 처분으로 침해되거나 방해받은 권리와 이익을 보호·구제하고자 하는 소송이므로 비록 그 위법한 처분으로 취소한다고 하더라도 원상회복이 불가능한 경우에는 그 취소를 구할 이익이 없다); 대판 1997. 1. 24., 95누17403 (공1997.3.1.(29),664)

219) 이시윤, 신민사소송법, p.175 (2006); 호문혁, 민사소송법, p.71. (2006)

영역에서는 비교적 역사가 짧은 소송유형으로 인정되는데, 행정소송에서는 가장 흔한 소송유형으로 활용되고 있다. 이러한 형성소송에는 일반적으로 법에서 명문으로 규정하는 경우에 한하여 인정된다는 이른바 형성소송법정주의(Grundsatz von numerus claususder Gestaltungsklage)가 적용된다[220][221]. 즉, 형성소송은 당사자로 하여금 법률요건에 해당하는 사실의 존재를 소로써 주장시키고, 법원이 그 존재를 인정하여 법률관계의 변동을 선언하는 것으로 변동의 유무를 명확히 하여 법률관계의 안정을 꾀하고, 다른 한편으로는 이 경우의 판결의 효력을 제3자에게 미치게 함으로써 다수의 이해관계인 사이에 법률관계의 획일적 처리를 가능하게 하여 준다.[222] 그리하여 법률은 이러한 필요가 있는 경우에는 개별적으로 위 변동방식을 규정하고 있다.[223] 즉 행정소송 중 항고소송에 있어서도 행정법 관계의 법적안정성을 도모해야 할 실익이 크므로, 본 논거

---

220) 사법의 세계에는 사적자치의 원칙이 적용되기 때문에, 사법상의 법률관계의 변동은 법률행위 기타의 법률요건사실이 있으면 당연히 발생하는 것이 보통이다. 따라서 이 경우에는 권리관계의 변동을 구하는 소를 제기할 필요가 없다. 그러나 이와는 달리 당사자로 하여금 법률요건에 해당하는 사실의 존재를 소로써 주장시키고, 법원이 그 존재를 인정하여 법률관계의 변동을 선언하는 판결을 하고, 이 판결(형성판결)이 확정되어야만 비로소 변동의 효과가 발생하도록 규정하는 수가 많다. 이것은 한편으로는 변동을 곤란하게 하고 또 변동의 유무를 명확히 하여 법률관계의 안정을 꾀하고, 다른 한편으로는 이 경우의 판결의 효력을 제3자에게 미치게 함으로써 다수의 이해관계인 사이에 법률관계의 획일적 처리를 가능하게 하여 준다. 그리하여 법은 이러한 필요가 있는 경우에는 개별적으로 위 변동방식을 규정하고 있는데, 이 규정에 기한 소가 바로 형성의 소이다. Schlosser, Zivilprozeβrecht I, 2. Aufl. 1992, Rn 203

221) 우리나라 대법원 판결도 형성의 소는 법률의 규정이 있는 경우에 한하여 허용됨을 반복해서 확인하고 있다. 대법 2001. 1. 16. 선고 2000다45020 (공2001.3.1.(125),446); 대법 1993. 9. 14. 선고 92다35462 (공1993.11.1.(955),2751)

222) 형성소송 열기주의에 관하여 자세한 내용은 김영희, 형성권 연구, (2007), p.115 이하 참조

223) 형성의 소는 법으로 규정되어야 허용된다는 열거주의(numerus clausus)의 적용을 받는다. 이행의 소나 확인의 소는 일반적으로 허용되는 반면, 형성의 소는 법규정에 의하여 특별한 수권을 요구하고 있는 것이다. Rosenberg, Leo/Schwab, Karl Heinz/Gottwald, Peter, Zivilprozessrecht, 15 Aufl., 1993, S.527; Stein/Jonas/Schumann, Kommentar zur Zivilprozeβordnung, 21. Aufl., 1996, Vor § 253 II, Rn.46

에 대해서는 행정법학에 있어서도 주의를 기울일 필요가 있다고
본다.

2) 입법형성의 영역

현행 행정소송법은 동법 제3조에서 행정소송의 종류를 명시하였
다. 본 조문은 행정소송의 종류 또는 유형을 항고소송 · 당사자소송
· 민중소송 · 기관소송의 4가지로 구분하고, 각각의 정의규정을 두
고 있다. 독일의 행정법원법(VwGO, 1960)에는 행정소송의 종류 또
는 그 정의를 명시하고 있지 않았으나[224], 일본의 행정사건소송법
(1962년) 2조 내지 6조의 입법례를 참고하여 만들어진 것이라 할
수 있다[225]. 본 조항에 대하여 행정소송의 종류를 본 조문에 한정
하여 인정하여야 한다는 한정설[226]과 예시적 규정에 불과하다는 예
시설[227]이 대립되고 있으나, 어떤 종류의 소송을 어느 범위까지 인
정할 것인지는 결국 입법정책의 문제이고, 특히 형성소송, 형식적
당사자소송, 객관적 소송 등과 같은 것은 법률에 정함이 있는 때에
한하여 인정하여야 한다는 원칙에 비추어 볼 때, 한정설의 입장도
주의 깊게 살펴보아야 한다. 또한, 이론상 무명항고소송을 금할 이
유가 없다고 하더라도 어떤 종류의 소송을 어느 범위까지 허용할
것인지는 입법정책적으로 결정될 문제로서, 특히 의무이행소송에
관해서는 행정심판법 제4조가 의무이행심판을 명시적으로 규정하

---

224) 독일의 행정법원법에는 우리나라 법 제3조와 같은 일반적 규정을 두고 있지 않으나, 소송방
    법에 관한 일반조항(40조)과 취소소송 · 의무이행소송 및 확인소송에 관한 개별조항(제42
    조, 제43조)을 두고 있다.

225) 최광률, "행정소송의 종류", 주석행정소송법, p.65 (김철용 · 최광률 편, 2004).

226) 이상규 (2000), p.299.

227) 홍정선 (2009), Rn.2903; 김도창 (1993), p.746; 김남진 · 김연태 (2009), p.659; 김동
    희 (2009), p.659; 김철용 (2009), p.619; 홍준형 (2001), p.470; 박균성 (2009)
    p.930.

고 있는데 반하여, 행정소송법 제4조는 상대적으로 의무이행소송을 규정하지 않고, 대신 부작위위법확인소송을 인정하고 있는 점에 비추어 볼때, 현행 행정소송법 제4조는 동문에 규정된 이외의 소송형태인 의무이행소송 등 무명항고소송을 허용하지 않음을 간접적으로 시사한 것으로 보아야 함에 설득력이 실린다.

3) 정리 – 판례

판례는 법정외 항고소송인 의무이행소송, 금지소송 및 작위의무확인소송 등에 관하여 이를 인정하고 있지 않다. 행정소송법상 행정청으로 하여금 행정처분을 하도록 명하는 이른바 이행판결을 구하는 소송은 허용되지 않는다고 하여 의무이행소송을 부정하였으며[228], 신축건물의 준공처분을 하여서는 아니 된다는 내용의 부작위를 구하는 청구는 행정소송에서 허용되지 않는다고 하여 금지소송을 부정하였다[229]. 또한, 단순한 부작위위법확인이 아닌 작위의무확인청구는 항고소송의 대상이 되지 아니한다고 하여 작위의무확인소송 역시 부정하였다.[230] 끝으로, 단순한 부작위도 항고소송

---

228) 판례는 일관하여 의무이행소송불가론을 견지해 왔다. 즉. 대법원은 비교적 이른 시기에 '행정소송법상 행정청으로 하여금 일정한 행정처분을 하도록 명하는 이행판결을 구하는 소송은 허용되지 않는다'(대법 1989. 5. 23. 선고 88누8135 판결), '행정청의 부작위에 대하여는 부작위위법확인소송이 가능할 뿐. 나아가 적극적으로 일정한 행위를 요구하는 의무이행소송은 허용되지 아니한다'(대법 1989. 9. 12. 선고 87누868 판결, 대법 1992. 12. 22. 선고 92누13929 판결, 대법 1995. 3. 10. 선고 94누14018 판결 등) '행정청에 대하여 행정상의 처분의 이행을 구하는 청구는 특별한 규정이 없는 한 행정소송의 대상이 될 수 없고, 가옥대장 내지 건축물관리대장에 일정한 사항을 등재하는 행위는 행정사무집행의 편의와 사실증명의 자료로 삼기 위한 것일 뿐 그 등재행위로 인하여 당해 가옥에 관하여 실체상의 권리관계에 어떠한 변동을 가져오는 것은 아니므로 가옥대장의 등재행위는 행정처분이라 할 수 없으니 구청에 비치된 가옥대장에 한 등재의 말소를 구하는 소는 부적법하다'고 판시한바 있다.(대법 1990. 10. 23. 선고 90누5467 판결) 그 밖에도 구 행정소송법하에서 나온 대법 1966. 4. 6. 선고 65누145 판결, 대법 1982. 7. 27. 선고 81누258 판결과 1984년의 법개정 이후에 나온 대법 1986. 8. 19. 선고 86누223 판결, 대법 1989. 9. 12. 선고 87누868 판결 등을 들 수 있다.

229) 대법 1987. 3. 24. 선고 86누182 판결 (공1987.5.15.(800).743)

의 대상이 되지 아니한다고 하여[231] 우리 판례는 일관되게 무명항
고소송을 부정하고 있다.

4. 중결

현행 행정소송법이 규정하는 '처분' 개념은 법문상의 용어의 배
열을 감안하면 그 범위가 상당히 넓다. 반면, '처분'에 대한 소제기
방식은 '항고소송 – 취소소송 · 무효등확인소송 · 부작위위법확인소
송 이지만 대종은 취소소송이다 – '에 불과하다. 이러한 문제 상황
– "처분개념의 광대와 소제기방식의 협소의 상황" – 을 해결하기
위하여 객관 · 확인소송론의 입장에서는 취소소송의 성질에 대한
개념 조작을 시도하였다. 즉 취소소송을 객관소송 · 확인소송으로
이해함으로써 모든 행정작용을 '처분' 개념으로 포괄하고, 이를 취
소소송으로 해결하려는 시도였다[232]. 그럼에도 불구하고 실정법의
"개념 종속 내지는 구속적 논증"에 대한 한계와 행정작용체계의 소
송법과의 관계 등의 이유로 우리 행정소송의 현실을 다소 뛰어넘
는 논의가 아니었나 생각된다.

둘째로 처분 – 취소소송의 문제상황을 해결하기 위한 시도가 무
명항고소송론이다. 무명항고소송론은 "실체법적 행정행위에 속하지

---

230) 대법원은 애국지사의 유족연금 등에 대한 청구권 및 행정청의 동 연금등지급의무의 존재확
   인을 구하는 소송은 "작위의무확인소송으로서 항고소송의 대상이 되지 아니한다"고 판시한
   바 있다. 대법. 1990. 11. 23. 선고 90누3554 판결, 그 밖에도 대법 1987. 3. 24. 선고
   86누182 판결, 대법 1989. 1. 24. 선고 88누3314 판결, 대법 1992. 11. 10. 선고 92
   누1629 판결 등이 있다.

231) 대법 1985.11.26. 선고 85누607 판결 (공1986.1.15.(768).160).

232) 객관 · 확인소송론은 그 당부를 떠나서 행정소송법을 연구하는 자로 하여금 깊은 반향을 준
   것이 사실이다. 논증의 방식은 탁월했다고 생각되며, 이론 구성 역시 치밀했다고 생각된다.
   이로 인해, 취소소송의 대상에 관한 연구의 깊이가 매우 심오해 졌음은 행정법을 연구하는
   자에게 크게 귀감이 된다고 생각된다.

않는 쟁송법적 처분"－소위 '형식적 행정행위' 또는 '형식적 처분' 개념－에 대한 권리구제 가능성을 열어둠으로써 폐쇄적 행정소송 구조에 신선한 해결책을 제시했다. 즉 무명항고소송의 긍정을 통해서 기존의 항고소송의 대상인 '처분' 개념 "이외의 공권력 행사"를 항고소송의 대상으로 흡수 할 수 있는 이론적 기반을 제공하게 하였다. 그러나 권리 또는 법률관계를 변경·형성함으로써 대세적 효력을 갖는 항고소송의 영역에 있어서는, "소송유형에 대한 사전적 입법형성"은 행정법 관계의 예측가능성을 확보하고 법적 안정성을 확보하는데 있어서 간과해서는 안 될 중요한 사항이다. 결국, 무명항고소송론은 취소소송 위주의 항고소송방식의 한계를 극복할 수 있는 대안임이 분명하나, 항고소송의 형성소송적 성격으로 인한 대세적 효력을 가지는 행정법 관계의 예측가능성·법적안정성의 중요성을 측면에서 그 도입에 있어서 신중을 기할 필요가 있다고 본다. 즉 항고소송의 유형의 결정은 사법부의 해석재량영역으로 보기보다는 입법자의 입법형성영역으로 봄이 행정법 관계의 법적 안정성 측면에서 합당하다고 본다.

현행 행정소송법의 "제약적" 법규정은 이를 해결하기 위한 논의를 불러일으켰으며, 그 이론은 비록 성공의 결실은 거두지 못했다 하더라도 논리 전개에 있어서나, 향후 '처분' 개념의 구성에 있어서, 유의할 점을 시사해 주는 등 그 역할이 매우 컸다고 생각한다.

본 항을 통해서 얻을 수 있었던 중요한 시사는 우리 행정소송법 상의 처분 개념을 확대 해석한다고 하더라도 행위의 법적성질과 같은 실체법적 의미관련을 도외시할 수는 없는 것이므로, 실체법적 법률행위의 분류와 쟁송형태를 대응시키려는 원래의 행정소송 제도의 취지는 존중되어야 한다는 점, 따라서, 실체법적 행정법관계가 다양할수록 쟁송법상의 쟁송유형도 다양하게 발전할 필요가 있으며, 결국, 처분개념을 법에서 명확히 하고, 이를 수용할 수 있는 일정 형태의 항고소송 유형이 추가로 인정됨으로써, 다양한 실체적 법률관계를 대응시킬 수 있도록 하는 점이 중요하다는 것이다. 이러한 연유로 입법론적으로 '처분' 개념에 대한 새로운 의미 부여도 필요한 부분일 것이다. 즉, 처분개념을 단순히 쟁송법적인 관점에서만 이해할 것이 아니라 실체법적 의미 관련에서의 일정한 행위 개념과 결부시켜 이해하고 이런 관점에서 '처분' 개념을 실체법적 개념으로 구성하여 이를 유지해 나갈 필요가 있다고 본다. 또한, 항고소송제도는 행정법관계 그 중에서도 행정행위에 의한 권력관계에 대한 소송형태로 만들어진 것이다. 항고소송이라는 제도 자체가 이와 같이 실체법적인 법률관계의 특성에 맞추어 형성된 제도이니만큼, '처분' 개념이 비록 소송법상의 개념이라 할지라도 실체법상의 법률관계와 밀접한 의미 관련을 가지는 개념이어야 함을 유념해야 한다고 본다.

Ⅲ. 행정소송법상 '처분' 개념에 따른 입법적 대안과 고찰

1. 요약 및 정리

구 행정소송법은 '처분' 개념을 명시하지는 않았으나, 강학상의 '행정행위'로 '처분' 개념을 파악하여 취소소송의 대상성을 논의하였다. 행정입법과 사실행위에 대해서는 권리를 직접 침해하는 경우에 예외적으로 '처분' 개념으로의 포섭가능성을 열어 두었다. 그러나 '행정입법'을 취소소송의 방식으로 소구할 경우, 당해 재판에서 해당 행정입법의 '무효 · 취소'가 선언될 터인 바, 타 재판과의 통일성 등 행정입법의 특성상 '무효 · 취소'를 인정할 경우에 초래되는 문제점 – 행정입법의 일반적 효력 등 – 이 지적되지 아니할 수 없다. 결국, 이 문제의 핵심은 제정 헌법이 "법률유보"로 '명령 · 규칙 · 처분에 대하여 대법원의 최종적 심사권한'을 명시하였음에도 불구하고, 제정 행정소송법은 '처분'에 대한 항고소송만 규정하고, '행정입법 – 명령 · 규칙'에 대해서는 적절한 통제수단을 규정하지 않음으로 발생한 결과이다.

1984년 개정 행정소송법은 제정 행정소송법의 이러한 문제 – '처분' 개념의 미비, '행정작용에 대한 소송제도의 불비' 등 – 를 해결하고자 '처분'의 정의 조항을 신설하고, 행정소송의 유형을 적시하는 등 큰 폭으로 전부개정 되었으나, 그럼에도 불구하고 행정소송의 본질적 문제해결의 미비로 인하여 '미완의 개혁'에 그쳤다. 그 이유는 넓은 '처분' 개념을 설정함으로써 권리구제의 폭을 넓히려고는 하였지만, '처분' 개념에 들어가게 될 행정작용 개개의 특성을 반영한 소송유형의 설시가 미비하였기 때문이다. 즉, '넓은 처분 개념'에 대응한 그럼에도 불구하고 소위 '미완의 개혁'에 그쳤다. 그 이유는 넓은 '처분' 개념을 설정함으로써 권리구제의 폭을 넓히려고는 하였지만, '처분' 개념에 들어가게 될 행정작용 개개의 특성을 반영한 소송유형의 설시하지 못하였기 때문이다. 즉, '넓은 처분 개념'에 "단 하나의 취소소송"의 기이한 소송구조가 그것이다.

11984년 개정 행정소송법의 문제 상황을 해결하고자, 객관 · 확인소송론과 무명항고소송론이 제기되었으나, 법원의 해석론으로 채택되지는 못하였다. 그러나 객관 · 확인소송론과 무명항고소송론은 기이한 소송구조를 개념의 조정과 기본권 보장적 해석을 통해 혁신적인 대안을 제시한 이론으로 높이 평가할 만하다.

행정소송법상 '처분' 개념을 는의하는 과정 중에서 행정소송법상 '처분' 개념 구성을 위한 입법론적 견해는 도처에서 도출되었다. (ㄱ) '처분' 개념 규정의 불명확성을 극복해야 하는 문제, (ㄴ) '처분' 개념도 중요하지만 결국에 중요한 것은 '소제기방식의 다양화'라는 점, 그 외에도 헌법상 '처분' 개념의 절에서도 도출되었던 (ㄷ) "행정소송의 법률쟁송성" 및 (ㄹ) "실체법에 봉사하는 소송법" 등도 재차 행정법상 '처분' 개념에 관한 논의를 하면서 핵심 쟁점으로 부각되었다. 끝으로 '실체법적 행정행위' 개념은 효과적인 행정소송을 위해 도입된 개념으로 '행정소송법상 처분'과 동치되는 개념이었으나, 최근 '실체법적 행정행위'를 벗어나는 '처분' 개념에 해당하는 행정작용의 증가로 실체법에 봉사할 수 있는 '처분' 개념의 재구성이 필요하다는 지적도 있었다. 이하에서는 행정소송법상 '처분' 개념을 논증함에 있어서 발현된 핵심쟁점 사항을 전제로 '행정소송법상 '처분' 개념에 대한 입법적 대안을 설정하고 검토하기로 한다.

2. '처분' 개념 구성에 있어서 입법적 대안 및 고찰

(1) 입법적 대안의 전제

본 절에서 행정소송법상 '처분' 개념 구성을 위한 쟁점사항은 입법적 대안 설정에 있어서 대전제로 작용될 것이다. 물론 헌법상 '처분' 개념에 관한 고찰을 함에 있어 있어서 도출된 쟁점도 동시에 전제로 작용됨은 물론이다. 입법적 대안을 먼저 설정한 후에 전제가 되는 사항을 중심으로 입법적 대안을 걸러내는 방식도 있으나, 효과적인 논의전개를 위해서 입법적 대안에 대한 전제를 선결사항으로 하여 입법적 대안을 설정하기로 한다.

입법적 대안의 '전제'가 되는 사항은 다음과 같다. 우선 (ㄱ) '처분'과 '명령·규칙'은 분리된다. 즉 행정입법은 처분을 다투는 취소소송으로의 소제기는 불가능하고 '별도의 규범통제' 소송으로 해결이 필요하다. (ㄴ) '위법한 처분'에 대해서는 전면적 소구가능성 – '처분'을 다투는 행정소송제도 완비 – 이 보장되어야 한다. (ㄷ) '처분 – 취소소송'의 연결고리에서 취소소송은 형성소송성을 지녔으므로 '처분'의 개념에 공정력을 가진 '실체법적 행정행위' 이외의 행정작용이 혼입될 경우 이는 해당 행정작용의 형식체계 – 재량·하자 등 – 에 맞는 소송유형이 구성되어야 한다. (ㄹ) 무명항고소송은 불인정되므로 법률에 소송유형이 명시되어야 한다. 특히 '처분' 개념에 행정행위 이외의 행정작용이 혼입된 경우 해당 행정작용을 다툴 수 있는 소송유형이 명시됨이 필요하다. (ㅁ) 끝으로 '행정입법'은 '처분'에 혼입될 수 없으므로 항고소송으로 해결 되어서는 안되고 항고소송 이외의 별도의 규범통제소송유형이 필요하며, 이는 규범통제의 결과에 있어서 재판간의 통일성을 확보할 수 있도록 하는 장치가 마련되어야 한다.

(2) 입법적 대안의 설정 및 검토

입법적 대안을 설정한다. 입법적 대안은 '처분' 개념에 들어갈 "행정작용"과 "처분" 또는 "행정작용"을 해결할 수 있는 "소송유형"의 조합으로 상술한 "전제"사항을 고려하여 구성한다.

(ⅰ) 처분(실체법적 행정행위) – 취소소송, 비처분 – 당사자소송

'처분'은 실체법적 행정행위만 포함되고, 이는 취소소송으로 해

결된다. 실체법적 행정행위를 제외한 모든 행정작용은 당사자소송에 의해서 해결된다. 본 입법적 대안에 의할 경우, 헌법상 행정입법과 '처분'을 분리하라는 취지에 부합하고, '위법한 처분'에 대해 사법적 권리구제 방안 즉 행정소송제도가 완비되어야 한다는 제헌자의 입헌취지에도 부합한다. 왜냐하면, 처분 개념안에 실체법적 행정행위만 포함되어 있고, 현형 소송제도인 취소소송은 실체법적 행정행위에 적합한 소송제도이므로 위법한 처분에 대한 소송제도는 완비되게 된다. 그러나, 처분 유사의 고권적이고 일방적인 행정작용 – 소위 '형식적 행정행위 또는 처분' 개념 – 에 대한 소구가능성이 문제되는 바, 이는 원칙적으로 '당사자소송'을 통해 해결되어야 함이 타당할 것이나, 우리의 행정법원의 '당사자소송'에 대한 소극적 태도에 비추어 볼 때 권리구제의 가능성은 미약할 것이다.[233] 소위 '형식적 행정행위 개념'이 행정작용체계론적으로 정리된 개념도 아니고, 고로 형식적 행정행위에 포함되는 행정작용은 그 행위형식이 제각각임을 고려할 때, 행정작용체계론의 입장에서 별도로 행정의 행위형식별 소구제도를 두는 방안이 고려됨이 타당할 것이다.

(ⅱ) 처분(실체법적 행정행위 + 형식적 행정행위) – 항고소송(취소소송)

본 입법적 대안은 현재의 우리 행정소송법이 처해 있는 상황이다. '형식적 행정행위'에 대한 소송유형 부재가 문제되는데, 무명항고소송이 인정되지 않는다. 결국, 무명항고소송이 인정되지 않으

---

233) 사실행위 중 토지대장·임야대장·건축둘대장 등 지적공부의 등재, 행정지도·권고·협조 요청 등은 시민의 법적 지위에 밀접한 관련이 있음에도 불구하고 소송자체가 봉쇄되었다. 박정훈 (2003a), p.100.

므로, "형식적 행정행위"에 대한 권리구제의 공백이 발생하게 된다.

(ⅲ) 처분(실체법적 행정행위 + 형식적 행정행위) – 항고소송(취소소송 + 별도항고소송)

바로 상단에서 설명한 (ⅱ)의 문제점을 해결하는 입법적 대안이다. 그러나 '처분' 개념안에 형식적 행정행위를 포함시키고, '형식적 행정행위'에 대응하는 '별도의 항고소송'을 둘 경우, 굳이 형식적 행정행위를 '처분' 개념 안으로 두어서 얻는 실익은 무엇인가? '처분' 개념 안에 둘 것 없이 별도로 "형식적 행정행위"라는 소송법적 개념을 만드는 것과 무슨 차이가 있는가에 대한 논쟁이 제기될 수 있으며, 오히려 '처분' 개념 안에 두어 '처분' 고유의 의미도 훼손되고, '처분' 개념 안에 들어가야 할 연결고리가 항상 있어야 하는 '형식적 행정행위'의 입장에서도 곤란하므로, 아예 별도로 두는 것이 실체법과 소송법의 유기적 · 체계적 발전에 유익할 수 있다.

(ⅳ) 처분(실체법적 행정행위 + 사실행위) – 항고소송(취소소송)

본 입법적 대안은 사실행위를 형성소송인 취소소송으로 해결할 수 없으므로 문제된다. 행정입법을 처분과 구별하려는 의도에는 부합되나, 취소소송의 성질상 해결이 어렵다. 또한 '처분' 개념 자체에 일반 사실행위가 포섭될 수 있느냐의 문제가 제기된다. 즉, "법적 행위"인 "처분" 개념에 '사실행위'는 개념 요건을 불비하여 해당 자체가 안된다.

(ⅴ) 처분(실체법적 행정행위 + 조치적 행정입법) – 항고소송(취소소송)

본 입법적 대안은 조치적 행정입법을 '처분'으로 인정한 '대법원'

의 입장이다. 본 입법적 대안은 헌법이 예정하는 '처분'과 '명령·규칙' 분리 취지에 정면으로 위배된다. 결국 조치적 행정입법은 본질상 "행정입법"이므로, "처분" 개념에서 분리해서 "별도의" 구체적 규범통제소송을 명시하여 해결하는 방안이 헌법이 예정하는 취지에도 부합하고, 행정소송법의 '처분' 개념 체계에도 부합하며, 규범통제결과의 통일성 관점에서도 부합한다.

(vi) 처분(실체법적 행정행위) - 취소소송, 형식적 행정행위 - 新소송유형, 행정입법 - 구체적규범통제소송

본 입법적 대안은 '처분'에 다른 개념을 혼입할 것 없이 아예 별도로 소송법상 "개념화"하고, 각각 해당하는 소송유형에 대응시키는 것이다. 어떤 "개념"에도 구속함이 없이 각각의 "개념"에 해당 "소송유형"을 맵핑(mapping)시킴으로써 행정작용형식에 맞는 소송형식으로 설계된다. 다만, 형식적 행정행위에 대한 실체법적 작용체계의 유형화가 선결되어야 하고, 실체법적 작용의 하자체계 등 질서가 확립이 선결되어야 하나. 고권성을 띤 여러 행정작용이 뒤섞여 있는 "형식적 행정행위 개념"의 현황을 감안할 때, 가까운 시일내에 해결될 수 있는 일이 아니다.

3. 논의의 전개

이제까지 '헌법'상 처분 개념과, '행정소송법'상 처분 개념을 논의하면서 '처분' 개념 구성에 있어서 우리 실체법적 원리, 실정법적 가이드라인 및 개념의 한계 등을 살피고 논증하였다. 이후는 실제 현장에서 '처분' 개념을 어떻게 적용하고 있는가? 를 살핀다. 법원의 '처분' 개념의 판례는 현행 법질서가 예정하는 '처분' 개념의

소위 '지도원리'를 잘 구현시키고 있는가를 살피기로 한다.

제3절 판례상 '처분'의 개념

　구 행정소송법은 '처분'에 대하여 정의 규정을 두지 않았으며, 현행 행정소송법은 '처분'의 정의를 "행정청이 행하는 구체적 사실에 관한 법집행으로서의 공권력의 행사 또는 그 거부와 그 밖에 이에 준하는 행정작용"이라 칭하였다.(행정소송법 제2조 제1항 제1호 전단). 이에 대하여 우리 법원은 구 행정소송법 시절에는 '처분'은 "행정청이 공권력의 발동으로 하는 행위로서 국민의 권리의무에 직접 관계되는 것을 말한다"234)거나 또는 "행정청의 공법상의 행위로서 특정사항에 대하여 법규에 의한 권리설정 또는 의무의 부담을 명하며 기타 법률상의 효과를 발생하게 하는 등 국민의 권리의무에 직접 관계되는 행위를 말한다"고 판시하였으며235), 현행 행정소송법 체제하에서도 구 행정소송법 체제에서의 해석과 동일하게 "행정소송의 대상이 되는 행정청의 처분이라 함은 행정청의 공법상의 행위로서 특정사항에 대하여 법률에 의하여 권리를 설정하고, 의무를 명하며, 기타 법률상 효과를 발생케 하는 등 국민의 권리의무에 직접관계가 있는 행위를 말한다"라고 판시 하였다.236) 본 절에서는 – 설시한 바와 같이, 신·구 행정소송법 체제하의 '처분' 개념에 대한 법원의 해석이 동일하고, '처분' 개념의 입법론 제시

---

234) 대법 1962.1.18. 선고 4294행상89 판결. (집9행,093)

235) 대법 1984.2.14. 선고 82누370 판결 (집32(1)특,219;공1984.4.15.(726) 520)

236) 대법 1994.9.10.자. 94두33 결정 (공1994.11.1.(979),2870)

를 위해서는 현 체제의 쟁점을 고려함이 중요하므로 - 현행 행정소송법상 법원의 '처분' 개념에 대한 해석을 기준으로 논의를 전개하기로 한다. 또한 최근 헌법재판소의 '처분' 개념에 대한 판시사항을 살핌으로써 우리 헌법재판소의 '처분' 개념에 대한 기본 시각을 논의한다.

I. 법원의 '처분' 개념 해석

1. 도입

본 장 제1절과 제2절에서 현법상 '처분' 개념과 행정소송법상 '처분' 개념을 분석하였다. 현행 행정소송법이 가지는 최대의 문제점은 상술한 바와 같이 행정소송법이 정하는 행정소송의 여러 소송유형 및 구조 중 "처분 - 취소소송"에 너무 집중하였다는 점이다. 즉, '처분'을 넓게 인정한 반면, 그에 따른 소송유형은 제한적으로 열거해 두었다. 본 항의 목적은 "이와 같은 현행 행정소송의 구조하에서 법원은 어떤 방식으로 제도를 운용하였고, 또한 현행 행정소송 구조의 문제점을 극복하려는 시도는 무엇이었는가?"를 규명하는데 있다. 법원의 입장에서도 현행 행정소송법상 내재되어 있는 한계를 극복하기란 쉽지 않았을 것이다.

현행 행정소송법 체제하에서 법원의 '처분' 개념에 대한 해석은 크게 2가지로 방식으로 이루어 졌다고 대별할 수 있다. 첫째는 현행 "처분 - 취소소송"의 불균형 구조를 그대로 수용해서 '처분' 개념을 해석하는 방식이고, 둘째는 현행 "처분 - 취소소송"의 불균형 구조를 극복하기 위해서 '행정행위 이외의 행정작용'을 '처분'으로 간주하여 항고소송의 대상으로 삼는 방식이다. 이는 구체적으로 행정입법의 '처분성'을 인정한 것이 대표적이다. 아래에서는 현행 행정소송법의 불균형 구조로 인해 불가피했던 법원의 '처분' 개념 해석론과 불균형 구조를 극복하기 위한 법원의 노력을 검토하기로 한다.

2. '처분' 개념의 축소(처분 - 취소소송 구조 순응론)

(1) 일반

'처분 - 취소소송'의 구조에 순응하여 '처분' 개념을 해석하는 법원의 해석론이다. 다. 즉, 처분 - 취소소송의 구조하에서는 '처분' 개념이 "행정청이 행하는 구체적 사실에 관한 법집행으로서의 공권력의 행사 또는 그 거부와 그 밖에 이에 준하는 행정작용"이라고 명시되어 있어도 본 요건만을 충족하면 "처분"성을 긍정할 수 있는 여건이 되지못하였다. 즉, '처분 - 취소소송' 이라는 소위 "싱글윈도우(Single Window)" 체제의 탄생은 '처분' 개념의 축소해석을 불가피하게 했다.

그 이유는 첫째, 처분을 다투는 소송유형은 취소소송이다. 취소소송은 주관·형성소송의 성질을 가지므로, "법률상 쟁송성 - 주관적 권리구제 필요 - 을 가질 것", "법적 행위"일 것이 필연적으로 요청된다. 그런 연유로 상술한 바와 같이 "판례는 '처분'의 요건에 「국민의 권리 또는 이익을 침해하는 행위 또는 국민의 권리의무에 직접 변동을 초래하는 행위」를 추가하고 있다.[237][238]

---

237) 행정소송법은 행정소송절차를 통하여 행정청의 위법한 처분 그 밖에 공권력의 행사 불행사 등으로 인한 국민의 권리 또는 이익의 침해를 구제하는 것 등을 목적으로 하는 법으로서(제1조), 취소소송은 처분등을 대상으로 하는 것인 바(제19조), 이법에서 '처분 등'이라 함은 행정청이 행하는 구체적 사실에 관한 법집행으로서 공권력의 행사 또는 그 거부 와 그 밖

둘째는 행정소송법상 처분 가념에는 '그 밖에 이에 준하는 행정 작용'이 포함되어 있다. 즉 처분개념의 전단인 "행정청이 행하는 구체적 사실에 관한 법집행으로서의 공권력의 행사와 그 거부"는 실체법적 행정행위를 의미하고, 후단인 "그 밖에 이에 준하는 행정 작용"은 형식적 행정행위 또는 형식적 처분 에 해당한다. 전단은 취소소송으로 해결이 가능하다. 후단은 가능한 소송유형이 없다. 그러므로 당연스럽게도 형식적 행정행위 또는 형식적 행정처분 에 대해서는 '처분성' 인정이 곤란하다. 이 둘을 좀더 상세히 살펴본다. 둘의 명칭은 편의상 각각 '권리의무 침해 요건 추가', "실체법적행정행위와 유리된 쟁송법적처분개념 불인정"으로 한다.

(2) 권리의무 "침해" 요건 추가

1) 일반

현행 행정소송법상 '처분' 개념과 법원의 '처분' 개념의 해석을 비교하면, 법원은 '처분' 개념의 해석에 있어서 "행정소송법상 처분개념을 인용한 후, 항고소송의 대상이 되는 처분을 국민의 권리의무를 침해하는 행위 또는 국민의 권리의무에 직접 변동을 초래하는 행위라고 함[239] 을 알 수 있다.[240] 이와 같이 판례가 처분성

에 이에 준하는 행정작용을 말하는 것이라고 정의되어 있으므로(제2조 제1항 제1호), 행정청이 구체적인 사실에 관한 법집행으로서 공권력을 행사할 의무가 있는데도 그 공권력의 행사를 거부함으로써 국민의 권리 또는 이익을 침해한 때에는 그 처분등을 대상으로 취소소송을 제기할 수 있다고 보아야 할 것이다. 대판 1992.3.31 선고 91누4911

[238] 행정소송법상 처분 개념을 인용함이 없이 항고소송의 대상이 되는 처분을 국민의 권리의무를 침해하는 행위 또는 국민의 권리의무에 직접 변동을 초래하는 행위라는 표현을 하기도 한다. 대판 1993.10.26. 선고 93누6331; 1995.11.21. 선고 95누9099; 1996.3.22. 선고 96누433 판결 등 참조

[239] 행정소송법은 행정소송절차를 통하여 행정청의 위법한 처분 그 밖에 공권력의 행사 불행사 등으로 인한 국민의 권리 또는 이익의 침해를 구제하는 것 등을 목적으로 하는 법으로서(제1조), 취소소송은 처분등을 대상으로 하는 것인 바(제19조), 이법에서 '처분등'이라 함은 행정청이 행하는 구체적 사실에 관한 법집행으로서 공권력의 행사 또는 그 거부 와 그 밖에

유무의 판단에 「국민의 권리 또는 이익을 침해하는 행위 또는 국민의 권리의무에 직접 변동을 초래하는 행위」라고 요건을 추가한 것은 행정소송법상 규정된 항고소송이 모두 법적인 행위를 대상으로 한다는 인식을 전제로 한 것으로 판단된다[241]. 결국, 항고소송의 대상이 되는 처분은 국민의 권리 또는 이익을 침해하는 행위 또는 국민의 권리의무에 직접변동을 초래하는 행위라는 제한을 가하는 판례의 태도는 결국 행정소송법이 규정하고 있는 처분개념에 별도의 요건을 추가 한 것이라 하겠다. 즉, 판례의 입장에 따라 처분성을 검토한다고 하면, 다투려고 하는 행위가 (ㄱ) 행정소송법 제2조 제1항 제1호에서 말하는 처분에 해당한지의 여부를 먼저 검토하고, (ㄴ) 그 행위가 국민의 권리의무를 침해하는 행위 또는 국민의 권리의무에 직접 변동을 초래하는 행위에 해당하는지의 여부를 검토하는 순으로 이루어져야 한다.[242]

2) 법원의 '처분' 개념 해석

대법원은 일반적으로 항고소송의 대상이 되는 행정처분이라 함은 행정청의 공법상의 행위로서 특정사항에 대하여 법규에 의한 권리의 설정 또는 의무의 부담을 명하고 기타 법률상의 효과를 발생케 하는 등 국민의 권리의무에 직접적 변동을 초래하는 행위를

이에 준하는 행정작용을 말하는 것이라고 정의되어 있으므로(제2조 제1항 제1호), 행정청이 구체적인 사실에 관한 법집행으로서 공권력을 행사할 의무가 있는데도 그 공권력의 행사를 거부함으로써 국민의 권리 또는 이익을 침해한 때에는 그 처분등을 대상으로 취소소송을 제기할 수 있다고 보아야 할 것이다. 대판 1992. 3. 31 91누4911 판결.

240) 행정소송법상 처분 개념을 인용함이 없이 항고소송의 대상이 되는 처분을 국민의 권리의무를 침해하는 행위 또는 국민의 권리의무에 직접 변동을 초래하는 행위라는 표현을 한다. 대판 1993. 10. 26. 93누6331 판결; 대판 1995. 11. 21. 95누9099 판결; 대판 1996. 3. 22. 96누433 판결 등 참조

241) 홍정선 (2001), p.26

242) 홍정선 (2001), p.28

가리키는 것으로서 행정권 내부에서의 행위나 사실상의 통지 등과 같이 상대방 또는 기타 관계자들의 법률상 지위에 직접적인 법률적 변동을 일으키지 아니하는 행위는 항고소송의 대상이 될 수 없다고 판시하고 있다[243].

항고소송은 국민의 권리 이익 구제를 위한 것이므로, 국민의 권리 의무에 영향이 없는 단순한 행정청 내부의 중간처분, 의견, 질의 답변, 또는 내부적 사무처리절차이거나, 알선, 권유, 행정지도 등 비권력적 사실행위 등은 항그소송의 대상이 될 수 없다. 과세처분의 선행적 절차로서 세무서장이 내부적으로 행하는 과세표준결정[244], 이익금가산결정[245], 인정상여결정과 그에 따른 소득금액변동통지[246], 제2차 납세의무자 지정처분[247], 근로복지공단이 산업재해보상보험료 부과처분에 앞서한 보험료산정기준 사업변경처분[248], 해난심판원의 재결 중 사고원인 규명의 재결[249] 등은 모두 그로써 아직 납세의무나 보험료납부의무, 징계 등 불이익이 발생하는 것이 아니므로 항고소송의 대상이 될 수 없다고 하고 있으며, 또한 교육공무원법 제25조에 의하여 대학교 총장이 하는 교수임용제청이나 그 철회[250], 징계처분에 있어서의 징계위원회의 결정[251], 국가보훈처보훈심사위원회의 의결[252], 국가유공자가 부상여부 및 정도를 판

---

243) 대판 2000.9.8. 선고 99두1113, 대판 1999.10.22. 선고 98두18435, 대판 1998.7.10 선고 96누202.
244) 대법 1986.1.21. 선고 82누236 판결
245) 대법 1985.7.23. 선고 85누335 판결
246) 대법 1994.4.12. 선고 94누553 판결
247) 대법 1982.8.24. 선고 81누80 판결, 대법 1995.9.15. 선고 95누6632 판결
248) 대법 1995.7.28. 선고 94누8853 판결
249) 대법 1994.6.24. 선고 93추182 판결, 대법 2000.6.9. 선고 99추16 판결.
250) 대법 1989.6.27. 선고 88누9640 판결
251) 대법 1983.2.8. 선고 81누35 판결

정받기 위하여 하는 신체검사판정[253], 병역처분의 자료로 군의관이 하는 신체등위판정[254], 의료보호대상자를 진료한 의료기관이 시장·군수에게 진료비청구를 하면서 제출한 진료비청구명세서에 대하여 의료보험연합회가 한 심사청구결과통지[255] 등도 행정기관 내부의 행위로서 직접 국민의 권리의무에 영향이 없으므로 항고소송의 대상이 되지 않는다고 보고 있다. 다만, 실무상 산업재해보상보험법에 의한 장해보상금 결정의 기준이 되는 장해등급결정에 대하여는 독립한 항고소송의 대상으로 인정하고 있다.[256] 독점규제및공정거래에관한법률에 의한 공정거래위원회의 고발조치[257], 토지구획정리사업법 7조 1항에 의한 건설교통부장관의 지방자치단체 등에 대한 구획정리사업시행명령[258] 등도 행정기관 상호간의 행위에 불과하여 항고소송의 대상이 되는 행정처분이라고 할 수 없다고 판시하고 있다. 다만, 중간처분으로 보일지라도 그로써 국민의 권리가 제한되거나 의무가 발생한다면, 항고소송의 대상이 된다고 판시하고 있다. 즉, 사업인정은 토지수용절차 중의 한 단계에 불과하나, 그로써 수용할 목적물의 범위가 확정되고, 사업시행자에게는 일종의 공법상의 권리를 취득케 하는 반면, 토지소유자에게는 형질변경이 제한되는 불이익이 따르므로, 항고소송의 대상이고[259], 노동조합및노동관계조정법 62조 3호에 의한 중재회부결정도 그 이후 쟁

---

252) 대법 1989.1.24. 선고 88누3314 판결.
253) 대법 1993.5.11. 선고 91누9206 판결.
254) 대법 1993.8.27. 선고 93누3356 판결.
255) 대법 1999.6.25. 선고 98두15863 판결.
256) 대법 1995.2.14. 선고 94누12982 판결.
257) 대법 1995.5.12. 선고 94누13794 판결.
258) 대법 1996.12.23. 선고 95누17700 판결.
259) 대법 1994.5.24. 선고 93누4230 판결.

의행위가 금지되는 법률상의 제한이 따르므로 항고소송의 대상이 된다고 하고 있다.[260] 또한, 지가공시및토지등의평가에관한법률에 의하여 건설교통부장관이 결정공시하는 표준지공시지가[261]나 시장・군수・구청장이 결정공시하는 개별공시지가결정[262]은 각종 부담금과 조세 산정의 기준이 되어 국민의 권리나 의무 또는 법률상의 이익에 직접 관계되는 것으로 항고소송의 대상이라는 것이 대법원의 입장이다. 부분허가와 관련하여 대법원은 원자력 발전소 건설 등 대규모 시설이나 장비를 갖추어야 하는 사업 등에 있어 본허가(인가) 등에 앞서 계획서 등을 제출케 하여 사전에 요건의 일부를 심의하여 적정통보를 받은 자가 시설공사 등을 착수하고, 시설 등을 갖추어 본허가(인가) 등의 신청을 할 수 있게 되어 있는 경우, 이러한 부분허가나 그 신청에 대한 거부는 중간처분이 아닌 국민의 권리의무에 직접영향이 미치는 처분으로 항고소송의 대상인 행정처분에 해당한다고 판시하고 있다.[263] 또한 장부기재행위에 관련해서는 행정사무의 편의나 사실증명의 자료를 얻기 위한 장부에 기재하는 행위나 그 기재내용의 수정요구를 거부하는 것 등은 모두 그 자체만으로 국민에게 구체적으로 어떤 권리를 제한하거나 의무를 명하는 등 법률적 효과를 발생시키는 것이 아니므로 항고소송의 대상이 될 수 없다는 것이 지금까지의 대법원의 일반적 태도이다. 지적도[264], 임야도[265], 측량성과도[266], 토지대장[267], 임야대

---

260) 대법 1995.9.15. 선고 95누6724 판결.

261) 대법 1994.3.8. 선고 93누10828 판결, 대법 1995.3.28. 선고 94누12920 판결

262) 대법 1993.1.15. 선고 92누12407 판결, 대법 1993.6.11. 선고 92누16706 판결

263) 대법 1996.10.25. 선고, 95누14244 판결, 대법 1998.4.28. 선고 97누21086 판결, 대법 1998.9.4. 선고 97누19588 판결.

264) 대법 1990.5.8. 선고 90누554 판결.

265) 대법 1989.11.28. 선고 89누3700 판결.

장[268], 등 지적공부, 건축물대장[269], 하천대장[270], 공무원연금카드[271], 육군병원의 입원기록[272], 자동차운전면허대장[273], 운전면허 행정처분처리대장[274], 공무원 승진후보자명부[275] 등의 기재행위 등이 그것이다. 그러나, 예외적으로 지적공부 소관청이 토지분할신청을 거부하는 경우에, 분할거부로 인하여 토지소유자의 당해 토지의 소유권에는 아무런 변동을 초래하지 아니한다 하더라도, 등기는 필지별로 하여야 하는 것으로서 분필이 되지 아니할 경우 자기소유 토지의 일부에 대한 소유권의 양도나 저당권의 설정 등 필요한 처분행위를 할 수 없게 되므로, 지적 소관청의 토지분할신청의 거부행위는 국민의 권리관계에 영향을 미치는 것으로서 항고소송의 대상이 된다거나[276], 건축주는 건축법상의 각종 권리 의무의 주체가 되며 보존등기 명의인이 되는 것이므로 건축주명의변경신고거부처분[277]도 항고소송의 대상이라는 판례도 있다.[278]

---

266) 대법 1993.12.14. 선고 93누555 판결.

267) 대법 1995.12.5. 선고 94누4295 판결.

268) 대법 1987.3.10. 선고 86누672 판결.

269) 대법 1989.12.12. 선고 89누5348 판결, 대법 1995.5.26. 선고 95누3428 판결.

270) 대법 1982.7.13. 선고 81누129 판결.

271) 대법 1980.2.12. 선고 79누121 판결.

272) 대법 1992.2.11. 선고 91누4126 판결.

273) 대법 1991.9.24. 선고 91누1400 판결.

274) 대법 1994.8.12. 선고 94누2190 판결.

275) 대법 1997.11.14. 선고 97누7325 판결.

276) 대법 1992.12.8. 선고 92누7542 판결, 대법 1993.3.23. 선고 91누8968 판결.

277) 대법 1992.3.31. 선고 91누4911 판결

278) 이러한 대법원의 처분성 판단과 관련하여 헌법재판소는 1999.6.24. 97헌마315 결정을 통해 지목에 관한 등록이나 등록변경, 또는 등록의 정정은 단순한 토지행정의 편의나 사실증명의 자료로 삼기 위한 것에 그치는 것이 아니라 토지소유자의 재산권에 적지 않은 영향을 미치는 것으로, 지적공부상의 지목정정신청을 반려하는 소관청의 행위는 헌법소원의 대상인 공권력의 행사에 해당한다고 하였는바, 대법원도 이에 따라 판례를 변경하여 지목변경신청 거부처분의 처분성을 인정하였다. 대법 2004.4.22. 선고 2003두9015 전원합의체 판결

3) 정리

판례는 '처분'성의 요건으로 권리·의무 요건을 추가하고 있다. 물론 권리·의무 요건 추가는 취소소송의 주관·형성소송의 특성상 불가피한 요건에 해당한다. 그럼에도 불구하고 처분성의 판단은 본안판단 이전의 대상적격의 판단에 불과하며, 즉, 처분성은 객관적으로 쟁송대상 여부를 결정하는 문제이므로, 권리·의무 요건을 강화해서 요구할 경우 국민의 재판청구권을 침해할 우려가 크게 될 것이다. 따라서 권리·의무의 요건은 "법률상쟁송성"에 기인해서 객관적으로 최소한의 범위에서 인정되어야 한다고 본다.[279] 왜냐하면, 판시내용으로 보듯이 "국민의 권리의무를 침해하는 행위 또는 국민의 권리의무에 직접 변동을 초래하는 행위"라는 요건을 적용할 경우에 '처분'성 판단이 본안판단으로 변질될 우려가 있기 때문이다.

특히 '거부처분'과 관련해서 판례는 거부처분이 성립하기 위해서는 신청인에게 법규상 또는 조리상 신청권이 존재하여 거부로 인하여 그 신청권이 침해되어야 한다고 함으로써,[280] 권리·의무

---

279) 국민의 권리의무를 침해하는 행위 또는 국민의 권리의무에 직접변동을 초래하는 행위가 아닌 행위는 항고소송으로 다툴 수 없다는 입장을 취하는 경우에도 (i) 판례의 입장과 같이 국민의 권리 또는 이익을 침해하는 행위 또는 국민의 권리의무에 직접 변동을 초래하는 행위가 아닌 행위는 처음부터 처분에 해당하지 않는다고 하여 항고소송으로 다툴 수 없다고 하는 논리가 타당한지, 아니면 (ii) 국민의 권리 또는 이익을 침해하는 행위 또는 국민의 권리의무에 직접 변동을 초래하는 행위가 아닌 행위는 행정소송법 제2조 제1항 제1호에서 말하는 처분개념에는 해당하지만, 그러한 행위를 다툴 수 있는 소송형식이 없기 때문에, 현행의 항고소송으로 다툴 수 없다고 하는 논리가 타당한지에 관한 문제이다. 후자의 해석이 타당할 것이다. 물론 어떤 행정작용이 행정소송법 제2조 제1항 제1호의 처분개념에는 해당할 뿐만 아니라 행정소송법 제4조가 정하는 항고소송의 종류는 제한적·열거적인 것이 아니라 예시적인 것으로 이해하는 입장에서는 그 행정작용을 다툴 수 있는 가능성을 가져온다. 이것이 행정소송법 제2조 제1항 제1호의 취지와 권리보호의 확대라는 관점에서 가장 바람직한 것임은 물론이다. 홍정선 (2001), p.29.

280) 대법 1984. 10. 23. 선고 84누227 판결, 대법 1990. 9. 28. 선고 89누8101 판결 등 참조.

요건을 강하게 요구하고 있다.[281] 이는 '처분성' 판단을 '본안판단'으로 변질시키는 것이다[282].

4) 검토

리·의무 요건 추가는 법률상 쟁송성에 근거하여 최소한으로 객관화시켜 적용함으로써 본안판단을 받을 수 있는 기회를 보장하는 것이 국민의 재판청구권을 보장하는 이념과도 부합된다고 판단된다. 따라서 판례의 권리·의무 요건 추가에 대해서는 법원이 '처분성' 판단을 객관적으로 명확하게 할 수 있도록 "최소한도의 수준으로 권리·의무 요건을 정함으로써, 행정소송법상 명문의 '처분' 개념에 부합하면 '처분성'이 긍정 될 수 있도록 하여야 할 것이며, '그 인정기준'이 객관적으로 명시됨이 필요하다고 본다.

(3) 실체법적행정행위와 유리된 쟁송법적처분개념 불인정

1) 일반

쟁송법적 처분개념은 상술한 바, 실체법적 행정행위와 형식적 행정행위 - 또는 형식적 처분 - 을 합한 것으로, 현행 행정소송법상 '처분' 개념을 의미한다. 쟁송법적 '처분' 개념의 핵심은 "형식적 행정행위[283]" 개념에 있다. 행정소송법상 처분 개념 중 "그 밖에 이에 준하는 행정작용"이 형식적 행정행위 - 형식적 처분 - 에 대응한다[284]. 형식적 행정행위 개념은 우리 행정소송법이 취하는 "처분

---

281) 우리 법원은 신청인의 신청에 대한 행정청의 거부가 처분이 되기 위해서는 ① 신청한 행위가 공권력의 행사이어야 되고, ② 신청인의 법률관계에 영향을 미치는 행위이어야 하며 ③ 신청인에게 그러한 신청을 할 권리가 있어야 한다고 하고 있다. 조용호 (1995), p.154.

282) 홍정선 (2001), p.28.

283) 형식적 행정행위는 행정기관 내지는 그에 준하는 자의 행위가 공권력 행사의 실체는 가지고 있지 않으나, 행정목적실현을 위하여 국민의 권리·이익에 계속적으로 사실상의 지배력을 미치는 행위를 말한다 홍정선 (2009), Rn.806

- 취소소송"의 구조하에서 '형식적 행정행위'를 다툴 수 있는 적합한 항고소송유형이 부재하므로 부정이 불가피하다. 즉, 형식적 행정처분으로 '처분'성을 인정한다 하더라도 그에 적합한 소송유형이 부재하여 결국 권리구제의 득적을 달성할 수 없게 된다.

2) 법원의 '처분' 개념 해석

판례는 행정소송법의 제정 당시나 처분의 개념을 명문화한 1984년의 전면개정 이후나 처분의 개념에 관하여 대체로 동일한 입장을 유지하여 왔다[285]. 즉, 대체적으로 '행정소송의 대상이 되는 행정청의 처분이라 함은 행정청의 공법상의 행위로서 특정사항에 대하여 법규에 의한 권리의 설정 또는 의무의 부담을 명하거나 기타 법률상 효과를 발생하게 하는 등 국민의 권리의무에 직접 관계가 있는 행위를 말한다'고 하여, 소위 "'실체법적 행정행위'에 '형식적 행정행위'를 더하는 '쟁송법적처분개념'"을 불인정 – 즉, 강학상 행정행위와 유리된 '처분' 개념을 부정 – 하고 있다.[286] 대법원은 행정청이 식품접객업영업허가에 붙여진 영업시간을 준수할 것을 재차 촉구하는 행위[287], 공무원에 대하여 법이 정한 징계처분에 속하

---

284) 행정소송법상 처분개념은 실체법상 행정행위개념보다 넓다. 따라서 행정소송법은 형식적 행정행위개념을 전제로 하고 있다는 주장이 가능하다. 그러나 구체적으로 어떠한 작용이 형식적 행정행위에 해당하는지 현재로서 불분명하다. 홍정선 (2009), Rn.807a

285) 구법시대＝대법 1967.6.27. 선고 67누44 판결, 대법 1980.10.14. 선고 78누379 판결, 대법 1984.2.14.선고 82누370 판결 등. 신법시대＝대법 1987.11.24. 선고 87누761 판결, 대법 1992.10.14. 선고 78누379 판결, 대법 1993.9.24. 선고93누11999 판결, 대법 1996.8.23. 선고 95누18185 판결 등

286) 판례의 태도는 판결의 주문에서 표시하는 바와 같이 원칙적으로 실체법적 행정행위와 유리된 쟁송법적 처분개념을 부정하고 있는 것으로 보인다. 홍정선 (2009), Rn.808; 박윤흔 · 정형근 (2009), p.947; 박균성 (2009), p. 767; 한견우 (2008), p.880. 이에 반하여 판례의 태도를 실체법적 개념설을 취하고 있다는 견해(이상규 (2004), p), 쟁송법적 개념설을 취하고 있다는 견해(김동희 (2009), p)가 있다.

287) 대법 1982.12.28. 선고 82누366 판결

지 않는 단순 서면 경고하는 행위[288], 근로기준법 제91조, 제92조
에 의하여 노동부장관이나 노동위원회가 근로기준법상의 재해보상
에 관한 사항에 관하여 심사 중재하는 행위[289], 세무당국이 소외
회사에 대하여 원고와의 주류거래를 일정기간 중단하여 줄 것을
요청한 행위[290]는 권고·협조요청 내지 지도행위로서 항고소송의
대상이 되지 않으며, 또한 행정청이 건축법 제69조 2항에 의하여
한국전력공사 등에게 위법 건축물임을 이유로 전기공급을 말아 달
라고 요청하는 것 등은 권고적 성격의 행위에 불과하여 항고소송
의 대상이 되지 않는다[291]고 판시하고 있다.

3) 정리

대법원은 종래, 처분을, 공권력 발동행위로서 국민의 권리·의무
관계에 직접 관계되는 것을 중심으로 하는 것으로 인식하여[292] 행
정소송법상의 처분개념이 강한 실체법적 관련을 가짐을 전제해 왔
으나, 현재의 판례는 처분성 인정에 있어서 실체법적인 측면에 더
하여 국민권익구제라는 행정소송의 기능적 측면도 고려하여 "어떤
행정청의 행위가 행정소송의 대상이 되는 행정처분에 해당하는가
는 그 행위의 성질, 효과 외에 행정소송제도의 목적 또는 사법권에
의한 국민의 권리보호기능도 충분히 고려하여 합목적적으로 판단

---

288) 대법 1991.11.12. 선고 91누2700 판결.

289) 대법 1982.12.14. 선고 82누448 판결.

290) 대법 1980.10.27. 선고 80누395 판결.

291) 대법 1995.11.21. 선고 95누9099 판결. 대법 1996.3.22. 선고 96누433 판결

292) 대법 1962. 1. 18. 선고 4294행상89 판결, 대법 1984. 5. 22. 선고 83누485 판결. 종
전의 판례의 처분 개념에 대한 인식은 대체로 "행정소송의 대상이 되는 행정청의 처분이라
함은 행정청의 공법상 행위로서 특정사항에 대하여 법규에 대한 권리의 설정 또는 의무의
부담을 명하거나 기타 법률상 효과를 발생하게 하는 등 국민의 권리, 의무에 직접 관계가
있는 행위를 말한다"라고 할 수 있다고 한다. 조용호 (1995). p.104.

되어야 한다[293]"고 하고 있다.[294]

　최근의 대법원 판례는 처분성 인정의 기준에 대하여 이보다 더욱 자세하게 "행정청의 어떤 행위를 행정처분으로 볼 것이냐의 문제는 추상적·일의적으로 결정할 수 없고, 구체적인 경우 행정처분은 행정청의 공권력의 주체로서 행하는 구체적 사실에 관한 법집행으로서 국민의 권리, 의무에 직접 영향을 미치는 행위라는 점을 고려하고 행정처분이 그 주체, 내용, 절차, 형식에 있어서 어느 정도 성립 내지 효력요건을 충족하느냐에 따라 개별적으로 결정하여야 하며, 행정청의 어떤 행위가 법적 근거도 없이 객관적으로 국민에게 불이익을 주는 행정처분과 같은 외형을 갖추고 있고, 그 행위의 상대방이 이를 행정처분으로 인식할 정도라면, 그로 인하여 파생되는 국민의 불이익 내지 불안감을 제거시켜 주기 위한 구제수단이 필요한 점에 비추어 볼 때 행정청의 행위로 인하여 그 상대방이 입는 불이익 내지 불안이 있는지 여부도 그 당시의 법치행정의 정도와 국민의 권리의식 수준 등은 물론 행위에 관련한 당해 행정청의 태도 등도 고려하여야 한다"고 하는 판단의 기준을 제시하고 있다.[295]

　대법원 판례의 경향이 행정소송의 목적인 국민의 권익구제를 위하여 형식적 행정처분을 인정하려는 경향을 띄고 있지만, 형식적 행정처분 개념을 인정하여 행정소송법상 '처분'성을 긍정한다 하여도 현행 행정소송법상 형식적 행정처분을 소구할 수 있는 소송유

---

293) 대법 1984. 5. 22. 선고 83누485 판결.

294) 김유환 교수는 동 판례를 "현재의 leading case로 파악하고 처분성 인정에 있어서 실체법적 측면만이 아니라 쟁송법적 측면도 아울러 고려한 판례"라고 평석하고 있다. 김유환 (2004), p.521.

295) 대법 1993. 12. 10. 선고 93누12619 판결, 대법 1992. 1. 17. 선고 91누1714 판결, 대법 1989. 9. 12. 선고 88누8883 판결.

형이 갖춰져 있지 못한 연유로 – 이는 무명항고소송을 부정하는 판례의 입장과 연결된다 – 실제적 권리구제까지는 연결되지 못하고 있음이 판례의 현실이다. 이런 점으로 인해 법원은 판결이유를 통해서만 "쟁송법적 처분개념"의 필요성을 설시하였지, 실제 '처분' 대상으로의 인정에 있어서는 소극적인 모습을 띄고 있으며,[296] 원칙적으로는 "실체법적 행정행위에 형식적 행정행위개념을 더한 '쟁송법적처분개념'" – 강학상 행정행위와 유리된 처분 개념 – 을 불인정하고 있다고 볼 수 있다.[297].

4) 검토

현행 행정소송법상 취소소송이 위법성의 소급적인 제거를 본질로 하는 제도로 이해되는 한, 위법성의 소급적 제거와 무관한 형식적 행정행위를 인정할 수는 없다. 즉, 행정지도나 공공시설의 설치행위는 사실행위로서 취소소송과 거리가 멀다. 다만 급부결정이나 보조금의 지급결정은 형식적 행정행위가 아니라 오히려 실체법상 행정행위로 볼 여지가 있다. 하여간 형식적 행정행위개념을 설정하는 것은 항고소송 대상의 범위확대를 위한 것이지만 현행 행정소송법의 처분 – 취소소송의 구조하에서는 실효성이 없다. 요컨대 처분성 인정에 있어서 실체법적 고려가 허용되는 범위 안에서 쟁송법적 의미 확장이 이뤄질 수 있는 것이지 실체법적 고려를 전연 도

---

296) 대법 1989.9.12. 선고 88누8883 판결, 대법 1992.1.17 선고 91누1714 판결, 대법 1993.12.10. 선고 93누12619 판결.

297) 홍정선 (2009), Rn.808; 박윤흔·정형근 (2009), p.947; 박균성 (2009), p. 767; 한견우 (2008), p.880. 이에 대하여 김중권 교수는 "최근 판례의 경향을 강학상 행정행위개념(실체법상처분개념설)을 벗어난 것으로 이해하는 것은 바람직하지 않으며, 최근 판례는 이제까지 학문적 논의를 수용하여 진화한 결과일 뿐이고 판례의 기조는 일원설 – 실체법상 행정행위와 유리된 쟁송법상 처분개념 불인정 – 이다"라고 같은 취지에서 지적하고 있다. 김중권, "행정처분의 의의와 종류", 행정소송(ⅰ), p.492 (한국사법행정학회 편, 2009)

외시한 쟁송법적 의미 확장은 타당하지 않다.[298]

소위 "실체법적행정행위와 유리된 쟁송법적처분개념"의 불인정에 대해서는, 결국 법원의 해석론이 문제의 핵심이 아니고 그 이전에 '처분-소송유형' 또는 '행정작용-소송유형' 관계에 있어서의 입법론이 선결되어야 함이 우선과제일 것이다. 즉, 행정의 행위형식상 개별 성질-작용체계론, 하자론 등-에 걸맞는 행정구제제도를 마련하는 것이 궁극적인 해결 방안일 것이다.[299]

(4) 소결

판례의 "권리·의무요건 추가" 및 "실체법적행정행위와 유리된 쟁송법적처분개념 불인정"의 입장은 행정소송법상 명시된 '처분' 개념을 축소하게 하는 논리이다. '권리·의무요건 추가'는 "처분-취소소송"의 구조하에서 불가피한 이론구성일 수 있으나, 국민의 재판청구권의 보장을 위하여 법률상 쟁송에 필요한 최소요건으로 한정하여 구성함이 타당하다.

"실체법적행정행위와 유리된 쟁송법적처분개념 불인정"은 현행의 "처분-취소소송"의 행정소송구조 하에서 불가피한 결과이며, 이는 결국 행정작용의 개별 성질을 반영한 소송유형을 구비함으로써 해결될 수 있을 것이다.

3. '처분' 개념의 오용(처분-취소소송 구조 극복론)

(1) 일반
법원은 현행 "처분-취소소송"의 불균형 구조를 극복하기 위해

---

298) 김유환 (2004), p.530.
299) 홍정선 (2009), Rn.807

서 '행정행위 이외의 행정작용'을 '처분'으로 간주하여 항고소송의 대상으로 삼는 방식을 취했다. 즉, 현행 행정소송법 하에서는 항고소송과 당사자소송이 명문으로 인정되는 바, 처분 - 취소소송의 구조의 취소소송 중심으로 행정소송제도가 운용되었으며, 당사자소송의 활용은 적었다[300]. 이러한 가운데 행정입법, 행정상 사실행위는 사실상 행정소송법상 구제가능성이 매우 제한되었던 것이 사실이었다. 이러한 행정소송구조를 극복하기 위하여 법원은 행정입법 · 행정상 사실행위[301]를 행정소송법상 '처분'으로 긍정하여 '항고소송'제도를 활용하는 방안을 모색하였다. 가장 대표적인 판례가 '두밀분교폐지조례'의 처분성을 인정한 사건[302]이다.

행정행위 이외의 행정작용의 소위 '처분성 차용'은 행정소송법의 처분 - 취소소송의 폐쇄된 구조를 극복할 수 있는 방안이었으나, 행정작용의 실체가 소송법상 개념에 함몰되어 행정작용체계의 혼란을 가져올 수 있는 것 아니냐는 문제가 제기된다.

(2) 법원의 '처분' 개념 해석

대법원이 행정입법 · 행정상 사실행위의 처분성을 긍정함에 있어서 가장 중요한 판단 기준은 '직접 효과성'에 있다. 판례는 원칙적으로 대통령령이나 각 부령, 지침 · 고시 등 행정입법의 소송 등은

---

300) 사실행위 중 토지대장 · 임야대장 · 건축물대장 등 지적공부의 등재, 행정지도 · 권고 · 협조요청 등은 시민의 법적 지위에 밀접한 관련이 있음에도 불구하고 소송자체가 봉쇄되었다. 박정훈 (2003a), p.100.

301) 대법원은 전통적으로 권력적 사실행위의 처분성을 인정하고 있다. 강제격리, 유치나 예치, 영업소 폐쇄, 단수처분, 수감인에 대한 교도소장의 이송, 동장의 주민등록 직권말소행위 등 권력적 사실행위도 공권력 행사에 해당하는 것으로 항고소송의 대상이 된다고 판시하고 있다. 대법 1979.12.28. 선고 79누218 판결; 대법 1992.8.7.자 92두30 결정; 대법 1994.8.26. 선고 94누3223 판결.

302) 조례가 집행행위의 개입 없이도 그 자체로서 직접 국민의 구체적인 권리의무나 법적 이익에 영향을 미치는 등의 법률상의 효과를 발생하는 경우 그 조례는 항고소송의 대상이 되는 행정처분에 해당한다. 대법 1996.9.20. 선고 95누8003 판결.

허용되지 않는다고 판시[303]하고 있으나 법령 또는 조례가 구체적 집행행위의 개입 없이 그 자체로서 직접 국민에 대하여 구체적 효과를 발생하여 특정한 권리의무를 형성하게 하는 경우에는 소위 '직접 효과성'에 의거하여 항고소송의 대상이 된다고 판시하고 있다.[304] 즉, 처분을 매개로 하지 아니하고 법령 그 자체가 국민의 권리의무에 구체적으로 영향을 미치는 경우가 있는 바, 이러한 당해 법령은 그 형식에도 불구하고 내용적으로는 처분과 같은 성질을 가지는 것이므로 항고소송의 대상으로 판례는 긍정하고 있다. 최근에는 법령보충적 행정규칙에 관해서도 그 처분성을 인정하였다.[305] 또한, 도시계획에 의한 토지 용도구역 지정 등은 그 자체로써 토지의 이용규제 등 토지 소유자의 법률상 이익을 개별적 구체적으로 규제하는 효과 즉, 개별규율성이 인정되어 항고소송의 대상이 된다[306]고 하고 있으며, 도로구역의 결정 및 고시[307], 공물의 공용폐지[308], 환지예정지지정[309]등도 같은 취지에서 처분성을 인정하였다.

---

303) 대법원은 재무부령에 대한 무효확인소송에서 "항고소송의 대상이 될 수 있는 것은 구체적인 권리의무에 관한 분쟁이어야 하고 일반적·추상적인 법령은 그 자체로서 국민의 구체적인 권리의무에 직접적인 변동을 초래하는 것이 아닌 것은 그 대상이 될 수 없으므로 구체적인 권리의무에 관한 분쟁을 떠나서 재무부령 자체의 무효확인을 구하는 청구는 행정소송의 대상이 아닌 사항에 대한 것으로 부적법하다"고 판시하였다. 대법 1983.4.26. 선고 82누528 판결; 동지, 대법 1987.3.24. 선고 86누656 판결, 대법 1992.3.10. 선고 91누12639 판결. 대법 1994.9.10.자 94두33 결정.

304) 대법 1996. 9. 20. 선고 95누8003 판결. 동지: 대법 1954. 8. 19. 선고 4286행상37 판결.

305) 최근 대법원은 향정신병 치료제의 요양급여 인정기준에 관한 보건복지부 고시가 다른 집행행위의 매개 없이 그 자체로서 제약회사, 요양기관, 환자 및 국민건강보험공단 사이의 법률관계를 직접 규율한다는 이유로 항고소송의 대상인 처분성을 긍정하였다. 대법 2003. 10. 9.자 2003무23 결정. 동 결정에 대해서, '고시'의 법적성질은 그 내용에 따라 결정되는 바, 동 고시는 그 내용을 비춰봤을 때, '행정행위'에 해당함에도 불구하고, 행정입법으로 파악하여 행정입법의 '처분성'을 인정한 판례로 파악하는 것은 무리가 있다. 김중권, "行政法上의 告示의 法的 性質에 관한 小考", 고시계 2008년 2월호, p.54. (2008b)

306) 대법 1982.3.9. 선고 80누105 판결

307) 대법 1976.3.9. 선고 75다1049 판결.

행정계획인 도시계획결정 및 고시의 처분성을 인정한바 있으며, 최근에는 개별토지가격결정 – 개별공시지가결정 – 에 대해서도 처분성을 인정한 바 있다.[310)]

이와 같이 대법원은 행정행위 이외의 행정작용 – 행정입법, 행정상 사실행위, 행정계획 – 이 '직접 효과성'을 가지는 경우에 '처분성'을 긍정함으로써 현행 행정소송법의 폐쇄구조 내에서 항고소송을 활용할 수 있는 방안을 제시하였다.[311)]

(3) 정리

행정입법 및 기타 행정작용의 '처분성' 긍정을 통한 항고소송 활용은 폐쇄적인 행정소송구조하에서 헌법재판과의 관계를 재조명하게 하였다.[312)] 최근에는 '관세법 제51조의 규정에 의한 인도네시아 중국산 정보용지 및 백상지에 대한 덤핑방지관세부과에 관한 규칙'의 일부 내용에 대해서 처분성이 인정[313)]됨으로써, 이제는 법규명

---

308) 대법 1983.6.14. 선고 83다카181 판결.

309) 대법 1973.12.16. 선고 70누91 판결.

310) 대법 1993.1.15. 선고 92누12407 판결, 대법 1994.5.10. 선고 93누425 판결 등.

311) 이에 대하여 이광윤 교수는 행정입법은 당연히 행정행위에 포함되어야 하고 항고소송의 대상이 되어야 한다고 강조한다. 그 근거로는 법률의 위임이 없는 독립명령, 헌법기관의 규칙, 조례 등은 행정행위로 봄이 타당하고, 법규명령을 행정입법으로 보는데 에는 19세기 독일은 형식적 법치주의의 상징으로 프러시아제국 헌법 제62조가 '입법권은 국왕과 양원에 의해 합동으로 행사된다. 국왕과 양원의 의사 합치는 모든 법률에 있어 필수 불가결하다'의 국왕의 입법권능에서 기인한 것이며, '처분' 요건의 직접 관련성은 상대적이고 주관적인 것이어서 행정입법에도 그 요건이 충족될 수 있으므로, 이는 항고소송으로 봄이 타당하다고 본다. 이에 더하여 항고소송의 일종인 규범폐지소송 필요성도 부정한다. 즉 행정입법은 그것 자체로 '처분성'을 인정할 수 있으므로 행정입법에 특유한 항고소송인 규범폐지소송은 불필요하다는 입장이다. 이광윤 (2007), p.1061

312) 종래 보충성을 이유로 종래 광범하게 행하여졌던 법규 헌법소원심판을 '두밀분교폐지조례'의 처분성 긍정으로 적어도 조례의 경우에는 보충성의 원칙으로 인해 더이상 헌법소원이 허용되지 않게 되었다. 법원으로선 법규헌법소원심판에 대해서 처분성확대를 통해 헌법재판소와의 관계를 재조정한 셈이다.' 김중권 (2003), p.652

313) 서울행정판 2005. 9. 1. 선고 2004구합5911 (각공2005.10.10.(26),1647)

령의 전형인 시행규칙까지도 처분성의 인정가능성이 열렸다[314]. 행정행위 이외의 '처분성' 긍정은 일응 행정재판제도의 활성화를 도모하여 국민의 권익구제에 기여한다고 보여질 수 있다. 그럼에도 불구하고 모든 행정작용을 '처분'으로 도피하여 행정행위의 하자체계에 접합시킴으로써 적부를 판단하는 것은 행정작용의 행정행위화를 일으킬 수 있는 문제점이 있다. 즉, 각 행정작용은 해당 행정작용의 체계에 따른 특성과 그에 따른 행정상 이용이 있음에도 불구하고 소송법상 '처분' 개념에 함몰됨으로써 행정작용체계의 붕괴까지 낳을 수 있는 위험현상이 초래될 수 있다.[315]

즉, 행정입법의 '처분' 개념으로의 활용도 현 행정소송법의 폐쇄적 구조를 극복하기 위한 임시적 조처로서 활용되어야 하지, 본 활용 자체가 영구화됨은 타당하지 않다. 결국 법원의 현행 처분-취소소송의 구조를 극복하기 위한 여타 행정작용의 처분성 긍정은 현행 행정소송의 구조하에서 국민의 권익구제를 도모하기 위한 처사로 현행 행정소송제도의 한계를 극복하기 위한 것이다. 대법원의 해석론은 이렇다 하더라도 상술한 바와 같이 행정작용체계의 정합성을 위해서 각 행정행위 형식별로 소송법적 도구 개념을 행정소송법에 명시함이 궁극적으로 타당할 것이다.

---

314) 이에 대한 비판은 김중권, "이른바 처분적 시행규칙의 문제점에 관한 소고", 법률신문 3478호, 2006. 7. 27. (2007)

315) 결론적으로 권리구제의 확대를 도모하기 위한 처분성의 확대인정 자체는 이론이 있을 순 없지만, 법집행행위를 무색케 만드는 과도한 처분성인정은 규범통제의 항고소송화는 물론, 규범과 집행행위의 구분을 소멸시켜 행정작용법론의 부전까지도 초래할 수 있다. 법규범의 형식을 갖는 한, 그것의 법적 취급은 시종 법규범으로서의 위상에 맞추어야 할 것이다. 김중권 (2008b), p.54; 김남진, "행정상 확인소송의 가능성과 활용범위", 고시연구 2005년 5월호, p.22 (2005)

(4) 보론

행정입법, 행정상 사실행위를 '처분'으로 긍정하는 소위 법원의
"처분 개념의 오용"과 더불어, 행정작용형식의 체계성과 관련하여
행정행위를 행정입법으로 파악함으로써 거꾸로 소위 "역전된 '처
분' 개념 오해"에 대한 판례가 있다316). 고시의 경우가 그렇다. 고
시는 불특정다수를 직접적, 간접적 상대로 한 '알림'이되, 본래 그
자체로선 알림의 양식은 고려되지 않는다. 고시의 경우엔 알리는데
초점이 모아질 뿐, 그것의 형식은 그다지 중요하지 않다. 이런 사
정에 비추어 봤을 때, 고시를 행정규칙이나 법규명령에 설정한 다
음에 논의를 전개할 것 같으면, 자칫 고시의 형상에 관한 심각한
혼란은 물론, 행정법의 법도그마틱(Rechtsdogmatik)317) – 여기서는
"행정법작용체계" – 의 심각한 왜곡이 빚어질 수 있다. 요컨대 고시
는 일반에 대한 알림 그 자체일 뿐, 그것이 일정한 법형식을 의미
하진 않는다.318) 그리하여 실정법상의 고시는, 독립된 의미를 가짐
을 전제로 하여, 고시되는 내용에 견주어 그 법적 성질이 판단되어
야 한다. 그런데 우리 법원은 어떠한 고시가 일반적 추상적 성격을
가질 때에는 법규명령 또는 행정규칙에 해당할 것이지만, 다른 집행
행위의 매개 없이 그 자체로서 직접 국민의 구체적인 권리의무나
법률관계를 규율하는 성격을 가질 때에는 행정처분에 해당한다고

---

316) 이와 관련해서는 김중권 (2004), 90면 이하 참조.

317) 'Rechtsdogmatik'은 우리나라에서 일반적으로 '법해석학' 또는 '법교의학'이라고 번역되
고 있다. 법명제(Rechtssatz)의 정립 및 근거부여를 위한 일차적 수단은 실정법의 해석이
긴 하지만 적지 않은 경우에 이익형량. 가치판단이 요청되기 때문에 '법해석학'이라는 표
현은 너무 좁은 의미를 갖는다. 또한 Dogmatik이 신학의 교의(Dogma)에서 파생된 용어이
긴 하지만 '법교의학'이라고 하면 너무 종교적인 뉘앙스가 있을 뿐만 아니라 '비판을 허용
하지 않는 신념체계'라는 부정적 의미도 내포하게 된다. 따라서 적절한 번역어를 찾을 때
까지 잠정적으로 외래어를 그대로 사용하여 '법도그마틱'이라고 부르기로 한다. 박정훈,
(2003a), pp.81 – 105 참조.

318) 홍정선 (2009), Rn.707; 김남진 · 김연태 (2009), p.144; 박윤흔 · 정형근 (2009), p.225

판시하였다[319]. 대법원의 항정신병치료제의 요양급여 인정기준에 관한 보건복지부 고시에 관한 결정도 동일하다[320]. 이들 사안에서의 고시의 처분성을 논증할 때, 조치적 명령에서의 논증을 동원하는 것은 불필요하거니와 도리어 행정법 법도그마틱의 왜곡을 가져다 줄 수 있음을 유의할 필요가 있다.[321]

(5) 소결

행정입법에 대한 권리구제는 우리 헌법상 '처분' 개념, 행정작용체계의 중요성, 행정입법의 하자효과의 특수성 등을 감안할 때 궁극적으로는 별도의 소송유형을 명시함이 타당하다고 판단된다. 이는 우리 '헌법'이 명시적으로 명령·규칙과 처분을 분리하여 규정하고 있는 상황 - 헌법은 행정상 사실행위, 행정계획 등 명령·규칙을 제외한 행정작용과 처분과의 분리까지 명시하고 있지는 않다 - , '처분' 개념의 헌법상 구현원리인 "실체법에 봉사하는 소송법"의 원칙의 입장에서도 처분과는 별도의 규범통제소송유형을 둠이 타당하다. 이러한 측면에서 현행 행정소송법의 불비는 더욱 부각되어 보인다. 더불어, 고시를 "행정입법"으로 간주하여 행정입법의 처분성 긍정 사례로 보는 대법원의 입장도 변경됨이 타당하다. 또한 법률의 수권의 부재로 인해 원칙적으로 행정내부적 효력을 지니는 행정규칙이 취소소송의 대상이 된다면, 이는 행정규칙의 대외적 구속력을 공인하는 것이 될 뿐더러, 하자체계의 적용에 있어서, 행정행위를 적용하게 됨으로써 문제가 된다.[322]

---

319) 대판 2006. 9. 22. 선고 2005두2506 대결 2003. 10. 9자 2003무23과 대결 2004. 5. 12자 2003무41

320) 대결 2003.10.9. 2003무23

321) 김중권 (2008b), p.60

322) 행정규칙의 하자를 행정행위의 경우에 비견해서 논하는 것은 적절치 못하다. 김성수

행정작용체계에 적합한 소송구조를 구현하는 것이 헌법의 취지, 행정작용론의 유용성 등 궁극적으로 국민의 권익구제를 도모하고, 행정법학의 발전을 가져다 줄 수 있는 필수적 기초일 것이다.

4. 중결

현행 행정소송법의 소위 "취소소송 쏠림의 쟁송구조"는 법원으로 하여금 "권리 · 의무의 침해 요건을 추가"하게하고 "실체법적 행정행위와 유리된 쟁송법적 처분개념 – 소위 형식적 행정행위 개념 – 을 불인정"하게 하는 판례를 쏟아내게 했다.[323] 이는 법원의 입장에서는 불가피한 처사이다. 반면, 법원은 처분 – 취소소송의 편협된 행정소송의 구조에 있어서 국민의 권익구제를 도모하고, 소위 "'행정소송'의 '헌법소송'으로의 전이현상[324][325]"을 막기 위하여 행정행위 이외의 행정작용이 "직접 효과성"을 가질 때에는 이에 대한 "처분성"을 긍정하여 행정쟁송의 대상이 될 수 있게 하였다[326]. 법

(2008), p.396; 김중권 (2004) p.162.

323) 이러한 "처분" 개념의 축소와 더불어 법원의 "당사자소송 비고려" 태도를 김중권 교수는 "법원의 묵수적"태도로 표현하고 있다. 김중권 (2003) p.652.

324) '처분' 개념의 축소와 더불어 법원의 "당사자소송 비고려" 태도는 행정소송의 대상을 헌법재판의 대상으로 전이시키는 결과를 초래하였다. 대표적인 예가 바로 지적공부의 등재와 관련하여 시종 처분성이 부인된 점이다(대판 1991. 12. 14, 91누8357.) 그 결과 법원의 태도와 배치되는 헌법재판소의 결정(헌재 1999. 6. 24, 97헌마315)이 초래되었다. 이에 관한 자세한 사항은 선정원, "공부변경 및 그 거부행위의 처분성", 인권과 정의 2002년 11월호, p.126 참조. (대한변호사협회 편, 2002)

325) 행정입법이 헌법소송으로 전이된 대표적 판례는 "법무사법시행규칙에 대한 헌법소원사건에서 행정입법이 직접 국민의 기본권을 침해한 경우에 헌법재판소가 그 위헌성 여부를 심판할 수 있다"고 한 헌법재판소의 결정 참조. 헌재 1990.10.15. 선고 89헌마178 전원재판부 결정; 동지 결정으로 1996. 8. 29. 선고, 94헌마113 결정; 1997. 6. 26. 선고, 94헌마52 결정 등..

326) 헌법재판과의 관계를 재조정하여 "지목변경신청거부처분의 처분성을 인정한 판례는 대법 2004.4.22. 선고 2003두9015 전원합의체 판결

원의 행정입법, 행정상 사실행위의 행정행위로의 간주는 현행 소송 구조 하에서 국민의 권익구제를 도모하기 위한 처사로 일응 기여한 바가 크나, 이는 임시방편적으로 활용되어야 할 사항이지 영구 지속될 사항은 아니다. 더불어 법원은 "처분" 개념 역시 행정행위를 중심으로 한 소송법적 도구 개념임을 인지하고 판시내용에서 행정작용체계 - 행정의 행위형식 - 의 판별에 신중을 기하여야 할 것이다.[327] 왜냐하면 이러한 "처분의 오용" 현상은 지속되면 행정 작용체계의 붕괴를 가져올 수 있기 때문이다.

결국 법원의 판례를 통해서도 알 수 있듯이, 중요한 것은 소송구조의 개편이다. 행정작용체계의 특성을 견지하고 발휘하는 소송구조의 마련이 무엇보다도 우선 해결되어야 할 과제이다. 행정작용체계의 정합성을 견지할 수 있는 소송제도의 마련이 법원의 태도 - 소위 본 절에서 제시한 "'처분' 개념의 축소"와 "'처분' 개념의 오용" - 에 변화를 줄 수 있는 선결문제이다.

II. 헌법재판소의 '처분' 개념 해석

1. 도입

헌법재판소는 2009. 4. 30.에 행정소송법 제2조 제1항 제1호 등에 대한 위헌소원사건에서[328] 현행 행정소송법상 '처분' 개념의 합

---

327) 이와 관련하여 김중권 교수는 법원이 형식과 실질이 괴리된 법현상의 가늠잣대를 깊이 숙고하지 않은 채, 더군다나 통상의 규범심사절차는 물론 입법자의 의사까지 무시하고 곧바로 '조치적 조례'의 존재를 공인한 것은 기왕의 묵수적 태도에 대한 반발적 적극주의의 발로라고 지적하고 있다. 김중권, (2004), p.172.

328) 헌재 2009. 4. 30. 2006헌바66 전원재판부

헌성에 대하여 상세히 설시함으로써 '처분' 개념에 관한 헌법재판소의 입장을 일목요연하게 밝혔다. 본 항에서는 기술한 '2009. 4. 30. 2006헌바66 전원재판부' 사건[329]을 중심으로 헌법재판소의 '처분'에 대한 기본시각을 논의하기로 한다.

동 사건에서 헌법재판소는 행정소송법상 '처분' 개념은 '법률상 쟁송성' 즉 사법본질상의 한계를 전제로 하고 있으며, '처분' 개념은 절차법상 개념으로서 폭넓은 입법형성의 영역에 해당함을 원칙으로 현행 행정소송법상 '처분' 개념을 논증하였다. 아래에서는 헌법재판소의 '처분' 개념에 대한 설시사항을 '사법본질상의 한계'와 '광범위한 입법재량의 영역'의 측면에서 기술한다.

2. 법률상쟁송성을 전제로 한 '처분' 개념(사법본질상의 한계론)

(1) 일반

본 장의 제1절 헌법상 '처분' 개념에서 상술한 바와 같이[330] 우리 헌법 제101조 제1항의 사법의 개념에는 민사·형사의 재판뿐만 아니라 행정사건의 재판도 포함됨이고, 헌법 제107조 제2항의 해석 – 재판전제성은 명령·규칙만을 수식 – 에 의하더라도 행정재판은 사법권을 관장하는 최고법원인 대법원의 관할에 속하므로 행정소

---

329) 동 판례의 사건 개요는 다음과 같다. 청구인은 중앙선거관리위원회 위원장이 국가공무원법 및 선거관리위원회공무원규칙에 근거하여 수립한 '2004년도 5급 공무원 특별승진심사계획'상 선발기준에 대하여 특별승진심사계획선발기준무효확인의 소를 제기하였으나(2005구합10507), 2005. 11. 3. 위 심사계획이 행정소송의 대상이 되는 행정처분이라고 볼 수 없다는 이유로 소각하 판결을 받았다. 청구인은 이에 불복하여 서울고등법원에 항소하면서 (2005누27507), 행정소송법 제2조 제1항 제1호가 행정소송의 대상이 되는 처분 개념을 한정함으로써 재판을 받을 권리, 평등권 등을 침해하여 위헌이라는 취지의 위헌제청신청 (2006아29)을 하였고, 동 법원은 2006. 6. 14. 청구인의 항소를 기각하는 판결을 선고함과 아울러 위헌제청신청을 기각하였다. 이에 청구인이 2006. 8. 2. 헌법소원심판을 청구한 사건이다. 헌재공보 제151호, p849 이하 참조.

330) 제2장 제1절 I. 2. 참조.

송은 사법작용에 해당한다. 따라서 행정소송의 사법작용성은 법원
조직법 제2조 제1항에 따라 "법률상 쟁송"의 관계에 있어서도 적
용되고, 행정소송은 "당사자 사이의 구체적인 권리의무관계에 대한
법률적용상의 분쟁"에 해당함은 상술한 바 있다. 따라서 행정사건
도 법률상 쟁송에 해당하는 경우에만 법원의 재판권이 미침은 당
연함이다.331)

(2) 헌법재판소의 '처분' 개념 허석

헌법재판소는 금번 판시에서 상술한 '행정소송의 법률상 쟁송성'
및 그에 기반을 둔 '처분'의 개념 정립에 대하여 재차 확인하였다.
헌재는 "처분 개념을 정의한 이 사건 법률조항은 법원의 행정재판
에 관한 사항을 규정한 것인 바, 행정재판 역시 법원조직법 제2조
제1항에 규정된 '법률상의 쟁송'을 전제로 한 것이어서 구체성을
지닌 쟁송을 전제로 – 구체적 사건성 –, 법령을 해석, 적용함으로써
해결할 수 있는 쟁송이어야 하므로 – 법적 해결성 –, 이 사건 법률
조항에 의한 처분 개념은 위와 같은 사법본질상의 한계를 반영한
것으로서 사법본질상 불가피한 측면이 내재된 것이라 볼 수 있다"
고 판시하고 있다.332) 이어서 헌재는 "이 사건 법률조항에서 '구체
적 사실에 관한 법집행으로서의 공권력 행사'라고 처분 개념을 정
의한 것은 사법본질상 내재되어 있는 법원조직법 제2조 제1항의
'법률상 쟁송'의 개념을 구체화 시킨 것으로서 다른 권리구제 수단
과의 관계 – 헌법소원, 당사자소송, 무효확인소송 등을 통한 권리구
제 가능성 존재 – 에 비추어 보더라도 그와 같이 규정한 것에 합리
적인 이유가 있다"고 설시한다.333)

---

331) 제2장 제1절 Ⅱ. 2. (2) 참조.
332) 헌재공보 제151호, p.850

(3) 소결

헌법재판소의 "법률상 쟁송성에 터잡은 '처분' 개념"의 판시는 그간 헌법과 행정소송법간에 연결관계에서 이뤄진 '처분' 개념에 대한 논쟁에 있어서 '처분'을 다투는 행정소송 역시 일반의 司法的 소송의 한 유형에 해당하며 – 헌법 제101조 –, 일반의 소송에 있어서 필요한 법률상 쟁송성 – 주관 소송성 – 이 행정소송에도 적용됨을 공식적으로 확인하였다는데서 그 의의가 무척 크다.[334] 헌법재판소의 이러한 입장은 행정소송에 있어서 '객관소송'을 주창하는 견해에 대하여는 더욱더 시사하는 바가 크다고 사료된다.

3. '처분' 개념의 명확성 강조('구체적' 입법형성의 영역)

(1) 일반

'처분' 개념은 행정소송에 있어서 헌법상 재판청구권을 실현하는 소송법적 도구 개념이므로 절차에 있어서 입법자의 구체적인 형성을 전제로 한다. '처분'에 대한 개념의 형성도 중요하지만 구체적인 소구절차인 '소송유형'의 문제도 간과해서는 안 될 사항이다. 즉 '처분'과 '소송유형'의 문제는 별개의 문제가 아니고 동시에 검토되어야 할 사항이다. 더불어 '처분'과 '처분 이외의 행정작용'과의 명확한 준별은 '처분'의 속성에 일치할 수 있는 '소송유형 – 특별히, 항고소송 –'의 설치라는 관점에서 더욱 중요하다.

---

333) 헌재공보, 제151호, p.853.

334) 서울고등법원은 동 사건에 관한 위헌제청신청의 기각이유에서 "이 사건 법률조항은 행정소송에서의 구체적 사건성에 더하여 당사자 적격, 소의 이익, 사건의 성숙성 등 사법본질에서 기인하는 한계를 열거하여 규정한 것"이라고 설시하고 있다. 서울고등법원 2006. 6. 14.결 2006아29

(2) 헌법재판소의 '처분' 개념 허석

헌법재판소는 '처분' 과 '항고소송의 구제가능성' 이라는 측면에서 '처분' 개념의 명확성을 강조하였다. 즉, 헌재는 "항고소송의 대상인 처분의 존부는 광의의 소의 이익의 하나인 소송요건으로서 법원의 직권조사사항인데 소의 이익의 존재가 소송을 적법하게 하는 소송요건이듯이, 다투어지고 있는 행정청의 행위가 항고소송의 대상성을 결여한 경우 국민이 그에 의하여 권리침해 내지 중대한 불이익을 받더라도 소송의 문전에서 배척되게 되고, 항고소송의 구조상 그 원고는 항상 권익을 칮해당한 개인이 되는데다가 소송의 형식 및 대상은 원고가 특정하드록 되어 있으므로, 항고소송의 대상을 제대로 특정하지 못할 경우 그로 인한 불이익은 항상 권리구제를 구하는 원고에게 있으므로, 헌법상 재판청구권의 보장에 비추어 항고소송의 대상을 명확히 해야 할 필요성은 적지 않다[335]"고 판시하였다.[336]

(3) 소결

'처분' 개념징표의 모호성에서 기인한 해석 갈등은 이미 지적하였다.[337] 헌법재판소가 '처분' 개념의 명확성을 강조 한 점, 또한 동 판결이유 중에서 현행 행정소송법상 '처분' 개념 중 "그 밖에 이에 준하는 행정작용"이 거의 활용되지 못하고 있다고 지적하고 있는 점은 향후 새로운 '처분' 개념 모색 시 "명확성의 원칙"의 중

---

335) 헌재공보. 제151호, p.851

336) 더불어 헌법재판소는 대법원의 '처분' 개념에 대한 해석에 대하여 구행정소송법하에서는 '실체법적 행정행위'로 보고 있으며, 현형 행정소송법하에서는 '실체법적 행정행위'에 "근접"하게 파악하고 있다고 지적하면서, "현행 행정소송법상 '처분' 개념 중 "그 밖에 이에 준하는 행정작용"으로 규정하는 부분은 거의 활용되지 못하고 있는 상황"이라고 판시하고 있다. 헌재공보. 제151호, p.852

337) 제2장 제2절 Ⅰ. 3. (2) 참조.

요성을 크게 시사한다고 볼 수 있다. 더불어, 동 사건에서 헌재가 '처분' 개념에 있어서 입법자의 형성의 자유가 폭 넓게 인정 - 입법자의 "구체적인" 형성의 자유 - 되어야 한다고 강조한 점338) 역시 '처분' 개념의 명확성 요청과 관련되지 않을 수 없다고 본다. 결국 헌법재판소는 '처분' 개념의 명확성을 강조하였고, 이에 따라 구체적인 입법형성의 영역의 중요성을 확인하고 있다고 볼 수 있다.

4. 중결

헌법재판소는 '처분' 개념에 관한 위헌소원 사건에서 '처분' 개념의 의미에 관하여, 행정재판에서 역시 일반재판에서와 같은 사법 본질상 한계 - 법률상 쟁송성 - 가 존재하고 있음을 판시하였다. 또한 '처분' 개념의 명확성을 강조하였고, 명확성을 확보하기 위한 입법자의 구체적인 입법형성의 자유 역시 강조하였다. 헌법재판소의 '처분' 개념에 관한 최근 판시는 행정소송법상 '처분' 개념에 관한 헌법이론적 측면의 의미관련성 - 행정소송의 법률상 쟁송성, '처

---

338) 헌재는 동 사건에서 재판을 받을 권리 침해 여부에 관한 판단에서 다음과 같이 판시하고 있다. "절차적 기본권은 기본권 보장을 위한 기본권이며 청구권적 기본권의 성격을 지니므로 국민이 재판을 통하여 권리보호를 받기 위해서는 그 전에 최소한 법원조직법에 의하여 법원이 설립되고 민사소송법 등 절차법에 의하여 재판관할이 확정되는 등의 구체적인 입법절차가 필요하고 재판을 받을 권리의 보장은 입법자의 구체적인 형성을 전제로 한다. 그러나 입법자의 형성권은 무제한 적인 것은 아니므로 국민의 권리보호를 위한 최소한의 사법절차는 보장되어야 하는 바, 헌법상의 재판을 받을 권리의 본질적 내용은 '법적 분쟁'이 있는 경우 독립된 법원에 의하여 사실관계와 법률적 관계에 관하여 적어도 한차례 법관에 의하여 심리·검토를 받을 수 있는 기회가 부여될 권리가 인정된다는 것이다. 이와 같이 헌법 제27조 제1항이 규정하는 '법률에 의한' 재판청구권을 보장하기 위해서는 입법자에 의한 재판청구권의 구체적 형성이 불가피 하므로 입법자의 광범위한 입법재량이 인정된다고 할 것 인바, 이러한 재판청구권에는 행정재판을 받을 권리도 포함되는데 처분 개념을 규정한 이 사건 법률조항을 통하여 항고소송의 대상을 어느 범위로 규정할 것인가는 입법자의 형성의 자유가 폭 넓게 인정되는 영역에 해당하므로 입법목적에 비추어 입법자가 선택한 수단이 합리적인지 여부가 문제된다. 헌재 2009. 4. 30. 2006헌바66, 동지; 헌재 2000. 6. 29. 99헌바66등; 헌재 2002. 10. 31. 2001헌바40; 헌재 1996. 8. 29. 93헌바57.

분' 개념의 명확성 원칙 등 - 을 공식적으로 확인하고 주지시켰다는 측면에서 더욱 그 의미가 크다고 본다.

Ⅲ. 판례상 '처분' 개념에 따른 입법적 대안과 고찰

1. 요약 및 정리

헌법상 '처분' 개념, 행정소송법상 '처분' 개념에 이어 판례상 '처분' 개념을 분석하였다. 모두가 다 연결됨은 말할 것도 없다. 헌법은 '처분'을 명령·규칙과 분리하였다. 제헌자는 '위법한 처분' 개념은 국민의 권익구제을 위해 전면적인 사법적 권리구제방안이 마련되어야 함을 주문하였다. 우리 헌법은 '처분' 개념 구현에 있어서 "행정소송의 법률상쟁송성", "실체법에 봉사하는 소송법", "사법적 구제로서의 소송제도 완비"를 요청하고 있다. 행정소송법상 '처분' 개념은 소위 '개정과정에 있어서 타협의 산물'로서 그 의미가 불명확하다. 이는 '처분' 개념을 넓게 인정하기 위한 입법의 발로로 인한 결과였다. 반면 행정소송법은 '처분'을 다툴 수 있는 소송구조는 폐쇄적이었다. 즉 처분 - 취소소송의 구조가 그것이다. 행정소송법상 "처분"이냐 아니냐는 권리구제가 되느냐 안되느냐의 문제로 귀결된다. 그 이유는 당사자소송을 적극적으로 활용하지 않고 있는 법원의 태도에서 비롯된다. 넓은 처분 개념과 폐쇄적 소송제도의 극복을 위한 논의는 취소소송의 성질을 조작하는 논의와 무명항고소송을 인정하자는 논의로 전개되었다. 그러나 이 두 논의는 취소소송의 형성소송성, 우리 소송제도의 주관소송성, 형성소송 법정주의 등을 이유로 해석론으로 받아 들이기에 무리가 있었다.

법원은 현재 상술된 현상에 직면해 있다. 법원은 취소소송의 주관소송·형성소송성으로 인해 "권리·의무의 침해" 요건을 추가하여 처분 개념을 해석하였다. 그러나 이러한 태도는 법률상쟁송성을 구현하는데 최소한도로만 요구됨이 타당하다. 즉 '권리·의무'의 침해요건이 과용된다면, 처분성 판단이 본안판단으로 변질될 우려가 있기 때문이다. 법원은 "실체법적 행정행위와 유리된 쟁송법적 처분개념 – 형식적 행정행위 개념 –"을 불인정하였다. 왜냐하면 쟁송법적 처분개념 안에 형식적 행정행위 개념을 인정한다 하여도 그를 취소소송으로 다툴 수 없을뿐더러, 무명항고소송까지 인정하고 있지 못하기 때문이다. 법원의 '처분' 개념 축소는 처분 – 취소소송의 비대칭구조에서 도리가 없는 처사였다. 국민의 권익구제를 이유로 법원은 행정행위 이외의 행정작용에 대한 처분성을 인정하고 이를 항고소송을 통해 해결하는 방식을 취하기 시작하였다. 이는 행정입법의 처분성 인정이 그것이다. 이는 행정작용법체계하에서 임시적 조치이어야 하지 영원무구한 판례로 인정되어서는 아니된다. 왜냐하면 소송법은 실체법과 상호작용을 하면서 실체법의 원리를 구현하기 위한 도구이지 실체법을 변형시키는 목적이 되어서는 안되기 때문이다. 그러므로 법원의 행정의 행위형식에 대한 해석·적용에 있어서는 보다 심도있는 태도가 필요하다.

최근 헌법재판소는 '처분' 개념에 관한 위헌소원 사건에서 '처분' 개념의 의미에 관하여, 행정재판에서 역시 일반재판에서와 같은 사법본질상 한계 – 법률상 쟁송성 – 가 존재하고 있음을 판시하였다. 또한 '처분' 개념의 명확성을 강조하였고, 명확성을 확보하기 위한 입법자의 구체적인 입법형성의 자유 역시 강조하였다. 이는 상술한 헌법상 '처분' 개념의 구현원리를 헌법재판소에서 재차 확인한 것이다.

2. '처분' 개념 구성에 있어서 입법적 대안 및 고찰

(1) 일반

법원의 '처분' 개념 해석론을 통해 시사되는 바는 실체법에 맞게 소송법을 개편하는 입법론이다. 이상에서 제시한 헌법상 '처분' 개념의 입법적 대안, 행정법상 '처분' 개념의 입법적 대안을 검토하고 비교하면 할수록 결론은 "헌정의 작용형식에 맞는 행정소송제도"에 있음을 확인할 수 있다.

(2) 입법적 대안의 전제

헌법상 '처분' 개념의 입법적 대안, 행정법상 '처분' 개념의 입법적 대안에 있어서 "전제조건 – 소위 제약조건 – "은 동일하나 법원의 판례 해석에 있어서 추가된 사항이 있다. 이는 "처분"성 판단에 있어서 법원이 독자적으로 "권리·의무 침해 요건을 추가"한 것이다. 설명한 바와 같이 권리·의무의 침해 요건은 법률상 쟁송성으로 인해서 필요하나, 본안전 판단이 본안판단으로 변질될 수 있으므로 최소한으로 그 요건을 심사하여야 한다. 두 번째 법원은 "실체법적 행정행위와 유리된 쟁송법적 처분개념"을 불인정한다. 즉, 형식적 행정행위 개념의 존재를 인정치 않는다. 취소소송의 형성소송성 등으로 인해 행정상 사실행위를 주로 담고 있는 형식적 행정행위 개념은 그 실체가 모호하드로 별도의 실체법적인 행정작용 – 행정의 행위형식 – 으로 인정하기에는 아직 이르다. 법원의 부정론이 타당하다고 보여진다.

(3) 입법적 대안의 설정과 검토

입법적 대안을 설정하고 검토한다.

(i) 처분－취소소송, 비처분－당사자소송

본 입법적 대안은 현행 행정소송법이 취하는 태도이다. 판례 검토로 도출된 "대전제를 대입하면" 처분성 인정에 있어서 권리·의무의 침해 요건을 최소한으로 하여 재판청구권을 보장할 수 있도록 하여야 하며, 처분은 실체법적 행정행위에 불과하므로, 행정입법, 행정상 사실행위는 비처분으로 파악하고 당사자소송을 활용해야 한다. 당사자소송에 소극적 태도를 보이는 법원의 적극적 노력이 필요하다.

(ii) 처분－취소소송, 행정입법－규범통제소송, 행정상사실행위－금지소송등

본 입법적 대안은 "실체법적 행정행위와 유리된 쟁송법적 처분개념"을 불인정하고, 행정작용체계를 존중하여 행정소송유형을 설계한 것이다. 실체법적 행정행위의 한 유형으로 개념구성하기 힘든 형식적 행정행위 개념을 부정한 것이다.

(iii) 처분(행정행위, 행정상 사실행위)－항고소송(취소소송, 금지소송), 행정입법－규범통제소송

본 입법적 대안은 행정상 사실행위를 처분의 한 유형으로 설정하고, 항고소송의 유형으로 금지소송을 두는 방안이다. 본 입법적 대안은 "실체법적 행정행위와 유리된 쟁송법적 처분개념"을 인정하는 입장과 배치되지 않는다. 그러나 본 입법적 대안은 행정상 사실행위를 다투는 소송유형으로 취소소송과는 별개의 항고소송을 두게 되면 굳이 행정상 사실행위를 '처분' 개념 안에 두는 실익이 없게 됨을 확인한다. 오히려 행정상 사실행위를 기존 소송법적 개념인 '처분'에 포함함으로써 혼동을 가져올 수 있다. 행정입법은 처분성을 가지지 않으므로 별도의 규범통제소송을 통해 해결함이

현행 판례비판의 취지에 맞다.

(4) 소결

입법적 대안을 설정하고 검토한 결과, 개별 행정작용에 따라 소송유형을 각기 설시하는 것이 가장 체계적이고 개념간 혼동을 줄이며, 각 행정작용의 특성을 반영하기에 적절하다.

결국 현행 행정소송법상 "처분" 개념을 '실체법적 행정행위' 만 포섭하도록 법문을 명확하게 하는 입법이 최우선으로 선결되어야 할 과제이고, 헌법의 취지에 부합되게 명령·규칙에 대해서는 별도의 규범통제소송을 둠이 타당하다. 사실행위에 대해서는 별도의 금지소송을 둠이 타당하다. 사실형위에 대응하는 별도의 금지소송에 대해서는 당사자소송과의 관계가 문제되는 바, 이는 본 연구 '처분'과의 직접적 관련성이 다소 적고 당사자소송론에서 논해야 할 과제이기에 본 연구에서는 논외로 한다.

3. 논의의 전개

지금까지 우리 공법 체제하에서의 '처분' 개념을 살폈다. 이제는 국외 행정소송상의 '처분' 개념은 어떠한지 살피고 그 가운데서 현행 행정소송법상 '처분' 개념을 새롭게 구성하기 위한 모멘트를 찾고자 한다.

제4절 장결

1. 행정법은 헌법의 구체화법이며, 헌법은 행정법의 최고의 법원에 해당하므로 헌법상 '처분' 개념은 행정소송법상 '처분' 개념의 정립에 있어서 실마리를 제공할 수 있다. 우리 헌법은 '처분' 개념에 대하여 직접적으로 '정의' 하고 있지는 않으나, 행정재판의 근거조항인 대법원의 명령·규칙·처분 심사권에 관한 조항을 제헌헌법 이래도 둠으로써 '처분' 개념의 해석에 있어서 헌법상 예정한 지침을 제공하고 있다. 우선 법문상 '처분' 을 명령·규칙과 동위로 열거함으로써 '처분' 은 '명령·규칙' 과 혼입될 수 없는 관계에 있으며, 동 조항 입헌취지를 볼 때 '위법한 처분'에 관해서는 전면적인 사법적 권리구제 방안이 – 행정소송제도 – 마련됨이 제헌자의 입헌취지에 부합한 해석이다. 또한 1962년 제5차 개정 헌법에서부터 법문상 명시된 '재판 전제성'에 관하여는 제헌자의 입법취지와 당시 헌법학자의 해석론, 역대 헌법의 체계적 해석, 역대 헌법과 역대 행정소송법의 유기적 해석 및 명령·규칙과 처분의 행정작용형식체계를 고려할 때, '재판의 전제성' 의 의미는 '선결 문제'로 해석됨이 타당하고 '재판 전제성'은 '명령·규칙' 만을 수식하고 있다고 봄이 타당하다. 또한 현행 헌법 제107조 제2항의 해석에 있어서 대법원의 명령·규칙·처분의 최종적 심사권을 명시한 "최종적 심판 권한의 소재"를 명시하는 조항으로서, 본안적 규범통제에 관해서는 입법자의 재량에 맡겨져 있음으로 해석함이 타당하다.

헌법상 법치주의 원리는 행정법을 잘 정돈되게 만드는 바, '처분' 개념의 헌법적 가치를 구현하기 위한 법치주의적 지침으로 "행정재판의 법률상 쟁송성", "실체법에 봉사하는 소송법", "사법적 권리구제로서의 소송제도 완비"를 제시하였다. 이러한 지침은 행정소송법상 '처분' 개념을 정립하는 데 있어서 영향력 있는 '실마리'로 작용될 것이다.

2. 구 행정소송법은 '처분' 가념을 명시하지는 않았으나, 강학상의 '행정행위'로 '처분' 개념을 파악하여 취소소송의 대상성을 논의하였다. 행정입법과 사실행위에 대해서는 권리를 직접 침해하는 경우에 예외적으로 '처분' 개념으로의 포섭가능성을 열어 두었다. 그러나 '행정입법'을 취소소송의 방식으로 소구할 경우, 당해 재판에서 해당 행정입법의 '무효·취소'가 선언될 터인 바, 타 재판과의 통일성 등 행정입법의 특성상 '무효·취소'를 인정할 경우에 초래되는 문제점 - 행정입법의 일반적 효력 등 - 이 지적되지 아니할 수 없다. 결국, 이 문제의 핵심은 제정 헌법이 "법률 유보"로 '명령·규칙·처분에 대하여 대법원의 최종적 심사권한'을 명시하였음에도 불구하고, 제정 행정소송법은 '처분'에 대한 항고소송만 규정하고, '행정입법 - 명령·규칙'에 대해서는 적절한 통제수단을 규정하지 않음으로 발생한 결과이다.

1962년 개정 행정소송법은 제정 행정소송법의 이러한 문제 - '처분' 개념의 미비, '행정작용에 대한 소송제도의 불비' 등 - 를 해결하고자 '처분'의 정의를 신설하고, 행정소송의 유형을 적시하는 등 큰 폭으로 전부개정 되었으나, 그럼에도 불구하고 소위 '미완의 개혁'에 그쳤다. 그 이유는 넓은 '처분' 개념을 설정함으로써 권리구제의 폭을 넓히려고는 하였지만, '처분' 개념에 들어가게 될 행정작용 개개의 특성을 반영한 소송유형의 설시하지 못하였기 때문이다. 즉, '넓은 처분 개념'에 "단 하나의 취소소송"의 기이한 소송구조가 그것이다. 개정 행정소송법의 문제상황을 해결하고자, 객관·확인소송론과 무명항고소송론이 제기되었으나, 법원의 해석론으로 채택되지는 못하였다. 그러나 객관·확인소송론과 무명항고소송론은 기이한 소송구조를 개념의 조정과 기본권적 해석을 통해 혁신적인 대안을 제시한 이론으로 높이 평가할 만하다.

3. 법원은 상술한 행정소송법의 문제상황에 직면해 있다. 법원은 취소소송의 주관소송·형성소송성으로 인해 "권리·의무의 침해" 요건을 추가하여 처분 개념을 해석하였다. 그러나 이러한 태도는 법률상쟁송성을 구현하는데 최소한으로 요구됨이 타당하다. 처분성 판단이 본안판단으로 변질될 우려가 있다. 법원은 "실체법적행정행위와 유리된 쟁송법적처분개념"을 불인정하였다. 왜냐하면 쟁송법적 처분 개념 즉 형식적 행정행위 개념을 인정한다 하여도 그를 취소소송으로 다툴 수 없을뿐더러, 무명항고소송까지 인정하고 있지 못하기 때문이다. 법원의 '처분' 개념 축소는 처분 – 취소소송의 비대칭구조에서 도리가 없는 처사였을 수 있다. 국민의 권익구제를 이유로 법원은 행정행위 이외의 행정작용에 대한 처분성을 인정하고 이를 항고소송을 통해 해결하는 방식을 취하기 시작하였다. 이는 행정입법의 처분성 인정이 그것이다. 이는 행정작용법체계하에서 임시적 조치이어야 하지 영원무구한 판례로 인정되어서는 안된다. 왜냐하면 소송법은 실체법과 상호작용을 하면서 실체법의 원리를 구현하기 위한 도구이지 실체법을 변형시키는 목적이 되어서는 안되기 때문이다. 그러므로 법원의 행정의 행위형식에 대한 해석·적용에 있어서는 보다 심도있는 태도가 필요하다.

최근 헌법재판소는 '처분' 개념에 관한 위헌소원 사건에서 '처분' 개념의 의미에 관하여, 행정재판에서 역시 일반재판에서와 같은 사법본질상 한계－법률상 쟁송성－가 존재하고 있음을 판시하였다. 또한 '처분' 개념의 명확성을 강조하였고, 명확성을 확보하기 위한 입법자의 구체적인 입법형성의 자유 역시 강조하였다. 이는 상술한 헌법상 '처분' 개념의 구현원리를 헌법재판소에서 재차 확인한 것이다.

4. 헌법상 '처분' 개념, 행정스송법상 '처분' 개념에 이어 판례상 '처분' 처분 개념을 분석하였다. 모두가 다 연결됨은 말할 것도 없다. 헌법은 '처분'을 명령·규칙과 분리하였다. 제헌자는 '위법한 처분'에 관해서는 전면적인 사법적 권리구제 방안이－행정소송제도－마련되어야 할 것을 주문하였다. 우리 헌법은 '처분' 개념 구현에 있어서 "행정소송의 법률상쟁송성", "실체법에 봉사하는 소송법", "사법적 구제로서의 소송제도 완비"를 요청하고 있다. 행정소송법상 '처분' 개념은 불명확하다. 이는 '처분' 개념을 넓게 인정하기 위한 입법의 발로였다. 반면 행정소송법은 '처분'을 다툴 수 있는 소송구조는 폐쇄적이었다. 즉 처분－취소소송 의 구조가 그것이다. 행정소송법상 "처분"이냐 아니냐는 권리구제가 되느냐 안되느냐의 문제로 집결된다. 그 이유는 당사자소송을 적극적으로 활용하지 않고 있는 법원의 태도에서 비롯된다. 넓은 처분 개념과 폐쇄적 소송제도의 극복을 위한 논의는 취소소송의 성질을 조작하는 논의, 무명항고소송을 인정하자는 논의로 전개되었다. 그러나 이 두 논의는 취소소송의 형성소송성, 우리 소송제도의 주관소송성, 형성소송법정주의 등을 이유로 해석론으로 받아 들이기에 무리가 있었다.

5. 각 절에서 입법적 대안을 설정하고 검토한 결과, 개별 행정작용에 따라 소송유형을 각기 설시하는 것이 가장 체계적이고 개념

간 혼동을 줄이며, 각 행정작용의 특성을 반영하기에 적절함을 발견했다. 결국 현행 행정소송법상 "처분" 개념을 '실체법적 행정행위' 만 포섭하도록 법문을 명확하게 하는 입법이 최우선으로 선결되어야 할 과제이고, 헌법의 취지에 부합되게 명령·규칙에 대해서는 별도의 규범통제소송을 둠이 타당하다. 사실행위에 대해서는 별도의 금지소송을 둠이 타당하다. 사실행위에 대응하는 별도의 금지소송에 대해서는 당사자소송과의 관계가 문제되는 바, 이는 본 연구 '처분' 과의 직접적 관련성이 다소 적고 당사자소송론에서 논해야 할 과제이기에 본 연구에서는 논외로 한다.

6. 지금까지 우리 공법 체제하에서의 '처분' 개념을 살폈다. 이제는 국외 행정소송상의 '처분' 개념은 어떠한지 살피고 그 가운데서 현행 행정소송법상 '처분' 개념을 새롭게 구성하기 위한 모멘트를 찾고자 한다.

제3장 '처분' 개념의 비교법적 고찰

본 장에서는 '처분' 개념에 대한 해외 입법례를 고찰함으로써, 우리 현행 행정소송법의 '처분' 개념과 이에 따른 소송구조의 현위치 – 발전척도 – 를 파악하고, 행정소송법상 '처분' 개념과 관련하여 우리 행정소송법제가 나아가야 할 방향을 모색하고자 한다. 세계 여러 나라의 행정쟁송법상 '처분' 개념 – 또는 행정행위, 결정 – 은 그 나라의 행정법체계, 헌법, 행정상황 등 각국의 특수한 연혁에 기반하고 있다. 따라서, 해외제도를 연구함에 있어서 주의 할 점은 개별적 제도만 직시하고 므조건 받아들여보자 라는 무비판적 제도모방을 지양함에 있다. 본 연구에서는 이를 방지하기 위하여 각국의 행정쟁송법상 '처분'에 해당하는 개념을 연구함에 있어 그 나라의 행정재판제도의 연혁과 배경 등 행정환경의 특성을 파악하고, 행정소송의 구조를 개관한 후에 "처분" 개념을 분석하였다. 숲 속에서 나무를 보기 위함이다. 즉, '처분' 개념은 나홀로 존재하는 개념이 아니고 행정쟁송구조와 행정환경 속에서 반응하는 개념이기 때문이다[1]. 기술은 독일, 프랑스, 영국, 미국, 일본 순으로 하며, 각국의 환경이 달라 상대적임에도 불구하고 최대한 비교하여 행정쟁송법의 추세도 반영하려 하였다.

근대 서구에서는 행정법과 행정소송이 나라마다의 정치적 사회적 발전단계에 따라 서로 다른 모습으로 생성·발전되었다. 프랑스에서는 대혁명을 계기로 가장 파격적으로 사법과의 단절을 통해 생성된 다음, 200년에 걸쳐 지속적인 발전을 거듭하였고, 독일에서는 외견적 입헌군주제 하에서 군주와 시민계급의 타협의 산물로,

---

[1] 한 나라의 행정법의 주요 경향을 검토함에 있어서는 개별 내용들의 검토를 통하여도 살펴볼 수 있지만, 근본적으로는 행정과 사법간의 관계검토에서부터 도출하여 볼 수 있다고 생각한다. 이러한 관계로부터 행정의 활동범위나 행정소송을 통한 사법심사의 범위가 결정되는 것이므로, 이러한 양자의 관계에 대한 고찰은 중요한 전제로 평가할 수 있다. 류지태 (2003), p.128.

사법의 모방에 의해, 생성된 후 수차의 변질을 겪고 2차 세계대전 이후 전면적으로 재구성되었으며, 영국에서는 민주주의와 법치주의의 선진적 발전에 힙입어 커먼로(Common law) 전통에 입각하여 점진적으로 생성되어 오다가 1980년대 제도개혁을 통해 새로운 전기를 맞고 있고, 미국에서는 영국으로부터 받아들인 커먼로 체계를 기초로 하면서도 강력한 헌법의 규범력으로 인해 독자적인 발전양상을 보여왔으며, 일본에서는 전후 독일의 제도를 모방하면서 행정소송제도를 갖추었다.[2].

제1절 독일 행정절차법상 '행정행위(Verwaltungsakt)' 개념

Ⅰ. 독일 행정재판의 연혁과 특성

1. 독일 행정재판의 연혁

독일에서 행정사건에 관한 재판관할은 사법권에 속하는 연방행정법원(Bundesverwaltungsgericht) · 고등행정법원(Oberverwaltungsgericht/Verwaltungsgerichtshof) · 지방행정법원(Verwaltungsgericht)이 갖는다. 19세기 후반 독일제국의 성립과 더불어 프랑스의 예에 따라 행정부에 속하는 고등행정재판소를 주마다 1개씩 설치하였는데, 2차세계대전 이후 이를 폐지하고 행정재판권도 사법권에 속하는

---

2) 박정훈 (2001), p.67

것으로 변화된 것이다. 다만 독일의 사법권은 단일한 최고법원을 정점으로 일원적으로 구성된 것이 아니라 다원적 구조를 갖는다. 연방행정법원과 동격으로, 민사·형사사건을 담당하는 연방통상법원 (Bundesgerichtshof), 조세사건을 담당하는 연방재정법원(Bundesfinanzgericht), 사회보장사건을 담당하는 연방사회법원(Bundessozialgericht) 및 연방노동 법원(Bundesarbeitsgericht)이 설치되어 있고, 재판에 대한 헌법소원 을 심리함으로써 실질적으로 최고법원으로서의 기능을 하는 연방 헌법재판소(Bundesverfassungsgericht)가 그 위에 있다. 넓은 의미의 행정재판은 조세사건과 사회보장사건을 포괄하는 것인데, 연방행정 법원은 이 양자를 제외한 나머지 일반행정사건을 담당하고 있다. 독일의 행정재판권은 프랑스와는 달리 사법권에 속하지만, 영국· 미국·우리나라와는 달리 사법권 자체가 일반법원과 행정법원으로 분할되어 있는 것이다. 행정소송에 관한 법규로서 행정법원법(Ver-waltungsgerichtsordnung)이 제정되어 있다.[3]

2. 독일 행정재판의 특성

독일에서는 2차 세계대전 이전까지 프랑스에서와 같이 행정재판 권이 행정부에 소속되어 일반법원으로부터 완전 분리되어 있었으 나, 2차 세계대전 이후 행정법원이 일반법원과 동일한 사법부에 속

---

3) 독일의 행정재판권의 연혁과 구조에 관해서는 Maurer, Allgemeines Verwaltungsrecht, 17. Aufl., 2009, § 2(SS. 12−26); Hufen, Verwaltungsprozessrecht, 7. Aufl., 2008, § 2(S. 23−35); Schoch/schmidt−Aßmann/Pietzner, Verwaltungsgerichtsordnung (Stand 2000); G.−C. von Unruh, Verwaltungsgerichtsbarkeit im Verfassungsstaat, 1984; ders, "Einführung der Verwaltungsgerichtsbarkeit in Preußen," Jura 1982, S. 113−126; W. Rüfner, "Die Entwicklung der Verwaltungsgerichtsbarkeit," in: Jeserich u.a. (Hrsg.), Deutsche Verwaltungsgeschichte. Bd.Ⅲ, Stuttgart 1984, S. 909ff.; § 1−§ 5 참조.

하게 된데다가, 프랑스와는 달리, 행정상 손해배상사건이 일반법원의 관할로 되고,[4] 지배복종관계라는 형식적 징표를 기준으로 형성된 좁은 공법 개념으로 인해 국고행정관계 또한 모두 일반법원의 관할이 되어 독일의 행정소송(Verwaltungprozeß)의 독자성은 프랑스에 비해 약했다. 또한 프랑스에서 꽁세유 · 데따(Conseil d'Etat)가 판례법으로 일반 사법과 전면적으로 독립된 행정체계를 구축한 것과는 달리, 독일의 행정법은 민법을 모방하여 성립된 후 서서히 이로부터 분리되는 과정을 밟았다.[5] 또한, 공법의 개념 자체가 지배복종관계라는 형식적 징표를 기준으로 매우 좁게 형성되어 있고, 2차 세계대전 이후 특히 1976년 행정절차법(Verwaltungsverfahrensgesetz) 제정에 의해 그 동안 판례에 의해 인정되던 행정법의 특수한 규율들이 성문화 되었다.[6] 그리하여 독일의 행정법(Verwaltungsrecht)은 개별 행정영역들을 포괄하는 특별행정법(Besonderes Verwaltungsrecht)과 그 공통된 실체법적 규율에 관한 일반행정법(Allgemeines Verwaltungsrecht)으로 독자적 법영역으로서의 체계를 유지하고 있다. 독일의 행정법은 실정법률의 근거 하에서 인정되었고, 반면 프랑스는 꽁세유 · 데따(Conseil d'Etat)의 판례법을 통해 구축되었다. 즉 제도의 생성이나 독자성 측면에서 프랑스에 비하여 독일은 행정재판의 영역과 체계가 갖는 의미가 상대적으로 약하다고 평가할 수 있다. 이는 독일 행정법 개정의 연혁적 특성과 행정재판의 구조적 특이점에서 기인

---

4) 독일기본법 제34조 제3문

5) W. Meyer – Hesemann, Methodenwandel in der Verwaltungsrechtswissenschaft, 1981, S. 29 – 31 참조.

6) 이에 관해 특히, Muß gnug, Das allgemeine Verwaltungsrecht Zwischen Richterrecht und Gesetzesrecht, in: Festschrift der Jur. Fakultät zur 600 – Jahr – Feier der Ruprecht – Karls – Universität Heidelberg, 1986, S. 203 – 229(203f.) 참조. 박정훈 (2001), p.71 재인용

된다고 할 수 있다.

Ⅱ. 행정소송과 '행정행위(Verwaltungsakt)' 개념의 해석

1. 행정소송의 유형과 구조(성질)

(1) 도입 – 소송유형 변화

1) 2차 세계대전 이전 – 취소소송:당사자소송

독일에서는 2차 세계대전 이전까지 행정소송은 실질적으로 취소소송(Anfechtungsklage)과 당사자소송(Parteistreitkeiten) 두 가지 형태만으로 구성되어 있었다. 그러나 당시 독일의 당사자소송은 봉급청구 등 극히 제한된 경우에만 인정되었고, 취소소송은 행정행위(Verwaltungsakt)를 대상으로 하는 것인데, 그 행정행위가 국민의 권리의무에 직접 변경을 가하는 개별·구체적 법적 행위로 매우 좁게 파악되고 그나마도 취소소송의 대상이 되는 행정행위를 한정하는 열기주의로 말미암아, 취소소송으로 포착될 수 없는 행정작용이 많았다[7].

2) 2차 세계대전 이후 – 포괄적 권리구제(umfassender Rechtsschutz)

이에 대한 반성으로 행정소송의 대상이 – 종래 열기주의에 의해 제한되어 있던 것과는 달리 – 공행정작용 전체로 확장하여 모든 행정작용에 대한 빠짐없는 내지 포괄적인 권리구제(umfassender Rechtsschutz)를 천명하였다[8]. 즉, 기본법 제19조 제4항은 "누구든지 공권력에

---

7) 독일은 20세기 초까지 외견적 입헌군주제로 말미암아 행정소송의 발전이 지체되었기 때문이라고 설명할 수 있다.

8) 이에 따라 종전의 이원적 구조는 폐기되었고 완전히 새로운 모습의 소송구조가 생성되었다. 우리는 이 사건에 유의하여야 한다. 즉 우리의 행정소송 구조가 새롭게 도약을 함에 있어서 독일

의해 자신의 권리가 침해된 자는 소송을 제기할 수 있다"고 규정하고, 행정법원법(Verwaltungsgerichtsordnung: VwGO) 제40조 제1항은 행정소송의 대상을 "연방법률에 의해 명시적으로 다른 법원의 관할로 지정되지 않은", "헌법적 성격을 갖지 않는 모든 공법적 분쟁"(alle offentlich－rechtlichen Streitigkeiten nicht verfassungsrechtlicher Art)으로 규정하고 있다.9)

(2) 행정소송의 유형

1) 일반－취소 · 의무화 · 금지 · 이행 · 확인 · 규범통제소송 등

이에 따라 1960년 행정법원법(Verwaltungsgerichtsordnung; VwGO)은 취소소송(Anfechtungsklage)의 대상을 여전히 매우 좁은 행정행위로 한정하면서도, 행정행위의 발급의 거부 또는 부작위인 경우에는 의무화소송(Verpflichtungsklage)(VwGO §42 ⅰ), 행정행위에 해당하지 않는 그 밖의 행정작용에 대하여 빠짐없이 다툴 수 있는 다양한 소송 형태를 인정하였다. 즉, 어떤 행정작용을 배제하는 금지소송(Unterlassungsklage) 및 그 작용을 미리 예방하는 예방적 금지소송(vorbeugende Unterlassungsklage), 어떤 행정작용을 요구하는 일반적 이행소송(allgemeine Leistungsklage)10), 그 밖에 어떤 행정작용의 위법성

기본법 제19조 제4항이 갖는 의미는 크다.

9) 여기에서 "헌법적 성격"의 공법적 분쟁은 입법작용에 대한 것(위헌법률심판), 사법작용에 대한 것(재판에 대한 헌법소원) 그리고 탄핵심판, 권한쟁의심판 등 국가통치구조에 대한 것으로서, 연방헌법재판소의 심판대상에 속하는 것을 의미한다. 따라서 국민에 대한 관계에서 모든 행정작용이 행정소송의 대상이 되는 것이다. 여기서 "행정"은 순수한 입법작용(법률제정)과 사법작용(재판)을 제외한 나머지 모든 국가공권력 작용을 의미한다(행정의 소극적 개념). 여기서 주의할 점은 공법적 행정활동만이 행정소송의 대상이 되고 국고작용 등 사법적 형식을 취하는 것은 제외된다는 것이다. Kopp/Schenke, Verwaltungsgerichtsordnung, 15. Aufl., 2007, § 40 Rn.6－36; Eyermann/Schmidt, Verwaltungsgerichtsordnung, 10. Aufl., 1998, § 40 Rn.8－98; Schoch/Schmidt－Aßmann/Pietzner, Verwaltungsgerichtsordnung, 1998, § 40 Rn.98－478; Redeker/von Oertzen, Verwaltungsgerichtsordnung, 2. Aufl.,1997, § 40 Rn.3－36 등 참조.

확인을 요구하는 확인소송(Feststellungsklage)이 가능하였다(VwGO §43
ⅰ). 여기에는 행정청의 금전급쿠행위만이 아니라 행정행위가 아닌
모든 행정작용이 포함된다. 과거의 당사자소송은 일반이행소송으로
충족되므로 이를 폐지하였다. 또한 행정입법 작용에 대해서도, 행
정법원법 제47조에 건설법전(BauGB)에 의해 제정된 도시계획 조례
및 법규명령과 – 주법이 이를 인정하는 경우 – 주법률의 하위 법규명령
을 직접 다투는 규범통제절차(Normenkontrollverfahren)을 규정하였
다[11]. 그 이외에도, 일정한 행정입법에 대한 금지소송과 심지어 행
정입법을 요구하는 일반적 이행소송도 가능하였다.[12]. 그리고 행정

---

10) 금지소송, 예방적 금지소송 및 일반적 이행소송은 행정소송법에 명시적인 규정이 없으나, 연
   방행정법원이 기본법 제19조 제4항 및 헝정소송법 제43조 제2항에 의거한 판례 형성을 통
   해 인정한 소송형태이다.(대표적 판례: BVerwG, Urteil v. 25.2.1969 – BVerwGE 31,
   301).

11) 규범통제절차의 신청자적격은 당해 법규명령 규정에 의해 자신의 권리가 침해된 것으로 주장
   하는 자연인 또는 법인, 그리고 모든 행존청에게 인정된다. 신청기간은 공포 이후 2년 내이
   다. 그 대상에서 제외되는 행정입법에 대해서도 최근 헌법상의 포괄적 권리구제 요청에 의거
   하여 행정법원법 제47조를 헌법합치적 해석의 방법을 통해 확대함으로써 직접적 규범통제소
   송을 허용해야 한다는 견해(von Engelhardt, Bartlsperger, Frenz), 헌법소원을 허용해야
   한다는 견해(Schenke, Ziekow),당해 법규명령과 모순되는 법률관계의 확인을 구하는 확인
   소송을 제기하고 그 부수적 통제로써 행존입법에 대한 심사를 허용해야 한다는 견해가 주장
   되고 있다. 첫 번째 견해는 행정법원법 제47조소정의 규범통제절차가 후술하는 바와 같이
   객관소송으로서 권리구제와는 직접 관련이 없으므로 헌법상의 포괄적 권리구제 조항을 통해
   확대할 수 없다는 점에서 배척되고 있고, 두 번째 견해도 헌법소원의 보충성 관점에서 비판
   되고 있으며, 세 번째 견해가 통설적 견해이자 확립된 연방헌법재판소와 연방행정법원의 판
   례[BVerfGE 68, 319(326); 71, 305(337); BVerfG, NVwZ 1997, 673;NVwZ 1998,
   161; BVerwGE 80, 355(358) 등]이다. 이에 관해 Kuntz, Der Rechtsschutz gegen
   unmittelbar wirkende Rechtsverordnungen des Bundes, 2001, S.104 ff.; J. – Ch.
   Pielow, Neuere Entwicklungen beim prinzipalen" Rechtsschutz gegenüber
   untergesetzlichenNormen, Die Verwaltung 1999, S.445 – 479(463 ff.); W. Peters,
   Zur Zulässigkeit der Feststellungsklage(§ 43 VwGO) bei untergesetzlichen Normen,
   NVwZ 1999, S.506 – 507; W.Kilian, Rechtsschutz gegen Bundes – Rechtsvero-
   rdnungen, NVwZ 1998, S.142 등 참조.

12) Hufen, Verwaltungsproze β recht. 7. Aufl., 2008, § 22(SS. 379 – 380); Kopp/
   Schenke, Verwaltungsgerichtsordnung, 15. Aufl., 2007, § 43 Rn.8a, § 47 Rn.10;
   Schmitt Glaeser, Verwaltungsproze β recht. 14. Aufl., 1997, Rn.332; Eyermann/
   Schmidt, Verwaltungsgerichtsordnung. 10. Aufl., 1998, § 40 Rn.59 – 60, § 47
   Rn.17; Schoch/ Schmidt – A β mann/ Pietzner, Verwaltungsgerichtsordnung, 1998,

행위 기타 공행정작용이 종료된 이후에도 그 위법성 확인의 필요가 있으면 행정법원법 제43조 제1항에 의거하여 이른바 계속적확인소송(Fortsetzungsfeststellungsklage)의 형태로 행정소송을 제기할 수 있다.[13] 이와 같이 독일의 행정소송유형은 본질적으로 행정작용체계론에 근거하여 행정행위 개념을 기준으로 형성되었다.[14]

2) 취소소송(Anfechtungsklage)

취소소송이란 행정행위의 취소를 구하는 소송을 말한다. 취소소송은 원고가 행정행위에 의하여 자기의 권리가 침해되었음을 주장하는 경우에 한하여 제기할 수 있다. 법률에 의하여 제소권을 취소소송 제기의 적법요건이 아닌 것으로 규정할 수 있는데, 이에 따라 독일의 몇몇 주에서는 단체소송(Verbandsklage)을 인정하고 있다. 즉, 법률에 의하여 특별히 인정된 자연·환경보전단체는 주관적 권리의 침해가 문제되지 않는 경우에도 행정청의 허가 등에 대하여 취소소송을 제기할 수 있다.

3) 의무이행소송(Verpflichtungsklage)

의무이행소송이란 행정청에 의하여 거부되었거나 방치된 행정행위의 발급을 구하는 소송을 말한다. 취소소송과 마찬가지로 의무이행소송은 행정행위에 대한 소송이며, 의무이행소송에 있어서 행정

---

§ 42 Rn.160 등 참조.

13) Hufen, Verwaltungsprozeβrecht, 7. Aufl., 2008, § 18 Rn.53 - 86; Kopp/Schenke, Verwaltingsgerichtsordnung, 15. Aufl., 2007, § 113 Rn.95 - 148; Eyermann/Schmidt, Verwaltungsgerichtsordnung, 10. Aufl., 1998, § 113 Rn.64 - 114; Schoch/Schmidt - Aβmann/Pietzner, Verwaltungsgerichtsordnung, 1998, § 113 Rn.79 - 96; Redeker/von Oertzen, Verwaltungsgerichtsordnung, 2. Aufl., 1997, § 113 Rn.30 - 33 등 참조.

14) 독일 행정소송의 유형에 관한 개관으로 Hufen, Verwaltungsprozeβrecht, 7. Aufl., 2008, § 13 Rn.5 - 12 참조.

법원은 취소판결과 달리 직접 법률관계의 변동을 초래하는 것이 아니라 행정청에게 신청된 직무행위를 해야 할 의무를 부과할 뿐이다. 행정행위에 대한 신청이 거부된 경우에는 부작위의 경우와 달리 행정심판절차를 거쳐야 한다. 행정심판의 결과에 불복하여 의무이행소송을 제기하는 경우에 있어서 원고는 거부된 행정행위의 취소를 구하는 것이 아니라 신청된 행정행위의 발급에 대한 판결을 구하는 것이다. 의무이행소송의 판결은 사건이 선고할 단계에 이르렀는지(Spruchrief) 여부에 따라 구분된다. 사건이 선고할 단계에 이르렀다 함은 종국적인 결정을 내릴 사실적·법적 전제조건이 충족되었음을 의미한다. 그러한 경우에 법원은 신청된 직무행위를 이행할 의무를 행정청에게 선고하는 의무이행판결을 하게 된다. 재량결정에 대한 다툼에 있어서는 통상적으로 사건이 선고할 단계에 이르지 못하는 경우가 대부분이라 할 수 있는데, 이러한 경우 법원은 행정청에게 재량권을 스스로 행사할 기회를 주어야 한다. 이것은 의무이행판결 대신에 지령판결(Bescheidungsurteil)을 함으로써 행해진다. 지령판결은 행정청에게 법원의 견해를 존중하여 결정을 내릴 의무를 부과한다.

4) 일반이행소송(Allgemeine Leistungsklage)

행정법원법은 일반이행소송에 대하여 명시적으로 규율하고 있지는 않지만, 소송종류의 하나임을 전제하고 있다고 해석되고 있다. 일반이행소송은 행정행위 이외의 작위·부작위·수인을 구하는 소송이다. 일반이행소송에 의하여 공무원, 법관 및 군인의 금전상 청구권, 반환청구권과 자금지원청구권 및 사회적 급부와 그 밖의 생존배려를 위한 급부청구권 등이 실현될 수 있다. 결과제거청구권 또한 일반이행소송에 의하여 해결될 수 있다. 행정행위 이외의 침해 또는 장애의 부작위를 구하는 부작위소송(Unterlassungklage)은 이행소송의 한 유형에 해당한다. 특별한 사정하에서는 예상되는 고권적 작용에 대하여 예방적 부작위소송(vorbeugende Unterlassungsklage)을 제기할 수 있다.

5) 확인소송(Feststellungsklage)

확인소송이란 법률관계의 존재·부존재 또는 행정행위의 무효의 확인을 구하는 소송을 말한다. 행정법원법 제43조 제2항에 의하면 행정행위의 무효확인을 구하는 경우를 제외하고, 원고가 형성의 소 또는 이행의 소에 의하여 자기 권리의 구제를 구할 수 있거나 또는 구할 수 있었던 경우에는 확인을 구할 수 없다. 확인소송은 원고가 즉시확정에 관한 정당한 이익(berechtigtes Interesse an der baldigen Feststellung)을 가지고 있는 경우에만 허용된다. 확인의 이익에 대하여 판례는 모든 보호가치 있는 법적·경제적·정신적 이익이 포함된다고 한다.[15]

6) 계속적 확인소송(Fortsetzungsfeststellungsklage)

계속적 확인소송은 실효된 행정행위의 위법성을 확인하는 소송이다. 행정법원법 제113조 제1항 제4문에 의하면 법원은 원고가 확인에 관하여 정당한 이익이 있다면 신청에 의하여 판결로써 행정행위가 위법한 것이었음을 선고한다. 행정실무에 있어서 중요한 의미를 가진 계속적 확인소송은 독자적인 소송유형으로 창안된 것이 아니다. 계속적 확인소송은 행정법원법 제43조에는 언급되어 있지 않다. 행정행위에 대한 취소소송이 제기된 후 행정행위가 실효된 경우에 법원은 소송의 종료를 선언하고 소송비용에 대하여 결

---

15) BVerwGE 74, 1(4)

정하면 될 것이다. 그러나 특별한 확인의 이익이 있을 때에는 소송에서 제기된 법적 문제를 해결하기 위하여 소송의 계속을 가능하게 하는 소송유형이 필요하다. 계속적 확인소송은 기본법 제19조 제4항의 효과적인 권리보호의 원칙에 비추어 볼 때 필요한 것이다.

7) 규범통제(Normenkontrolle)

행정법원법 제47조는 하위법규범(untergesetzliche Normen)에 대한 규범통제를 인정하고 있다. 건설법전(BauGB)의 규정에 따라 제정된 자치법규와 법규명령에 대해서 규범통제를 규정하고 있다. 주의 법률보다 하위에 속하는 규범에 대하여 규범통제를 도입하는 것은 각 주에 맡겨놓고 있다.

8) 법정외 행정소송 허용

행정법원법(Verwaltungsgerichtsordnung: VwGO)은 그 입법취지상 허용되는 소송의 종류에 관한 정원개념(numerus clausus der Klagearten)을 가지고 있지 않았다. 다시 말해, 행정법원법은 소송의 종류에 관한 한 폐쇄적 체계를 취하지 아니하였다.[16] 물론 상술한 바와 같이 구법 – 2차 세계대전 이전 – 은 행정소송에 관하여 취소소송과 기타 공법상의 쟁송을 구별하였다.[17] 구법상 이러한 구별은, 특히 행정법원법(VGG) 85조가 '당사자소송'(parteistreitigkeiten)이라 지칭된 다른 종류의 공법상의 쟁송의 개념을 대등한 지위를 지닌 권리주체(Rechtsträger)간의 쟁송에 국한시키고 있었고, 또 동법 24조가 확인소송을 당사자소송의 방법에 의하도록 하고 있었다는 점에서, 행정소송의 허용 여부를 특정의 소송유형에 의존시키는 듯한 인상

---

16) G. scholz, Die Kontrolle des Verwaltungshandelns. 2. Aufl., 1978. S.25.

17) § 22 Abs. 1 VGG: § 22 Abs. 1 MRVO Nr. 165: § 15 Abs. 1 VGG Rh. – Pf.

을 불러일으켰다고 한다[18]. 한편 당초 정부의 행정법원법 초안은 하나의 특별규정을 두어 행정법원에 의한 권리보호는 형성소송, 확인소송 및 이행소송에 의하여 청구될 수 있다고 되어 있었다. 그러나 이 규정을 피하고 소송의 허용 여부에 관한 판단에 관한 법 발전의 길을 열어놓아야 한다는 취지에서 삭제되었다.[19]

(3) 행정소송의 구조(특성)

1) 일반

독일의 취소소송은 형성소송의 성격을 가지고 있다. 또한 독일의 행정소송은 주관소송을 원칙으로 한다. 이러한 독일 행정소송의 구조적 특성은 취소소송의 대상인 "행정행위"의 개념 구성에도 영향을 미치게 된다.

2) 취소소송의 형성소송성

① 일반 - 공정력

독일 행정법원법은 취소소송을 규정하고 있으며 취소소송은 최협의의 행정행위만을 그 대상으로 한다. 독일에서는 행정행위만이 취소소송의 대상이 되고, 그 이론적 논거로서, 취소소송은 현재 존속하고 있는 효력을 소급적으로 소멸시키는 형성소송이기 때문에, 위법하더라도 당연무효가 아닌 한 법적 효력 - 우리나라에서 공정

---

18) 울레(Ule)에 따르면. 당시 이러한 문제에 대하여 올바른 방향을 제시한 것은 이같이 '기타 공법상 쟁송'이란 제한을 포함하지 않고. 따라서 다른 법원의 관할에 속하는 헌법쟁송을 제외하고는 '모든 공법상의 쟁송'에 대하여 행정소송의 길을 열어 놓았던 군정명령 165호 22조 1항이었으며. 이후 1960년의 행정법원법이 제40조에서 이와 같은 구법상의 구별을 포기한 것은 이러한 입법방향을 받아들인 결과라고 한다. Ule, C. H., Verwaltungsprozeβrecht, 8. Aufl., 1983, S. 32f.

19) BT - Drs. 3/1094, S.5; Schäfer, W., Die Klagearten nach der VwGO, DVBl. 1960, S. 837; Schmitt Glaeser, Verwaltungsprozeβrecht, 11. Aufl., 1992, Rn. 396, S.223

력이라고 일컫는 효력 - 을 발생하는 행정행위만이 그 대상이 될
수 있다는 것이다.

② 근거 - 행정절차법 제43조 제2항

이러한 행정행위의 효력이 행정절차법 제43조 제2항에 명문으로
규정됨으로써[20], 취소소송이 이러한 효력을 소급적으로 소멸시키는
형성소송이라는 점이 실정법상 근거를 갖게 되었다[21].

③ 형성소송성의 기능 - 취소소송의 대상 한정

행정상 사실행위는 아예 법적 효력을 갖지 않기 때문에, 행정입
법은 법적 효력을 갖는 것이기는 하지만 공정력을 갖지 않기 때문
에, 다시 말해, 위법하면 처음부터 법적 효력이 없는 것이기 때문
에, 모두 형성소송인 취소소송의 대상이 될 수 없는 것이다. 제2차
세계대전 이전까지는 독일의 행정소송은 취소소송에 한정되어 있

---

20) "직권취소 · 철회 또는 다른 방법으로 폐지되거나 시간의 경과 또는 다른 방법으로 종료될
때까지는 유효하다" [Ein Verwaltungsakt bleibt wirksam, solange und soweit er nicht
uruckgenommen,widerrufen, anderweitig aufgehoben oder durch Zeitablauf oder
auf andere Weise erledigt ist.]

21) 뿐만 아니라, 행정법원법 제113조 제1항 제2문은 법원이 행정행위를 취소함에 있어 행정행
위가 이미 집행된 경우에는 원고의 신청에 의하여 원상회복 내지 결과제거를 명할 수 있도록
규정하고 있는데, 취소소송이 형성소송으로 파악되는 결과 취소판결의 효력은 오직 행정행위
의 효력을 소급적으로 소멸시키는 데 한정되고, 따라서 피고 행정청의 원상회복의무를 일일
이 판결로써 부과해야 되는 것이다. 또한, 동법 제113조 제1항 제4문은 행정행위가 판결 이
전에 직권취소 또는 다른 사유로 소멸한 때에는 법원은 원고가 정당한 확인의 이익을 갖는
경우 신청에 의해 판결로써 행정행위가 위법하였음을 선고할 수 있다고 규정하고 있는바, 취
소소송은 행정행위의 효력을 소멸시키는 것이기 때문에 행정행위가 소멸함으로써 취소의 대
상이 없어지면 더 이상 취소소송은 불가능하고 행정행위가 과거에 위법했었음을 확인하는 이
른바 계속확인소송(Fortsetzungsfeststellungsklage)으로 바뀌는 것이다. 더욱이 동법 제43
조 제1항은 확인소송의 대상으로 법률관계의 存否와 행정행위의 무효를 나란히 규정하고 있
는데, 취소소송이 형성소송으로 파악되므로, 무효확인소송은 - 우리현행법에서와 같이 항고소
송이라는 동일한 상위개념으로 포괄되지 못하고 - 취소소송과는 전혀 별개로 확인소송의 한
유형으로 인정되는 것이다. 또한, 후술하는 바와 같이 행정입법에 대한 직접적 통제를 취소소
송의 형태로 인정하지 못하고 이를 위해 별도의 규범통제절차를 마련하고 있다는 점도 취소
소송을 형성소송으로 전제하고 있기 때문이다. 규범통제절차에서는 행정입법의 위법성을 확
인함으로써 자동적으로 그 행정입법은 처음부터 위법·무효이었던 것으로 확정되는 것이다.
이와 같이 독일의 취소소송은 실정법상 명백히 순수한 형성소송으로 구성되어 있다.

었고, 그 취소소송의 대상은 위와 같이 협소한 행정행위에 국한되므로, 결국 행정행위 개념은 행정소송의 대상을 한정하는 역할을 수행하였다. 제2차 세계대전 이후, 행정행위가 소송유형의 분류기준으로 역할하고 있는 상황에서 취소소송이 형성소송이라는 점은 최협의의 행정행위 개념을 유지하는 결정적인 근거가 되고 있다. 침익적 행정작용을 다투는 행정소송은 취소소송·금지소송인데, 그 행정작용이 행정행위이면 형성소송인 취소소송으로, 그렇지 않으면 이행소송인 금지소송으로 이루어진다.

3) 행정소송의 주관소송성

① 일반

독일의 행정소송에서는 규범통제절차를 제외한 나머지 모든 소송유형이 행정에 대한 법적 통제를 위한 객관소송이 아니라 시민의 권리구제를 위한 철저한 주관소송으로 파악되고 있다는 점이다.

② 근거 – 기본법 제19조 제4항

이는 독일 헌법에서 비롯되는 것이다. 즉, 포괄적 권리구제를 천명하는 기본법 제19조 제4항은 "누구든지 공권력에 의해 권리가 침해된 때에는 소송을 제기할 수 있다"라고 규정함으로써 '권리침해'를 공권력에 대한 소송제기의 요건으로 명시하고 있다.

③ 기능 – 권리침해의 요구

이에 따라 행정법원법 제42조 제2항은 취소소송과 의무이행소송의 원고적격으로서 '법률에 달리 정함이 없는 한, 원고가 행정행위 또는 거부나 부작위에 의해 자신의 권리가 침해되었음을 주장하는 때에만 소송이 허용 된다[22]'고 하여 권리침해의 주장을 요구하고 있는데, 이는 금지소송·일반이행소송·확인소송 등 다른 유형의 행정소송에도 준용된다는 것이 판례·통설이다[23].

④ 주관소송성과 취소소송의 대상 - 행정행위

이와 같이 독일의 취소소송이 철저한 주관소송이라는 점은 행정법과 행정법학, 나아가 법치주의 등 거시적인 관점에서도 중요한 의미를 갖지만[24], 취소소송의 대상에 대해서 결정적인 의미를 갖는다. 즉, 취소소송은 원고의 권리침해를 구제하기 위한 것이므로, 그 대상으로 원고의 권리의무에 직접 변동을 초래하는 구체적인 행정작용만을 포착한다는 것이다. 그것이 바로 최협의의 행정행위 개념이다.

⑤ 주관소송성 예외 - 규범통제절차

반면에, 행정입법에 대한 규범통제절차는 본안판단의 대상이 단지 법 규정의 유효성(Gültigkeit; 통용력)[25]에 한정되고 권리침해는 제외된다는 점에서 객관소송으로서의 성격을 갖는 것으로 파악된다. 다시 말해, 상술한 권리침해와 위법성 사이의 견련성이 요구되

---

22) Soweit gesetzlich nichts anderes bestimmt ist, ist die Klage nur zulässig wenn Kläger geltend macht, durch den Verwaltungsakt oder seine Ablehnung oder Unterlassung in seinen Rechten verletzt zu sein.

23) Schoch/Schmidt - A β mann/Pietzner, Verwaltungsgerichtsordnung(Stand 2000), § 42 Abs.2 Rn.1 - 16; Krebs, "Subjektiver Rechtsschutz und objektive Rechtskontrolle," in: System des verwaltungsgerichtlichen Rechtsschutzes (Festschrift für C. - F. Menger), 1985, S. 191 - 210 참조.

24) 행정법의 모든 문제에 있어 거의 예외없이 일정한 청구권 관념, 예컨대, 무하자재량행사청구권, 행정개입청구권, 계획보장청구권, 결과제거청구권 등등이 만들어졌는데 이들은 행정소송에서 원고적격과 본안요건의 충족을 우해 필요한 것이다. 그리하여 행정법의 주관화(Subjektivierung des Verwaltungsrechts) 또는 주관적 법치국가(subjektiver Rechtsstaat)라고 부를 수 있을 정도로 행정법학 전체가 권리중심적 체계로 되어 있다.

25) 독일의 경우, 규범통제에 있어서 핵심은 심사·심판이후의 대상규범의 효력 문제이다. 즉 해당법규정의 상위법과의 불일치성의 결과로서 무효선언을 목표로 한다. 김중권, "독일의 규범통제제도에 관한 개관과 그 시준점에 관한 소고", 중앙법학 제11집 제1호, p.370 (중앙법학회 편, 2009)

지 않는다. 이와 같이 규범통제절차는 객관소송이기 때문에 인용판결, 즉 위법성을 이유로 법규정의 무효를 선언하는 판결은 일반적 구속력, 즉 대세효를 갖는다[26] 규범통제절차의 이러한 객관소송적 성격 때문에 철저한 주관소송인 다른 행정소송 유형과 본질을 달리하고, 따라서 직접적 규범통제를 취소소송이나 금지소송에 포함시킬 수 없고 별도의 소송유형으로 마련하게 된 것이다.

4) 정리

독일의 취소소송이 주관소송과 형성소송으로서의 성질을 갖고 있다는 점은 여러 가지 구체적 결과를 빚게 되는데, 가장 중요한 것은 그러한 취소소송의 법적 성질이 국민의 권리의무에 직접 변경을 가하는 개별·구체적 법적 행위라는 최협의의 행정행위 개념의 근거가 된다는 점이다. 그 정도가 되어야 비로소 권리구제의 필요성이 생기고, 그러한 법적 행위이어야만 공정력이 발생하기 때문이다[27].

2. 취소소송의 대상으로서 '행정행위(Verwaltungsakt)' 개념

(1) 정의 — 행정절차법 제35조 제1문

독일에서의 취소소송의 대상은 행정행위에 한정되어 있다. 즉 행

---

26) Hufen, Verwaltungsproze β recht. 7. Aufl., 2008, § 19 Rn.1 – 41; Würtemberger, Verwaltungsproze β recht, 1998, Rn.435 참조.

27) 또한 위법판단 기준시의 문제에도 결정적 영향을 미친다. 객관소송과 확인소송의 성질을 갖는 프랑스 월권소송의 경우에는 행정의 적법성 통제를 위한 위법 여부의 확인이라고 하면 당연히 처분시를 기준으로 한다는 것이 전제되지만, 독일의 취소소송은 원고의 권리구제를 위해 공정력을 소급적으로 소멸시키는 것이므로 그 위법판단 기준시가 반드시 처분시일 필요가 없다. 따라서 독일의 확립된 판례에 의하면 처분시를 위법판단 기준시로 한다는 소송법상 원칙은 없고 실체법의 내용에 따라, 특히 원고의 권익을 위해, 얼마든지 판결시를 판단기준시로 할 수 있다고 한다. Eyermann, Verwaltungsgerichtsordnung. 11.Aufl., 2000, § 113 Rn.45 – 48 참조.

정법원법 제42조 제1항은 "소를 제기함으로써 행정행위의 취소(항고소송 – Anfechtungsklage) 또는 거부되었거나 방치된 행정행위의 이행(Erlaß)을 위한 선고(의무화소송 – Verpflichtungsklage)를 구할 수 있다"고 규정하고 있다. 이 규정상의 행정행위의 관념은 우리 행정법상의 행정행위의 관념과 같은 개념이다. 독일의 행정행위 개념은 행정절차법 제35조 제1문이 규정하고 있는데, 이에 의하면 행정행위는 "공법 영역에서 개별사안의 규율을 위해 행정청에 의해 내려지는, 외부에 대한 직접적 법적 효과의 발생을 목적으로 하는 모든 처분, 결정 또는 기타의 조치"이다[28].

(2) 행정행위의 역할 – 행정소송의 종류 결정

이러한 최협의의 행정행위 개념은 행정소송으로 사실상 취소소송만이 인정되던 1945년 이전에는 행정소송의 가능성을 제한하는 역할을 하였으나, 그 후 헌법상 포괄적 권리구제의 요청에 의해 행정행위 아닌 행정작용에 대해서도 다양한 행정소송의 유형들이 마련됨으로써, 행정행위 개념은 이제는 행정소송의 종류를 결정하는 역할을 맡게 되었다.[29]

(3) 행정행위의 개념요소

1) 일반

그 개념요소로는 규율성[30], 고권성[31], 개별사안성[32], 행정청에

---

28) [jede Verfugung, Entscheidung oder andere Maßnahme, die eine Behorde zur Regelung eines Einzelfalles auf dem Gebiet des offentlichen Rechts trifft und die aufunmittelbare Rechtswirkung nach auß en gerichtet ist.]

29) 독일 행정소송의 역사를 살펴보면, 지금까지 우리나라 대법원 판례가 '처분'을 독일식의 행정행위 개념과 동일한 것으로 파악하고 그것에 대해서만 항고소송을 인정하고 있는 것은 제2차 세계대전 이전의 독일 상황에 머물러 있었던 것이라고 할 수 있다. 동지: 박정훈, (2003b), p50. 참조.

의한 행위[33]), 직접적 외부효과성[34]) 등을 들 수 있다. 이 가운데 중요한 징표는 개별사안의 규율과 직접적 외부효과성이다.

2) 개별사안의 규율

첫째, 행정행위가 개별사안의 규율에 한정되므로, 법규명령·조례 등 행정입법은 행정행위의 개념에서 제외되고 따라서 이에 대해서는 취소소송이 허용되지 않는다. 다만, 행정법원법 제47조는 고등행정법원을 제1심으로 하는 직접적·추상적 규범통제소송을 마련하고 있는데, 그 대상이 제한되어 있다[35]).

3) 직접적 외부효과성

둘째, 행정행위는 외부에 대한 직접적 법적 효과의 발생을 위한 규율(Regelung)로서, 객관적인 의미 내용상 시민 기타 법인격주체의 권리와 의무를 발생·변경·소멸시키는 것을 고유 목적으로 하는 조치만을 행정행위로 파악하고, 시민의 법적 지위에 직접적으로 사

---

30) 반대개념으로는 사실행위, 준비행위나 부분행위, 규율성이 없는 행정청의 의사표시가 있을 수 있다.

31) 반대개념으로는 사법상의 행위를 들 수 있다.

32) 반대개념으로는 일반·추상적 규율을 들 수 있다.

33) 반대개념으로 사인에 의한 조치, 입법행위, 사법행위, 기능적인 의미에서의 통치행위 등을 들 수 있다.

34) 반대개념으로 순수한 내부적 행정작용을 들 수 있다.

35) 그 대상이 되는 것은 첫째 건설법전(BauGB)에 의해 제정된 도시계획에 관한 조례 및 법규 명령과, 둘째 州법률의 하위 법규명령이다. 원고적격은 당해 법규명령 규정에 의해 자신의 권리가 침해된 것으로 주장하는 자연인 또는 법인, 그리고 모든 행정청에게 인정되고, 제소 기간은 공포 이후 2년 내이다. 그 대상에서 제외되는 행정입법에 대해서도 최근 기본법(제19조 제4항 제1문: 누구든지 공권력에 의하여 자신의 권리가 침해된 자에게는 소송수단이 부여된다.)의 포괄적 내지 빠짐없는 권리구제(umfassender Rechtsschutz)에 의거하여 위 행정법원법 제47조를 합헌적 해석의 방법을 통해 준용하여 직접적 규범통제소송을 허용하든지 아니면 사실행위의 경우에 준하여 아래에서 언급하는 금지소송을 인정하여야 한다는 견해가 지배적이다. 이에 관해 특히 J.－Ch. Pielow, "Neuere Entwicklungen beim Prinzipalen Rechtsschutz gegenüber untergesetzlichen Normen," Die Verwaltung 1999, S. 445－479 참조.

실상의 영향을 미치거나 법적인 효과를 초래하긴 하지만 간접적인 결과에 불과한 경우, 예컨대 행정 내부의 훈령·지시, 행정기관 상호간의 협의·동의, 준비행위, 사실행위 등은 제외 된다[36].

이와 같이 행정행위에서 제외되는 행정작용에 대해서는 취소소송이 허용되지 않지만, 행정법원법의 규정 및 판례를 통해 사실행위의 중지를 구하는 금지소송(Unterlassungsklage), 사실행위의 이행을 구하는 일반이행소송(allgemeine Leistungsklage), 그 이외 공법상 법률관계의 존부의 확인을 구하는 확인소송이 인정된다.

(4) 소결

요컨대, 독일에서 취소소송의 대상이 되는 행정행위는 개별사안에서 상대방의 권리·의무를 발생·변경·소멸시킬 것을 직접적 목적으로 하는 강학상의 '행정행위'에 한정된다. 결국, 독일의 행정행위는 우리나라의 실체법적 행정행위 개념에 해당하게 된다. 우리 대법원도 '처분' 개념을 독일의 '행정행위'와 같게 '실체법적 행정행위'로 판시하고 있음은 확인한 바이다.[37]

한편 독일의 경우도 우리나라·일본과 같이 소위 '행정행위' - 우리와 일본에서는 "처분" - 를 확장하여 취소소송의 대상을 넓히려는 논의가 있었다[38]. 대표적인 논의가 형식적 행정행위 이론인

---

36) BVerwGE 60, 145; BVerwG, DÖV 1992, 970; Maurer, Allgemeines Verwaltungsrecht, 17. Aufl., 2009, § 9 Rn. 37; Hufen, Verwaltungsprozessrecht, 7. Aufl., 2008 § 14 Rn.4.; Kopp/schenke, Verwaltungsgerichtsordnung, 15. Aufl., 2007, S. 403; Ruffert, Matthias, in :Erichsen/Ehlers (Hrsg.), Allgemeines Verwaltungsrecht, 13. Aufl., 2006, § 20 Rn.24; Kopp/Ramsauer, Verwaltungsverfahrensgesetz, 7. Aufl., 2000, § 35 Rn.48 등 참조.

37) 구 행정소송법 체재＝대법 1967.6.27. 선고 67누44 판결, 대법 1980.10.14. 선고 78누379 판결, 대법 1984.2.14.선고 82누370 판결 등, 현행 행정소송법 체제＝대법 1987.11.24. 선고 87누761 판결, 다법 1992.10.14. 선고 78누379 판결, 대법 1993.9.24. 선고93누11999 판결, 대법 1996.8.23. 선고 95누18185 판결 등

38) 독일 행정법상 행정행위 확장이론으로는 준법률적 행정행위이론, 권력적 사실행위이론, 소송

바, 항을 달리하여 자세히 살피기로 한다..

3. '형식적 행정행위'(formeller Verwaltungsakt) 이론

(1) 일반

우리나라와 일본의 '형식적 처분(행정행위)' 개념과 독일의 '형식적 행정행위(formeller Verwaltungsakt)' 개념은 서로 '형식적' 이라는 동일한 단어를 사용하지만 '형식적' 이 의미하는 바는 다르다. 즉 우리나라와 일본에서의 '형식적' 의 의미는 일종의 "부진정한" 의 의미가 강하여 "진정한 의미에서의 행정행위가 아니라는"이라는 의미로 사용되고, 독일에서의 "형식적(formeller)"의 의미는 내용적으로 행정행위에 해당하지 않는 행정작용이지만 행정청이 행정행위의 형식과 외관을 통해 행한 경우 즉, 문언 그대로 '"형식적으로만" 행정행위의 형식과 외관을 갖췄다' 는 의미로 사용된다. 양자 모두 행정행위 또는 처분 개념을 확대하려는 시도는 동일하지만, 우리와 일본은 실질적 측면에 비중을 두어 '처분' 의 외연을 확대하고자 하는 의도이며, 독일의 경우는 외부적 측면에 비중을 두어 '형식적 측면'이 갖춰지면 그것도 '처분'으로 볼 수 있게 하는 점이 서로 다르다.[39] 즉 독일의 '형식적' 의 의미는 외부적 신뢰성 내지 예측 가능성 – 더나아가 법적안정성 – 을 보장하기 위한 시도라 할 수 있다.

법상 행정행위 이론, 형식적 행정행위 이론, 이단계 이론 등이 있는 바 이에 대하여는 선정원, "독일 행정법상 행정행위 확장이론들의 등장과 발전", 공법연구 제27집 제2호, pp.519 –550 참조 (1999). 특히 준법률적행정행위에 대하여 독일 논의를 우리나라 현실에 잘 접목하여 상세히 기술한 저서로는 김중권, 행정법기본연구 I, pp.318 – 328 (2008a) 참조.

39) 박정훈, 행정소송의 구조와 기능, p. 149 (2006) 참조

(2) 논의의 전개

1) 일반

독일에서 형식적 행정행위(der formelle Verwaltungsact)와 실체법적 행정행위(der materielle Verwaltungsact) 라는 구별방식을 처음 체계적으로 주장한 학자는 Menger[40]이다. 그 이후에는 Schmitt, Kopp, Schenke에 의해서 "형식적 행정행위이론"의 適否가 논의되었다.

2) Menger의 논의

Menger는 형식적 행정행위는 "종국적 규율을 의미하는 실체적 행정행위가 성립하기 전이나 후에 모두 성립할 수 있는 것으로 실체적 행정행위를 발한 행정청이나 행정심판청 또는 실체적 행정행위를 집행하는 행정청이 발하는, 구체적인 사례를 위한 외부적 조치가 모두 형식적 행정행위가 된다고 한다. 형식적 행정행위 개념을 독립적으로 인정하는 실익은 실체적 행정행위 이외의 형식적 행정행위도 소송대상이 될 수 있다는 점에 있다. 즉 실체적 행정행위가 발해지기 전이라도 그 상대방이 보호에 적합하게 되었고 보호받고 있는 법적 지위를 침해받았다면 이러한 형식적 행정행위에 대해서는 소를 제기할 수 있다.[41]

Menger는 집행행위 자체도 행정행위가 될 수 있는가 하는 문제를 형식적 행정행위 이론으로 설명한다. 집행행위는 실체적 행정행위가 선행한 경우와 선행하지 않는 경우로 나누어 볼 수 있는데, 선행하지 않는 경우에는 그 집행행위는 형식적 행정행위로서 취소소송의 대상이 될 것이지만, 실체적 행정행위가 선행하고 있다면

---

40) C.H.Menger, System des verwaltunfsgerichtlichen Rechtsschutzes, 1945. SS.102 – 113. 이하
41) Menger, SS.103 – 105.

보통의 경우에는 분리해서 소송대상이 될 수 있는 정도의 권리보호이익을 갖지 못하게 될 것이다.[42]

3) Schmitt의 논의

Menger는 서로 다른 "異種의 조치"들 사이에서 '실체적 행정행위' 와 '형식적 행정행위' 를 구별한 반면, Schmitt는 "하나의 행정조치"를 형식과 실체로 분리하여 당해 조치의 법적성격을 판별함에 있어 무엇이 기준이 되는 가를 명확하게 제시한 학자이다.[43] 형식적 행정행위에 대하여 '행정행위' 로서 성격을 부여하는 입장은 행정조치의 외적 형식과 그 형식에 의하여 식별하여야 할 행정청의 의사에 주목한다. 다만 그 의사를 어떠한 징표에 식별할 수 있는지가 문제되는데, 결국 '행정행위의 형식징표의 존재' 가 행정의 의사를 식별시켜주는 가장 중요한 징표이고 이러한 징표가 상대방뿐만 아니라 제3자에게 침익적이고 불리한 외관을 띨 수 있게 된다고 한다. 그러나, 정작 Schmitt는 형식적 행정행위에 대하여 행정행위로서의 법적성격을 부정하는 입장을 취하는 쪽에서 대상적격 판단 시 "행정청의 의도한 성질"이 아니라 "실제의 성질"에 따라 결정하여야 한다는 점을 논거로 제시한다. 결국 당해 "행정조치의 본질과 객관적 내용"이 중요한 것이지 행정청의 의도나 그 의도를 반영한 형식은 중요하지 않다는 취지이다.

4) Kopp의 논의

형식적 행정행위 이론가들 중에서 특히 Kopp는 행정절차법 주석서에서 형식적 행정행위 이론을 자세히 전개하고 있다.[44] Kopp에

---

42) Menger, S.106.

43) Schmitt, Anfechtungsklage und formaler Verwaltungsakt, DVBl. 1960, SS.382 – 384

따를 때, 법규정의 내용이나 법논리를 고려할 때 법규명령으로 제정되어야 할 사항을 '행정행위 형식'으로 발하거나, 사법적 사항에 대해서 '행정행위 형식'을 이용할 때에도 '행정행위'로 다루어져야 한다고 지적한다. 이러한 행정행위는 하자가 있거나 경우에 따라 무효일 수는 있지만 행정행위라는 점은 분명하다는 것이다. 행정행위는 행정의 행위형식으로서 그리고 권리보호를 위하여 의미를 가지는데 법적 안정성을 보장하고 명백하고 쉽게 권리보호 여부를 판단할 수 있도록 하기 위해서는 "외적 구별기준"에 따라 그 존부를 판단하여야 한다고 한다. 즉 어떤 행정개입이 어떤 행정행위 형식으로 발해지도록 규정되는 있는가 하는 문제가 중요한 것이 아니라 "행위 상대방이나 제3자에게 객관적으로 인식될 수 있는 것"들이 중요하다고 한다. 이때 판단 대상은 그 행위 자체나 또는 그것을 발한 상황인 것이다.[45]

5) Schenke의 논의

Schenke는 행정행위를 형식이 아니라 내용 내지 실체에 따라 그의 존부를 판다내야 한다고 한다.[46] 즉, 형식적 행정행위로 거론되는 문제들을 행정행위의 외관을 띠는 행정활동들의 문제로 보면서,

---

44) Kopp, Verwaltungsverfahrensgesetz, 5. Aufl., 1991, Rn.4a-7

45) 판단기준은 행정청이 의도했거나 생각했던 내적 의사가 아니라 객관적인 의미내용으로 문서 이용여부, 이유제시여부 및 권리구제방법의 통지 등이 고려되어야 하고, 그 밖에 이해관계인 등에게 알려졌거나 인식할 수 있었던 사정을 고려하여 신의와 성실에 따라 객관적으로 해석하여 판단하여야 할 것이다. 경우에 따라서는 이해관계인에게 알려진 사후적인 상황, 특히 그 사건에 대한 행정심판청의 조치와 재결의 이유 등도 고려되어야 한다. 결정적인 것은 행위 상대방의 관점이다. "법적 성격의 판단이 불명확할 때 그것은 행정의 불이익이 된다." BVerwGE 74, 126. ; DVBl 1980, 882. ; NVwZ 1987, 598. ; BverwGE 41, 306. ; BverwGE 48, 281.

46) Wolf-Rüdiger Schenke, Rechtsschutz bei Divergenz von Form und Inhalt staatlichen Verwaltungshandelns, VewArch 72(1981), S.185ff. ; Verwaltungs-prozeβrecht, 2.Aufl., 1994, § 5, Rn.231-233.

행정행위의 외관문제(Scheinproblem)는 존재하지만, 형식적 행정행위란 존재하지 않는다는 견해를 주장한다. 행정행위의 형식을 행정청이 의도적으로 이용하였으나 권력적 규율의 실질을 갖지 못한 경우에도 행정의 권력적 활동은 그것은 단순한 외관만으로는 충분하지 않고 실제로 권력적 규율을 포함하고 있어야 한다고 한다. 행정청이 권력적 규율을 내렸다는 점이 중요하다는 것이다.

6) Schmitt Glaeser의 논의

Schmitt Glaeser는 행위 상대방이 인식하고 있거나 인식할 수 있는 상황을 객관적으로 평가하여 명확한, 그리고 충분히 식별 가능한 징표에 의해 행정행위의 존부를 판단할 때만 권리보호의 효율성이 보장될 것이라고 하여 형식적 행정행위 이론을 원칙적으로 지지한다. 그러나 예외적으로 외적 형식이 다의적일 때는 당해 조치의 내용이 기준이 되어야 한다고 한다. 또 행정이 특정한 소송종류를 피하기 위하여 외적형식을 이용하는 것은 형식남용이 될 것이므로 그 형식이 아니라 실체 내지내용에 따라 판단하여야 할 것이라고 한다.[47]

(3) 소결

독일의 '형식적 행정행위' 이론은 일본 · 우리나라와는 그 의미가 다름을 확인하였다. 즉, 독일은 행정청이 행정행위 이외의 행정작용을 함에 있어서 "행정행위"의 형식의 옷을 입혀 발할 경우 이를 "형식적 행정행위"라 칭한다. 예를 들어 행정입법을 발함에 있어서 "행정행위의 형식"으로 할 경우, 이를 행정입법으로 보지 않고 행정행위로 파악하는 입장이 "형식적 행정행위"를 긍정하는 견해이

---

47) Schmitt Glaeser, Verwaltungsaktsbegriff, NVwZ 1990, S.1010

다. 이에 대하여는 Schmitt의 부정론, Kopp의 긍정론 및 Schenke의 부정론 등이 찬반논의가 진행되었다. 행정의 행위형식은 행정의 외형으로 해당 행정작용의 모습을 결정하고, 국민은 행정의 외형에 의해서 구속되게 된다. 결국 행정행위의 형식은 행정행위의 중요한 요소에 해당하므로 행정행위 형식을 띄고 있는 행정작용은 "행정행위"로 파악함이 국민의 권익구제를 위한 소송법상 도구 개념으로서의 취지에 부합한다고 사료된다. 이는 결국 의심스러울 때는 "행정행위로 보아야 한다"는 판례[48]의 취지와도 부합된다. 다만 행정청이 사실행위의 행정작용을 '행정행위'의 옷을 입혀 발하게 되는 사례는 사실행위 자체가 법적 행위가 아니므로 애초부터 '행정행위' 라는 옷 자체를 입을 수 없는 절대적 한계를 갖고 있다고 보아서 행정행위가 아닌 사실행위로 보는 것이 타당하다고 본다. 왜냐하면, 아직 행정행위의 형식을 갖추지 못한 상황이고 사실행위 자체의 태생적 한계로 인해 결코 행정행위의 형식을 갖출 수 없기 때문이다.

4. 중결

독일의 '행정행위' 개념은 우리나라 실체법적 행정행위 즉 '처분' 개념과 그 범위가 같다. '독일의 행정행위' 개념은 행정쟁송제도 전체에서 취소소송 및 의무이행소송으로 소구할 수 있는 대상이며, 1945년 이전의 독일의 소송구조 하에서는 현재 우리 행정쟁송제도가 처해 있는 상황과 같게 행정소송을 제약하는 개념이었으나, 1945년 이후 기본법에 취지에 따라 행정법원법상 행정재판제도가

---

48) VG Augsburg NVwZ 1987, 258.

완비된 이후에는 여러 행정작용에 따르는 소구유형 중 하나로서 취소소송 및 의무이행소송의 대상이 되고 있다.

현행 우리의 소송구조의 문제점을 개선하는데 독일의 입법례는 모법사례로서 쓰일 가치가 매우 높다.

Ⅲ. 독일 행정절차법상 '행정행위' 개념에 따른 입법적 대안

1. 정리 및 요약

독일의 행정소송제도는 우리 행정소송법상 '처분' 개념의 구성에 있어서 시사하는 바가 매우 크다. 현재 우리가 갖는 폐쇄적인 행정쟁송구조는 1945년 이전의 독일의 행정쟁송제도와 매우 흡사하다. 즉 1945년 이전의 독일의 취소소송 – 당사자소송 구조하에서 행정행위 여부가 행정구제 가능성을 결정짓는 가장 중요한 관문이었듯이 현재 우리 행정소송법상 '처분' 개념은 독일 구법시대의 "행정행위"와 같은 역할을 하고 있다. 또한 독일은 행정쟁송제도를 새롭게 구성함에 있어서 그 근원을 독일 기본법에 규정하고 이를 토대로 출발하였다. 우리에게 시사하는 바가 크다고 본다. 본 서가 헌법 및 행정소송법상 '처분' 개념을 고찰하는데 있어서 헌법과 행정소송법의 유관성을 강조하는데도 독일의 모델은 힘을 실어준다.

무엇보다도 독일 행정쟁송제도를 우리가 모델로 삼아야 하는 근거는 행정작용체계를 반영하는 행정소송제도에 있다. 즉, 행정작용의 유형을 법적 성질에 따라 개념적으로 구분하여 소송유형을 다양하게 인정하는 것은 우리 현행 행정소송법이 갖는 문제상황을 해결함에 있어서 명쾌한 답을 제시한다고 본다.

2. 입법적 대안의 설정 및 검토

독일 행정쟁송제도는 모든 행정작용의 유형별로 소송구조를 달리 가지고 있다. 즉, 행정행위에 대해서는 취소소송·의무이행소송, 사실행위에 대해서는 일반이행소송과 금지소송, 법률관계의 존부 및 행정행위의 무효확인에 대해서는 확인소송, 행정입법에 대해서는 규범통제절차가 그것이다.

독일 행정쟁송제도에 기반하여 우리 행정소송법상 '처분'에 대한 입법적 대안을 설정한다.

(ⅰ) 처분 – 취소소송, 비처분 – 당사자소송

본 입법적 대안은 현행 우리의 모습이고, 1945년 이전의 독일의 모습이다. 독일의 경우에는 특히 행정행위에 있어서 열기주의를 취함으로써 소송구조는 더욱 폐쇄적이었다.

(ⅱ) 처분 – 취소소송·의무이행소송, 행정상 사실행위 – 일반이행소송·금지소송, 행정입법 – 규범통제소송, 기타 법률관계 존부 및 행정행위의 무효확인 – 확인소송

본 입법적 대안은 독일의 현 모습이다. 이는 행정작용법의 체계에 따라 행정쟁송제도를 구성한 것으로 우리가 행정쟁송제도를 개선함에 있어서 모범으로 삼아야할 대상이 아닌가 사료된다. 독일은 이외에도 독일 기본법에 의거하여 법정외 행정소송을 인정함으로써 완전한 권리구제를 구현하고 있다. 우리나라에 있어서도 시사하는 바가 크다고 본다.

독일의 입법례는 현재 우리가 당면한 현재 행정소송법상 처분 – 취소소송의 비대칭구조를 해결함에 있어 시사하는 바가 크다.

제2절 프랑스의 행정소송법상 '행정결정(acté administratif)' 개념

Ⅰ. 프랑스 행정재판의 연혁과 특성

1. 프랑스 행정재판의 연혁

(1) 사법권과 분리된 행정재판

1) 일반

프랑스헌법상 사법권의 개념은 민사사건·형사사건에 관계된 소송을 염두에 두고 있고, 헌법소송·행정소송 등은 사법권에서 제외되고 있다. 즉, 프랑스에서는 행정재판권이 일반 사법권 – 민사·형사재판권 – 과 완전 분리되어 형식적으로는 행정권에 소속되어 있다.

2) 연혁적 근거 – 행정부 우월의 법운영

프랑스 행정재판이 사법권과 분리되어 있는 연혁적인 근거는 "프랑스 행정법의 기본전제가 행정부 우월의 법 운영"에 있었기 때문이다. 이는 연혁적으로 프랑스 혁명이후 구체제를 대변하던 법원에 대한 불신을 계기로, 18세기 행정부와 법원의 권력다툼에서 행정부가 승리함에 따라 사법부는 전통적으로 행정권에 비하여 열세의 지위에 놓이게 된 사정과 관련되는 것이다[49]. 이러한 영향은 독

---

49) 이러한 사정에 따라서 1790년 법률은 법원이 행정부 활동에 개입하는 것을 배제하였으며, 행정영역에 대한 사법부 판결은 허용되지 않는 것으로 보았다고 한다. 이에 대해서는 Jarass, Besonderheiten des französischen Verwaltungsrechts im Vergleich, DOV 1981,813(821); Woehrling, Die deutsche und die französische Verwaltungs-gerichrsbarkeit an der Schwelle Zum 21. Jahrhundert, NVwZ 1998, 462(463);

일에도 미쳐 19세기 초 독일에서도 행정에 대한 통제는 사법부가 아니라 행정 스스로만 가능하도록 운영되었으며, 1875년 프로이센에서 - 비록 제한된 범위이기는 하지만, - 독립된 행정재판관에 의한 통제가 허용될 때까지 지속되었다[50].

3) 사법권은 행정권에 전혀 간섭해서는 안 된다는 원칙

행정재판의 사법권과의 분리·독립은 대혁명 당시 구체제 하에서 보수적 태도를 취했던 법원에 대한 불신으로 말미암아 프랑스 특유의 권력분립원리, 즉 사법권은 행정권에 전혀 간섭해서는 아니 된다는 원칙으로부터 비롯되는 것이다. 1790년 법률에 의해서는 법원이 행정에 대해 관여를 하는 것이 형벌로 금지되었다[51].

(2) 꽁세유·데따(Conseil d'Etat)

1) 일반

행정에 관한 다툼은 나폴레옹에 의해 설립된 꽁세유·데따(Conseil d'Etat)가 담당하게 되었는데, 이는 처음에는 국왕·황제에 대한 자문기관으로서 소위 유보된 재판권(justice retenue)을 행사하다가 1872년 제3공화정부터 독립되고 위임된 재판권(justice déléguée)을 행사하게 되었고, 이때 행정에 대한 손해배상까지 자신의 관할로 만든 Blanco판결이 내려졌다. 오랫동안 꽁세유·데따(Conseil d'Etat)는 전국의 유일한 행정재판소로서, 행정소송이 단심으로 이루어졌는데, 1953년에는 제1심으로 행정재판소(Tribunal Administratif)가, 1987년에는 행정항소재판소(Cour administratif d'appel)가 설립

---

50) 이에 대해서는 Ibler, Rechtspflegender Rechtsschutz im Verwaltungsrecht, 1999, S.6ff. 참조.
51) Loi de 16 - 24 aout 1790, Art. 13

되었다.52)

2) 행정부 소속

꽁세유 · 데따(Consei d'Etat)는 편제상 수상이 원장을 겸함으로써 행정부에 속하고53) 조직의 상당부분이 정책자문과 법령제정 등 최고행정기관으로서의 성격을 갖고 있다.

3) 행정재판을 통한 행정법 및 이론 생성

꽁세유 · 데따(Consei d'Etat)의 법관은 오랫동안 그 신분이 사법부에 소속된 법관이 아니라, 재판업무를 수행하는 행정부의 공무원으로 지위를 가질 수밖에 없었고, 이에 따라 행정권한을 통제하는 사법심사 과정에서 제약을 받게 되었다. 프랑스 행정법은 꽁세유 · 데따(Conseil d'Etat)의 판례에서 정립된 내용을 토대로 하여 성립되었다고 평가 된다54) 꽁세유 · 데따(Conseil d'Etat)는 특히 일반 법원의 관할에 대한 특별법원으로서 존재하였으므로, 공법적인 특색을 강조한 많은 행정법 제도들을 만들어냈다. 대표적으로 사법상 물건에 대립되는 공물(domaine public), 사법상 계약에 대립되는 공법상 계약(contrt administratif), 행정주체의 사법상 활동에 대립되는 공법적 행정활동(gestion publique), 사법상 근로자에 대립되는 공무원(agents publics)개념들이 이에 해당한다.55) 또한 다른 측면에서는

---

52) Rivero/Waline, op. cit., n° 192 - 201 ; Laubadere/Venezia/Gaudemet, Traité de droit admistratif, Tome 1, 15e éd., 1999, n° 428 - 478 ; Chapus, Droit du Contentieux administratif, 9e éd., 2001, n° 62 - 67 ; Debbasch/Ricci, Contentieux administrative, 7e éd., 1999, n° 150 - 207 참조.

53) 이에 대해서 프랑스에서 일반법원과 독립된 행정재판소의 탄생은 Montequieu의 분할적 내지 할거적 권력분립이론에 의한 것이지만 이와 같이 행정재판소 자체가 행정의 집행기관으로부터 실질적인 독립을 획득함으로써 이제 기능적 권력분립이론 관점에서 보면 프랑스의 행정재판권도 독립된 또 하나의 사법권이라고 할 수 있다고 평가하기도 한다. 박정훈 (2001), p.104 이하 참조.

54) Jarass, DöV 1981, 813(816f).

꽁세유·데따(Conseil d'Etat)에서 행정권력 행사에 대한 통제를 제한적으로 하여 성립된 내용들이 오늘날 행정법 이론의 중심내용의 지위를 차지하고 있는 데, 통치행위이론, 재량행위 이론 등 이러한 과정의 잔재로 평가할 수 있다.[56]

꽁세유·데따(Consei d'Etat)의 행정재판은 사법권에는 속하지 않았지만, 재판기관으로서 위치를 부여받고 있고, 행정사건에 대해서도 국민의 재판받을 권리는 헌법상 요청되고 있다. 프랑스의 행정재판제도는 권력분립의 본연인 동시에 행정활동에의 사법재판기관의 개입금지라는 역사적 여건의 산물이다.

(3) 소결

전체적으로 보아 프랑스는 사법국가 경향이 강한 독일과 비교하여, 행정국가의 경향이 강하다고 평가되고 있다[57][58]. 정리하면, 프랑스 행정법의 형성은 행정재판권의 분리·독립에서 출발한다. 행정재판권이 일반사법권-민사·형사재판권-과 완전 분리되어 형식적으로는 행정권에 속해 있다. 이는 대혁명 당시 구체제 하에서 보수적 태도를 취했던 법원에 대한 불신으로 말미암아 프랑스 특유의 권력분립원칙, 즉 사법권은 행정권에 전혀 간섭해서는 안 된다는 원칙에 근거한 것이다. 항을 달리하여 프랑스의 행정재판의

---

55) Jarass, DöV 1981, 813(814).

56) 류지태 (2003), p.135.

57) Woehrling, NVwZ 1998, 462(463)

58) 이는 행정입법 제정영역에서의 행정부 우월성 측면에서도 나타나고 있다고 지적한다. 행정입법의 제정영역에서도 행정부의 우월성은 강조되는 데, 독일의 경우는 행정입법 제정시의 주도적 역할을 의회에서 하고 행정부는 특정한 전제요건하에서 제한된 범위에서만 제정권한을 갖는다(즉 사전승인권이 의회에 있음). 그러나 프랑스에서는 행정입법 제정의 주도권이 행정부에 있으며, 의회는 헌법상 규정되어있는 제한적인 경우에만 권한을 갖고 있다. 이러한 현상으로 인하여 사법부에 의한 행정통제강화의 필요성이 커지고 있다고 한다. 류지태 (2003), p.135.

특성을 상세히 살핀다.

2. 프랑스 행정재판의 특성

(1) 일반

행정재판권의 분리·독립은 사법과 분리된 독자적 법영역으로서의 행정법을 탄생시켰다. 꽁세유·데따(Consei d'Etat)는 자신의 존재근거를 확립하고 확대하기 위해, 공행정의 특수성에 의거하여, 일반사법의 내용과는 다른 법원칙들을 발전시켰다.[59]

(2) 행정재판권의 분리·독립을 통한 법영역 창조

따라서 행정법이 먼저 존재하였고, 이를 적용하기 위한 특별한 재판기관이 필요했었던 것이 아니라, 특별한 재판기관을 통해 특별한 법영역이 창조되었다. 그리하여 행정에 관한 법적 문제 가운데 이러한 특별한 법규율이 적용되어야 할 부분은 공법 영역으로, 그렇지 않은 부분은 사법 영역으로 구분되어, 공법 영역의 문제만이 행정재판소의 재판관할에 속하게 된다.[60] 다만 유의할 것은 공법과 사법의 구별에 있어 Blanco 판결 이래, 주로 공익 내지 공공성과 같은 실질적인 기준에 의하는 결과, 지배복종관계를 공법의 징표로 보아 형식적으로 대등한 관계인 국고행정을 전부 사법관계로 보는

---

59) 프랑스 행정법은 연혁적으로 대륙법계를 대표하는 지위를 갖는다. 프랑스 행정법은 이미 오래 전부터 인근의 독일과 다른 유럽의 국가들은 물론 아시아권의 일본, 한국 등에도 영향력을 미치고 있는 것으로 평가된다. 이러한 경향에 대해서는 Ruffert, Dogmatik und Praxis des subjektioffentlichen Recht unter dem Einfluss des Gemeinschaftsrechts, DVBl 1998, 69(74f.) 참조.

60) 사물(domaine privé)에 대한 공물(domaine public)의 관념, 사법상 계약(contrat privé)에 대한 행정계약 내지 공법상 계약(contrat administrative)의 관념, 사법적 관리작용(gestion privé)에 대한 공법적 관리작용(gestion publique)의 관념, 사법적 공사도급(travaux privés)에 대한 공법적 공사도급(travaux publics)의 관념 등이 그 산물인데, 개념 중 앞의 것들은 일반법원의 관할을, 뒤의 것들은, 행정재판소의 관할을 나타낸다.

독일과는 달리, 그 액수와 중요성에 비추어 공공성이 큰 것은 공법 영역으로 파악한다는 점이다.

(3) 행정법의 독자성 – 공역무(service public)에 관한 법

프랑스의 '행정소송'(contentieux administratif)은 일관하여 일반법 원과는 분리된 행정부 소속의 특별재판소에서 이루어지고 있다는 점에서 그 재판관할의 전문성이 독일과 비교하여 매우 크다고 볼 수 있다. 또한 프랑스의 '행정법'(droit administratif) 또한 처음부터 사법과 완전 분리되어 실정법률의 근거 없이도 판례법의 모습으로 하나의 완결된 포괄적 체계로 생성·발전되었을 뿐만 아니라 「공역무 (service public)에 관한 법」으로서 모든 개별 행정영역을 포괄하고 있다는 점에서, 독자성이 매우 높다. 소송에 관한 법규 또한 민사소송법과는 별도로 독립된 행정소송법적인 「행정소송법전」(Code de justice administrative)[61]으로 존재한다. 행정소송법전은 행정법원 – 꽁세유·데따(Conseil d'Etat), 행정항소재판소(Cour administratif d'appel), 행정 재판소(Tribunal Administratif) – 의 조직, 운영, 구성원인 법관의 지위, 행정소송절차 등을 규율하고 있다.

---

61) 2000년에 단편적으로 제정되었던 행정소승에 관한 거의 모든 법률 또는 명령을 체계화하여 행정소송법전(Code de justice administrative)으로 법전화함으로써, 이전까지 행정소송에 관하여 분산되었던 법령을 한데 모았다. 동 법전화사업 후 법률의 경우 2000년 6월 30일과 2000년 12월 30일 두 번의 부분개정이 있었다. 현재 행정소송법의 구성은 전편(Titre preliminaire), 제1부 꽁세유·데따(Livre Ier : Le Conseil d'Etat), 제2부 행정재판소 및 행정항소재판소(Livre II : Les tribunaux administratifs et les cours administratives d'appel), 제3부 적격(Livre III : La competence), 제4부 가구제(Livre IV : L'introduction de l'instance de premier ressort), 제5브 심리(Livre V : Le refere), 제6부 지침(Livre VI : L'instruction), 제7부 판결(Livre VII : Le jugement), 제8부 항소(Livre VIII : Les voies de recours), 제9부 집행(Livre IX : L'execution des decisions)로 구성되어 있으며 제1조부터 제931–9조까지 있다. 0 는 프랑스 법령보급처인 레지프랑스 홈페이지 (www.legifrance.gouv.fr)의 하위 웹페이지인 (http://textes.droit.org/code/justice_administrative/ #articleLEGIARTI000000006450457)(2009. 6. 17. 최종방문)를 통해 행정소송법전 원문을 확인할 수 있다.

Ⅱ. 행정소송과 '행정결정'(acté administratif)개념의 해석

1. 행정소송의 유형과 구조

(1) 행정소송의 유형

1) 일반 – 월권소송, 완전심리소송, 적법성심사소송, 해석소송 등

프랑스의 행정소송은 주로 꽁세유·데따의 판례에 의해 형성되어 왔고 특별법에 의해 보충되고 있는 이유로 행정재판법전에는 소송유형을 내용적으로 정의하는 규정은 없다.

통상 월권소송(R421 – 3), 완전심리소송(R421 – 3), 적법성심사소송, 해석소송(R312 – 4), 공물관리위반죄소송(L744 – 1~744 – 9) 등의 유형이 명문으로 사용되고 있으며, 일반적으로 월권소송, 완전심리소송, 해석소송, 처벌소송 – 공물관리위반죄소송 – 의 4가지로 구분될 수 있다[62].

2) 월권소송(le Recours pour Excés de Pouvoir)

월권소송은 통상 행정결정의 위법성을 이유로 행정결정의 취소를 구하는 소송을 말한다. 월권소송의 대상은 권리나 이익을 침해하는 행정결정인데, 행정처분뿐만 아니라 법규명령도 취소소송의 대상이 된다. 월권소송은 (ㄱ) 행위에 대한 불복소송으로서 원고에게 가해진 잘못을 시정하기 위한 것이 아니라 위법한 행위를 취소함으로써 침해된 적법성의 회복을 보장하는 것을 목적으로 하는 객관적 소송이다. (ㄴ) 월권소송은 적법성의 수호를 목적으로 하는 점에서 공익적 소송이다. 따라서 원고적격이 매우 넓게 인정된다.

---

62) 해석소송이란, 기본적으로 사법재판소로부터 선결문제가 이송된 경우의 소송유형이고, 처벌소송은 공물관리권에 기한 제재조치를 다투는 공물관리위반죄소송을 가리킨다.

3) 완전심리소송(le Contentieux de Pleine Juridiction)

완전심리소송에서 법원은 다투어진 행위 자체를 취소하는 것 이상으로 적극적으로 행정기관의 금전지급을 명하거나, 다투어진 행정결정의 전부 또는 일부를 변경하는 결정을 할 수 있는 권한을 갖는다. 완전심리소송은 법원이 스스로 결정에 의해 다투어진 행정결정을 대체할 수 있는 권한을 갖는 점에서 공통점을 갖지만, 다소 이질적인 소송들로 구성되어 있다. 이에는 보통완전심리소송(le recours ordinaire de plein contentieux) – 계약소송, 계약배상청구소송, 손해배상청구소송 – , 객관적 완전심리소송(les recours objectifs de plein contentieux) – 보상금청구, 건축보조금청구, 고등방송위원회의 결정에 의한 제재, 망명자의 자격인정거부소송, 조세소송, 선거소송 – 이 있다.

4) 적법성심사소송 또는 해석소송(le Contentieux de l'Apprésiation de Légalité ou le Contentieux de l'Interprétation)

해석소송이라 함은 행정행위 – 일방적 행정결정 또는 계약 – 의 해석 또는 그의 유효성의 판단을 대상으로 하는 소송이다. 해석소송에서 법원은 애매한 행정행위의 의미를 확인하는 권한만을 갖는다. 해석소송의 판결은 기판력을 갖는다. 해석소송은 그 경우가 매우 적기는 하지만 원고에 의하여 직접 제기될 수 있다. 해석소송은 원고에 의해 직접 제기 될 수 있는 직접해석소송(le recours direct en interprétation)과 민사법원이 행정법원의 권한에 속하는 선결문제인 행정행위의 해석 또는 유효성 판단을 행정법원에 이송하는 경우에 제기하는 이송해석소송(le recours sur renvoi en interprétation)이 있다.

5) 처벌소송(le Contentieux de la Répression)

처벌소송은 자연인 또는 법인에게 벌금 등을 부과하기 위하여 행하여지는 행정기관의 소추에 의해 제기되는 소송이다. 꽁세유 · 데따(Conseil d'Etat)가 심판하는 특별처벌소송 – 동업조합등의 징계결정 – 과 공물에 대한 침해에 대하여 벌금 등을 부과하는 대도로경범죄소송(le Contentieux de la Contrvention de grande Voirie) 등이 있다.

(2) 행정소송의 구조

1) 이원적 구조

1기본적 형태는 월권소송(recours pour excés de pouvoir)과 완전심리소송(contentieux de pleine juridiction)의 이원적 구조이다[63]. 월권소송은 행정의 적법성 통제를 주된 목적으로 하는 객관소송이고, 완전심리소송은 원칙적으로 행정주체에 대한 원고의 청구권 실현을 위한 주관소송이다. 월권소송은 행정청의 일방적 행위(adminstratif unilateral), 다시 말해 처분, 법규명령 내지 자치법규를 포함하는 집행적 결정(decision exécutoire)의 취소를 구하기 위한 것이고, 완전심리소송은 주로 행정에게 금전급부의 의무를 부과하기 위한 것으로 행정계약(constrat adminstratif)을 대상으로 한다. 월권소송은 – 영미법상의 권한유월(ultra vires)에 대응하는 개념으로서 – 권한유월(excés de pouvoir), 즉 위법성을 이유로 행정결정을 다투는 소송이다. 월권소송은 행정재판관이 행정결정의 취소가부만을 심판하는 것이고 '완전심리소송'은 19세기 말 Edouard Laferriere에 의해 정립된 것으로서, 행정재판권이 월권소송과는 달리 행정결정의 위법성

---

63) 프랑스 행정소송의 소송유형에 관한 개관으로 Chapus, op. cit., n° 227 – 277; Debbasch/Ricci, op. cit., n° 766 – 773 참조.

심사에만 한정되지 않고 이행판결 등 완전한 범위에 미친다는 의미에서 출발하였다. 다시 말해, 마치 일반 민사법원에서 당사자 사이의 사법상의 권리의무관계를 판단하듯이, 행정주체와 사인 사이의 공법상의 권리의무관계를 종국적으로 판단하는 것이다[64]. 완전심리소송은 사인이 행정주체에 대해서만 제기할 수 있는 것이 아니라 거꾸로 행정주체가 사인에게 제기할 수도 있다. 통상적 완전심리소송(recours ordinaire de pleine juridiction)은 원칙적으로 계약책임, 부당이득반환, 사무관리 비용상환, 국가배상책임으로 인한 금전급부관계를 대상으로 하는 것으로, 월권소송과는 달리 주관소송의 성격을 갖는다. 이들은 모두 민법 – 계약, 부당이득, 사무관리, 불법행위라는 민법상 4대 채권발생원인 – 에서 연유하는 것이지만, 프랑스에서는 이를 공법관계로 파악하여 행정재판소의 관할에 속하게 한다. 반면, 우리나라에서는 모두 민사소송으로 처리하고 있다. 말하자면, 프랑스의 완전심리소송은 행정재판소가 담당하는 민사소송이라고 할 수 있다. 따라서 완전심리소송에서는 독일의 행정소송에서와 같이 원고의 청구권이 원고적격과 본안요건으로 요구된다. 이는 독일의 일반이행소송과 우리나라의 당사자소송에 상응하는 것이다. 즉, 2차 세계대전 이전까지 독일에 있었던 당사자소송(Parteistreitkeiten)이 프랑스의 완전심리소송에 상응하는 것이었는데, 이것이 일본을 통해 우리나라에 도입된 것이다. 완전심리소송은 주로 공법상 금전청구권에 관한 소송으로 행정상 손해배상과 행정계약의 이행 등 공법상 법률관계에 관해 널리 인정되고 있다.

---

64) 이러한 의미에서 2차 세계대전 이전까지 독일에서 완전심판소송에 상응하는 소송유형을 '당사자간의 분쟁'이라는 의미에서 Parteisteiligkeit라고 하였고, 이것이 일본을 통해 우리나라에 '당사자소송'으로 계수되었다. 우리 현행법상 당사자소송을 공법상 법률관계에 관한 소송으로 정의하고 있는 것도 프랑스의 완전심판소송에서 연원된 것이라고 할 수 있다. 박정훈(2001), p.124.

꽁세유·데따가 자신의 재판관할을 확대한 Blanco판결이 바로 행정상 손해배상에 관한 완전심리소송에 관한 것이었다. 월권소송과 완전심리소송은 행정결정에 대한 항고라고 불리는 공통된 기반 구조를 가지고 있다. 다만, 월권소송은 행정재판관이 행정결정의 취소가부만을 심판하는 것이고, 완전심리소송은 행정결정의 취소 뿐만 아니라 변경 등까지 전면적으로 다루는 것이다. 즉, 월권소송과 완전심리소송은 다음과 같은 면에서 차이가 있는데, 월권소송은 원칙적으로 행정결정에 대하여 적법성의 관점에서 취소할 것인가 다투는 소송으로서, 소송대상의 일반성과 원고적격의 광범위성을 특색으로 하며, 행정결정이 된 시점을 기준으로 위법성을 판단하고, 취소판결에는 절대적인 대세효가 인정되는 반면, 완전심리소송은 원고의 침해된 권리회복을 위한 소송으로서 판결시의 법 내지 사실 상태를 기준으로 재판이 이뤄지며, 판결에는 상대적인 기판력이 부여된다. 월권소송은 2개월의 제소기간이 엄밀하게 적용되는 반면, 변호사강제주의가 면제된다. 완전심리소송은 명시된 거부결정이 아닌 한 소권을 상실하지 않는 반면, 변호사강제가 적용되어 본인소송을 할 수 없다.

2) 월권소송의 객관소송성

월권소송은 독일의 취소소송(Anfechtungsklage)과 유사하지만 원칙적으로 행정결정에 대한 적법성의 관점에서 원고적격이 매우 넓게 인정된다는 점과 행정입법과 행정행위 등 모든 일방적 행정작용이 그 대상이 된다는 점에서 차이를 갖게 된다. 우리의 취소소송과도 비교를 한다면 우리 행정소송법상 취소소송은 형성·주관소송성으로 인하여 '처분'의 범위가 매우 제한적인 반면, 월권소송은 객관소송의 성질을 가지므로 그 대상인 행정결정을 넓게 인정할 수 있다는 점이다.

월권소송의 법적 성질을 살펴보면, 첫째, 원고적격이 개인적이고 직접적인 이익(interét direct et personnel)으로 넓게 파악되고 본안의 취소사유에 권리침해를 요구하지 않는다는 의미에서 객관소송(recours objéctif)이다[65]. 월권소송이 객관소송이라는 것이 갖는 가장 중요한 의미는 원고의 권리, 특히 개개의 법규가 사익을 보호하고 있는 경우에만 인정되는 독일의 보호규범이론에 의한 권리가 월권소송의 원고적격으로 요구되지 않는다는 점이다. 원고적격은 계쟁 행정행위로 인해 원고의 '개인적이고 직접적인 이익'(interét direct et personnel)이 침해 내지 제한되고 있으면 인정된다. 환경단체, 시민단체 등 단체의 경우에는 원칙적으로 계쟁 행정행위가 당해 단체의 설립목적과 직접 관련되면 원고적격이 인정되고, 지방자치단체의 경우 납세자로서의 이익도 원고적격으로 인정된다[66]. 이와 같이 원고적격이 매우 넓어 남소(requete abusive)의 위험이 있기 때문에, 승소가능성이 전혀 없는 남소에 대해서는 20,000프랑이하의 남소벌금(amende pour requete abusive)을 부과할 수 있는 제도가 마련되어 있다.[67] 또한, 본안의 취소사유에서도 원고의 권리 또는 이익의 침해를 요구하지 않는다. 일단 계쟁 행정행위의 존재가 원고의 개인적·직접적 이익을 침해한다는 이유로 원고적격이 인정되어 본안심사로 넘어가면 원고의 개인적 사정과는 무관하게 계쟁 행정행위의 위법성만이 문제된다. 판례·학설에서 인정되어 온 전

---

65) Debbasch/Ricci, op. cit., n° 775, 792; Laubadere/Venezia/Gaudemet, Traite de droit administratif. Tome 1. 15e éd., 1999, n° 669; Chapus, Droit administratif general. Tome 1. 14e éd., 2000, n° 999 (p.772) ...

66) Chapus, Droit du contentieux administratif. 10e éd., 2002, n° 563－586; Debbasch/Ricci, op. cit., n° 290－303 참조.

67) 행정소송법전 (Code de justice administrative, CJA) Art. R.741－12.

형적인 취소사유는 무권한(incompetence), 형식의 하자(vice de forme), 권한남용(detournement de pouvoir), 법률위반(violation de la loi)인데, 원고의 권리 또는 이익이 침해되었는지 여부는 묻지 않는다[68]. 이와 같이 월권소송은 객관소송이므로, 그 인용판결에는 대세적 내지 절대적 기판력(autorite absolue de la chose jugee)이 부여된다. 이러한 대세적 효력은, 독일에서와 같이 계쟁 행정행위의 효력을 부정하는 것에 한정되는 것이 아니라, 위법성에 대한 판단에까지 미치는 것이다. 그렇기 때문에 인용판결이 확정된 후 그로 인해 권리가 침해되는 제3자의 재심청구(tierce opposition) 제도가 마련되어 있다[69]. 다만, 각하판결은 각하사유의 존재에 대해서만, 기각판결은 주장된 취소사유의 부존재에 대해서만, 각각 상대적 효력을 갖기 때문에, 이론상으로는 각하판결 또는 기각판결 후에도 이와 모순되지 않는 새로운 소송을 제기할 수 있으나, 제소기간의 도과로 인해 사실상 불가능하다[70].

3) 월권소송의 확인소송성

① 일반 – 확인판결

월권소송에서의 '취소'(annulation)는 독일의 취소소송에서와 같이 취소시점까지 지속되어온 효력을 소급적으로 소멸시키는 순수한 의미의 형성판결이 아니라, 처음부터 무효이었음을 선언하는 확인판결을 의미하는 것이다. 다시 말해, 위법성 때문에 원래부터 효력이 없던 것을 법원이 유권적으로 확인한다는 것이다.[71] 프랑스에서

---

68) Laubadere/Venezia/Gaudemet, Droit administratif. 16e éd., 1999, pp.122 – 128; Debbasch/Ricci, op. cit., n° 841 – 871 참조.

69) CJA Art. R.832 – 1 – R.832 – 5.

70) Chapus, op. cit., n° 1210 – 1211; Debbasch/Ricci, op. cit., n° 883 – 884, 887 – 891 참조.

독일의 단순위법 또는 취소가능성(Aufhebbarkeit)에 대응하는 것은 무효(nullite)인데, 제소기간의 제한을 받는다는 점에서 동일하다. 독일의 무효(Nichtigkeit)에 해당하는 것은 제소기간의 제한이 없다는 점에서 부존재(inexistence)에 해당한다.[72]

② 유효성 추정 이론

ⓐ 일반 – 예선적 특권(privilege du prealable)

프랑스의 확립된 판례·이론에 의하면, 행정행위에 어떤 위법성이 있더라도 처음부터 객관적으로 무효인데, 그 위법성 여부가 불명확하므로 국가기관에 의해 유권적으로 위법성의 존재가 확인될 때까지는 그 유효성 또는 적법성이 추정되고, 제소기간 내에 취소소송을 제기하여 취소판결을 받으면 위법성이 확정되고 그로써 유효성의 추정이 깨어져 처음부터 객관적으로 무효이었던 것으로 확정된다는 것이다. 이것이 행정의 예선적 특권(privilege du prealable)이다.[73] 말하자면 절차적 공정력이다.[74] 따라서 제소기간 내에 월권소송을 제기하여 법원에 의해 위법성이 확인되면 그 유효성의 추정이 깨어지고 당해 행정행위는 처음부터 무효이었던 것으로 확정된다.

---

71) Laubadere/Venezia/Gaudemet, Droit administratif. 16e éd., 1999, p.101; Vedel/Delvolve, Droit administratif. Tome 2. 12e éd., Paris 1992, p.352.

72) 이는 다시 사실상 부존재(inexistence matte. rielle)와 법적 부존재(inexistence juridique)로 구분되는데, 후자는 위법성이 중대·명백한 경우를 가리키는 것이므로, 우리나라의 '무효'에 상응하는 것이고, '부존재'에 상응하는 것은 전자이다. 박정훈 (2001) p.82 각주 37

73) Laubadére/Venezia/Gaudemet, Traite de droitadministratif. Tome 1. 15e éd., 1999, n° p.977.

74) 즉, 프랑스에서는 실제적인 관점에서 공정력을 행정의 실효성 확보를 위해 부득이 인정하는 절차적 제도로서 적법성 또는 유효성의 추정으로 이해하고 있는데 이는 M.Hauriou의 예선적 특권(privillège du préalable)이론의 영향 때문이며, 반면, 독일법은 법본질적인 관점에서 행정행위에 대해 판결에 준하는 실체적 효력 – 실체적 공정력 – 을 부여하고자 하였던 O.Mayer의 자기 확인력(Selbstbezeugur gskraft)이론에 기인한 것으로 설명할 수 있다.

ⓑ 독일의 실체적공정력과의 비교

이러한 의미에서 프랑스에서는 독일의 단순위법에 해당하는 것을 무효(nullite)라고 부르는 것이다[75]. 독일에서는 상술한 바와 같이 행정행위에 의해 실체적 공정력이 발생하기 때문에, 행정벌의 구성요건에서 적법한 행정행위에 대한 위반으로 한정하고 있지 않는 한, 단순위법의 행정행위에 대해서도 복종의무가 발생하고 이에 불응하여 행정벌이 성립되면 사후에 행정행위가 취소된다고 하여 행정벌의 성립이 소멸되지 않는다는 것이 판례의 입장이다.[76] 반면에 프랑스의 확립된 판례는 이러한 경우 행정벌의 성립을 부정하고 있는데, 프랑스에서는 실체적 공정력이 부정되고 단지 절차적 공정력 내지 유효성의 추정만이 인정되기 때문이다. 즉, 월권소송에 의해 행정행위의 위법성이 확인되면 행정행위는 처음부터 무효로서 애당초 복종의무가 없었던 것으로 확정된다.[77] 뿐만 아니라, 상술한 바와 같이 독일에서는 행정행위가 소멸한 이후에는 확인소송으로 변경되지만-소위 계속확인소송-, 프랑스에서는 행정행위가 소멸한 후에도 소의 이익이 존재하는 경우에는 취소판결이 내려진다는 점도 월권소송이 형성소송이 아니라 확인소송이라는 중

---

75) 월권소송의 대상이 되는 행정행위에는 행정입법도 포함되는 것인데, 행정입법이 실체적 공정력을 갖지 않는다는 점은 이론이 없다. 영국, 미국, 유럽공동체의 행정소송에서도 행정입법이 개별처분과 함께 소송의 대상이 되고, 독일에서와 같은 실체적 공정력이 없으며, '취소'(certiorari, quash, set aside)의 의미도 본질적으로 위법성의 확인으로 파악된다.

76) BGHSt 23, 86. 이에 대하여 독일의 학설은 단지 행정행위에 불응한 것만으로는 실질적인 법익의 침해가 없다는 점, 결과제거청구권(Folgenbeseitigungsanspruch)의 법리에 의해 위법한 처분에 의한 결과인 행정벌도 소급적으로 제거되어야 한다는 점 등을 근거로 위 판례에 반대하고 있다(Heghmanns, Grundzuge einer Dogmatik der Straftatbestande zum Schutz von Verwaltungsrecht oder Verwaltungshandeln, 2000, S.329 - 344; Ensenbach, Probleme der Verwaltungsakzessorietat im Umweltstrafrecht, Frankfurt a.M. 1989, S.47 - 71 참조).

77) Editions Dalloz, Repertoire de contentieux administratif. T.1., 1996, chose jugee n° 244 참조.

요한 단서가 된다.[78] 이와 같이 월권소송이 확인소송이기 때문에, 제소기간의 제한이 있는 무효(nullite)에 관한 것이든 제소기간의 제한이 없는 부존재(inexistence)에 관한 것이든 모두 월권소송이라는 동일한 소송유형의 범주에 속한다. 단순위법에 대한 취소소송은 형성소송으로서, 무효에 대한 무효확인소송은 확인소송으로서, 각각 전혀 별개의 소송유형으로 인정되고 있는 독일과 단적으로 대비된다.

ⓒ 취소(annulation)의 의미 – 무효의 확인

프랑스 월권소송에서 취소(annulation)의 본질은 취소시점까지 지속되어온 효력을 소급적으로 소멸시킨다는 의미의 형성판결이 아니라, 처음부터 무효이었음을 선언하는 확인판결이다. 다시 말해, 법원의 권한으로 살아 있는 효력을 비로소 소멸시키는 것이 아니라, 위법성 때문에 원래부터 효력이 없던 것을 법원이 유권적으로 확인할 뿐이다.[79] 즉, 소급적 무효는 위법성의 결과에 불과하다.[80] 그러기에 프랑스에서 제소기간의 제한을 받는다는 점에서 독일의 단순위법 또는 취소가능성(Aufhebbarkeit)에 대응하는 것은 무효(nullité)이다. 반면에 프랑스에서 독일의 무효(Nichtigkeit)에 해당하는 것은 – 제소기간의 제한이 없다는 점에서 – 부존재(inexistence)이다.[81] 상술한 바와 같이 프랑스에서는 개별처분뿐만이 아니라 행정입법도 행정행위로서 월권소송의 대상이 되고 있는데, 그 취소판결은 살아 있는 행정입법의 효력을 비로소 없애는 것이 아니라 그 위

---

78) Chapus, op. cit., n° 1066 참조.

79) Laubadère/Venezia/Gaudement, Droit administratif. 16ᵉ éd., 1999. p.101 참조.

80) Vedel/Delvolvé, Droit administratif. Tome 2. 12e éd., Paris 1992. p.352 참조.

81) 이는 다시 사실상 부존재(inexistence matérielle)와 법적 부존재(inexistence juridique)로 구분되는데, 후자는 위법성이 중대 명백한 경우를 가리키는 것이므로 우리나라의 무효에 해당하는 반면, 우리나라의 부존재에 해당하는 것은 전자이다. Laubadère/Venezia/Gaudement, ibid. 참조.

법성을 확인함으로써 원래부터 효력이 없었음을 확정하는 것이다. 이와 같이 월권소송이 객관소송 및 확인소송으로서의 성질을 갖고 있다는 점은 그 대상적격과 관련하여 중요한 의미를 가진다. 즉, 독일의 행정행위와 같이 국민의 권리의무에 직접 변경을 가하는 개별·구체적 법적 행위에 한정하지 않고 널리 행정의 적법성 통제를 위해 그 위법성을 확인할 수 있는 행위이면 족한 것이다.

ⓓ 제도 운영 - 입증책임·독자적심사권

월권소송에서의 입증책임은 행정행위의 적법성이 추정되는 결과 원고에게 있다는 것이 원칙이지만, 원고가 위법성을 의심할 정도의 주장과 자료를 제출하면 법원이 행정청에 대해 기록제출 등 입증을 촉구하게 되므로 원칙적으로 피고 행정청에게 입증책임을 부과하는 우리나라와 독일과 실질적으로 동일하다고 할 수 있다.[82]

독자적심사권의 문제에 관해서는, 국가배상소송은 프랑스에서 역시 행정법원이 완전심리소송으로 담당하는데, 불가쟁력이 발생한 이후에도 그 추정을 깨고 위법성을 인정할 수 있다는 것이 판례이다[83]. 형사소송에 관해서는 1951. 7. 5.자 관할재판소의 판결에 의해 개별적 처분의 위법성에 대한 형사법원의 독자적 심사권이 부정되었지만, 그 후에도 형사법원은 여러 사건에서 독자적 심사권을 행사하였으며, 결국 1994년부터 시행된 신 형법적 제111 - 5조에 의해 명문으로 형사법원의 독자적 심사권이 인정되었고, 뿐만 아니라 1994. 2. 9. 제정된 소위 Bosson법률에 의해 도시계획결정에 관해서는 형사법원이 그 위법성을 판단하여 취소까지 할 수 있는 권

---

82) Laubadère/Venezia/Gaudement, ibid., n° 635 참조

83) C.E., 31 mars 1911, Blanc, Argaing et Bezie, S., 1912.3.129; Laubadère/Venezia/Gaudement, ibid. p.120 참조.

한이 인정되었다.[84]

ⓔ 정리

프랑스의 유효성추정이론은 우리나라의 행정소송제도 개선과 관련하여 최근 논의가 많다. 특히, 박정훈 교수는 우리나라의 행정쟁송구조를 개선하는 데 있어서 유효성 추정이론의 도입은 유익하다는 견해를 제시하고 있다[85]. 그러나 유효성 추정이론은 그 연혁적인 출발이 프랑스의 행정부소속의 행정재판 특성, 행정소송의 객관소송성에서 기인한 것으로 우리나라의 행정소송제도의 특성에 견주어 봤을 때, 도입에 있어서 보다 신중함이 필요다 하고 본다. 이에 대한 자세한 검토는 프랑스 논의 소결에서 하기로 한다.[86]

4) 거부결정(decision de rejet)의 취소를 구하는 월권소송

프랑스에서는 행정행위의 발급을 구하는 소송으로 독일과 같은 의무이행소송은 없고 그 거부결정(decision de rejet)의 취소를 구하는 월권소송으로 이루어지고 있는데, 이와 관련하여 특기할 것은

---

84) Laubadère/Venezia/Gaudement, Traté de droit administratif, Tome 1, 15e éd, 1999, n° 579; D. Sistach, Le juge pénal et les actes administratifs d'urbanisme, Nouveau Code pénal et loi Bosson, A.J.D.A. 1995, S.674 - 683참조

85) 박정훈 교수가 주장하는 유효성추정이론은 유용성은 다음과 같다. 프랑스의 관념은 비례원칙에 부합된다고 분석한다. 공정력은 원래 행정의 실효성을 확보하기 위한 제도로서, 그 목적에 필요한 최소한도에서만 인정되어야 하고, 행정행위의 효력이 임의로 부정되지 않도록 하기 위해서는 그 적법성 또는 유효성을 추정하면 충분하므로, 독일 행정절차법 제43조 제2항과 같은 실체적인 효력까지 부여할 필요는 없다는 것이다. 둘째 권력분립원칙에도 부합된다고 설명한다. 판결을 통해 적극적으로 행정작용의 효력을 없앤다는 관념은 행정권에 대한 과도한 개입으로 해석하기 때문이다. 또한 법질서상 객관적으로 처음부터 효력이 없던 것을 법원이 사후적으로 확정하는 것에 불과하다고 보는 것이 타당하다고 여긴다. 즉 법원의 힘에 의해서가 아니라 법 자체의 힘에 의해서 효력이 부정되는 것으로 보는 것이다. 셋째, 세계의 보편적 법질서에 부합한다고 한다. 프랑스법계 뿐만 아니라 영미법계와 유럽공동체에서도 독일식의 실체적 공정력 관념은 없고, 단지 효력의 추정 내지 외관을 인정할 뿐이며, 따라서 취소판결을 의미하는 quash, annul, certiorari 등은 모두 엄격한 의미에서는 "위법성 확인을 통한 무효의 확정"에 해당하는 것이라고 주장한다. 박정훈 (2001), p.140

86) 뒤의 제4장 제2절 II. 2. (3)

첫째 2000. 4. 12. 법률에 의해 신청 이후 행정청이 2개월 동안 응답하지 아니하면 거부결정으로 간주되어 바로 월권소송을 제기할 수 있다는 점이다.[87] 둘째는 1995년 법률에 의해 거부결정을 취소하는 때에 원고의 신청에 기하여 판결주문에서 계쟁 행정행위의 발급 또는 재결정을 명하는 이행명령(injonction)을 선고할 수 있도록 되었다는 점이다.[88] 이 이행명령은 거부결정의 취소의 경우에 한정되지 않고 모든 종류의 행정행위가 취소되는 경우에 가능하다[89]. 그러나 이행명령의 실제적 의의가 가장 큰 것은 거부결정에 대한 월권소송의 경우인데, 여기서 이행명령은 그 자체로 독자적인 의미를 갖는 것이 아니라 취소판결의 기판력을 확보하기 위한 부수적 수단으로 이해된다. 이것이 독일 의무이행소송과 본질적으로 다른 점이다.[90] 이행명령을 선고할 수 있는 경우는 두 가지로 규정되어 있는데, 특정한 집행조치가 행해지거나 아니면 새로운 절차를 거쳐 다시 결정이 이루어져야 한다는 것을 취소판결이 필연적으로 전제하고 있을 때이다. 이에 따라 거부행위 취소판결에서는 계쟁 행정행위가 기속행위인 경우에는 그 발급을 명하는 이행명령이, 재량

---

87) 종래에는 1900. 7. 17. 법률에 의해 신청 이후 4개월간 행정청의 부작위(silence)가 있는 경우 거부행위로 간주되었는데, 위와 같이 2000년 법률에 의해 그 기간이 2개월로 단축되었다. 이에 관해 Chapus, Droit du contentieux administratif. 9ᵉ éd., 2001, n° 661; Debbasch/Ricci, op. cit., n° 345 참조.

88) Chapus, Droit du contentieux administratif. 9ᵉ éd., 2001, n° 1092 - 1106; Chabanol, Code des tribunaux administratif et des cours administrative d'appel. 5ᵉ éd., 1998, p.74 - 78; Debbasch/Ricci, op. cit., n° 666; Pacteau, op. cit., n° p.323.

89) 예컨대 공무원 파면처분을 취소하는 때에 독일 행정법원법 제113조 제1항 제2문 소정의 결과제거명령과 유사하게 원고의 복직을 위한 구체적인 조치를 명할 수 있다.

90) 프랑스에서는 권력분립원칙상 월권소송에서는 단지 행정행위의 취소만이 가능하고 행정에게 어떤 행위를 명하는 것은 허용되지 않는다는 원칙이 오랜 기간 확립되어 왔는바, 이행명령이 취소판결의 집행을 위한 수단에 불과하다는 점에서 위 원칙이 전면 포기된 것은 아니라는 것이 일반적 견해이지만(Chapus, op. cit., no 1092 참조), 이행명령의 도입이 프랑스 행정소송 체계 전체에 큰 파장을 미치고 있음은 분명하다고 파악한다. 박정훈 (2001), p.71

행위인 경우에는 재결정을 명하는 이행명령이 선고되는 것이다.[91][92]

2. 월권소송의 대상으로서의 '행정결정'의 개념

(1) 일반

월권소송은 행정결정의 위법성을 이유로 그 취소를 구하는 소송으로 우리나라의 취소소송에 상응하는 것이다. 월권소송의 대상은 '일방적 행정행위'(acte administratif unilateral) 또는 '행정결정'(decision administrative)인데, 그 범위가 매우 넓다. 즉 개별처분 뿐만 아니라 법규명령도 원칙적으로 그 대상이 되고 있으며, 그것은 또한 개인의 권리보호를 위한 것이 아니라 행정의 적법성을 담보하기 위한 객관소송으로 인정되고 있다. 이러한 월권소송은 행정행위에 대한 것이고 인(人)에 대한 것은 아니라는 점에서 그에서는 원칙적으로 당사자는 존재하지 아니하는 것으로 보고 있다. 그러나 이는 제3자의 재심청구나 불복항고제도 등에 의하여 상당히 실질적으로 수정을 받고 있는 상황이다. 또한 월권소송에 있어서도 누구나 당해 행위의 위법을 이유로 이를 다툴 수 있는 것은 아니고, 원고적격의 인정에 있어서는 최소한도의 제한이 가하여지고 있음은 물론이다.

---

91) 이는 독일 의무이행소송에서 기속행위에 대해 이행명령판결(Vornahmeurteil)이, 재량행위에 대해 지령판결(Bescheidungsurteil)이 선고되는 것과 대응된다(독일 행정법원법 제113조 제5항).

92) 주의할 것은 월권소송에서 위법판단의 기준시는 처분시이지만, 이행명령에서 판단기준시기는 판결시이다. 이에 관한 대표적 판례는 C.E. 18 octobre 1995, Ep. Re. ghis, Rec. Lebon p.989; C.E. 4 juillet 1997, Ep. Bourezak, Rec. Lebon p.278 A.J. 1997, p.584; C.E. 4 juillet 1997, Leveau, Rec. Lebon p.282 A.J. 1997, p.584 등이다. 즉 이행명령의 기능은 일차적으로 취소판결의 기판력에 의해 발생하는 행정청의 의무를 명시하는데 있지만, 이는 기판력의 객관적 범위를 확정하는 동시에 기판력의 시간적 범위를 - 독일의 의무이행소송에서와 같이 - 판결시까지 확대하는 결과를 낳게 한다고 한다. 이에 관해 Chapus, op. cit., no 1094, 1096; Debbasch/Ricci, op. cit., n° 666 참조. 박정훈 (2001), p.71 재인용.

(2) 월권소송의 대상 : 행정결정(décision administrative)

1) 행정계약에서 분리되는 행위(acté détachable)

우리나라의 행정행위에 해당하는 개별적 처분은 당연히 취소소송의 대상이 된다. 특히 행정계약에 관련된 행위라도 그것이 행정계약 그 자체와는 구분될 수 있는 것으로서 처분적 성질을 가지는 것인 때에는(actes dètachables), 당해 행위는 월권소송의 대상이 된다.

2) 법적 행위(acté juridique) - 행정행위, 사실행위

행정행위는 법적 행위(acte juridique)이지만, 프랑스에서 법적 행위라 함은 독일에서와 같이 상대방의 권리 · 의무를 변경하는 행위에 한정하지 않고 전체 법질서에 새로운 요소를 도입하는 것이면 충분하다. 따라서 행정청의 단순한 견해표명은 제외되지만, 경고, 권고, 공적 시설의 설치 등 독일에서는 사실행위로 분류되는 것도 그것이 법적인 의미를 갖고 상대방에게 침익적인 영향을 초래하는 (faisant grief) 것인 한 월권소송의 대상이 된다.

3) 행정입법(actè réglementaire)

법규명령도 취소소송의 대상이 된다. 먼저 법률의 집행으로서 발하여지는 법률종속적 명령은 당연히 취소소송의 대상이 된다. 그러나 취소소송의 대상인 법규명령은 이에 한정되지 않고, 프랑스 헌법 제37조에 따라 발하여지는 독립명령(réglements autonomes)[93] 및 제38조에 따라 발하여지는 법률명령(ordonnances)[94]도 또한 취소

---

93) 프랑스 헌법 제34조는 일정한 중요사항을 입법사항으로 열기하고 나서, 동 제37조는 제34조에 열기된 사항 외의 사항은 법규명령사항에 속한다고 규정하고 있다. 따라서, 헌법 제37조에 따라 발하여지는 것이므로, 이러한 법규명령을 독립명령(règlements autonomes)이라고 하고 있다.

94) 프랑스 헌법상 법률명령(ordonnances)의 법제는 다음과 같다. 정부는 헌법 제38조에 따라

소송의 대상이 되고 있다. 이에 대하여 상급기관이 발하는 훈령은 대외적 구속력이 없는 결과, 취소소송의 대상이 되지 아니하는 것이 원칙이다. 그러나 특정 훈령이 법규명령적 요소를 포함하고 있을 때에는, 그 형식에도 불구하고 월권소송의 대상이 된다. 개별행위(acte individuel)뿐만 아니라 법규제정행위(acte reglementaire)도 포함하므로, 행정입법에 대하여 그것에 의거하여 내려진 개별행위에 대한 월권소송에서 행정입법을 다투는 위법성 항변(exception d'illegalite)과 더불어 직접 월권소송을 제기할 수도 있게 된다.[95]

법규명령·조례 등 행정입법에 대하여 시행 이후 제소기간(2개월) 이내에 직접 월권소송을 제기할 수 있다. 제소기간이 경과하면 행정입법 그 자체에 관해서는 불가쟁력이 발생하지만, 향후 그 행정입법에 의거하여 내려진 개별행위를 월권소송으로 다투는 기회에 행정입법에 대한 위법성 항변(exception d'illegalite)을 주장할 수 있는데, 우리의 부수적 규범통제에 대응되는 것이다.

(3) 소결 - 월권소송 대상 광의성 연혁적 이유

1) 일반

프랑스에 있어서의 행정결정(actes administratifs)은 우리나라나 독

특정 정책의 집행을 위하여 하원에 일정기간에 걸쳐 일정 입법사항을 명령으로 규율할 수 있는 권한을 요청할 수 있는 바, 이러한 수권법(loi d'habilitation)에 따라 정부는 당해 사항에 대하여 명령으로 새로이 규율하거나 기존의 법률을 개폐할 수 있다. 이 명령은 그 공포와 동시에 효력을 발생하나, 정부는 이 명령에 대하여 수권법에 규정된 기간 내에 의회에 제출하여 그 비준을 요청하여야 한다. 이 경우 의회의 비준이 있는 경우에는, 당해 명령은 법률로서의 성질을 가지게 되나, 의회가 이에 대하여 어떠한 조치도 취하고 있지 아니하는 때에는, 당해 명령은 법규명령으로서 그 효력이 지속되게 된다. 이 경우에는 당해 명령은 그것은 다른 법규명령과 마찬가지로 월권소송의 대상이 되게 된다.

95) Chapus, op. cit., n° 705 - 717; Debbasch/Ricci, op. cit., n° 234, 307, 839, 840, 845 참조.

일과 같이 개별적 처분에 한정되지 아니하고 행정입법 또는 법규명령도 그에 포함되고 있는 결과, 월권소송의 대상의 범위는 독일과 우리나라의 취소소송보다 훨씬 넓다. 이와 같이 월권소송의 대상이 되는 행정결정의 범위가 넓은 이유는 월권소송의 객관소송성에서 기인하며, 월권소송의 객관소송성은 프랑스의 행정재판의 연혁적 특성에서 비롯된다. 즉, 프랑스에서는 행정재판권이 사법권과 완전 분리되어 형식적으로 행정권에 소속되어 월권소송의 기능을 강화하고, 따라서 그 대상과 소익을 넓게 인정하였기 때문이다[96].

2) 행정의 적법성 통제 – 객관소송

프랑스 월권소송의 주된 목적은 '시민의 권익보호' 보다 '국가행정의 적법성 통제' 에 더욱 중점을 두고 있었다. 이는 프랑스 사법부에서 독립되어 운용된 프랑스 행정재판제도의 특성과 이에서 기인한 행정소송의 기능과 무관하지 않다. 즉 행정부에 소속되어 있는 꽁세유 · 데따의 지위 및 위상, 이에서 비롯된 행정소송의 역할과 기능 그리고 월권소송의 성질 등이 복합적으로 불가분의 관계를 맺고 있는 것이다. 행정소송이 사법부가 아닌 행정부 소속의 꽁세유 · 데따를 통해 – 일종의 내부적 통제의 유형으로 – 운용되었으며, 행정부내 일종의 상급기관의 역할과 지위에서 행정활동의 적법성여부가 통제되었으므로, 이는 결국 행정소송의 기능을 주관적 권리보호의 측면보다 행정의 객관적 적법성보장에 보다 중점을 두게 하였다고 볼 수 있다.

---

96) 유사한 견해를 지적한 글로 김동희. 취소소송 개설. 주석행정소송법. p.269 (김철용 · 최광율 편, 2004)

3) 원고의 부수적 지위성

따라서 취소소송 과정에서 당사자의 지위는 행정의 적법성통제 절차를 시작하게 하는 원인제공자 정도의 역할을 수행할 뿐이다. 물론 취소소송의 결과 위법한 행정처분이 취소되면 원고도 자신의 권리를 보호받게 되지만, 이는 취소소송에서 중심적인 관심사는 아니며, 부수적인 지위만을 갖는 것으로 평가되고 있다[97].

Ⅲ. 프랑스 행정소송관계법상 '행정결정' 개념에 따른 입법적 대안

1. 정리 및 요약

프랑스 행정법상 월권소송의 대상이 되는 행정결정(actes administratifs)은 그 범위가 매우 넓다. 이는 프랑스 행정소송의 연혁적 특성을 고려하지 않을 수 없다. 즉, 프랑스의 행정재판제도는 일반사법권과 형식적으로 완전히 분리되어 있고, 행정재판은 꽁세유·데따에서 관장하고 있다. 꽁세유·데따는 행정부에 소속되어 월권소송의 강화를 도모함으로써 행정법의 이론과 체계를 형성해 나갔다. 즉 행정부 내부에 소속되어 행정의 적법성 통제를 강화해 나갔고, 그 주요한 수단이 월권소송이었다. 이러한 프랑스의 행정연혁적 기초 아래 월권소송은 객관·확인소송의 성격을 띠고 있는 바, 월권소송의 대상인 행정결정은 행정행위, 행정입법, 행정상 사실행위 전체를 포괄하였다. 월권소송은 무효선언이라는 확인판결을 통해 행정의 적법성 통제를 도모하였다.

---

97) 이러한 내용에 대해서는 Woehrling, NVwZ 1998, 462(463); Schwarze, NVwZ

프랑스의 '행정결정' 개념은 우리 행정소송법 개정과 관련하여 그 도입에 관한 논의가 심화된 바 있다. 동 논의에 대해서는 우리 행정소송법의 폐쇄적 소송구조를 극복함에 있어서 소위 "취소소송의 특성·기능"이라는 개념 내지 원리 변화를 통해 소송구조에 대한 접근을 꾀함으로써 대안을 제시했다는 측면에서 탁월한 견해라고 판단되나, 다음과 같은 문제점이 있어 그 도입에 있어서 신중을 기함이 필요하다고 생각된다. 우리나라가 독일 행정법을 일본을 통하여 계수하여 행정법도그마를 중시하는 체제임에 비하여[98], 프랑스는 소위 "형식성의 파괴" 및 자율성이 행정법의 연혁에서부터 행정법학 전체를 관통하고 있으며[99], 우리의 행정소송은 헌법 제101조, 제107조 등과 결합하여 법률상 쟁송성을 전제로 하는 주관소송성을 기본으로 하는 반면, 프랑스의 행정소송은 행정의 적법성 통제에 주안점을 두고 있는 객관소송성[100]을 띠고 있어 기본적인 행정 환경 및 특성이 상이하고, 소송구조를 달리하므로 제도 자체의 우수성을 이유로 무조건적 도입은 우리 행정법 체계 뿐만 아니라 행정체계에 있어서도 혼란을 유발할 가능성이 크다고 사료된다.[101]

---

98) 이러한 특성은 특히 행정작용과 행정입법 구별의 엄격한 형식성과 공법형식과 사법형식의 엄격한 구별 등에서도 잘 나타나고 있다. 정교한 행정행위이론체제, 이를 바탕으로 한 행정소송체제, 행정입법을 포함한 성문규범체제의 엄격성 등이 이론체계를 중심으로 함을 반영한다.

99) 행정행위와 행정입법을 포함한 포괄적 행정작용유형의 존재 취소와 무효를 준별하지 않는 이론, 법률효과측면에 한정되지 않은 재량행위개념의 이론 등은 이러한 경향의 예로 볼 수 있다. 류지태 (2003), p.128 이하 참조.

100) 프랑스는 초기 행정소송이 사법부가 아닌 행정내부조직형태를 통하여 주로 상급관청의 지위에서 행정활동의 적법성 여부를 통제하였고, 이러한 전통에 의하여 여전히 행정소송의 기능은 객관적인 적법성 보장에 중점을 두고 있으며, 따라서 취소소송 과정에서 당사자의 지위는 행정의 적법성 통제절차를 시작하게 하는 원인제공 정도의 역할을 수행할 뿐이다. 물론 취소소송의 결과 위법한 행정처분이 취소되면 원고도 자신의 권리를 보호받게 되지만, 이는 취소소송에서 중심적인 관심사는 아니며, 부수적인 지위만을 갖는 것으로 평가되고 있다. 류지태 (2003), p.128 이하 참조.

101) 비교법 또는 비교법 정책론적 견지에서 반드시 더 우월하다고만 볼 수 없는 프랑스 또는 미국식의, 특히 그 적절성이나 적용성과가 불분명한 제도를 도입하여 그동안 행정의 적법성확

프랑스 행정법의 내용을 검토하는 이유는 우리나라 논의에의 시사점을 얻기 위함에 있다. 특히 프랑스 행정소송의 구조나 체제가 우리나라 행정소송법 개정논의에 어떠한 단서를 제공하는가 하는 점을 중시할 필요가 있다. 제도의 우수성은 이론적인 고찰만이 아니라 구체적인 소송운영의 모습이나 그에서 비롯되는 문제점 뿐만 아니라, 행정청이나 국민들이 이를 받아들이는 수용태도 등도 동시에 고려되어야 할 사항에 해당한다. 또한 소송제도는 단순히 소송이라는 절차적 측면에서만 고찰할 수는 없으며, 실체법적 측면과의 조화도 무시할 수 없으며, 따라서 한 나라의 소송제도를 체계적으로 이해하기 위하여는 그 나라의 실체법적 관련성도 같이 검토됨이 필요하다.

2. 입법적 대안의 설정 및 검토

프랑스의 월권소송 및 "행정결정"의 관계는 우리나라의 행정소송제도에서 수용하기에는 적합하지 않다. 즉, 행정재판에 대한 사법시스템의 상이, 이에서 근거한 행정소송의 기능 및 월권소송의 성질 등 그 제도적 기반과 환경이 우리나라와 상이하기 때문이다.

우리나라의 소송구조에 프랑스의 행정결정을 가져와서 입법적 대안을 설정하면 다음과 같다.

보와 국민의 권리구제라는 양대 측면에서 체계적으로 발전되어 온 '행정행위형식론'의 발전 성과를 단절시켜 버림으로써 행정구제에 관한 법과 제도의 운용에 혼란과 부작용을 초래할 우려가 있다. 김해룡 (2006), p.37; 정하중, "행정소송법개정안의 문제점", 법률신문, 2004. 11. 4. (2004) p.14.

(i) 처분(행정행위, 행정입법, 사실행위) - 취소소송, 비처분 - 당사자소송

본 입법적 대안에서 "처분"을 프랑스의 "행정결정"으로 보아 모든 행정작용이 취소소송으로 해결하자는 입장이다. 우리 행정소송의 법률상 쟁송성, 취소소송의 형성소송성 등 으로 인해 적용이 불가능하다. 왜냐하면, "행정행위"의 경우에는 형성소송인 취소소송을 통해 소급적으로 효력을 상실하게 할 수 있으나, 사실행위의 경우는 취소할 대상이 없으며, 행정입법은 효력이 있고 없음의 문제이지 소급해서 효력을 상실케 한다는 문제가 아니므로 우리의 취소소송이 주관·형성소송성을 갖고 있는 한 본 입법적 대안의 도입은 불가능하게 된다.

또한 처분 개념에 모든 행정작용을 포괄하는 것은 우리 헌법상 '처분' 개념의 구현 원리인 '실체법에 봉사하는 절차법'에 위배될 뿐만 아니라 행정작용형식의 체계성을 무시함으로써 행정법의 발전저해를 초래하게 될 것이다.

제3절 영·미국의 행정소송관계법상 '행정행위(administrative action)' 개념

Ⅰ. 영·미 행정재판의 연혁과 특성

1. 영·미 행정재판의 연혁

(1) 영국

1) 사법심사 양상의 변화
① 행정에 대한 특별한 수권

영국은 근대 이전, 청교도혁명·명예혁명 이전에, 일정한 공적 임무에 관해 국왕의 관사에게 특별한 권한을 부여하는 개별 법령이 제정되어 관사들은 막강한 권력을 휘두르고 이에 대한 통제가 잘 이루어지지 않던 시대가 있었는데, 이는 국가우월주의를 기반으로 행정에 대한 특별한 수권에 치중한 시기에 해당한다 할 것이다.

② 대권적 영장 중심 사법심사 형성

행정에 대한 특별한 수권을 부여한 시기 이후, 소위 '행정의 대한 특별한 수권'에 대한 반작용으로 대권적 영장(prerogative writs)을 중심으로 사법심사가 형성되는 단계 – 소위 '대권적 구제(prerogative remedies)'[102] – 로 시민적 자유주의를 기반으로 행정에 대한 특별한

---

102) 대권적 구제(prerogative remedies)는 국왕직속기관의 의회제정법률에 의거한 '법률상 권한(statutory power)'에 대한 특수한 재판절차와 구제방법을 의미하는 것으로 원래 17세기부터 국왕재판소(Crown Court)가 국왕으 이름으로 지방의 하급법원 및 치안판사(Justice of the Peace)의 업무를 감독하기 위한 수단으로 발전된 것이다. 그 후 하급법원과 치안판사가 담당하던 행정업무가 지방자치단체(local government)로 이관되었는데. 지방자치단체에 대해서는 국왕의 면책특권이 적용되지 아니하여 상술한 통상적 구제가 허용되었으므로.

제한에 치중한 시기로 전개되었다.[103]

2) 행정재판의 관할

① 일반법원(common law court)

영국은 전통적으로 행정에 대한 사법심사가 공무원의 권한유월에 대한 재판으로 이뤄졌다. 즉 권한유월(ultra vires)인 경우에는 그 담당 공무원은 사인과 동일한 지위에 서게 된다는 것을 근거로 행정재판권이 민사재판권과 전혀 분리되지 않은 채 일반법원(common law court)의 관할에 속하였다.[104] 이를 전항에서 기술한 '대권적 구제(prerogative remedies)'에 대비하여 '통상적 구제(ordinary remedies)'[105]라고 칭하였다.

② 고등법원의 국왕재판부 전담법관 - 사법심사청구소송

1977년과 1981년 개혁에 의해 사법심사청구소송(application for judicial review; AJR)[106] 제도가 도입되었는데, 공법적 사건은 반드시 이를 통해야 하고, 그 관할은 고등법원(High Court)의 국왕재판

대권적 구제는 주로 통상적 구제가 허용되지 않는 국왕직속기관의 행위를 대상으로 삼게 된 것이다. 박정훈, "영국의 행정소송", 주석행정소송법, p.1223 참조 (김철용·최광률 편, 2004)

103) '대권적 구제(prerogative remedies)' 수단에 대해서는 본 절 Ⅱ. 1. (1) 에서 기술한다.

104) 공무원에게 주어진 권한 범위를 넘어 권한을 행사한 경우에는 행정기관으로서의 자격을 상실하고 사인과 동일한 입장에 서게 된다는 관념이 지배하였기 때문에, 공무원의 권한 유월에 대한 재판도 일반 민사소송과 동일한 것으로 이해되었다. 따라서 영국에서는 공법과 사법의 구별도 이루어지지 않았고 일반 사법과 독립된 법영역으로서 행정법의 관념도 없었다. 박정훈 (2004), p.1223 참조.

105) 이에 대하여는 본 절 Ⅱ. 1. (1) 에서 기술한다.

106) 1977년 제정된 최고법원규칙 제53부(Rules of Supreme Court Order 53)와 이에 대한 법률적 근거를 부여하기 위하여 1981년 제정된 최고법원법(Supreme Court Act)에 의하여 '사법심사청구소송'(application for judicial review; AJR)이 마련되었고, 이는 2000년 10월 민사소송규칙(Civil Procedure Rules) 제54부가 제정되어 'claim for judicial review'(CJR)로 개칭되었다. 박정훈 (2004), p.1227 이하 참조. 이에 대한 자세한 기술은 본 절 Ⅱ. 1. (1) 참조

부(Queen's Bench Division)의 전담법관(Crown Office List)[107]이 담당하고, 항소심은 항소법원(Court of Appeal)이, 상고심은 최고법원(House of Lords)이 맡는다. 만일 공법적 사건을 일반법원에 민사소송 형식으로 제기하면 절차남용(abuse of process)으로 각하하는 것이 1983년 O'Reilly v. Macman 판결[108] 이후 확립된 판례이다.

③ 정리 - 재판관할의 배타성

영국의 행정소송(administrative litigation)은 '사법심사청구' 라는 특별한 소송절차와 전담재판부, 그리고 별도의 소송법규에 의거하여 상당한 정도의 독자성을 갖는다고 할 수 있다. 결국, 영국은 공법과 사법의 구별을 전제로 행정소송에 관한 실질적인 재판관할의 배타성이 인정된다 할 것이다.[109]

(2) 미국

1) 영국법 계수 - 행정의 통제와 자율성 보장

미국은 '행정에 대한 특별한 수권에 치중한 시기', '시민적 자유주의를 기반으로 행정에 대한 특별한 제한에 치중한 시기'를 거쳐

---

107) 이와 같이 행정소송을 전담하는 재판부가 2000년 10월 제정된 민사소송규칙에 의해 'Administrative Court'로 개칭되었다. 이는 기능적으로 우리나라의 서울행정법원과 유사한 전문법원이라고 할 수 있지만, 조직상으로 High Court에 소속된 전문재판부라는 것이 차이점이다.

108) 2 A.C. 237, 동 판결은 '공법적 기관'(public law body)에 관한 '공법적 문제'(public law issue)에 대하여 사법심사청구소송에 의하지 않고 민사소송으로써 명령판결이나 선언판결을 구하는 것은 '소송절차의 남용'(abuse of court's process)에 해당하여 각하되어야 한다고 판시하였다. 이는 공법적 문제에 관한 사법심사청구소송의 절차적 배타성(procedural exclusivity)이 인정된 것이다. 박정훈 (2004), p.1229

109) de Smith/Woolf/Jowell, Judicial Review of Administrative Action, 5.ed., 1995, para. 1-006~1-043, 3-001~3-034; C. Lewis, Judicial Remedies in Public Law, 2000, para. 3-001~3-041; C. Emery, Administrative Law: Legal Challenges to Official Action, 1999, p.123-124, 141-155; Wade/Forsyth, Administrative Law, 8.ed., 2000, p.636-653; 박정훈 (2001), p.74 각주 17에서 재인용

형성된 '행정에 대한 수권과 제한, 통제와 자율성보장을 동시에 추구하는' 영국의 행정법을 계수하였다.[110]

  2) 헌법소송과 행정소송의 상호합치 – judicial review

미국은 초창기 헌법과 행정법간 법영역의 구별이 모호한 상황에서 헌법이 행정법이 상호 합치되어 생성·발전하였다[111]. 즉 헌법이 – 국가권력 발동의 내용적 측면에 대해 실질적 규범력을 가짐으로써 – 행정에 대한 법적 규율도 함께 포함하는 것이므로, 개념적으로나 실제적으로나 행정법이라는 별도의 법영역이 필요 없었다. 따라서 헌법과 행정법을 포괄하여 국가권력 전체를 규율하는 법이라는 의미에서 constitutional law라고 일컬어지고, 국가권력 전체에 대한 사법심사라는 의미에서 헌법소송이든 행정소송이든 모두 judicial review로서, 헌법소송과 행정소송을 별도로 담당하는 재판권의 분립도 필요 없게 된 것이다[112].

---

110) 박정훈 (2001), p.68 이하 참조.

111) 미국은 유럽에서 정립된 근대 입헌·법치국가 사상에 입각하여 신대륙에 완전히 새로운 나라로 건국되었다는 점이다. 즉, 미국의 건국 자체가 헌법에 의해 이루어져 헌법이 처음부터 국가의 통치구조뿐만 아니라 국가권력 행사의 내용에 관해서도 실질적 규범력을 가졌던 것이다. 일찍이 1803년의 Marbury v. Madison 판결을 통해 입법권과 행정권은 법원의 사법심사(judicial review)에 복종한다는 원칙이 확립되었다.

112) 다만, 20세기 초반부터 자본주의의 폐해로 인한 사회적 모순의 해결이라고 하는 과제로 인해 – 시민적 자유의 보장을 임무로 하는 헌법과는 달리 – 공익과 사익을 조정해야 하는 임무를 띠고 행정법(administrative law)이라는 독자적 영역이 생성되기 시작하는데, 이는 규율대상의 차이로 인한 것이 아니라 그 규율의 독자적 원리에 바탕을 둔 것이다. 또한 연방 차원에서 행정적 권한만이 아니라 준입법권·준사법권의 공범위한 권한을 가진 독립규제위원회 등 행정위원회가 다수 설치되고 그 권한행사의 절차를 규율하기 위한 개별 법률들과 그 일반법으로서 1946년 행정절차법(Administrative Process Act)이 제정되어 이들을 중심으로 행정법이 분리된다. 그러나 그 후 헌법도 일방적인 시민적 자유 보장만이 아니라 공익과 사익의 조화를 지향함으로써 규율원리의 차이점도 해소되고 있고, 따라서 규율의 대상·척도·원리·재판절차의 면에서 미국의 헌법과 행정법은 여전히 합치·포함관계에 있다고 할 것이다. 미국에서의 행정법의 개념·생성·발전에 관해, K. C. Davis, Administrative Law. Text. 3.ed., St.Paul 1972, p.1 – 3; B. Schwartz, Administrative Law. 3.ed., Boston 1991, p.1 – 3, 28 – 33; O. Lepsius, Verwaltungsrecht unter dem Common Law. Amerikanische Entwicklungen bis zum New Deal, Tubingen

2. 영·미국 행정재판의 특성

(1) 영국

1) 행정소송 – 사법심사청구·전담재판부·별도의 소송법규

영국의 행정소송(administrative litigation)제도는 사법심사청구라는 특별한 소송절차와 전담재판부, 그리고 별도의 소송법규에 의거하여 독자성을 갖으나 행정재판권이 최고법원을 정점으로 하는 일원적 사법권에 포괄되고 단지 직무관할의 관점에서만 특화되어 있다는 점에서, 프랑스와 독일에 비해서는 그 독자성이 약하다고 할 것이다[113].

2) 행정법 – 행정소송 관련 형식적 인정

영국에서 공법의 영역은 기능의 공공성을 징표로 함으로써 독일에서의 국고행정관계까지 포괄하는 상당히 넓은 것이다. 그러나 공법으로서의 행정법의 독자성은 아직 주로 행정소송과 관련하여 형식적으로 인정되는데 불과하고, 내용적으로는 개별 행정영역들을 포괄하고 있지 못할 뿐만 아니라, 독일의 '일반행정법'(Allgemeines Verwaltungsrecht)과 같은 개별 행정영역에 공통적인 실체법적인 내용도 체계적으로 완결되지 않은 상태이다. 이러한 점에서 영국의 '행정법'(administrative law)은 독일·프랑스 행정법에 비해 그 체계성이 다소 약하다고 평가된다.[114]

1997 등 참조.

113) 박정훈 (2001), p.74 이하.

114) 박정훈 (2001), p.75

(2) 미국

1) 행정소송

① 일반절차 – 커먼·로 소송(common law action)

미국에서의 행정소송(judicial review against administrative actions)는 민사사건으로(civil action)으로 분류되어 연방민사소송규칙(Federal Rules of Civil Procedure)과 각 법원의 소송규칙(local court rules)에 의한 통상의 민사소송절차에 따라 심리가 진행된다. 즉 미합중국법전 제28편 (28 U.S.C.) 제1331조 소정의 일반관할조항에 의거하여 연방지방법원에 커먼·로 소송(common law action)의 형식으로 행정작용의 위법성을 다투는 소송을 제기할 수 있으며 그 절차에 관해서는 특별한 소송법규가 마련되어 있지 않고 연방민사소송규칙(Federal Rules of Civil Procedure)에 의한 민사소송절차로 진행된다.115)

② 특별절차 – 행정절차법(Administrative Procedure Act)

1946년에 제정된 행정절차법(Administrative Procedure Act)의 6개의 조문116)에서 사법심사(judicial review)의 대상·원고적격·심사범위 등 그 허용요건과 본안요건을 규정하고 있는데, 이는 사인간의 민사소송에서는 문제되지 않는, 행정소송 특수한 문제로서, 행정소송의 중요한 부분은 특별한 규율을 받고 있다.

---

115) 윤준, "미국의 행정소송", 주석행정소송법, p.1242 이하 참조. (김철용·최광률 편, 2004)

116) 행정절차법은 제7장에서 제701조(적용범위·정의), 제702조(심사청구권), 제703조(소송형식 및 관할), 제704조(심사할 수 있는 행위), 제705조(가구제), 제706조(심사의 범위)를 규정하고 있다. 5 U.S.C. § 701 ~ § 706, Administrative Procedure Act, 60 Stat. 237, 1946; Public law 89-554, 1966

③ 정리 – 형식적 '행정소송' 부존재

미국은 관할과 절차의 면에서 민사소송과 독립된, '행정소송'은 긍정되기 어렵다. 그러나 내용적으로는 행정작용에 대한 사법심사, 즉 행정작용의 위법성을 다투는 특별한 소송이라는 의미에서 연방행정절차법상 '행정소송'은 존재한다고 볼 수 있다.[117]

2) 재판관할 독자성 미약 – 연방지방법원 전담재판부 – 내부적사무분담

미국의 '행정소송'은 상술한 바와 같이 관할·절차의 면에서 민사소송으로부터 독립되어 있지 않다. 또한 비록 제1심인 연방지방법원에 전담재판부가 마련되어 있지만 이는 내부적 사무분담에 불과하므로 재판관할에 있어서 독자성을 인정하기는 어렵다.

3) 행정법(administrative law)

① 행정법으로서의 독자성 부재 – 행절절차와 사법심사만

'행정법'(administrative law)도 일반적으로 주로 행정절차와 사법심사만을 대상으로 하는 것으로 이해되고 있고, 개별 행정영역 또는 그에 공통된 실체법적 내용을 담고 있지 못하므로 행정법(administrative law)으로서의 독자성을 인정하기에는 이른 상황이다.

② 분화된 법영역에 산재 – 민법·민사소송법·환경법·건축법·은행법 등

소위 '형식적' 행정법 및 행정스송 존재에 대한 실체성을 긍정하

---

117) 同旨, Schwartz, Administrative Law. 3.ed., 1991, § 8.1 – § 8.4; Pierce/Shapiro/Verkuil, Administrative Law and Process, 2.ed., 1992, § 5.1 – § 5.3; Strauss/Rakoff/Schotland/Farina, Gellhorn and Byse's Administrative Law. 9.ed., 1995, p.1106 – 1113; Gellhorn/Levir, Administrative Law and Process, 4.ed., 1997, p.342 – 346, 박정훈 (2001), p.75 각주 19에서 재인용

는 것은 이르지만 내용상 민법과 민사소송법, 그리고 환경법 · 건축법 · 은행법 등으로 분화된 법영역에 산재되어 있어 실제성은 존재한다고 볼 수 있다.[118]

II. 행정소송과 '행정행위' 개념의 해석

1. 행정소송의 유형과 구조

(1) 영국

1) 소송유형 개관
① 일반 – 구제수단(remedy)

영국에서의 소송유형은 대상은 모두 넓은 의미의 행정행위(administrative action)로서 동일하기 때문에 오직 구제수단(remedy), 즉 판결의 내용 내지 종류에 의해서만 결정되는 것으로 볼 수 있다. 즉, 영국에서 소송유형에 해당하는 것은 구제수단이다.[119]

② 대권적 구제수단 – 취소판결 · 금지판결 · 직무집행명령 · 인신보호명령

전통적으로 국왕의 대신의 행위에 대해서는 대권적 구제수단(prerogative remedies)으로 취소판결(certiorari), 금지판결(prohibition), 직무집행명령(mandamus), 인신보호명령(habeas corpus)이 있었다.[120]

---

118) 박정훈 (2001), p.76

119) 소송유형을 결정하는 중요한 기준은 소송의 대상과 인용판결의 내용이다. 이 양자가 동시에 문제되는 경우에, 소송의 대상이 결정적인 기준이고 대부분 이에 따라 인용판결의 내용이 자동적으로 결정된다. 예컨대, 독일의 취소소송과 금지소송은 소송의 대상에 의해 구분되는데 각각에 대한 인용판결의 내용도 상이하다. 박정훈 (2001), p.84

120) 대권적 구제에 있어서는 런던 소재 고등법원(High Court)의 국왕재판부(King's Bench

③ 통상적 구제수단 - 명령판결 · 손해배상 · 선언판결

일반행정기관의 행위에 대해서는 커먼 · 로 소송에서 인정되는 통상적 구제수단(ordinary remedies)으로 명령판결(injunction)[121] - 금지 · 보전 · 이행 명령 -, 손해바상(damage) 및 선언판결(declaration)가 있었다.[122]

④ 사법심사청구소송 - 취소 · 금지 · 직무집행명령 · 보전명령 · 손
   해배상 · 선언

1977년 · 1981년 사법심사청구소송이 도입되면서 그 구제수단으로 종래의 대권적 구제수단과 통상적 구제수단이 통합되었다. 즉 사법심사청구소송은 국왕행정기관과 일반행정기관을 불문하고 모든 행정기관의 행위를 대상으로 하고 종래의 대권적 구제수단이었던 취소판결(certiorari), 금지판결(prohibition), 직무집행명령(mandamus)과 통상적 구제수단으로서 종전에는 민사소송에 의해서만 가능하였던 명령판결(injunction), 손해배상(damage), 선언판결(declaration)이 모

Division)의 전속관할에 속하고, 소송개시를 위해 법원의 허가(leave)가 필요하며, 6개월의 제소기간이 있고, 문서제출명령 · 증인소문 · 가구제가 허용되지 않는다는 제한이 있었다. 대권적 구제의 대상은 국왕직속기관이 本律상 권한에 기하여 행한 일체의 행위로서, 통상적 구제의 경우와 마찬가지로, 공법적 행위인가 사법적 행위인가를 묻지 않았다. 소송구조는 형식적으로 국왕이 원고로서, 피고인 행정기관을 탄핵하는 구조를 취한다. 박정훈 (2004), p.1224 참조

121) 통상 injunction은 '금지명령'으로 번역되고 있으나, injunction에는 금지를 명하는 것만이 아니라 이행을 명하는 것도, 보전조치를 명하는 것도 있기 때문에, injunction은 상위개념인 '명령판결'이고 그 구체적 종류로서 '금지명령'(prohibitory injunction), '이행명령'(mandatory injunction) 및 '보전명령'(interlocutory injunction)이 있다고 하는 것이 보다 타당한 번역이라고 본다. 박정훈 (2001), p.85 각주 48.

122) 통상적 구제에 있어서는 민사소송과 같이 재판관할의 제한이 없고, 법원의 허가 없이 소장 접수에 의해 당연히 소송이 개시되며, 민사상 권리의 시효인 6년 이외에는 제소기간의 제한이 없고, 문서제출명령과 증인심문이 허용되었으며, 임시명령판결(interlocutory injuction)에 의하여 가구제도 가능하였다. 통상적 구제의 대상은 공무원이 직무상 행한 일체의 행위로서, 공법적 행위인가 사법적 행위인가를 묻지 않았으며, 원고적격은 민사소송과 동일하게 권리의 침해를 주장하는 자에게 인정되었다. 소송구조도 시민이 원고가 되고 공무원이 피고가 되는 대심구조를 취하였다. 박정훈 (2004), p.1223.

두 허용된다. 통상적 구제수단 중 금지명령(prohibitory injunction)과 이행명령(mandatory injunction)은 대권적 구제수단으로서의 금지판결(prohibition)과 직무집행명령(mandamus)과 중복되어 더 이상 사용되지 않고, 보전명령(interlocutory injunction)만이 의미를 갖게 되었다. 이러한 이유로 이제 영국에서 'injunction'이라 하면 통상 보전명령(interlocutory injunction)을 의미하는 것으로 되었다.123) 이하에서는 사법심사청구소송을 판결의 유형별로 살핀다.

2) 취소판결(certiorari)

① 연혁 – 문서송부명령

취소판결(certiorari)은 문서송부명령으로서 하급법원이나 행정기관의 사건기록을 고등법원(High Court)으로 송부할 것을 명하는 것을 의미했던 것으로, 사건기록이 송부되면 통상 원래의 결정이나 판결이 취소되기 때문에, 의미가 전환되어 취소판결로 의미화 되게 되었다124).

② 확인판결

취소판결(certiorari)의 취소는 프랑스 월권소송에서와 같이 본질적으로 확인판결이다125). 즉, 그 취소의 사유는 권한유월(ultra vires)

---

123) 2000년 10월 민사소송규칙(Civil Procedure Rules) 제54부가 제정되면서 주요용어들이 개칭되었다. 즉 사법심사청구소송의 명칭이 application for judicial review(AJR)에서 claim for judicial review(CJR)로 변경되었고, 종래 대권적 구제수단이었던 취소판결(certirari)이 quashing order로, 직무집행명령(mandamus)이 mandatory order로, 금지판결(prohibition)이 prohibiting order로 개칭되었으며, 소송개시의 허가를 가리키는 용어가 종래의 leave 대신에 permission으로 변경되었고, 사법심사청구의 전담재판부가 Crown Office List에서 Administrative Court로 개칭되었다. 이러한 변화는 예전에 대권적 구제에 관해 사용되었던 용어들을 폐기하여 대권적 구제의 역사적 내지 권위적 뉘앙스를 제거함으로써 사법심사청구소송을 명실상부한 새로운 행정소송으로 정립하고자 하는 노력의 일환으로 평가할 수 있다고 본다. 박정훈 (2004), p.128

124) de Smith/Woolf/Jowell, op. cit., para. 14-004, 14-013~14-014 참조. 박정훈 (2001), p.85 각주 49 재인용

로서, 행정청이 입법자가 부여한 권한을 일탈했다는 것이므로, 법원에 의해 권한유월이 인정되면 처음부터 무효인 것으로 되고, 법원이 위법하다고 선언할 때까지는 일응 유효한 것으로 추정되게 된다.[126]

3) 직무집행명령(mandamus) – 의무이행소송

직무집행명령(mandamus)은 행정기관의 공적의무를 강제하기 위한 일반적 수단이다. 즉, 취소판결과 금지판결이 행정기관의 위법한 작위에 대한 것이라고 한다면, 직구집행명령은 행정기관의 위법한 부작위에 대한 것이다. 독일의 의무이행소송에 상응하는 것으로, 판결시를 기준으로 행정청의 기속적 의무가 인정되면 특정행위를 명하지만, 행정청의 재량이 남아 있으면 일정한 기간 내에 재결정할 것을 명하게 된다.[127]

4) 위법선언판결(declaration) – 사정판결

위법선언판결(declaration)은 당사자들의 법적지위나 권리를 변경함이 없이 단지 당사자들의 법적지위를 선언하는 것이다. 어떠한 결정이 효력이 없다는 것을 선언하는 선언판결을 통하여 법원은 장래의 의사결정자에 대하여 어떠한 지침을 제시하거나, 법원 어떠한 이유에서 당해 결정을 취소하고자 하지 않는 경우에 당해 결정으로 인한 부정적인 결과를 회피할 수 있도록 한다.[128] 계쟁행위의 위법성을 선언하면서도 취소판결(certiorari)과는 달리 그 효력을 소급적으로 부정하지 않고 장래에 대해서만 효력, 특히 반복금지의 효과를 갖는 것이다. 우리나라의 사정판결이 이에 상응하는 것으로

---

125) Wade/Forsyth, Administrative Law. 9.ed., 2004, p.307
126) Leyland/Anthony, Textbook on Administrative Law. 6.ed., 2008, p.456
127) Wade/Forsyth, op. cit., p.604 – 619 참조.
128) Cane, Administrative Law 4.ed., 2004, p.90

볼 수 있다.[129]

5) 손해배상(damage)

손해배상(damage)은 순수하게 사법상의 구제수단이다.[130] 따라서, 손해배상이 인정되기 위해서는 단순히 행정기관이 위법하게 행위를 하였다는 것만으로는 부족하고, 불법행위나 계약위반과 같은 사법상의 위법행위가 있었음을 입증하는 것이 필요하다. 즉 일반 커먼·로 소송으로 진행된다. 또한 사법심사청구소송에서 다른 구제수단과 함께 선고될 수 있다. 우리나라에서 행정상 손해배상이 원칙적으로 민사소송으로 이루어지지만, 항고소송과 병합될 수도 있다는 것에 상응한다.[131]

6) 법원의 선고에 있어서 재량

사법심사청구소송에 있어서, 어떠한 구제수단을 선고할 것인가는 법원의 재량사항이다.[132] 따라서 원고가 반드시 구제수단들을 청구취지로 특정할 필요도 없다. 실무상 이를 특정하는 것이 일반적이지만, 예컨대 원고가 취소판결(certiorari)을 구했지만 법원은 법적안정성 또는 공익상의 이유를 근거로 위법선언판결(declaration)을 선고할 수 있다.[133]

---

129) C. Lewis, op. cit., para. 7-001~7-034; C. Emery, op. cit., p.137-138 참조. 통상 유럽공동체법 위반의 경우 취소판결 대신에 선언판결을 함으로써 행정기관이 사후적으로 이를 시정하도록 강제하거나, 의회의 승인을 받기 위해 의회에 제출된 위임입법에 대하여 선언판결을 함으로써 의회가 이를 승인하지 못하도록 강제하는데 사용된다. 특히 1998년 제정된 인권법(Human Rights Act)은 유럽인권협약을 수용한 것으로, 이에 위반한 법률에 대해서는 취소판결은 불가능하고 선언판결만이 가능하다. 선언판결이 내려지면 내각은 당해 법률을 개정·폐지할 정치적 의무를 부담한다. 박정훈 (2001), p.86 각주 53

130) Wade/Forsyth, op. cit., p.584-585 참조.

131) 박정훈 (2001), p.86

132) C. Emery, op. cit., p.139-141 참조.

133) 박정훈 (2001), p.86

(2) 미국

1) 소송유형 개관

① 일반적 구제수단(nonstatutory remedies)

미국도 영국과 마찬가지로 소송유형이 구제수단(remedy)에 따라 결정된다.[134] 개별 법률이 특별한 구제수단을 규정하고 있는 경우에는 그것에 따르고 그렇지 않은 경우에는 영국의 커먼·로에서 연유하는 일반적 구제수단(nonstatutory remedies)이 사용된다.[135]

② 행정절차법상 구제수단 – 선언·명령·석방명령판결

개별 법률이 구제수단을 정해놓고 있지 아니한 경우에 당사자는 일반적 구제수단 중에서 구제수단을 선택해야 하는 바, 일반적 구제수단으로는 행정절차법 5 U.S.C. 제703조에서 정하는 선언판결(declaratory judgment), 금지명령판결(prohibitory injunction), 이행명령판결(mandatory injunction), 인신보호영장 내지 석방명령판결(habeas corpus)이 있다. 이하에서 행정절차법이 규정하는 구제수단 유형을 검토한다.

2) 선언판결(declaratory judgment)

당사자는 법원에 행정기관의 작위, 부작위에 대한 위법확인을 구할 수 있으며, 손해가 회복될 수 있는 경우에도 선언판결(declaratory judgment)은 가능하다.[136]

---

134) 이에 대하여는 본 절 Ⅱ. 1. (1) 1) ① 참조.

135) 연방헌법 제3조는 "연방법원은 연방문제사건, 서로 다른 주민 사이의 사건, 해사사건, 미국 연방정부가 당사자인 사건, 외국의 대사, 영사 등의 사건에 대하여 사법권을 행사한다"고 규정하고 있으므로 이상의 사건은 연방법원의 관할에, 나머지 사건은 주법원의 관할에 속한다. 그러나 이는 개별 법률에 의하지 아니한 사법심사(none statutory review)에 적용되는 일반적인 원칙이고, 개별 법률에 특별한 규정이 있으면 그에 따라야 한다(statutory review). 5 U.S.C.A. § 703. 통상 일반적 구제수단으로는 윤준 (2004), p.1243

3) 명령판결(injunction) – 금지명령판결(prohibitory injunction), 이
   행명령판결(mandatory injunction)

명령판결(injunction)은 영국에서는 보전명령간을 의미하는데 비해 미국에서는 주된 구제 수단 내지 판결내용이 되고 있다. 명령판결은 위법한 작위를 금지하는 금지명령(prohibitory injunction)과 위법한 부작위의 이행을 명하는 이행명령(mandatory injunction)으로 분류된다. 명령판결(injunction)은 손해가 회복할 수 없는 것일 때 허용되며,[137] 계쟁행위의 위법성을 확인하는 선언판결(declaratory judgment)과 계쟁행위의 집행을 금지하는 금지명령(prohibitory injunction)은 동시에 사용되는 경우가 많다. 영국의 대권적 구제수단인 취소판결(certiorari)[138]과 직무집행판결(mandamus)[139]는 미국에서는 사용되지 않아 행정절차법에 규정되지 않았고[140], 통상적 구제수단인 이행명령판결(mandatory injunction)이 이를 대체하게 되었다. 또한, 직무집행판결(mandamus)는 기속적 행위에 대해서만 가능했던 반면, 이행명령판결(mandatory injunction)은 재량행위에 대해서도 가능한 것으로 인정된다.

---

136) 윤 준 (2004), p.1244

137) Steffel v. Thompson, 415 U.S. 452(1974).

138) 1913년 Degge v. Hitchcock 판결(229 U.S. 162) 이래 취소판결(certiorari)은 하급법원의 판결에 대해서만 적용되는 것으로 한정되었다. 취소판결(certiorari)은 제출된 기록만으로도 사법심사가 가능한 준사법적 행정행위에 대하여, 법원은 certiorari를 발하여 사건을 법원으로 이송할 것을 명할 수 있다. 그러나 연방대법원에서는 certiorari는 극단적인 구제수단으로서 행정행위에 대한 심사방법으로는 부적절하다고 하여 injuction을 선호한다. Degge v. Hictchcoke, 229 U.S. 162(163), 윤준 (2004), p.1244

139) 직무집행판결(mandamus)는 연방행정기관, 연방공무원의 의무이행을 강제하는 일종의 직무집행명령이다. 직무집행판결(mandamus)는 다른 충분한 구제방법이 있을 경우에 발령되지 아니한다. 윤준, (2004), p.1244

140) Schwartz, op. cit., p.577; Strauss/Rakoff/Schotland/Farina, op. cit., p.1108 - 1120, 박정훈 (2001), p.88 각주 59 재인용

4) 석방명령판결(habeas corpus)

석방명령판결(habeas corpus)은 행정기관에 의하여 개인의 신체적 자유가 침해될 때 활용되는 구제수단이며, 위법한 징집명령이나 국외 추방명령을 다툴 때 이용된다.[141]

2. 행정소송관계법상 '행정행위'의 개념

(1) 영국

1) 행정행위(administrative action) 개념
① 행정청에 의한 공적 권한의 행사 또는 불행사

사법심사청구소송의 대상이 되는 행정행위(administrative action)는 독일과 프랑스와 같은 개념적 제한이 없고, 단지 행정청(authority)에 의한 공적 권한의 행사 또는 불행사(excercise or non-excercise of official power)를 의미한다. 상술한 O'Reilly v. Macman 판결[142]에서 설시한 바와 같이 '공법적 기관의 행위에 관한 공법적 문제'에 해당한다.

② 행정입법·지침·공적견해표명·공적기록·부작위

행정행위(administrative action)는 공법적 기관이 공적 기능을 수행하기 위하여 일방적 결정권한(decision-making power)을 행사하는 경우에 인정되는 것으로, 행정입법(statutory instrument) 뿐만 아니라 공적인 기준설정과 방향에 관한 지침(official statements of policy/general intention), 법적 관계에 관한 공적 견해의 표명, 공적 기록 및 부작위 등도 대상이 된다.[143]

---

141) 윤준 (2004), p.1244
142) 판결의 자세한 내용은 본 절 Ⅰ. 1. (1) 2) ② 에서 기술

2) 행정행위(administrative action) 요건

행정행위를 판단하는 기준은 행정청과 공법으로 구분된다.

① 행정청 판단 기준 - 대체적 성격, 합의적 성격

행정청의 판단기준에 있어서는, '공법적 기관'에 대하여, 1987년의 Datafin 판결과 1989년의 The Insurance 판결은 "법률상 권한 또는 대권적 권한을 행사하는 행정기관·공공단체 이외에 사적인 민간단체라 하더라도 공적기능을 수행하는 경우에는 '공법적 기관'에 해당한다"고 판시하였다. 즉 공적 기능의 판단기준은 '대체성'(surrogacy)이다. 즉, 당해 단체가 국가 및 공공단체의 기능을 대신함을 의미하고, 만일 그 단체가 없다면 당연히 국가 및 공공단체가 그러한 기능을 수행하지 않을 수 없을 경우를 말한다. 또한 1994년의 Aegon Life 판결은 민간단체가 공적인 기능을 수행함으로써 '대체성'의 요건이 충족되는 경우에도 그 기능이 구성원들 사이의 '계약관계'(contractual relationship)에 의거한 것이면 공법적 기관으로 볼 수 없다고 판시함으로써 "계약관계에 의한 기능수행이 아닐 것"이라는 소극적 판단기준이 추가되었다.[144] 즉 적극적 판단기준이 "대체적 성격(surrogacy)"이고 소극적 판단기준이 "합의적 성격(consensual character)"인데, 전자는 당해 단체가 수행하는 기능의 공공성이 현저하여 국가를 대신하는 것으로 볼 수 있는 경우에는 행정청으로 간주한다는 것이고, 후자는 당해 단체가 구성원의 합의에 의해 구성된 경우에는 기능의 공공성에도 불구하고 행정청으로 간주하지 않는다는 것이다.

---

143) Lewis, Judicial Remedies in Public Law, London 200), para. 2 - 005 ~ 2 - 104, 4 - 001 ~ 4 - 083; Emery, Administrative Law: Legal Challenges to Official Action, London 1999, pp.54 - 75 참조.

144) 박정훈 (2004), p.1230

② 공법 판단 – 행정청에게 특수한 일방적 결정권한 부여하는 법

행정행위의 요건으로 "공법"적일 것을 요구한다. 즉 당해 행위가 공법적인 문제일 것이어야 한다는 점이다. 영국에서 공법의 개념은 독일의 귀속설 내지 신주체설에 가까운 것으로, 행정청에게 특수한 일방적 결정권한을 부여하는 법이 공법으로 파악된다.[145]

3) 사법심사청구소송의 성질 – 객관소송

① 적법성 통제

영국의 사법심사청구소송은 객관소송으로서의 성질을 갖는다. 사법심사청구소송의 구조는 대권적 구제수단의 경우[146]와 유사하여, 시민이 단독으로 재판을 신청하여 법원으로부터 허가(leave)를 받으면 그 때부터 형식적으로는 국왕이 원고의 지위에 서서 피고 행정청의 행위를 심사하는 구조를 취하게 된다.[147]

② 원고적격 – 충분한 이익

최고법원법(Supreme Court Act) 제31조 제3항은 원고가 청구의 대상에 대해 '충분한 이익'(sufficient interest)을 갖지 않으면 소송개시를 허가할 수 없다고 규정하고 있다. 이러한 '충분한 이익'은 독일의 '권리침해(주장)' 보다는 물론, 프랑스의 '개인적이고 직접적인 이익' 보다도 넓은 개념으로서, 이에 따라 판례상 원고적격이 널리 인정되고 있다.[148]

---

145) 정부계약의 체결 여부에 관한 결정도 행정청의 일방적 결정으로서 사법심사청구의 대상이 된다. 박정훈 (2001), p.87

146) 이에 대하여는 본 절 Ⅰ. 1. (1) 1) 에서 자세히 기술

147) 이러한 연유로, 사건 표시도 예컨대 "R v. Foreign Secretary, ex. p. Baldwin"로 하게 되는데, 여기서 실질적으로 원고는 Baldwin이지만 그의 신청에 의해 국왕(R)이 형식적 원고로서 외무장관의 행위를 심사한다는 의미를 담고 있다. 국왕은 국법질서를 상징하므로 결국 행정청의 행위를 국법질서에 비추어 그 적법성을 통제하는 것이 된다. 박정훈 (2001), p.87

③ 사법심사청구소송의 판결 – 취소판결, 금지판결, 직무집행명령

ⓐ 일반

사법심사청구소송의 주요한 구제수단(remedy), 즉 판결의 종류는 취소판결(certiorari), 금지판결(prohibition) 및 직무집행명령(mandamus) 세 가지이다

ⓑ 취소판결(certiorari)

취소판결(certiorari)은 계쟁 행정작용이 권한유월(ultra vires)이라는 점을 확정하는 것으로서, 사실행위에 대해서는 그 중지 및 원상회복을 명하는 것이고 법적 행위에 대해서도 처음부터 무효이었음을 확인하는 것이다.

ⓒ 금지판결(prohibition)

금지판결(prohibition)은 장래의 행정작용을 금지하는 것으로서 독일의 예방적 금지판결에 상응하는 것이다.

ⓓ 직무집행명령(mandamus)

직무집행명령(mandamus)는 행정청의 부작위에 대하여 직무집행을 명하는 것이다.

---

148) 박정훈 (2004), p.1235; 영국에서는 행정에 대한 사법심사가 오랜 기간 일반 민사소송으로 이루어져 왔기에, 이를 사법심사청구라는 형식으로 전환하고 재판관할, 제소기간, 구제수단에 관한 법원의 재량 등 원고에게 불리한 제한을 부과하는 개혁을 정당화하는 헌법적 정당성을 확보하는 논거가 더욱더 필요했는데 그 중요한 논거가 바로 객관소송으로서의 성질이다. 즉, 행정에 대한 사법심사는 객관적 국법질서의 보호·유지를 위한 것이므로, 철저한 주관소송인 일반 민사소송으로 이루어질 수 없고, 객관소송으로서의 별도의 소송절차가 마련되어야 한다는 점이다. 그리하여 한편으로 공익을 위하여 재판관할, 제소기간, 법원의 재량 등의 제한을 가하는 반면, 다른 한편으로 이러한 제한에 대한 보상으로 원고적격을 대폭 확대하여야 하는 것이다. 박정훈 (2001), p.88

ⓔ 정리 - 구제형태가 판결의 종류 결정

구제수단은 구제의 형태에 따라 달라지는 것이지 행정작용의 유형 내지 법적 성질에 따라 달라지는 것이 아니다. 행정작용 전체가 사법심사청구소송의 대상이 되는데, 그 행정작용이 이미 행해진 경우에는 취소판결(certiorari)의 대상이 되고, 아직 행해지지 않은 경우에 이를 금지하는 것이 금지판결(prohibition)이며, 행정작용을 명하는 것이 직무집행명령(mandamus)이다.[149]

4) 정리 - 행정작용 전체가 사법심사청구소송의 대상

영국의 사법심사청구소송은 일원적인 사법부 내의 전문재판부가 담당하며, 사실행위와 행정입법을 포함한 행정작용 전체를 대상으로 하는 단일한 포괄적 소송유형이며, 취소판결(certiorari, quashing order)이 위법성 확인으로서의 성격을 갖는다.

5) 검토

1영국의 사법심사청구소송은 프랑스의 월권소송과 유사하며, 프랑스 월권소송과 같이 객관소송 및 확인소송의 성질을 가진다. 다만, 프랑스와 다른 점은 재판관할이 프랑스는 행정부 소속의 꽁세유 · 데따 이며, 영국은 사법국가의 전형으로 최고법원[150]에 속한다는 점이다. 우리의 '처분' 개념에 해당하는 영국의 "행정행위"의 개념은 대부분의 행정작용을 포괄하는 것으로 우리에 비하여 그 대상이 매우 넓다. 이는 영국의 행정재판제도의 연혁과 영국의 사법심사청구소송의 객관 · 확인소송적 성질에서 기인한다. 우리의 '처

---

149) de Smith/Woolf/Jowell, Judicial Review of Administrative Action, 5.ed., 1995, para 16-01 0~16-020; Lewis, op. cit., para 6-001~6-067 참조.

150) 사법심사청구소송(application for judicial review; AJR) 제도의 관할은 고등법원(High Court)의 국왕재판부(Queen's Bench Division)의 전담법관(Crown Office List), 항소법원(Court of Appeal), 최고법원(House of Lords)이 담당함을 확인하였다.

분'－취소소송의 행정소송제도 개선에 있어서 영국의 제도는 행정
소송의 기능 및 성질 차이로 인하여 수용하기 곤란할 것이다. 즉,
우리의 행정소송제도를 객관소송으로, 취소소송을 확인소송으로 개
념 전환하지 않는 한 도입은 곤란하다.

(2) 미국

1) "행정청의 행위(agency action)"의 개념
우리의 '처분'에 해당하는 미국의 행정절차법상 개념은 "행정청
의 행위(agency action)"로서 그 의미에 있어서 제한이 없다.

① 일반－개념적 제한 없음
미국의 사법심사의 대상이 되는 행정청의 행위(agency action)에
관해서는 독일과 프랑스와 같은 일정한 개념적 제한이 없고, 상대
방에 대해 실제적인 효과를 미치는 행정청의 행위(agency action)이
기만 하면 그 요건은 충족된다.[151]

② "행정청의 규칙, 명령, 허가, 제재, 급부 또는 그에 상응하는
것 또는 그 거부 및 부작위의 전부 또는 일부"－행정절차법 5
U.S.C. 제701조 (b)항 (2)호
행정절차법 5 U.S.C. 제701조 (b)항 (2)호는 "agency action"에 관
해 동법 제551조를 준용하고 있으며, 제551조 (13)항은 agency
action을 "행정청의 규칙, 명령, 허가, 제재, 급부 또는 그에 상응하
는 것 또는 그 거부 및 부작위의 전부 또는 일부"[152]를 포함하는
것으로 정의하고 있다.

---

151) 박정훈 (2001), p.89

152) "the whole or a part of an agency rule, order, license, sanction, relief, or the
equivalent or denial thereof, or failure to act."

2) "행정청의 행위(agency action)"의 요건

'행정청의 행위'를 충족시키기 위한 개별요건을 구체적으로 살피기로 한다.

① 행정청(agency) – 미합중국 정부의 각 기관

행정청이라 함은 그것이 다른 행정청에 속하는 지 여부 또는 다른 행정청의 심사를 받는지 여부에 관계없이, 미합중국 정부의 각 기관을 의미한다. 다만, 연방의회, 연방법원, 미합중국의 준주(territories) 또는 속령(possessions)의 정부, 콜롬비아 특별구의 정부, 분쟁의 해결을 위하여 분쟁의 당사자들 또는 당사자들의 조직에 대표로 구성된 행정청, 군사법원과 군사위원회는 포함하지 아니한다.

② 실제적 효과 중심 – 비정식적 행위도 포함

비정식적 행위인 출판에 의한 공표, 서한 및 전화통화, 조언 등에 대해서도 상대방에 대해 실제적인 효과를 초래하는 경우에는 사법심사의 대상인 '행정청의 행위'가 된다.

③ 사건의 성숙성(ripeness)

ⓐ 일반

행정입법에 해당하는 규칙(rule)이 행정청의 행위(agency action)에 해당함은 분명하지만, 이것이 사법심사의 대상이 되기 위해서는 사건의 성숙성(ripeness)의 요건을 충족해야 한다. 사건의 성숙성 요건은 기본적으로 법원과 행정청 사이의 관계에 기초를 둔 것으로서, 행정청의 절차가 종료되기 전의 추상적 또는 이론적인 문제나 자문적 의견을 구하는 일에 대한 법원의 개입을 자제하려는 취지에서 비롯된다.[153)]

ⓑ 판단기준 - 사법판단에의 적합성 · 당사자에 대한 침해성

사건의 성숙성(ripeness)에 대한 판단기준으로 1967년의 Abbot Laboratories v. Gardner 판결[154]에서 사법심사적합성(fitness for judicial decision)과 사법판단을 하지 않는 것이 소를 제기한 당사자에게 주는 상당한 곤란함(hardship to the parties)을 제시하였다.

ⓒ 사건의 성숙성(ripeness) - 소의 이익

Abbot Laboratories v. Gardner 판결에서는 '사법심사적합성(fitness for judicial decision)'과 관련하여 동 사건에서의 '규칙'(rule)은 행정절차법 제704조[155]의 의미로 비추어 볼때 "최종적인 행정청의 행위(final agency action)"에 해당한다고 판시하고 있다. 판결은 "최종성"이란 요인에 대하여 실제적인 방법(in a pragmatic way)으로 해석한 것이라고 하는 선례를 따랐다. 당사자에 대한 침해성(hardship to the parties)은 당사자로 하여금 그 규칙에 의거한 위법성을 항변

---

153) 박정훈 (2001), p.89 참조.

154) 동 판결은 의회가 약품의 속명을 상품명과 함께 광고와 상품표지에 분명히 표시하도록 요구한데 대하여, 식품의약국(FDA)은 규칙제정절차를 통하여 약품의 광고, 포장지, 설명서 기타의 판매촉진인쇄물을 포함한 모든 상품명의 표지에 속명을 표시하도록 함으로써, 모법의 범위를 유월한 것이라고 하여 연방법원에 선언적 판결과 집행정지를 구하는 소를 제기한 사건이다. 하급심에서는 이 제소는 당해 규칙의 집행 전의 것으로서 아직 성숙되지 아니하였다는 이유로 원고의 청구를 기각한 데 대하여, 연방대법원은 성숙성은 "행정정책에 대한 추상적인 논쟁을 회피하려는 것"이라고 한 할렌(Halen) 대법관의 의견을 바탕으로 하급심의 판단을 번복하였다. 그 판결에서 대법원은 사건의 성숙성 여부를 판단함에 있어 사법심사적합성(fitness for judicial decision)과 당사자에 대한 침해성(hardship to the parties)을 제시하였다. 387 U.S. 136 [1967].

155) 행정절차법 제704조는 "법에서 사법심사가 가능한 것으로 정하고 있는 행정청의 행위와 사법절차에서 별다른 적절한 구제책이 없는 행정청의 최종적 행위는 사법심사의 대상이 된다. 직접적인 심사대상이 될 수 없는 사전적이거나, 절차적인 또는 중간단계의 행정청의 행위 또는 규칙제정행위는 행정청의 최종 행위에 대한 사법심사에 기초하여 판단된다.(Agency action made reviewable by statute and final agency action for which there is no other adequate remedy in a court are subject to judicial review. A preliminary, procedural, or intermediate agency action or ruling not directly reviewable is subject to review on the review of the final agency action)

(defense)으로 주장하도록 하는 것이 수인불가능한 요구인 경우에는 바로 그 규칙에 대한 사법심사를 허용한다는 것이다. 결국 사건의 성숙성 요건은 개별사안의 구체적 사정을 기초로 판단되는 것이므로 대상적격의 문제가 아니라 권리보호필요성 내지 소의 이익의 문제로 봄이 타당하다.

④ 종국적(final) 행위 – 행정청의 내부 행위 제외

사법심사의 대상이 되는 행정청의 행위는 상술한 행정절차법 5 U.S.C. 제704조에 의거하여 종국적(final) 행위이어야 하므로 아직 종결되지 않은 행정청 내부의 행위는 제외된다.

⑤ 고도의 정책적 재량 행위 제외 – 통치행위 제외

행정절차법 5 U.S.C. 제701조 (a)항 (2)호 는 법률에 의해 재량권이 부여된 행위는 사법심사에서 배제된다고 규정하고 있으나 동법 제706조 (2)항 (A)호가 재량권남용(abuse of discretion)을 위법사유로 규정하고 있으므로 모든 재량행위가 사법심사에서 제외되는 것이 아니라 정치적·군사적·외교적 행위에서와 같이 고도의 정책적 재량이 인정되는 경우에 한정된다는 점이다.[156]

3) 취소판결의 성질 – 선언판결(declaratory judgment)의 성질

우리나라의 취소판결에 해당하는 '선언판결'의 성질에 대하여 논한다.

① 확인판결

미국의 행정소송에서 선언판결은 확인판결의 성질을 갖는다.

---

156) Schwartz, op. cit., § 8.11, § 9.1 – 9.5; Strauss/Rakoff/Schotland/Farina, op. cit., p.1185 – 1192, 1209 – 1217, 박정훈 (2001), p.89 각주 62 재인용

② 금지명령판결 – 집행 금지

선언판결과 더불어 행정절차법에 규정되어 있는 금지명령판결 (prohibitory injunction)은 행정행위의 어떤 법적효력을 소멸시키는 것이 아니라 단지 행위 자체 또는 그 행위의 집행을 금지 시키는 효력을 갖는다.

③ 행정절차법 5 U.S.C. 제706조 (2)항 – "set aside"

선언판결의 효력과 관련하여 행정절차법상 명시된 "set aside"라는 문구에 유의할 필요가 있다. 즉 행정절차법 5 U.S.C. 제706조 (2)항은 사법심사의 범위를 규정하면서 행정청의 행위가 재량권남용, 기본권침해, 권한유월, 절차위반, 실질적 증거의 결여, 명백한 사실오인 등 6개의 사유157)에 해당하면 법원은 행정청의 행위와 그 사실인정 및 결론을 위법한 것으로 확인하고(hold unlawful) "set aside"한다고 규정하고 있다. 여기서 "set aside"는 행위의 어떤 법적인 효력을 소급적으로 없앤다는 의미의 취소가 아니라 사실상 이를 폐기하여 다시 행정청이 결정하도록 한다는 의미이다.158)

④ 정리

미국 행정절차법상 '선언판결'의 효력은 소급효를 갖기 않으며 우리나라의 '취소소송'의 취소와 같은 소급적 효력이 부인된다. 이는 미국 행정절차법의 "행정청의 행위"에 대하여 공정력이 인정되

---

157) 제706조 (2)항 각 호에 해당하는 6개의 사유는 (A) 자의, 건단, 재량권의 남용 기타 법률에 위반된 행위, (B) 헌법상 권리, 권한, 특권, 또는 면제에 반하는 경우, (C) 법률상의 관할·권한·한계를 넘거나 법률상 권리에 흠결이 있는 경우, (D) 법이 정하는 절차를 준수하지 않는 경우 (E) 제556조 또는 제559조가 적용되는 사건 또는 법률의 규정에 따라 행정청의 청문기록에 기초하여 심사하는 사건에서 실질적 증거에 의하여 뒷받침되지 않는 경우 또는 (F) 사실적 근거가 불충분하여 심사법원에 의한 새로운 사실심이 필요한 경우 이다.

158) 박정훈 (2001), p.90

지 않는 행정법의 특성에서 기인한다고 볼 수 있다.

4) 행정소송의 성질

미국의 행정소송은 권리구제의 측면과 행정의 적법성 통제가 동시에 고려된다.

① 주관소송 · 객관소송성 공유

미국의 행정소송은 순수한 주관소송이 아니라 객관소송적 요소를 함께 갖는다.

② 행정절차법 5 U.S.C. 제706조 (2)항

행정절차법 5 U.S.C. 제706조 (2)항은 위법사유로 (b)호의 헌법상 권리 · 권한 · 특권 · 면책특권(constitutional right, power, privilege, or immunity)에의 위반을 규정함으로써 권리구제적 기능을 나타내고 있으며, 그 이외의 (a), (c) 내지 (f)의 위법사유는 원고의 권리침해와는 직접적 관련성이 적은 것이다.

③ 원고적격 – 법적인 손해, 불리한 영향 또는 침해

ⓐ 행정절차법 5 U.S.C. 제702조

행정소송의 원고적격 요건으로 행정절차법 5 U.S.C. 제702조에서 법적인 손해(legal wrong), 불리한 영향 또는 침해(adversely affected or aggrieved)를 규정하고 있다.

ⓑ 사실상의 손해와 이익의 영역

원고적격의 판단기준으로 판례는 "사실상의 손해(injury in fact)"와 "이익의 영역(zone of interests)"을 판시하고 있다. Baker v. Carr[159] 사건에서는 "결과에 대한 개인적 이해관계(a personal stake in the outcome)가 있는지 여부를 심사하였으며, 이후에 법원은

Association of Data Processing Service Organization v. Camp[160] 사건과 Barlow v. Collins[161] 사건에서 원고적격 판단기준으로 "사실상 손해(injury in fact)"라는 기본적 개념에 "이익의 영역(zone of interest)" 개념을 추가시켜 판시하였다.

④ 정리 – 주관·객관소송성 병유

미국의 행정소송은 주관소송적 요소와 객관소송적 요소가 공존하는데, 이는 미 연방대법원의 – 사법적극주의적 또는 사법소극주의적 – 태도에 맞게 탄력적 성격을 갖고 움직인다.[162]

5) 정리 – 소송의 대상이 행정작용 전체

미국의 행정작용에 대한 사법심사는 민사소송의 형식을 기본으로 하고, 특정한 영역에 있어서 행정절차법에 따른 사법심사가 이뤄지고 있다. 또한 소송의 대상에 있어, 행정작용의 유형이나 법적 성질에 따라 세분하지 않고 행정작용 전체를 대상으로 할 수 있으며, 원고적격이 비교적 좁게 인정되는 특성을 지니고 있다.

6) 검토

미국은 영국의 소송제도를 계수한 나라로서 영국의 행정소송제

---

159) 369 U.S. 186 (1962)

160) 동 판결은 자료처리서비스를 제공하는 회사들이, "은행에 대하여 동일한 서비스를 개시하는 것을 허용하도록"하는 연방통화감독관 규칙을 다툰 사건이다. 자료처리회사들은 만약 은행들이 사업을 개시한다면 자신들이 손해를 볼 것이며, 연방통화감독관의 새로운 규칙은 1962년 Bank Service Corporation Act를 위반한 것이라고 주장했다. 397 U.S. 150. (1970)

161) 본 사건의 원고들은 "농부들에 대한 보조금지출에 영향을 끼친" 농업부 규칙으로 인해 손해를 보았다고 주장한 소작농들이었다. 농부들은 농업부의 새로운 규칙이 농업부의 업무범위를 넘어선 것이라고 주장했다. 397 U.S. 159 (1970)

162) Davis/Pierce, Administrative Law Treatise. Vol.III. 3.ed., 1994. § 16.3 – § 16.7. § 16.13 – § 16.16 (2000 Cumulative Supplement), p.523 – 547; Schwartz, op. cit., § 8.12 – § 8.24. 박정훈 (2001), p.91 각주 65 재인용

도와 괘를 같이 한다. 취소판결의 확인적 성격 및 행정소송의 대상이 모든 행정작용이 된다는 점 등이 그러하다. 그러므로 미국의 소송제도 역시 우리의 행정소송법상 '처분' 개념 및 소송구조를 개편함에 있어서 양 나라의 제도의 연혁 내지 특성에 대한 비교법정책론적 고려 없이 곧바로 적용 · 도입할 수 있는 선례는 아니다.

Ⅲ. 영 · 미 행정소송관계법상 '행정행위' 개념에 따른 입법적 대안

1. 요약 및 정리

(1) 영국

영국의 사법심사청구소송은 격관소송으로서 일원적인 사법부 내의 전문재판부가 담당하며, 사실행위와 행정입법을 포함한 행정작용 전체를 대상으로 하는 단일한 포괄적 소송유형이며, 취소판결이 위법성 확인으로서의 성격을 갖는다. 영국의 사법심사청구소송은 프랑스의 월권소송과 유사하며, 프랑스 월권소송과 같이 객관소송 및 확인소송의 성질을 가진다. 다만, 프랑스와 다른 점은 재판관할이 프랑스는 행정부 소속이며, 영국은 일반법원에 속한다는 점이다. 우리의 '처분' 개념에 해당하는 영국의 "행정행위"의 개념은 모든 행정작용을 포괄하는 것으로 우리에 비하여 그 대상이 매우 넓다. 이는 영국의 행정재판제도의 연혁과 영국의 사법심사청구소송의 객관 · 확인소송적 성질에서 기인한다. 우리의 '처분' – 취소소송의 행정소송제도 개선에 있어서 영국의 제도는 행정소송의 성질 차이로 인하여 수용하기 곤란할 것이다. 즉, 우리의 행정소송제도를 객관소송으로, 취소소송을 확인소송으로 가념 전환하지 않는 한 제도 자체의 무조건적 수용은 불가능하다.

(2) 미국

미국에서의 행정작용에 대한 사법심사는 스송의 대상을 행정작용의 유형이나 법적 성질에 따라 세분하지 않고 행정작용 전체를 대상으로 할 수 있고, 원고적격이 비교적 좁게 인정되기는 하지만 본안에서 위법성과 권리침해의 견련성이 요구되지 않는 객관소송으로서의 본질을 갖고 있다. 미국은 영국의 소송제도를 계수한 나라로서 영국의 행정소송제도와 괘를 같이 한다. 취소판결의 확인적 성격 및 행정소송의 대상이 모든 행정작용이 된다는 점 등이 그것이다. 그러므로, 미국의 소송제도 역시 우리으 행정소송법상 '처분' 개념 및 소송구조를 개편하는데 있어서 무비판적 수용의 사례로서는 적합하지 않다. 다만 미국은 우리나라와 같이 행정소송에 관한 일반법을 통한 행정쟁송 보다도 개별법률에스 해당 행정작용에 맞는 쟁송제도를 규정하는 소위 "개별법률주의"를 취하고 있다. 미국의 "개별법률주의"는 우리나라 행정소송제트를 개선하는데 전적으로 취할 수 있는 방안은 아니어도 병행하여 운용할 수 있는 제도로서 참고가 될 수 있다.

(3) 소결

영국과 미국은 독일과 프랑스와는 달리 일관 사법법원에서 행정쟁송을 담당하고 있다. 이점은 우리의 재판저도와 같다. 특이할 것은 영국과 미국은 일반사법법원의 쟁송구조는 주관소송성을 띠고 있음에도 불구하고, 행정재판에 있어서는 영국은 객관소송성을 가지며, 미국은 주관소송성이 원칙이긴 하나 일부 객관소송적 성질을 지니고 있다는 점이다. 이 점은 프랑스·영국·미국의 행정법과 독일의 행정법의 차이 즉, 자율성을 기반으로 한 형식의 파괴를 주장하는 영미식 행정법과 이론적 체계를 주장하는 독일식의 행정법의 차이에서 기인한다고도 볼 수 있으나, 행정소송에 있어서 주관적 권리 구제의 측면 못지않게 객관적 적법성 통제의 고려도 필요하다는 점을 시사해 주는 대목이다.

소송의 구조 측면에서는 영국·미국 양자가 모든 행정작용을 한 유형의 행정소송으로 관통시키되 판결의 유형에 있어서만 종류를 달리하는 방식을 취하고 있다. 이 역시 행정법의 이론체계 즉 행정작용형식을 중시하는 우리나라나 독일에 있어서는 수용되기 힘든 사례이다. 이러한 독일과 여타 나라에서의 행정법이 차이를 보이는 것은 "성문법을 위시로 한 법학의 체계·법도그마틱"과 "불문법과 판례법을 중심으로한 자율성"에 대비시켜 설명할 수 있다.

즉, 행정소송법상 '처분' 개념에 대한 개선방안을 고려함에 있어서도 각 국의 법제의 연혁, 법학의 체계 및 특성, 행정환경 등 거시적 관계성의 검토가 충분히 사전에 이루어짐으로써 해당 제도의 연원 등 발생사가 숙지된 이후어 우리나라와의 체계정합성이 유지될 수 있는 한도에서 도입 검토가 이뤄져야 할 것이다.

우리의 행정제도가 일본·독일·프랑스에서 기원하여 왔지만, 기 도입 후 우리는 우리 독자의 행정환경, 헌법환경, 판례환경, 시대적공감대 등으로 우리 독자의 법영역이 설정되어 왔고, 이미 설정된 부분도 있다. 이러한 부분에 대한 충분한 고려가 없이 해외제도의 효용성과 해외 선진국의 경향성에 의존하여 우리 소송제도를 개편하는 것은 숙고가 필요하다고 본다.

2. 입법적 대안의 설정 및 검토

입법적 대안을 설정하고 검토한다.

(i) 처분(행정작용 전체) - 취소소송

영국의 사법심사청구소송 · 미국의 사법심사의 대상이 되는 행정행위 또는 행정청의 행위는 행정행위, 행정상사실행위, 행정입법 등 행정작용 전체가 다 포함된다. '행정법' 이라는 실체법이 없고, '행정작용체계' 에 대한 고려가 없는 영 · 미의 행정행위 또는 행정청의 행위는 우리의 행정소송법상 '처분' 개념과는 대비시키기 곤란하다. 즉 행정소송법상 '처분' 개념은 실체법적 행정행위를 말하는 바, '처분'을 영미의 행정행위 개념과 동일시 할 경우, '처분'의 대상으로는 행정작용 전체가 포섭된다 하더라도, 형성소송성을 띤 취소소송으로 행정행위 이외의 행정작용에 대한 취소판결이 불가능하다.

(ii) 처분(행정작용 전체) - 행정소송(판결은 구제의 유형에 맞게)

상기 (i)의 적용상 문제점을 해결하기 위하여 영미의 행정소송과 유사하게 취소소송의 주관 · 형성소송성을 탈피하고 모든 행정작용을 하나의 "광의의 행정소송"으로 다루도, 판결은 각기 구제의 방법에 따라 달리 하는 방식이다. 즉 영국의 예와 같이 구제수단은 구제의 형태에 따라 달라지게 하여 취소판결, 금지판결, 이행판결, 확인판결을 하게 하는 방안이다. 본 입법적 대안은 우리 헌법상 행정쟁송이 법률상 쟁송성을 지녀 주관소송임을 명시한 점, 우리 행정법의 행정작용의 형식에 따라 하자체계를 달리하는 점을 설명하기 곤란하다. 헌법을 개정하고, 행정작용의 형식에 따른 하자체계를 일치시킨다면 해결이 가능한 문제이나, 1951년 행정소송법 이후 현재에 이르기까지 쌓아 온 우리 고유의 행정법 질서와 체계를 변경함으로써 나타나게 될 비용을 고려함이 선결되어야 한다고 본다.

제4절 일본의 행정사건소송법상 '처분' 개념

Ⅰ. 일본 행정재판 연혁과 특성

1. 일본 행정재판의 연혁

(1) 메이지 헌법 – 행정재판소의 관할

1) 일반

1889년에 제정된 메이지(明治)헌법에서는 행정사건에 관하여 사법재판소가 아닌 행정재판소가 관할한다고 하는 대륙형의 재판제도가 채용되어 있었다.

2) 1890년 행정재판소법(법11111률 제48호)

이지(明治)헌법에 따라 1890년에 행정재판소법(법률 제48호)과 행정청의 위법처분에 관한 행정재판의 건(법률 제106호) 및 소원법(법률 제105호)이 제정되었다.

3) 행정소송열기주의

행정재판소법(법률 제48호)은 "행정재판소는, 법률에 의하여 행정재판소에의 제소가 허용된 사건을 심판한다"(제15조)라고 규정하여 행정소송의 열기주의를 취하였고, 행정청의 위법처분에 관한 행정재판의 건에서는 행정재판소에 출소할 수 있는 사항은 법률·명령에 특별한 규정이 없는 한 ① 조세·수수료의 부과에 관한 사건, ② 조세체납처분에 관한 사건, ③ 영업면허의 거부 또는 취소에 관한 사건, ④ 수리(水利)·토목에 관한 사건, ⑤ 토지의 官民有 구분의 査定에 관한 사건으로 한정하였으며, 소원법에서는 소원(행정심판)전치주의를 규정하고 있었다.

(2) 1946년 헌법 – 사법재판소 관할

1) 일반 – 헌법 제76조

제2차 세계대전 후인 1946년에 제정된 일본헌법에서는 행정재판소가 폐지되고 행정사건에 관해서도 사법재판소가 재판권을 가지는 것으로 되었다(헌법 제76조). 이 당시에도 공익을 대표하는 행정기관·행정주체와 국민과의 분쟁인 행정사건에 대하여 사인간의 경제거래에서 생기는 분쟁을 해결하기 위하여 제정된 민사절차를 그대로 적용하는 것이 과연 적합한 것인가에 대한 의문이 일부에서 강하게 존재하였다[163].

2) 1947년 민사소송법의 응급적 조치에 관한 법률 – 제소기간 제한

1947년에 제정된 「일본국헌법의시행에따른민사소송법의응급적조치에관한법률」(법률 제75호)은 행정사건의 특수성을 고려한다는 취지에서, "행정청의 위법한 처분의 취소 또는 변경을 구하는 소송은 다른 법률에서 특별히 규정한 것을 제외하고는 당사자가 그 처분이 있었던 것을 안 날로부터 6개월 이내에 제기하여야 한다. 다만,

---

163) 塩野 宏, 일본행정법론, p.329 이하 참조. (서원우·오시탁 공역, 1996)

처분이 있은 날로부터 3년을 경과하였을 때에는 소를 제기할 수 없다"(제8조)라는 규정을 두었다.

3) 1948년 행정사건소송특례법 – 민사소송법의 특례

① 일반

1948년에는 행정사건에 관하여 민사소송법에 대한 특례를 보다 넓게 정한 「행정사건소송특례법」(법률 제81호)이 제정되었다.

② 주요내용 – 행정처분 취소 · 변경의 소 등

「행정사건소송특례법」(법률 제81호)은 본칙 12개 조문으로 구성되었다. 행정사건소송특례법은 "행정처분의 취소 · 변경의 소"에 관한 규정을 중심으로 하면서 소원전치주의, 집행부정지의 원칙, 내각총리대신의 이의제도, 사정판결제도를 두는 등 행정처분의 특수성을 인정하였다.

(3) 1962년 행정사건소송법

1) 일반 – 개정배경

1948년 제정된 「행정사건소송특례법」(법률 제81호)은 단기간의 준비로 제정되었기 때문에 그 운용과정에서 해석상의 문제가 종종 발생하였다. 이에 일본정부는 1955년 법제심의회에 행정소송부회(部會)를 설치하여 행정사건소송에 관한 본격적인 입법준비에 착수하였고, 6년간의 심의 · 검토를 거쳐 1962년에 위 행정사건소송특례법을 폐지하고 현행의 행정사건소송법(법률 제139호)을 제정하게 되었다. 또한, 같은 해에 소원법이 폐지되고 행정불복심사법이 제정되었다.

2) 주요내용 – 항고소송 · 당사자소송

행정사건소송법은 항고소송으로서 취소소송 무효등확인소송, 부작위위법확인소송 법정하는 외에도 당사자소송, 기관소송, 민중소송에 대해 규정하고 행정사건소송의 유형화를 도모하여 민사소송의 특례가 아닌 행정사건소송에 관한 일반법으로서의 성격을 강화하였다[164].

3) 개정 의의

행정사건소송법은 행정사건에 관한 일반법이라는 점, 행정사건의 종류를 유형화 하였다는 점에서 그 의의가 있다.

① 행정사건에 관한 일반법

1948년 「행정사건소송특례법」이 행정사건에 관한 민사소송법의 특칙을 규정한 것이라고 한다면, 행정사건소송법은 행정사건에 대한 일반법으로 입안되었다고 볼 수 있다.[165)]

② 행정사건의 종류 유형화

행정사건소송법이 행정사건소송특례법과 비교할 때 내용적 특징이라고 할 수 있는 점은 행정사건의 종류를 가능한 한 유형화하여 각각의 소송형식에 따라서 절차규정을 명시한 것이라고 할 수 있다. 이것에 의해서 종래 「행정사건소송특례법」하에서 제기되었던 절차상의 취급에 관하여 해석상으로 문제로 되어 왔던 점이 상당히 해소되었다.[166)] 그리고 행정사건소송법에 소의 변경, 병합, 제3자의 재심에 관해서는 비교적 상세한 규정을 두고 있었다.

---

164) 塩野 宏 (1996) p.329 이하 참조

165) 행정사건소송법은 행정소송에 관한 일반법이다(동법 제1조)라고 규정하고 있는데 이 점에 있어서 민사소송의 특례를 규정한 것이라고 한 행정사건=소송특례법과 구별된다.

166) 原田尚彦, 행정소송총설, 現代行政法大系 4권, p.104 ·1983)

4) 개정의 한계

1962년 개정 행정사건소송법 일정한 한계를 지니고 있었다. 즉 무명항고소송, 처분성, 소의 이익 등에 대해서는 명확한 규정을 두지 않았고, 이러한 논점의 해결을 학설, 판례에 의한 해석론에 위임하고 있는데 이러한 점에 있어서는 불완전한 입법이 아닐 수 없었다.[167]

(4) 2004년 행정사건소송법

1) 일반

1962년 개정 행정사건소송법의 한계적 상황에서 행정소송제도는 국민의 권리구제제도로서 기능을 다하고 있지 못하며[168], 또한 행정수요의 증가와 행정작용의 다양화에 따라 행정에 의한 국민의 권리이익조정이 복잡 전문화되는 등의 변화에 부응할 수 있고, 국민의 권리이익에 대하여 보다 실효적으로 행정구제를 할 수 있는 행정소송제도의 요구로 인해[169] 2004년 6월 행정소송사건법이 개정되었다.

---

167) 1962년 행정사건소송법은 민사소송과의 관계에 있어서 자기완결적인 법전으로 되어 있지 않다. 예컨대 소송일반에 공통되는 구두변론, 증거 등에 대한 규정을 두고 있지 않은 데, 이러한 사항에 대해서 민사소송의 예에 의할 것으로 되어 있다. (제7조). 이러한 점들을 고려해 볼 때, 행정사건소송법의 지위에 대해서는 불분명한 점도 많지만, 일반적으로 볼 때, 행정사건소송법은 행정사건소송특례법과 같이 민사소송법의 단순한 특례법이 아니고 행정사건소송의 특수성에 대응하면서, 민사소송의 예에 의할 것이 의도된 것이라고 볼 수 있다.

168) 1962년 행정소송법의 주요한 문제점은 다음과 같이 지적된다. 행정행위 취소소송에 대해서는 법률상 이를 제기할 수 있는 가능성에 관해 그 대상(처분성), 원고적격, 출소기간 등 여러 제약이 있고 또한 통설·판례 역시 그 해석에 있어 상당히 엄격한 태도를 취하여 왔다. 즉 위법한 행정활동을 체크하는 기능이 반드시 충분하게 발휘될 수 없었다. 또한 현행 취소소송제도와 국가배상제도의 의한 위법통제시스템으로는 이를 국민이 통제할 수 없는 위법한 행정활동이 광범위하게 남아 있었다. 藤田宙靖, 행정사건과 일본의 최고재판소, 2004.4.29.(박정훈 역, 2004)

169) 木佐茂男, 行政訴訟の現狀と改革の方向, 自由と定義 45卷6号 (1994).

2) 주요내용

① 기본방침

정 행정사건소송법은 (ㄱ) 행정소송을 통한 권리구제의 범위를 확대하고, (ㄴ) 심리를 충실히 진행하고 촉진시키며, (ㄷ) 행정소송을 보다 이용하기 편리한 제도로 만들고, (ㄹ) 본안판결전 가구제제도의 정비라는 네 가지의 기본방침에 근거해서 "국민의 권리이익의 보다 실효적인 구제절차의 정비"를 목적으로 하는 개정이었다.

② 개정의 주요내용

행정사건소송법의 개정내용을 개략적으로 살피면 다음과 같다. (ㄱ) 의무이행소송과 예방소송이 법조문화(제3조 6항, 7항)되었으며, (ㄴ) 확인소송이 실질적당사자소송으로 명기되었다. 취소소송에 관해서는 (ㄷ) 원고적격을 판단함에 있어서 고려해야만 할 사항이 추가로 명기되었다.(제9조 2항) (ㄹ) 또한 행정소송의 피고가 종래의 행정청에서 행정처분을 행한 국가 또는 공공단체로 바뀌었다는 점(제11조 1항) 등 이다.[170]

3) 개정의 한계

① 일반

2004년 행정사건소송법 개정은 "종전의 법률이 국민의 구제를 실효적으로 행할 수 있는 제도로서는 아직 불충분"하고, 또한 "종

---

170) 이외에도 ⑤ 종래의 주관적 출소기간이 행정처분이 있은 것은 안 날로부터 3개월로 하고, 이 기간은 불변기간이었던 것이, 출소기간은 6개월로 되었으며, 이에 '정당한 이유'에 의한 탄력적인 운용이 가능하도록 개정되었다.(제14조 1항) 그리고 가구제도에 관한 사항으로는 ⑥ 의무이행소송과 예방소송제도의 도입에 따른 가의무이행소송(제37조의5)과 가예방소송제도의 도입 ⑦ 집행정지의 요건의 완화(제25조 2항)가 이루어졌다. 또한 ⑧ 행정처분의 단계에 있어서 취소소송 등의 제기에 필요한 사항의 고시제도(제46조) ⑨ 행정처분의 이유를 명확하게 하기 위한 자료 등의 제출의 요구제도(저23조의2)가 새롭게 도입되었다. 행정사건소송법 일부개정법률(평성 16. 6. 9., 법률 제84호)

전의 법률에 의한 법제도 하에서 최고재판소가 유연한 해석이 부족했던 부분을 해결하기 위한 목적"으로 시도되었다. 그럼에도 불구하고 행정소송에 있어서 중요한 문제에 관해서, 입법의무를 해태하고 여전히 최고재판소의 해석에 의존함으로써 입법자의 입법형성의무에 대해 충실하지 못했다는 지적이 있다.[171]

② 원고적격 판단 규정 불명확

금번 개정에서 원고적격에 관해서는 적극적 개정이 이뤄지지 못했다. 즉, 불명확성으로 인하여 수많은 논의를 불러일킨 원고적격에 관한 규정이 거의 동일한 표현으로 그대로 남아있으며, 단지 해석 기준으로서 종래 최고재판소가 형성해 온 판단방식과 거의 동일한 문구를 명시함에 그쳤다.

③ 확인소송의 대상 불분명

종래 항고소송의 이용가능성 제한으로 새롭게 당사자소송의 유형으로 '확인소송'을 명시하였으나 이에 대한 대상적격 등에 관한 기준이 마련되지 못했다.

④ 정리

금번 행정소송법 개정에 대해서는 소위 '오픈 스페이스'(open space)라는 법원의 해석 확대에 치중하고 있다[172]는 지적이 크며,

---

171) 藤田宙靖 (2004)

172) 행정소송검토회에서 좌장이었던 시오노 히로시(塩野宏)교수는 '표어적으로 말하자면, 종래의 판례를 고정화한 폐쇄된 해석규정이 아니라 열린 해석규정을 만들어야 한다', '금후 법원이 해석을 통해서 개인의 권리이익의 구제에 있어서 행정에 대한 이익조정원리를 널리 고려해가기 위한 오픈 스페이스를 제공하고 있는 것'이라고 하면서 금번 행정사건소송개정의 기본입장은 오픈스페이스(open space)의 제공 즉, 상세한 입법이기 보다는 법원의 폭넓은 해석이라고 강조하고 있다. 최우용, "일본 개정행정소송사건법의 주요내용과 논점", 동아법학 제40호, p.50 참조. (동아대학교 법학연구소 편, 2008)

따라서, 개정 법률의 성공을 위해서는 법원은 국민의 권익구제를 위한 적극적 해석·운용이 필요하다고 본다.

4) 검토 - 개정에 대한 평가

본의 2004년 행정사건소송법 개정은 취소소송의 대상의 한계를 극복하기 위하여 행정행위 이외의 행정작용에 기인하는 분쟁에 대해서 해당 행정작용의 특성에 맞는 분쟁해결의 별도의 소송유형을 마련함으로써 국민의 권익구제에 진일보 했다는 점은 높이 평가된다. 즉, 행정실체법의 각 작용의 특성을 중시하여 그에 맞는 소구방식을 설시하는 접근은 개정 이전 구 행정사건소송법의 취지를 훼손하지 않으면서, 행정환경의 변화에 따라 새로이 등장한 행정작용의 유형을 행정사건소송법의 개념 틀로 흡수했다는 점에서 의의가 크다. 행정의 작용체계론을 중시하는 일본의 행정법 체계에서 "프랑스"의 월권소송의 대상인 "행정행위"와 그에 따르는 소제기방식 - 월권소송 - 을 개정 행정사건소송법에서 반영하지 않은 것은 우리 행정소송법 개정에 있어서도 미치는 영향이 크다고 본다.

그럼에도 불구하고, 당사자 소송의 한 유형으로 확인소송을 두고, 확인소송의 대상에 대해서는 보다 상세히 규정하지 않은 점, 같은 맥락에서 행정입법에 대한 규범통제소송을 신설하지 않은 점 등은 "행정작용형식에 따른 소송유형 다양화'라는 큰 접근의 취지에 있어서는 부합하지 못한 면이다[173]. 즉, 소위 '오픈 스페이스'(open space)라는 법원의 해석 확대에 비중을 크게 두고 있는 점[174] 역시 개정 행정사건소송법의 미진한 점이라 평가된다.

---

173) 같은 지적으로 藤田宙靖 (2004)

174) 행정소송검토회에서 좌장이었던 시오노 히로시(塩野宏)교수는 '표어적으로 말하자면, 종래의 판례를 고정화한 폐쇄된 해석규정이 아니라 열린 해석규정을 만들어야 한다', '금후 법원이 해석을 통해서 개인의 권리이익의 구제에 있어서 행정에 대한 이익조정원리를 널리

2. 일본 행정재판의 특성

(1) 행정작용체계 중심의 소송법 구성

국과 일본의 행정소송제도는 그 법제의 연혁적 관계 등으로 법체계나 내용면에서 유사한 점이 많다. 1962년 행정사건소송법과 우리의 현행 행정소송법은 행정소송의 유형 – 항고소송, 공법상 당사자소송, 민중소송 및 기관소송 등 크게 4종류로 구분함 – 뿐만 아니라, 항고소송 특히 취소소송을 중심으로 규율되어 있는 점이나, 원고적격 또는 소의 이익의 요건이나 항고소송의 대상 등 많은 부분에서 유사한 내용을 가지고 있다. 최근 일본의 행정소송법 개정을 통해 의무이행소송, 가의무이행소송, 가예방소송 및 공법상 당사자소송의 일종으로 확인소송이 추가되었으나, 소송구조에 있어서는 실체적 행정작용을 중심으로 행정소송의 유형을 구성했다는 면에서 우리제도와의 유사성은 매우 크다.

(2) 법 개념의 불명확성 – 법원의 광범위한 해석·판단권 부여

우리나라와의 제도상 유사성은 그 해석·운영에 있어서 밀접한 연관성을 가지고, 아울러 제도상의 문제도 함께 가지는 부분이 있다고 할 것이다. 특히, 항고소송이나 취소소송의 대상으로 양국 모두 처분개념을 전제로 하고 있고, 처분개념의 핵심요소로서 공권력의 행사라는 용어를 사용하고 있다.[175] 그런데, 공권력 행사의 관하여는 구체적인 규정을 두고 있지 아니하여 행정청의 어떤 행위

고려해가기 위한 오픈 스페이스를 제공하고 있는 것'이라고 하면서 금번 행정사건소송개정의 기본입장은 오픈스페이스(open space)의 제공 즉, 상세한 입법이기 보다는 법원의 폭넓은 해석이라고 강조하고 있다. 최우용 (2008), p.50 참조.

175) 행정사건소송법에서는 항고소송을 "행정청의 공권력 행사에 관한 불복의 소송"(제3조제1항)으로, 처분에 대한 취소소송을 "행정청의 처분 그 밖의 공권력행사에 해당하는 행위의 취소를 구하는 소송"(제3조제2항)으로 규정하고 있다.

가 공권력의 행사에 해당하는지 여부가 불명확하며, 결국 행정소송법상의 처분의 범위나 판단기준은 해석에 맡겨져 있는 상황이다. 따라서 실제의 항고소송에 있어서 처분성의 유무를 둘러싸고 몇 년이나 걸려 상고심까지 다툰 판례도 적지 않다[176].

(3) 법원의 소극적 해석 – 재판관의 자제·자숙

처분성의 문제를 포함하여 종래 많은 일본 연구자는 행정소송법제의 결함이나 행정기관의 제1차 판단권을 존중하는 재판관의 자제 내지 자숙이라고 하는 사법 내재적 요인 등을 이유로 행정소송의 기능부전 내지 파산상태의 행정쟁송이라고 하는 표현을 사용하면서 행정소송제도가 국민의 권리구제제도로서 거의 기능하지 못한 점을 지적했다.[177]

(4) 소결 – '오픈 스페이스'(open space)

2004년 행정사건소송법 일부개정으로 상황의 변화가 있긴 하지만, 금번 개정 역시 종래의 큰 틀은 벗어나지 못했다는 지적이 있다[178]. 즉 종래 문제로 지적되었던 '처분성 개념'에 대한 개정은 없었으며, 무엇보다도 소위 '오픈 스페이스'(open space)라는 법원의 해석 확대에 치중하고 있다. 즉 개정법의 성패는 법원의 해석·운용에 맡겨져 있는 상황이다.

---

176) 분쟁의 내용에 관해서라면 몰라도 재판으로서 다루어질지가 최대의 쟁점이 된다는 것은 행정재판 제도로서의 비효율성을 나타내는 것이라 할 수 있을 것이다.

177) 阿部泰隆, 行政訴訟の方向 , 法曹時報 第73卷4号, 67면.

178) 대표적으로 阿部泰隆교수는 '법해석학자는 본래 멸종되어야할 인종'이라고 까지 표현하면서 법해석에 의지하는 입법을 비판하고 있다. 최우용 (2008) p.51 이하 참조.

Ⅱ. 행정소송과 '처분'개념의 해석

1. 행정소송의 유형과 구조

(1) 행정사건소송의 유형

1) 일반 – 항고소송, 당사자소송, 민중소송, 기관소송

행정사건소송법은 행정사건소송을 항고소송, 당사자소송, 민중소송, 기관소송의 네가지로 구분하고 있다. 이와 같은 행정사건소송의 분류는 「행정사건소송특례법」·「1962년 행정사건소송법」하에서 재판상의 경험을 기초로 한다는 측면을 가지고 있지만, 동시에 학설의 법정화라는 면도 있다. 재판상 경험으로 기인한 것으로서는 항고소송의 유형으로 의무이행소송, 예방소송을 들 수 있고, 확인소송을 실질적 당사자소송으로 명기시킨 사항도 그 예라고 할 수 있다. 당사자소송 – 특히 형식적 당사자소송을 제외한 공법상 당사자소송에 대해서는 – 은 종래의 행정법학이 학설상 예정하고 있던 것을 실정법률화한 것이라고 할 수 있다[179].

2) 항고소송

항고소송의 유형으로 실체법적 행정행위에 대한 취소소송, 2004년 행정사건소송법 일부개정법률에 추가된 의무이행소송, 예방소송이 있다.

3) 당사자소송

2004년 행정사건소송법 일부개정법률은 확인소송을 실질적 당사자소송의 유형으로 명문화 하였다. 그러나 확인소송의 대상적격에

---

179) 野 宏 (1996), p.329 이하 참조.

관해서는 명시하고 있지 않아 확인소송의 쓰임은 법원의 해석에 달려있다. 특히 행정입법에 대한 규범통제소송이 명시되지 않아 확인소송의 규범통제소송 이용가능성에 대해서 논의가 이뤄지고 있다[180].

(2) 행정소송의 구조

1) 이원적 구조 – 항고・당사자소송

일본 행정사건소송법은 기본적으로 항고소송과 당사자소송의 2원적 구조를 견지하고 있다. 이는 1948년 행정사건소송특례법, 1962년 행정사건소송법, 2004년 개정 행정사건소송법에서 지속하고 있다. 최근 2004년 행정사건소송법은 실체법적 행정작용에 따를 소송유형의 다양화 취지하에 항고소송의 신유형으로 의무이행소송과 예방소송을 명문화하였으며, 실질적 당사자소송으로 확인소송을 규정하였다.

2) 취소소송중심주의

소송유형을 정비함에 있어서 행정사건소송법은 취소소송중심주의[181]를 취하고 있다. 즉 행정사건소송법은 제1장에 총칙적 규정을 두고, 제2장에 항고소송에 대해서 규정하고 있는데, 여기에서 취소소송에 대한 필요한 규정을 두고 취소소송외의 여타의 법정항고소송에 대해서 원고적격 이외에는 취소소송에 관한 규정을 준용하고 있다. 또한 당사자소송에 대해서도 제3장에서 독립적인 규정을 두고 있으나, 그 내용을 보면 기본적인 사항은 취소소송의 규정을

---

180) 제25회 행정소송검토회 배포자료 4. 확인소송.
181) 행정사건소송법은 포괄적 항고소송을 채용하고 있지만, 구체적으로 볼 때 법률전체로서는 취소소송중심주의를 취하고 있다.

준용하고 있다.

2. 행정사건소송법상 '처분' 개념

(1) 일반 – 행정사건소송법 제3조

항고소송의 일종인 취소소송의 대상에 대해서 행정사건소송법 제3조는 "행정청의 처분 그 밖에 공권력행사에 해당하는 행위"라고 규정하고 있다.

(2) '처분' 개념의 연혁(변화)

1) 제2차 세계대전 이전 행정재판소 – 처분성 제한

구 일본헌법하에 있어서 행정사건의 재판은 행정재판소의 관할에 속하여 있었기 때문에, 위법한 행정행위에 대한 사법재판소의 통제가 배제되어 있었다. 그리고 구 행정재판소법이 열기주의를 취하였기 때문에 취소소송에 의해 행정작용의 위법성을 다투는 것이 가능한 것은 법령에 의하여 허용된 경우에 한정되었다.[182] 따라서, 직접적으로 처분성이 문제로 된 경우는 거의 없었다.

---

182) 구 일본헌법(명치헌법)은 행정청의 위법처분으로 인한 권리침해의 구제는 행정재판소가 담당한다고 규정하여 사법재판소의 관할을 배제하고(동법 제61조), 행정소송 또는 행정재판을 행정권의 작용으로서 보았다. 구 일본헌법의 이 규정에 의거하여, 구 행정재판소법은 특별재판소로서 행정재판소의 조직·권한 및 소송절차를 규정하였다. 구 행정재판소법 제15조는 "행정재판소는 법률칙령에 의해 행정재판소에 출소가 허용된 사건을 심판한다"고 규정하고 있었고, 이것에 의해서 소송사항에 대한 일반법으로서 행정청의 위법사건에 관한 행정재판의 건(1890년 10월 10일 법률 106호)이 규정되게 되었다. 거기에서는 다음의 5항목에 관한 사건이 열거되어 있었다. 해관세를 제외한 조세 및 수수료의 부과에 관한 사건, 조세체납처분에 관한 사건, 영업면허의 거부 또는 취소에 관한 사건, 수리 및 토목에 관한 사건, 토지의 관민유구분의 사정에 관한 사건이다. 그 밖에 법령·칙령에 의해서 개별적으로 소송사항이 규정되는 경우가 있었다.(예컨대, 구도로법 제58조, 구하천법 제60조, 구도시계획법 제26조)

2) 제2차 세계대전 이후 사법재판소 - 개괄주의

제2차 세계대전 후의 현행일본헌법은 행정재판제도를 폐지하고 행정사건의 재판을 포함하여 일체의 법률상쟁송이 사법재판소의 관할에 속하는 것으로 하였다. 그리고 출소사항에 대해서 개괄주의를 취하였기 때문에 사법재판소에서 행정행위의 위법성을 다투는 것이 일반적으로 승인되게 되었다.[183] 위법한 행정행위 일반에 대해서, 사법적 통제가 미치게 됨에 따라서, 행정작용에 관한 법적분쟁의 해결과정에서 취소소송이 담당할 수비범위를 어떻게 획정할 것인가라고 하는 문제가 제기되었다.

3. '처분' 개념론

(1) '처분성'의 논의

1) 일반

우리나라와 같은 처분 - 취소소송의 행정소송의 구조적 문제점을 가지고 있었던 일본의 경우도 소송구조를 극복하기 위한 '처분' 개념에 대한 논쟁이 있었다. 본 논쟁은 현재 우리나라의 행정소송법상 '처분' 개념을 도입하는데 있어서 시사점을 주는 바, 일본의 '처분성' 논의에 대한 검토가 필요하다.

---

183) 재판소법 제3조 제1항에 의하면, 헌법에 특별한 규정이 있는 경우를 제외한 일체의 법률상 소송은 재판소의 관할에 속한다고 규정하고 있다. 따라서 제2차 세계대전 전과 달리 취소소송인 경우에도 그것이 법률상쟁송에 해당하는 한 사법재판소의 사법권행사의 대상이 되게 되었다. 법률상 쟁송이라 함은 "일반적으로 법령을 적용하는 것에 의해서 해결되어야 할 권리·의무에 관한 당사자간의 분쟁을 지칭한다"고 판시 하였다(最判 1954. 2. 11. 민집 8권 2호 p.418). 이와 같이 재판소가 항고소송에 대한 사법권의 행사가 가능한 것은 재판소법 제3조 제1항에 근거한다 小早川光郞, 抗告訴訟の本質と體系, 現代行政法大系 4권, p.148. (1984)

2) 법률상쟁송성 · 취소소송대상성 - 주관 · 형성소송성

취소소송의 소송요건의 하나인 처분성은 상이한 두가지 성격의 문제를 포함하고 있다. 그 하나는 법적 쟁송이 재판소법 제3조 법률상쟁송에 해당하는 가의 문제이고[184] 다른 하나는 해당 법적 쟁송이 법률상쟁송에 해당하는 경우에 그 소송절차로서 취소소송과 민사소송의 어느 것에 의해야 하는가라는 소송절차의 선택문제[185]이다.

3) 분류 - 전통적인 처분개념설 · 처분확대설

처분개념논의를 크게 분류하면 전통적인 처분개념설과 처분확대설로 구분할 수 있다. 이 문제들에 대한 접근방식으로는 행정행위의 개념과 성질을 기준으로 하는 "개념연역적 접근방법"과 취소소송과 민사소송의 관계 및 취소소송의 기능 · 역할을 고려하여 취소소송의 수비범위를 결정하는 "기능적 접근방법"이 있다. 즉, 처분개념을 어떻게 파악할 지에 대해서는 어떠한 이론적 입장을 전제로 논하는지, 어느 정도 이론적 정합성을 중시하는지, 역사적인 관념이나 규정의 연혁을 어느 정도 중시하는지, 각각의 법률의 취지나 목적 · 기능을 어떻게 파악하는지 등 많은 요소에 좌우되기 때문에 일본의 학설 · 판례는 매우 다양하게 전개되었다. 이를 크게 분류하면 전통적인 처분개념설과 처분확대설로 구분할 수 있다.

---

184) 처분성이라고 하는 소송요건은 재판소법 제3조 제1항에서 말하는 법률상 쟁송이 행정재판에 있어서 구체화된 것의 하나이다. 예컨대, 행정계획 등의 처분성을 인정함에 있어서 소의 성숙성 등이 문제되는 것도 이것과 관련되는 것이다.

185) 행정과 국민간의 법적분쟁을 해결함에 있어서 소송절차의 선택이 문제되는 것은 취소소송의 배타적 관할에 기인된다고도 볼 수 있다. 행정사건소송법은 처분에 대해서 취소소송을 배타적 소송유형으로 한다는 명문의 규정이 없지만, 입법자의 의도에 있어서도, 또한 학설에 있어서도 취소소송이 처분에 대해서 배타적 관할을 갖는다고 하는 것에 대해서 거의 일치하여 이것을 인정하고 있다. 취소소송의 배타적 관할에 대한 상세는 浜川 淸, 行政訴訟の諸形式とその選擇基準, 행정구제법, 1권, 1990. p.64 (1990)

(2) 전통적 처분개념설

1) 행정실체법상 행정행위

전통적 학설은 행정사건소송법상의 행정청의 처분에 대하여 행정법학상의 행정행위의 개념과 거의 동일한 의미로 해석하고 있다. 이 학설의 대표적 학자인 田中二郎박사는 행정행위의 개념에 대하여 행정청이 법에 근거하여 우월적인 의사의 발동 또는 공권력의 행사로서 국민에게 구체적 사실에 관하여 법적 규제를 하는 행위라고 해석하고 있다. 이 의미에 있어 행정행위는 국회의 입법행위나 법원의 재판행위는 물론 상호 합의를 기본으로 하는 사법(私法)행위 및 행정계약과 구별되고, 일반·추상적 규범을 정하는 행정입법이나 조례·규칙과 국민의 권리의무에 변동을 초래하는 법적 효과를 발생하지 아니하는 행정지도 등의 사실행위 및 행정조직내부의 기관간의 행위와도 구분된다.[186]

2) 취소소송의 형성소송성

항고소송에 관하여는 행정청의 공정력을 가지는 제1차적 판단을 매개로 해서 발생한 위법상태를 부정 또는 배제하여 상대방의 권리이익의 보호구제를 목적으로 하는 일체의 소송형태를 말하며, 처분에 대한 취소소송에 관하여는 행정청의 공정력있는 처분의 전부 또는 일부의 취소를 구해 그 효력을 소급적으로 소멸시키는 것을 본질로 하는 형성소송으로 행정사건소송의 대표적 형태라고 한다.

3) 공정력 – 적법성의 추정

최소소송을 형성소송으로 보는 견해는 판례의 입장과도 공통된

---

186) 田中二郎, 新行政法上, 弘文堂, 1974年, 104면.

다. 즉, 최고재판소는 행정청의 처분을 국가 또는 공공단체가 행하는 행위 중에 그 행위에 의하여 직접 국민의 권리의무를 형성하거나 그 범위를 확정하는 것이 법률상 인정되어 되어지는 것이라 하면서 "행정청의 행위는 설령 위법하더라도 정당한 권한을 가지는 기관에 의하여 취소될 때 까지는 일응 적법성의 추정을 받아 유효한 것으로 인정되며, 이것에 의해서 권리 이익을 침해받은 사람의 구제에 대해서는 통상의 민사소송의 방법에 의하지 아니하고, 특별한 규정에 의하여야 하는 것"이라고 판시하였다[187]. 동 판례에서는 공정력이라고 하는 용어를 사용하고 있지는 않으나 "설령, 위법하더라도 그것이 정당한 권한을 가지는 기관에 의해 취소될 때까지는 일응 적법성의 추정을 받아 유효한 것으로 인정된다"라고 하는 표현은 공정력을 의미하는 것이라 한다. 결국, 전통적인 견해에 의하면 취소소송은 공정력을 배제하기 위해 설계된 특별한 소송제도이기 때문에 그 대상이 되는 행정청의 처분은 공정력이 발생하는 행정행위에 한정되는 것이라 한다.

4) 그 밖에 공권력의 행사 – 공권력적 사실행위

그 밖에 공권력의 행사에 해당하는 행정행위에 대하여는 행정주체가 개인에 대해 법적으로 "우월한 입장"에서 행하는 것이고, 그 우월성은 행정행위와 유사한 우월성인 것이다[188]. 행정사건소송법은 행정불복심사법 제2조와 같이 사실행위를 명시적으로 처분에 포함하고 있지는 않지만 그 밖에 공권력의 행사에 해당하는 행위는 이른바 "공권력적 사실행위"를 의미하는 것으로 이해하고 있다. 구체적으로는 정신병원에의 강제 입원, 전염병 환자의 강제 격리,

---

187) 最判昭和39·10·29民集18巻8号18C9頁
188) 藤田宙靖, 行政法 I, p.357 (2000)

퇴거 강제전의 외국인의 수용, 세관에 의한 극내지입품의 유치 등 이른바 즉시강제에 해당하는 행위가 전형적인 예로 거론된다. 이러한 경우에는 상대방의 권리침해는 분명하지만 하명처분이 선행하지 않기 때문에 처분의 취소는 불가능하기 따문에 사실행위 그 자체가 취소소송의 대상으로 간주된다.

5) 전통적 처분개념설의 특징

전통적인 처분개념설의 특징으로는 (ㄱ) 공권력의 행사란 국민의 권리의무를 형성하는 행위이며, 그 예로는 명령강제라고 하는 전통적인 작용을 염두에 두고 있으며, (ㄴ) 공권력의 행사에는 공정력이라고 하는 효력이 인정되고 있으므로 그것을 배제하려면 항고소송을 필요로 하고, 항고소송은 가처분 금지와 집행부정지원칙, 내각 총리대신의 이의, 출소기간, 무명항고소송의 법정화 불인정 등 특수한 수단을 준비하여 공권력의 행사의 특수성에 대응하고 있으며, (ㄷ) 공권력의 행사인가 아닌가 하는 실체법상의 행위의 성질과 항고소송의 대상성이라고 하는 소송구조의 문지가 항상 일치하는 것이 예정되어 있고, (ㄹ) 어느 행위가 공권력의 행사에 해당하는지 여부는 행위의 성질의 문제이기 때문에 동일한 행위가 어느 측면에서는 공권력의 행사이지만, 다른 측면에서는 공권력의 행사가 되지 않는다고 하는 것은 생각할 수 없다는 것이다.

(3) 처분성 확대 논의

1) 일반 – 비권력적 행정의 처분성 포섭에 관한 문제

현대행정의 활동영역이 복잡·증가하고, 킥력적인 행정 외에 행정지도나 사실행위 등 비권력적인 행정도 국민의 권리이익에 큰 영향을 미치고 있는 것에 대응해서 국민에게 실효적인 구제를 해

주기 위해서는 이러한 비권력즉인 행정에 대해서도 항고소송의 제기를 인정해 그 대상의 확대를 꾀하려고 하는 견해가 여러 형태로 전개되어 왔다.

2) 논의의 경과(진행)

처분성 확대론의 효시는 1967년에 발표된 原田尙彦교수의 논문189)과 山村恒年변호사의 논문190)부터 이고, 兼子仁교수는 처분성확대의 입장에서 형식적 행정처분론을 주창했다191).

① 原田尙彦교수 - 행정청의 공권력 행위 - 모든 행정작용

먼저, 原田尙彦교수는 현대의 국민생활은 비권력적인 행정활동에 의해 일방적 타율적으로 다루지고, 중대한 영향을 받고 있는 것에 비추어 취소소송의 구제기능을 중시하는 입장에서 그 행위가 행정행위에 해당하지 않아도 국민의 이해에 중대한 관계를 갖는 행정청의 공권력행위라면 그 행위를 처분으로 인정해 취소소송의 대상에 포함하지 않으면 안 된다고 주장한다. 즉, 공정력적 공권력 행사에 한하지 않고 다양한 행정수단에 의해 법적 불이익을 받고 있는 경우에 있어서 중요한 구제방법을 제공하는 역할을 하는 것이라 한다.

② 山村恒年변호사 - 행정권의 행사로서 공권력적 행위 - 대상적 격확대론

다음으로, 山村恒年변호사는 행정처분이란 소송물의 객체인 자

---

189) 原田尙彦, 取消訴訟の對象は行政行爲に限られるべきか, 判例タイムズ205호, p.32 이하.

190) 山村恒年, 行政處分の槪念の再檢討, 判例タイムズ205호, p.38 이하.

191) 兼子仁, 行政爭訟法, 筑摩書房, 1973年, p.273 이하.

격, 즉 행정청의 행위가 재판소에 의해 적법성을 판단하는 자격을 갖는지 여부에 있고, 이러한 자격이 있는 경우, 다음으로 분쟁해결의 객관적 이익과 당사자적격이 구비될 필요가 있다고 한다. 소송의 대상은 행위의 "법적 무가치성"이기 때문에 직접적으로는 법적 효과의 유무에 관계가 없다고 한다. 결국, 행정처분은 (ㄱ) 행정권의 행사로서 공권적 행위이고, (ㄴ) 그것이 적법 또는 위법한지의 판결이 가능한 행위면 족하고, 법적효과의 발생이라든가 상대방의 권리를 제한·침해하고, 의무를 과하는 결과를 발생하는 것은 행정처분의 요건은 되지 않는다고 한다. 그 의미에 있어서 "행정처분은 처분의 위법성에 관한 분쟁해결의 적격성을 가지면 족하기 때문에 권력적 의사활동 및 사실행위"라고 해석한다.

③ 兼子仁교수 - 형식적 행정처분 개념론

그리고, 兼子仁교수는 전통적으로 행정법이 취소소송의 대상으로 본래 예정해 온 행정처분은 취소소송에 의해서 밖에 다투어질 수 없는 공정력을 갖는 행정의 공권력으로 이것을 실체적 행정처분이라 하고, 이 실체적 행정처분과는 별개로 공권력 행사의 실체는 갖지 않으나, 일정의 행정목적을 위하여 국민 개인의 법익에 대해 계속적으로 사실상의 지배력을 갖는다고 여겨지는 행정의 행위에 대해서도 전적으로 구제의 필요성에서 항고소송의 대상으로 해야 한다는 이른바 "형식적 행정처분" 개념을 제창하고 있다. 그 의도는 이해관계자가 그 법익 구제를 위해 행정기관의 행위를 직접 대상으로 하여 대세적인 시정판결을 구할 수 있는 이점을 갖는 취소소송의 활용을 인정하려는 것이라 한다.

④ 阿部泰隆교수 - 상대적 행정처분론

한편, 阿部泰隆교수는 이러한 처분성 확대견해에 대해 보다 자세한 이론적 구성이 필요하다는 문제의식에서 "상대적 행정처분론"을 제창하여 처분성의 확대를 시도하였다. 즉, 최고재판소에서 판시한 처분성의 구조를 전제로 하면서도 "다른 소송 등을 통해서 실효적 구제가 확보될 수 없는 사항"에 대해서 처분성의 확장이 인정되어도 좋다고 논하고 있다. 예를 들어, 용도지역지정에 이의가 있는 경우 당해 토지소유자는 건축확인의 거부를 통해 취소소송을 제기하면 재판적 구제는 충분하게 되는 반면, 환경악화를 주장하는 용도지역주민과의 관계에 있어서는 용도지역변경 취소소송이 허용되지 않으면 실효적인 구제를 얻을 수 없다고 한다[192].

⑤ 塩野宏교수 - 법규범에 의해 수권된 행정권의 일방적인 행위

塩野宏교수는 행정처분에는 - 실체적 행정처분과 형식적 행정처분의 구별없이 - 행정의 일정의 행위에 관해 근거 법규범이 당해 행정청의 행위에 항고소송에서 다투어야 할 공권력성을 부여하고 있는지를 판단해야 한다는 견해가 있다[193]. 즉, 공정력있는 행정처분에 대한 항고소송이라는 행위의 성질론적 이해가 아니고, 공정력과는 관계없이 "법규범에 의해 공권력이 부여되어 있는지의 여부"를 기준으로 행정소송의 기능론적인 관점을 가미한 것이다. 구체적으로 법규범에 의해 수권된 행정권의 일방적인 행위가 국민의 법

---

192) 상대적 행정처분론은 유연한 해석이 빠른 단계에서 처분성의 판단에 관련하여 설명되기 때문에 행정사건소송법 제3조제2항의 해석론으로서 충분히 성립할 수 있으나, 현시점에 있어서 논자가 주장하는 환경이익에 대하여 재판소는 처분성을 긍정하는 "법적 영향"으로 보고 있지 않기 때문에 이 견해가 채용되기 우해서는 재판소의 자세가 변경되는 것이 우선이라는 지적이 있다 南博方·高橋滋 編, 條解行政事件訴訟法, 弘文堂, 2004年, p.12.

193) 塩野宏, 行政法 Ⅱ, 有斐閣, 2004年, p.99 이하.

적 지위에 현실적인 침해적 효과를 행정상의 제도를 통해 끼치는 경우에 그 대상성을 긍정해야 한다는 것이다. 최고재판소는 노재취학(勞災就學)원조비불지급처분취소청구사건[194]에 있어서 통달에 의한 것이라도 행정처분의 구조를 도입하고 있는 보험급부와 같은 절차로 해석 해 근로기준감독서장이 행하는 노재취학원조비의 불지급 또는 불지급의 결정은 법을 근거로 하는 우월적 지위에서 일방적으로 행하는 공권력에 해당하기 때문에 항고소송의 대상이 되는 행정처분에 해당한다고 판시했다. 이러한 처분성 확대설은 명령·강제를 동반하는 권력적 행위 외에, 사법(私法)행위, 내부행위, 사실행위 등 비권력적 행정활동에 대해서도 공법상의 규제를 하여 구제의 범위를 확대하려고 하는 것이다. 여기서 항고소송의 대상이 되는 행정처분은 소송법상의 개념이며, 국민에게 구제를 인정하는 것이 타당한지 여부는 기술적 견지에서 정혀져야 하고, 실체법상 강학상의 행정행위와 동일하게 해석하여야 하는 합리적인 근거는 없다고 한다.

3) 정리

일본 내 처분성확대론에 대해서는 처분성 확대를 도모함으로써 '처분' 개념이 과중해지고, "처분"으로 포섭됨으로써 "출소기간"의 적용을 배제해야 하는 법해석의 곤란성을 동반하므로 적용이 곤란하다는 지적[195]에 힘이 실린다. 이런 연유로 당사자소송 활용론이 제기되고 있다. 즉, 취소소송의 대상을 행정행위＝행정처분에 한정하고, 항고소송을 행정행위＝행정처분의 작위 및 부작위에 관한 소송으로 고정시킬 때 법률상의 쟁송이지만, 항고소송에 적합하지 않

---

194) 最判平成15·9·4 判例時報1841?89頁
195) 高木光, 行政訴訟論, 有斐閣, 2005年, p.109 이하.

는 것을 당사자소송[196] 또는 민사소송으로 해결할 필요가 있다고 한다.

(4) 소결

2004년 행정소송법 개정이후로 항고소송으로 금지소송이 추가되었고, 가의무이행 및 가금지소송 등 가구제 제도 신설과 더불어 당사자소송의 세부유형으로 확인소송이 명시되어 처분성 확대논의의 필요성은 감소되었다. 그럼에도 불구하고 아직 행정소송법의 개정이 이뤄지지 않은 우리의 행정쟁송제도하에서는 일본 내 확대론은 시사하는 바가 크다. 즉, '처분' 개념에 모든 행정작용을 함몰하는 것은 '제소기간'의 해석문제를 동반하는 등 행정작용의 실체와 행정쟁송수단이 괴리로 인하여 실무에서 적용하기 곤란하며, 이러한 논의의 진행과 더불어 이뤄진 일본 개정 행정소송법도 '처분'성을 확대하기 보다는 각 행정작용에 따른 소송유형을 두었다는 점[197]에

---

196) 당사자소송의 활용론에 대해서 "이러한 주장의 실현에는 제도적 혹은 논리적인 장애가 있다고 여겨지기 때문에 실무에 적용되기 어렵고, 학설에 합의가 이뤄짐이 없다"라고 하는 지적한다. 山田洋, 確認訴訟の行方, 法律時報, 77巻3号,, 45면.

197) 일본의 행정소송법 개정을 "권리구제의 다양화주의"라는 용어를 통해 분석한 글이 있다. "행정과정에서의 행위형식이나 사인의 지위의 다양화를 전제로 하면, 사법과정에서는 취소소송만이 아니라 다양한 구제방법을 마련하여야 한다고 할 것이다. 이러한 의미에서 일본의 행정사건소송법의 취소소송 중심주의는 수정되지 않으면 안된다. 다만, 이에 대한 대처방안은 한 개밖에 없는 것이 아니다. 취소소송의 대상을 좁은 의미의 행정행위에 한정하지 않고 다른 행위형식들도 포함시켜 이를 통해 권리구제의 편의를 도모하는 방법, 요컨대, 구제의 편의라는 관점에서 '취소소송 활용주의'가 있다. 이에 대하여, 오히려 취소소송의 대상은 규율력을 갖는 행위에 한정하고 그 밖의 행위에 기인하는 분쟁에 대해서는 각각의 분쟁해결에 적합한 별개의 소송들을 마련하는 방법이다. '권리구제의 다양화주의'라고 말할 수 있다. 나아가 행정행위의 기능분석을 철저히 하여, 취소소송의 배타성 및 제소기간을 개별법에 맡기는 ─ 미국의 방식 ─ '개별법즈의'도 생각되어질 수 있는데 일본에서도 실제로 행정소송 개혁과정에서 논의되었다. 일본에서는 금번 개정법은 이 가운데 권리구제 다양화주의를 채택하였다. 하지만 별개의 소송이라고 하더라도 행정소송에서만 인정되는 새로운 소송을 창설하는가, 아니면 민사의 소송유형에 입각한 소송으로 대응하는가 라는 선택이 있다. 금번 개정은 후자의 방법에 의하고 있는데, 그에 의해서도 행정과정의 사법적 통제에 어울리는 운용이 기대된다" 塩野 宏, 일본 행정법학의 전개에 관한 素描, 2004. 5. 3.(박정훈 역, 2004)

서 일본의 행정소송법과 거의 유사한 제도·이론·해석론을 유지하고 있는 우리 행정소송법 개정안 입안자에게 시사하는 바가 더 크다고 본다.

Ⅲ. 일본 행정사건소송법상 '처분' 개념에 다른 입법적 대안

1. 요약 및 정리

1962년 일본 행정사건소송법은 우리의 현행 행정소송법과 거의 유사하다. 2004년 일본은 처분-취소소송의 편협된 행정소송구조를 개편하기 위하여 행정소송법 일부개정을 단행하였다. 일본 행정소송법 개정은 우리에게 시사하는 바가 크다 왜냐하면 우리 행정소송법이 가지고 있는 현재의 문제점은 일본의 개정전 행정사건소송법 체제하에도서 동일하게 발생하였으며, 일본 역시 독일식의 행정소송이론-법률상쟁송성·형성소송성-에 근거하고 있는 등 제도·이론·행정환경 면에서 우리나라와 유사하기 때문이다. 일본은 금번 행정사건소송법 개정에서 항고소송의 유형에 의무이행소송 및 금지소송을 추가하였다. 이는 부작위위법확인소송의 문제점을 개선하고, 사실행위에 대한 항고쟁송을 허용하기 위함이다. 즉 행정작용체계에 합당한 소송구조를 개정 행정소송법에 반영한 것이다. 일본에서도 처분개념의 확대를 위한 논쟁이 진행되었다. 본 논쟁에서 처분개념 확대를 위해 여러 이론적 제안이 있었지만, '처분' 개념확대는 법원에서 받아들여지지 못하였다. 그 이유는 서로 다른 행정작용을 하나의 쟁송개념에 담게 되견, 본래의 쟁송개념의 유지하려던 체계가 어긋남에 따라, 기존의 소송체계는 물론 실체법적 행정작용체계까지 혼동을 가져오기 때문이다. 이는 우리 행정소송법 개정에 있어서 시사하는 바가 크다. 일본과 동일한 행정환경 및 행정법제를 가지고 있는 우리나라에 있어서 일본의 법해석 및 법개정 동향이 의미하는 바는 크다.

2. 입법적 대안의 설정 및 검토

일본의 행정사건소송법 개정사항을 통하여 우리 행정소송법상 '처분' 개념에 대한 입법적 대안을 설정하고 검토한다.

(ⅰ) 처분(행정행위) – 취소소송, 비처분 – 당사자소송

현행 우리 행정소송법의 소송구조이고, 일본의 개정전 행정사건소송법체제하의 소송구조이다. 일본에서도 우리나라에서처럼 본 소송구조의 문제상황을 해결하기 위하여 '처분' 개념확대론이 제시되었으나, 행정소송의 법률상쟁송성·취소소송의 형성소송성을 띤 행정소송구조에서 반영될 수 없었다. 물론 일본의 경우도 권익구제를 위하여 "처분'으로 "간주"하고 취소소송을 통해 행정행위 이외의 행정작용에 대한 항고소송을 허용한 판례가 있으나 이를 "처분성" 확대는 아니고 "처분"으로 간주하고 예외적으로 항고소송을 활용하는 방안에 불과했다. 행정작용체계론을 중시하는 일본이나 우리나라에 있어서는 처분에 모든 행정작용을 담아서 해결할 수 없고, 결국 입법론을 통해 소송구조를 개편하는 것이 궁극적으로 행정쟁송 및 행정법의 발전을 도모하는 것이다. 이런 연유로 일본은 2004년 행정사건소송법의 개정이 이뤄졌다.

(ii) 처분(행정행위, 사실행위) − 항고소송(취소소송(의무이행소송), 금지소송), 비처분 − 당사자소송(확인소송)

본 입법적 대안은 일본의 최근 행정사건소송법의 개정을 반영한 것이다. 일본은 항고소송의 유형으로 금지소송과, 의무이행소송을 당사자소송의 한 유형으로 확인소송을 도입하였다. 행정작용의 형식론에 의거하여 개별행정작용에 맞는 소송유형을 설시한 것으로, 우리 행정쟁송제도의 문제점을 해결하는데 있어서도 참고가 가능한 사례일 것이다. 다만, 우리 행정쟁송제도를 고려함에 있어서는 행정입법에 대한 규범통제소송의 유형이 적시됨이 필요할 것으로 사료된다. 왜냐하면 행정입법에 대한 항고소송은 어디까지나 예외적인 것이며, 행정입법을 일반의 확인소송으으로 해결함에는 행정입법의 일반적 효력에 대한 특별한 고려가 추가로 검토되어야 하기 때문이다. 별도로 행정입법에 대한 규범통제절차가 만들어 짐이 타당하다고 본다. 끝으로, 금지소송을 항고소송의 유형으로 설시하고 있는 바, 이는 "처분" 개념에 해당하는 사실행위 즉, 권력적 사실행위에 대한 구제방안으로 활용을 예정하고 있다고 보여지나, "처분"에 포함되지 않는 사실행위 − 알선, 권고 등 행정지도, 설치행위 등 − 는 금지소송의 대상적격으로 인정기 되지 않을 가능성이 있으므로, 항고소송의 유형으로 금지소송을 두는 것이 아니라 독일의 경우처럼 별도로 금지소송을 두는 것이 타당하다고 사료된다. 즉 이는 사실행위의 "처분성" 문제를 유발하게 된다.

(iii) 처분(행정행위) − 취소소송(의무이행소송), 사실행위 − 금지소송, 행정입법 − 규범통제소송, 별도로 확인소송

본 입법적 대안이 (ii)이 가지는 문제점을 해결하고 행정작용체계의 정합성을 유지할 수 있는 최적의 대안이라고 사료된다.

제5절 장결

Ⅰ. 요약

1. 독일의 행정소송제도는 우리 행정소송법상 '처분' 개념의 구성에 있어서 시사하는 바가 매우 크다. 현재 우리가 갖는 폐쇄적인 행정쟁송구조는 1945년 이전 독일의 행정쟁송제도와 매우 흡사하다. 즉 1945년 이전 독일의 취소소송 – 당사자소송 구조하에서 행정행위 여부가 행정구제 가능성을 결정짓는 가장 중요한 관문이었듯이 현재 우리 행정소송법상 '처분' 개념은 독일 구법시대의 "행정행위"와 같은 역할을 하고 있다. 또한 독일은 행정쟁송제도를 새롭게 구성함에 있어서 그 근원을 독일 기본법에 규정하고 이를 토대로 출발하였다. 우리에게 시사하는 바가 크다고 본다. 본 서가 헌법 및 행정소송법상 '처분' 개념을 고찰하는데 있어서 헌법과 행정소송법의 유관성을 강조하는데도 독일의 모델은 힘을 실어준다.

무엇보다도 독일 행정쟁송제도를 우리가 모델로 삼아야 하는 근거는 행정작용체계를 반영하는 행정소송제도에 있다. 즉, 행정작용의 유형을 법적 성질에 따라 개념적으로 구분하여 소송유형을 다양하게 인정하는 것은 우리 현행 행정소송법이 갖는 문제상황을 해결함에 있어서 명쾌한 답을 제시한다고 본다.

2. 프랑스 행정법상 월권소송의 대상이 되는 행정결정(actes administratifs)은 그 범위가 매우 넓다. 이는 프랑스 행정소송의 연혁적 특성을 고려하지 않을 수 없다. 즉, 프랑스의 행정재판제도는 일반사법권과 형식적으로 완전히 분리되어 있고, 행정재판은 꽁세유·데따에

서 관장하고 있다. 꽁세유 · 데따는 행정부에 소속되어 월권소송의 강화를 도모함으로써 행정법의 이론과 체계를 형성해 나갔다. 즉 행정부 내부에 소속되어 행정의 적법성 통제를 강화해 나갔고, 그 주요한 수단이 월권소송이었다. 이러한 프랑스의 행정연혁적 기초 아래 월권소송은 객관 · 확인소송의 성격을 띠고 있는 바, 월권소송의 대상인 행정결정은 행정행위, 행정입법, 행정상 사실행위 전체를 포괄하였다. 월권소송은 무효선언이라는 확인판결을 통해 행정의 적법성 통제를 도모하였다.

프랑스의 '행정결정' 개념은 우리 행정소송법 개정과 관련하여 그 도입에 관한 논의가 심화된 바 있다. 동 논의에 대해서는 우리 행정소송법의 폐쇄적 소송구조를 극복함에 있어서 소위 "취소소송의 특성 · 기능"이라는 개념 내지 원리 변화를 통해 소송구조에 대한 접근을 꾀함으로써 대안을 제시했다는 측면에서 탁월한 견해라고 판단되나, 다음과 같은 문제점이 있어 그 도입에 있어서 신중을 기함이 필요하다고 생각된다. 우리나라가 독일 행정법을 일본을 통하여 계수하여 행정법도그마를 중시하는 체제임198)에 비하여, 프랑스는 소위 "형식성의 파괴" 및 자율성이 행정법의 연혁에서부터 행정법학 전체를 관통하고 있으며199), 우리의 행정소송은 헌법 제101조, 제107조 등과 결합하여 법률상 쟁송성을 전제로 하는 주관소송성을 기본으로 하는 반면, 프랑스의 행정소송은 행정의 적법성 통제에 주안점을 두고 있는 객관소송성200)을 띠고 있어 기본적인 행

---

198) 이러한 특성은 특히 행정작용과 행정입법 구별의 엄격한 형식성과 공법형식과 사법형식의 엄격한 구별 등에서도 잘 나타나고 있다. 정교한 행정행위이론체제, 이를 바탕으로 한 행정소송체제, 행정입법을 포함한 성문규범체제의 엄격성등이 이론체계를 중심함을 반영한다.

199) 행정행위와 행정입법을 포함한 포괄적 행정작용유형의 존재, 취소와 무효를 준별하지 않는 이론, 법률효과측면에 한정되지 않은 재량행위개념의 이론등은 이러한 경향의 예로 볼 수 있다.류지태 (2003), p.140

정 환경 및 특성이 상이하고, 소송구조를 달리하므로 제도 자체의 우수성을 이유로 무조건적 도입은 우리 행정법 체계 뿐만 아니라 행정체계에 있어서도 혼란을 유발할 가능서이 크다고 사료된다.[201] 프랑스 행정법의 내용을 검토하는 이유는 우리나라 논의에의 시사점을 얻기 위함에 있다. 특히 프랑스 행정소송의 구조나 체제가 우리나라 행정소송법 개정논의에 어떠한 단서를 제공하는가 하는 점을 중시할 필요가 있을 것이다. 제도의 우수성은 이론적인 고찰만이 아니라 구체적인 소송운영의 모습이나 문제점 뿐만 아니라, 행정청이나 국민들이 이를 받아들이는 수용태도등도 동시에 고려되어야 할 사항에 해당할 것이다. 또한 소송제도는 단순히 소송이라는 절차적 측면에서만 고찰할 스는 없으며, 실체법적 측면과의 조화도 무시할 수 없으며, 따라서 한 나라의 소송제도를 체계적으로 이해하기 위하여는 그 나라의 실체법적 관련성도 같이 검토되어야 할 것이다.

3. 영국과 미국은 독일과 프랑스와는 달리 일반 사법법원에서 행정쟁송을 담당하고 있다. 이점은 우리의 재판제도와 같다. 특이할 것은 영국과 미국은 일반사법법원의 쟁송구조는 주관소송성을 띠

---

200) 프랑스는 초기 행정소송이 사법부가 아닌 행정내부조직형태를 통하여 주로 상급관청의 지위에서 행정활동의 적법성 여부를 통제하였고, 이러한 전통에 의하여 여전히 행정소송의 기능은 객관적인 적법성 보장에 중점을 두고 있으며, 따라서 취소소송 과정에서 당사자의 지위는 행정의 적법성 통제절차를 시작하게 하는 원인제공자 정도의 역할을 수행할 뿐이다. 물론 취소소송의 결과 위법한 행정처분이 취소되면 원고도 자신의 권리를 보호받게 되지만, 이는 취소소송에서 중심적인 관심사는 아니며, 부수적인 지위만을 갖는 것으로 평가되고 있다. 류지태 (2003), p.140

201) 비교법 또는 비교법 정책론적 견지에서 반드시 더 우월하다고만 볼 수 없는 프랑스 또는 미국식의, 특히 그 적절성이나 적용성과가 불분명한 제도를 도입하여 그동안 행정의 적법성확보와 국민의 권리구제라는 양대 측면에서 체계적으로 발전되어 온 '행정행위형식론'의 발전성과를 단절시켜 버림으로써 행정구제에 관한 법과 제도의 운용에 혼란과 부작용을 초래할 우려가 있다. 홍준형, "항고소송의 대상 확대 - 행정소송법 개정시안에 대한 입법론적 고찰 -", 공법연구 제33집 제5호, p.480 이하 (한국공법학회 편, 2005)

고 있음에도 불구하고, 행정재판에 있어서는 영국은 객관소송성을 가지며, 미국은 주관소송성이 원칙이긴 하나 일부 객관소송적 성질을 지니고 있다는 점이다. 이 점은 프랑스·영국·미국의 행정법과 독일의 행정법의 차이 즉, 자율성을 기반으로 한 형식의 파괴를 주장하는 영미식 행정법과 이론적 체계를 주장하는 독일식의 행정법의 차이에서 기인한다고도 볼 수 있으나, 행정소송에 있어서 주관적 권리 구제의 측면 못지않게 객관적 적법성 통제의 고려도 필요하다는 점을 시사해 주는 대목이다.

소송의 구조 측면에서는 영국·미국 양자가 모든 행정작용을 한 유형의 행정소송으로 관통시키되 판결의 유형에 있어서만 종류를 달리하는 방식을 취하고 있다. 이 역시 행정법의 이론체계 즉 행정작용형식을 중시하는 우리나라나 독일에 있어서는 수용되기 힘든 사례이다. 이러한 독일과 여타 나라에서의 행정법이 차이를 보이는 것은 "성문법을 위시로한 법학의 체계·법도그마틱"과 "불문법과 판례법을 중심으로한 자율성"에 대비시켜 설경할 수 있다.

즉, 행정소송법상 '처분' 개념에 대한 개선방안을 고려함에 있어서도 각 국의 법제의 연혁, 법학의 체계 및 특성, 행정환경 등 거시적 관계성의 검토가 충분히 사전에 이루어짐으로써 해당 제도의 연원 등 발생사가 숙지된 이후에 우리나라와의 체계정합성이 유지될 수 있는 한도에서 도입 검토가 이뤄져야 할 것이다.

우리의 행정제도가 일본·독일·프랑스에서 기원하여 왔지만, 기 도입후 우리는 우리 독자의 행정환경, 헌법환경, 판례환경, 시대적공감대 등으로 우리 독자의 법영역이 설정되어 왔고, 이미 설정된 부분도 있다. 이러한 부분에 대한 충분한 고려가 없이 해외 제도의 효용성과 해외 선진국의 경향성에 의존하여 우리 소송제도를 개편하는 것은 숙고가 필요하다고 본다.

4. 1962년 일본 행정사건소송법은 우리가 현재 보유한 행정소송법과 거의 유사하다. 2004년 일본은 처분-취소소송의 편협된 행정소송구조를 개편하기 위하여 행정소송법 일부개정을 단행하였다. 일본 행정소송법 개정은 우리에게 시사하는 바가 크다. 왜냐하면 우리 행정소송법이 가지고 있는 현재의 문제점은 일본의 개정전 행정사건소송법 체제하에도서 동일하게 발생하였으며, 일본 역시 독일식의 행정소송이론-법률상쟁송성·형성소송성-에 근거하고 있는 등 제도·이론·행정환경 면에서 우리나라와 유사하기 때문이다. 일본은 금번 행정사건소송법 개정에서 항고소송의 유형에 의무이행소송 및 금지소송을 추가하였다. 이는 부작위위법확인소송의 문제점을 개선하고, 사실행위에 대한 항고쟁송을 허용하기 위함이다. 즉 행정작용체계에 합당한 소송구조를 개정 행정소송법에 반영한 것이다. 일본에서도 처분개념의 확대를 위한 논쟁이 진행되었다. 본 논쟁에서 처분개념 확대를 위해 여러 이론적 제안이 있었지만, '처분' 개념확대는 법원에서 받아들여지지 못하였다. 그 이유는 서로 다른 행정작용을 하나의 쟁송개념에 담게 되면, 본래의 쟁송개념의 유지하려던 체계가 어긋남에 따라, 기존의 소송체계는 물론 실체법적 행정작용체계까지 혼동을 가져오기 때문이다. 이는 우리 행정소송법 개정에 있어서 시사하는 바가 크다. 일본과 동일한 행정환경 및 행정법제를 가지고 있는 우리나라에 있어서 일본의 법해석 및 법개정 동향이 의미하는 바는 크다.

Ⅱ. 정리

1. 지금까지 독일, 프랑스, 영국, 미국, 일본의 '처분'개념과 소송구조를 살펴보았다. '처분' 개념은 해당국가의 법의 연원, 행정법의 연혁과 배경, 행정쟁송구조의 특성, 행정관계법률 및 행정환경 등 총체적 환경을 반영하여 생성된다. 그러므로 총체적 환경에 대한 고려없이, 또는 총체적 환경 중 일부분을 파악한 후 해당국가의 제도를 도입하는 것은 피도입국가의 기존 행정환경, 기존 행정법체계 등과 마찰을 불러일으킬 수 있다.

2. 해외의 '처분' 개념을 조사함에는 '우리의 현행의 행정소송구조의 문제상황'을 어떻게 해결하면 좋을까 라는 목적을 염두 해 두고 있었다. 즉, 현행 취소소송중심주의의 문제를 해결하는 방안으로 해외 입법례는 3가지 접근의 가능성으로 대별 할 수 있다. 첫번째는 "취소소송 활용주의"이다. 이는 취소소송의 대상을 좁은 의미의 행정행위에 한정하지 않고 다른 행위형식들도 포함시켜 이를 통해 권리구제의 편의를 도모하는 방법이다. 두 번째는 "권리구제의 다양화주의' 이다. 이는 취소소송의 대상은 규율력을 갖는 행위에 한정하고 그 밖의 행위에 기인하는 분쟁에 대해서는 각각의 분쟁해결에 적합한 별개의 소송들을 마련하는 방법이다. 세 번째는 '개별법주의' 이다. 즉, 행정행위의 기능분석을 철저히 하여, 취소소송의 배타성 및 제소기간을 개별법에 맡기는 방식이다[202]. 이에 따르면 프랑스·영국의 제도를 취하는 것은 "취소소송 활용주의"에 해당하고, 독일의 제도를 수용하는 것은 "권리구제의 다양화주

---

202) 일본의 경우 행정사건소송법 개정 시 이 분석의 틀을 가지고 해외 입법례를 검토하였다고 한다. 塩野 宏, 박정훈 역, 일본 행정법학의 전개에 관한 素描, 2004. 5. 3

의’ 에 해당하며, 미국의 제도를 수용하는 것은 ‘개별법주의’ 에 해당한다. 취소소송 활용주의는 취소소송의 객관소송성·확인소송성이 전제될 때에만 가능하다. 우리는 행정소송은 법률상 쟁송성을 띠며, 취소소송은 공정력에 기한 형성소송이다. 취소소송 활용주의의 도입은 헌법·행정작용체계·행정법·행정환경 등에 대한 변화 없이는 수용불가능하다. 미국의 개별법주의의 대한 검토이다. 미국은 “행정법”이라는 개념이 희박하다. 행정절차법이 행정에 관한 특수한 절차를 규정한 것에 불과하고, 개별 행정에 관한 사항은 거의 대부분 개별 법률에서 다뤄지고 있다. 미국의 행정법률의 규율특성이다. 역시 우리나라와는 상황이 다르다. 우리나라는 1951년 행정소송법을 제정하였다. 행정법의 일반이론과 행정법의 작용체계를 다져와, 소위 대한민국 헌법을 기점으로 한 “한국행정법의 구조와 체계”의 초석이 다져지고 있는 상황이다. 미국의 “개별법 주의” 역시 일방적으로 전체 수용은 불가능하다. 물론 향후 행정환경의 변화 및 행정작용의 다양화를 고려할 때 일부 수용가능한 여지는 있어 보인다. 끝으로 “권리구제 다양화 주의”이다. 금번 2004년 일본의 행정사건소송법이 채택한 방식이다. 일단, 행정작용체계의 정합성에 부합한다. 또한 현행 취소소송의 성질로 기타 행정작용이 포섭되지 못함에도 극복논리를 제공한다. “권리구제 다양화주의”는 우리 헌법, 행정법, 행정작용체계에 가장 부합할 수 있는 방식이다.

3. 각국에 대한 입법적 대안의 검토를 통해서도 “권리구제 다양화주의”가 우리 행정소송법 환경에서 취할 수 있는 최적의 대안임을 확인했다. 특히 일본의 2004년 행정사건소송법 개정에 있어서의 문제점 - 항고소송의 한 유형으로 금지소송을 신설한 점, 규범통제소송을 별도로 두지 않았다는 점 - 은 “완벽한 권리구제 다양화주

의"를 취하기보다는 "취소소송활용"과 "권리구제다양화"를 절충한 구조로 이해될 수 있다. 입법적 대안의 검토틀 통해서도 확인한 바와 같이, 행정작용체계론에 입각하여 행정작용형식 별로 소송유형을 설시하는 방안이 우리 행정소송법제의 환경에서 가장 이상적인 대안이라고 사료된다.

제4장 행정소송법상 새로운 '처분' 개념의 모색

본 장의 목적은 제2장의 헌법·행정소송법·판례의 '처분' 개념을 분석하여 도출한 쟁점, 제3장의 해외의 '처분'에 관한 입법례를 분석함으로써 도출한 결과를 토대로 변화하는 현대의 행정환경에서 우리의 헌법·행정소송법·행정작용체계·행정환경 등에 합당한 '처분' 개념을 도출하는데 있다. '처분' 개념의 도출과 더불어 처분과 불가결의 관련성을 가지는 소송유형에 대한 검토를 통하여 '처분'에 가장 적합한 소송유형은 무엇이 있는지도 규명해 보기로 한다.

아래에서는 먼저, 행정환경의 변화에 따라 '새로운' 처분 개념이 필요하다는 것(제1절)을 설명하고, 제2장 및 제3장에서 도출한 '처분' 개념 구성의 '모멘트' - 반드시 고려해야 할 사항 - 를 반영하여 행정소송법상 '처분' 개념을 새롭게 구성 하며, 구성된 '처분' 개념을 구현할 수 있는 소송유형을 검토(제2절)하기로 한다. 끝으로 대법원 및 정부가 제출한 '행정소송법 개정안'을 검토하고 우리 행정소송법의 개선방향을 제시(제3절)하기로 한다.

제1절 행정환경의 변화와 새로운 '처분'개념 정립의 필요

Ⅰ. 사회적 법치국가의 등장과 행정작용형식의 다양화

1. 사회적 법치국가의 등장

(1) 일반

근대 경찰국가에서는, 군주의 지배권은 법적으로는 아무런 기속을 받지 아니 하였다. 이를 극복하려고 성립된 근대적인 법치국가는, 사법 뿐만 아니고, 행정도 법, 특히 의회제정법으로서의 법률에 복종하였다. 여기에서 '법률에 의한 행정' 원칙 – 법치행정 – 이 성립되었고, 이 원칙을 담보하기 위하여 행정의 재판적 통제가 제도화되었다. 즉, 그 역할은 대륙에서는 행정재판소가, 영미에서는 사법재판소가 각각 담당하였다.[1]

(2) 급부행정(Leistungsverwaltung) 등 행정영역의 확대

시민적 · 자유주의적 법치국가에서는, 국가 · 사회의 2원론이 전제됨과 동시에, 국가의 시민사회에 대한 개입은 국가안전보장 및 사회질서유지에 그 목적을 한정시켰다. 현대화의 진전과 함께, 국가는 공공의 안전질서의 유지기능을 수행하는 것에 그치지 않고, 시민사회의 경제적 · 사회적 질서에 적극적인 개입을 행하기에 이르렀다. 그 결과 행정기능은 변질되고, 행정영역은 확대 · 다양화되었다. 예를 들면, 한편에서는 전통적인 시민적 · 자유주의적 법치국가의 국가목적의 핵심을 이루었던 재산권 보장을 수정하는 각종 경제활동의 규제 · 독점 등의 금지, 공기업의 규제 뿐만 아니고, 경제나 산업의 조성 등의 경제행정, 산업기반정비 행정 등을 행하며, 다른 편에서는 노동행정 · 사회보장행정 등과 같은 복지행정 그리고 공급행정, 조성행정 등의 급부행정(Leistungsverwaltung)도 전개시켰다. 또, 전통적인 경찰행정으로부터 위생행정, 의사 · 약사행정, 환경행정 등이 독립하며, 그 외에 정보공개행정, 소비자보호행정 기타의 행정영역도 행한다. 이렇듯, 다양화된 행정영역에 따라서 실정법영역도 더욱 팽창하여 전통적인 자유권 내지는 재산권 이외

---

1) 자유주의적 법치국가에 대한 자세한 설명은 김철수 (2007a), p.221 참조, 허영 (2000a), p.150 참조.

에 사회권 보장에 관한 독립된 법체계가 형성되기 시작하였다는 의미이다.

(3) 사회적 법치국가와 소송법적 도구 개념

자본주의의 급격한 발전은 현대국가로 하여금 단순히 자유민주적 법치행정에 머물게 하는 것이 아니라 적극적으로 시민사회 및 경제에 개입하도록 요청함으로써 현대국가의 사회적 법치행정을 촉진하였고, 이러한 변화는 국민생활 전반에 걸쳐 행정수요의 증대를 초래하고 있다. 이에 따라 과거의 형식적 법치주의에 근거한 자유민주적 법치국가는 사회적 법치국가로 발전하고 있다. 즉, 국민의 사회공동생활에 있어서 인간적 가치를 보장하기 위하여 국가의 적극적인 사회정책의 실시를 촉구하는 새로운 사회적 법치국가로의 변화를 가져오고 있다.

근대에서 현대로의 이행은 국가기능, 즉 행정의 기능 및 영역의 확대를 가져왔다. 즉, 국가가 적극적으로 경제적·사회적 질서에도 개입하여 자본주의 사회의 모순에 대처하기에 이르렀으며, 이러한 패러다임은 각종의 급부행정으로 발현되었다. 구체적으로 사회보장, 생활수단 공급, 생활환경 정비 기타 복지정책에 의한 국민의 생존배려를 과제로 나타났다. 즉, 자본주의의 모순을 극복하기 위하여 사회·경제에의 적극적인 급부 및 조성을 주안점으로 두는 사회적 법치국가가 등장하였다[2]. 사회적 법치국가는 사회권의 등장, 사회국가 선언 등으로 개념화 되었으며, 행정단계에서는 급부행정(Leistungsverwaltung) 영역의 확대로 구현되었다. 이 점은 시민적·자유주의적 법치국가에서의 행정영역이 주로 신민의 자유나

---

2) 김철수 (2007a) p.221 참조; 허영 (2000a), p.150 참조.

재산을 침해하는 침해행정에 집중되었다는 것과 비교된다. 사회적 법치국가에서는 자유권적 기본권에 생존권적 기본권의 보장이 추가된다. 결국 법치행정의 영역 안으로 생존권적 기본권을 구현할 수 있는 급부행정이 포함되고 이는 행정통제 즉 행정쟁송의 대상이 되게 된다.

결국 "항고소송"의 개념이 자유민주적 법치국가의 침해행정 – 경찰행정 – 에 기초했던 점을 주지하는 바, 사회적 법치국가라는 역사적 법치국가의 단계에서 기존의 소송법적 도구 개념에 대한 재고는 필요한 부분이라 사료된다. 즉, 급부행정의 영역이 강화되고 있는 현 국가의 행정작용의 양태를 고려한 소송법적 도구 개념에 대한 총체적이고 입체적인 접근의 필요성을 실감한다.

(4) 시민복지적 행정법으로의 지향

근대 이후의 행정법과 행정소송의 발전과정은 국가우월주의를 기반으로 행정에 대한 특별한 수권에 치중한 시기, 시민적 자유주의를 기반으로 행정에 대한 특별한 제한에 치중한 시기, 이러한 양극단을 극복하고 행정에 대한 수권과 제한, 통제와 자율성보장을 동시에 추구하는 시기로 나눌 수 있다.[3].

우리나라는 일본을 통해 독일의 "국가우월주의를 기반으로 행정에 대한 특별한 수권에 치중한 시기"의 행정법·행정소송을 받아들인 후 정부수립 후에도 1980년대까지 그대로 유지되다가 1980년대 후반부터 '국민 권익구제'의 일환으로 "시민적 자유주의를 기반으로 행정에 대한 특별한 제한에 치중한 시기"의 행정법·행정소송을 지향하여 왔다[4]. 여전히 행정의 우월성과 자의성이 완전히 불

---

3) 박정훈 교수가 제시한 3단계이론의 틀에 넣어 정리하였다. 3단계이론은 박정훈 "행정법의 체계적 이해를 위한 3개의 방법론적 범주", 고시계 1999년 1월호, p.5 이하 참조 (1999)

식된 것은 아니어서 그에 대한 반작용으로 "시민적 자유주의를 기반으로 행정에 대한 특별한 제한에 치중한 시기"의 행정법·행정소송이 필요할지도 모르겠으나, 현재 진행과 궁극적 지향은 '행정에 대한 수권과 제한, 통제와 자율성보장을 동시에 추구하는' 행정법·행정소송이다[5].

행정법은 그 발전과정에 있어, 행정의 우월성을 온존시키기 위한 권위주의적 행정법의 단계와 이를 극복하기 위해 행정에 대한 의회와 법원의 통제를 확대하는 자유주의적 행정법의 단계를 넘어, 이제는 국민의 권리보호를 위한 행정권 남용의 방지와 아울러 공익실현을 위한 행정의 역할과 책임을 중시하는, 그리하여 공익과 사익의 형량·조화를 핵심 방법론으로 하는 행정법으로 발전하고 있다. 우리 행정법은 일제시대부터 1970년대까지 권위주의적 행정법 시대를 겪고 그 후 민주화라는 시대적 요청에 의해 1980년대부터 자유주의적 행정법을 추구하여 왔다. 현재는 공익과 사익을 조화함으로써 참다운 법치주의를 지향하는 시민복지적 행정법을 추구해 가는 중에 있다.

(5) 소결

법치국가의 역사적 단계의 성숙 – 자유민주적 법치국가에서 사회적 법치국가로 – 시민복지 행정영역의 다양화, 시민복지적 행정법이

---

4) 박정훈 (1999), p.7 참조.

5) 박정훈 교수는 이러한 관점에서 보면, 프랑스와 독일은 모두 제1단계로부터 시작하였지만, 프랑스는 민주주의와 법치주의의 지속적 발전을 통해 바로 3단계로 발전하였는데, 독일은 외견적 입헌군주제와 나찌불법국가에 대한 반성으로 2차 세계대전 이후 제2단계를 오랫동안 경험하고 있고, 반면에 영국과 미국은 커먼로 전통으로 인해 제1단계와 이에 대한 반작용으로서의 제2단계를 거치지 아니하고, 처음부터 제3단계의 모습을 띠고 있다고 하면서, 여하튼 나라마다 출발점과 중간과정은 다르지만 그 목표점은 행정에 대한 수권과 제한, 통제와 자율성이라는 모순을 조화함으로써 진정한 법의 지배를 이루는데 있다고 지적한다. 박정훈, (2001), p.67 이하 참조

론으로의 지향 에도 불구하고 소송법적 도구 개념은 지난 시대의 개념 속에서 정체되어 있는 것이 현실이다. 경찰행정 – 침해행정 – 에 기초한 항고소송 – 특히 취소소송 – 중심의 소송구조는 사회적 법치국가, 급부행정영역의 증가, 시민복지적 행정법이론을 수용하기 곤란하다. 즉 양적으로나 질적으로나 커진 몸집에는 그에 걸맞는 새 옷이 필요하다.

2. 행정작용 형식의 다양화와 쟁송법상 '처분' 개념

(1) 일반

전 항에서는 사회적 법치주의, 시민적 복지행정, 시민복지 행정법이론의 지향 에 관하여 과거의 소송법적 '도구' 개념의 한계를 다소 거시적 차원에서 기술하였다. 본항에서는 실제로 우리 행정법 교과서 비교를 통하여 행정작용 형식이 얼마나 다양해 졌는지를 살펴봄으로써 미시적 접근을 하기로 한다. 이러한 행정환경의 변화에도 불구하고 제정 행정소송법의 '처분' 개념을 현행에까지 큰 틀에 있어서 변함이 없이 사용하는데 있는 상황에서 소위 "불어난" 행정작용을 소위 "오래전부터 변함이 없었던' 처분 개념으로 어떻게 흡습하고 포섭했는지? 그 이론적 논의를 살피기로 한다. 본 항에서는 행정작용을 '처분' 화 할 수 있는 이론 자체에 그 의의를 두기 보다, 그 이론이 나오게 된 배경 즉, 행정환경의 변화, 시민복지적 행정, 사회적 법치국가의 구체적인 모습들을 살피는데 더 주안점을 두기로 한다. 즉, 변화하는 행정환경과 그 구체적인 모습 그리고 이를 극복하기 위한 이론적 노력을 숫차로 살핀다.

(2) 행정의 행위형식 증가 - 1958년 · 2009년 교과서 비교

1958년도에 발간한 김도창 교수의 행정법론(상)에 따르면, 교과서에 명시된 행정법상의 법률요건과 법률사실의 장에서 명시하는 행정작용의 유형은 행정상입법, 행정행위, 관리행위에 불과하다.[6] 2009년 현행의 교과서를 보면 행정상 행위형식은 행정입법, 행정계획, 행정행위, 공법상계약, 단순고권행정, 공법상 사실행위, 행정지도, 사법형식의 행정작용으로 1950년도에 비하여 무수히 많은 행정의 행위형식이 추가 · 신설되었음을 알 수 있다[7]. 반면 행정소송의 종류는 1958년 김도창 선생의 헝정법론(상)[8]과 현행의 교과서가 동일하다.

오늘날의 행정작용은 개인에 대한 일방적인 공권력행사인 행정행위중심에서 벗어나 행정계획, 공법상의 계약, 행정지도, 비공식적 행정작용 등 비권력적 행위형식에 의하여 상당부분 행하여지고 있다. 오늘날의 행정법이론의 중심은 종래의 행정행위중심의 정적(statistisch)이고 점적(punktuell)인 행정법체계를 벗어나서 행정작용의 관련 당사자간의 지속적이고 다면적인 관계에 초점을 두고 있는 행정법상의 법률관계론으로 이동되어 가고 있다[9].

---

6) 김도창 (1958), p.10

7) 홍정선 (2009), 목차p.xii 이하; 김성수 (2008), 차례p.22. 이하 참조

8) (구)행정소송법 제1조는 동법의 적용을 받는 행정소송으로서 행정청 또는 그 소속기관의 위법에 대한 그 처분의 취소 또는 변경에 관한 소송과 기타 공법상의 권리관계에 관한 소송을 들고 있다. 전자가 이른바 항고소송이며, 동법의 주된 존재이유가 되고 있는 소송으로서 동법이 규정하는 특례가 전면적으로 적용된다. 후자는 항고소송이외의 일체의 공법상의 권리관계에 관한 소송을 포함하는데 그 중에서도 당사자소송이 그 중심이 되고 있다. 그 밖에 각 특별법의 규정에 의하여 인정되는 행정소송으로서 민중소송 · 기관소송을 들 수 있다. 라고 하여 기술함으로써, 행정소송의 종류로 항고소송, 당사자소송, 민중소송, 기관소송을 들고 있다. 김도창 (1958), p.322.

9) Bachof, Die Dogmatik des Verwaltungsrechts vor den Gegenwartsaugaben der Verwaltung, VVDStRL 30(1972), S. 229 ff.

(3) 행정의 행위형식 증가로 인한 '처분' 개념 집중 현상 – 형식적 행
   정행위이론의 등장

1) 문제 상황
① 사회적 법치행정의 행위형식 다양화

자본주의의 급격한 발전은 현대국가로 하여금 단순히 자유민주
적 법치행정에 머물게 하는 것이 아니라 적극적으로 시민사회 및
경제에 개입하도록 요청함으로써 현대국가으 사회적 법치행정을
촉진하였고, 이러한 변화는 국민생활 전반에 걸쳐 행정수요의 증대
를 초래하여, 행정활동의 형식도 필연적으로 복잡·다양화하게 되
었다. 또한, 오늘날의 급부행정국가에서는 적극적 행정행위 못지않
게 처분의 거부나 부작위에 의하여 개인의 권리가 침해될 수 있으
며, 따라서 이에 대한 효과적인 권리구제수단이 필요함은 새삼스럽
게 강조할 필요가 없다.

② 전통적인 '행정행위' 개념 포섭 불가 – 행정소송제도와의 마찰
   종래 전통적인 행정행위 이외에 행정계획 행정계약, 행정지도,
사실행위, 행정사법, 비공식행정작용 등 새로운 행정형식이 나타나
고, 그리하여 경찰작용을 전제로 한 전통적인 행정행위개념[10]만으
로는 설명할 수 없는 새로운 형태의 행정작용의 처분성 여부에 대
한 문제를 야기시키고 있는 상황이다. 즉, 법치국가의 발전에 따른
행정양태의 변화 및 광범위화는 기존의 체제에 근거를 둔 행정소
송제도와 현 상황간의 마찰과 간극을 불러일으켰으며, 이에 대하여
행정소송제도의 패러다임의 변화도 요구하고 있다.

---

10) 행정법관계는 경찰작용을 중심으로 하는 권력관계에 기인하고 있으며, 처분에 대한 취소소송
   은 대부분의 대륙법계 국가에서처럼 우리나라에서도 행정소송의 중심을 이루고 있다. 김동희
   (2004b), p.269

2) 형식적 행정행위이론 등장

① 의의 및 개념

현대행정의 적극화·다양화와 더불어 항고소송의 권익구제기능을 중시하여, 쟁송법상의 행정처분의 개념을 실체적 행정행위 개념과 별도로 정립하여야 한다는 것이다. 오늘날 국민생활의 행정의존도가 높아지고 행정기능이 확대됨에 따라 행정작용의 행위형식이 종래의 행정행위 이외에 권력적 사실행위·일반적 기준설정행위·행정내부적 결정이라든가, 사회보장적 급부결정, 보조금 교부결정, 공공시설 설치행위 또는 행정지도, 비권력적 행정조사, 사법상행위 등으로 다양화되어 행정의 중심이 권력행정에서 비권력행정으로 옮겨지고, 국민의 권익이 비권력행정에 크게 영향을 받게 되었는바, 종래의 전통적인 견해와 같이 항고소송의 대상을 공정력을 가진 행정행위에 한정하는 행정소송제도는 권리구제기능을 충분히 발휘할 수 없다 하여 위와 같은 비권력적 행위도 처분개념에 포함시켜 항고소송의 대상으로 확대하여야 한다는 이론이다[11].

② 평가

'행정의 행위형식에는 정원이 있을 수 없다'는 말처럼 앞으로도 행정작용의 세분·증가는 계속될 것이고, 그들 행위에는 성질이나 효력이 다른 것이 많음을 고려할 때 하나의 법기술적 도구개념인 행정행위에 이질적인 성질의 행위를 포섭하는 것은 바람직하지 못할 것이다[12]. 따라서, 명령·강제를 수반하는 권력적 행위 이외에 사법행위·행정지도·행정계획·내부행위·사실행위 등의 비권력

---

11) 홍정선 교수는 형식적 처분(행정행위) 개념은 사실상 실체가 존재하지 않고 여러 행정작용을 한데 모아놓은 것에 불과하므로, 이를 행정작용의 한 유형으로 인정하는 것은 불가능하다고 본다. 홍정선 (2009), Rn. 806

12) 이상규 (2004), p.330.

적 행정활동에 대하여도 공법상의 규제를 씌워 국민에 대한 권리구제의 범위를 확대하여야 할 것이다. 물론 형식적 행정행위개념도 전통적 의미의 행정행위 – 실체법적 행정행위 – 개념에 대한 하나의 항의적 개념이기는 하나, 아직은 그 자체가 더 안적 개념이라고 할 정도로 성숙된 것은 아니다.[13][14]

3) "실체법상 '행정행위'와 소송법상 '처분'을 별개로 보는 견해"의 등장

① 개념

소위 "실체법상 '행정행위'와 소송법상 '처분'을 별개로 보자는 견해"란 소송법상 "처분" 개념과 실체법상 행정행위의 개념은 분리되어 있어[15], "처분" 개념은 실체법상 행정행위와는 무관하게 만들어지는 개념이므로 새롭게 등장하는 행정작용에 대해서도 '처분' 개념으로 포섭해서 소구할 수 있도록 하자는 논의이다. 즉 '처분' 개념의 해석과 적용에 있어서 이 개념을 실체법적 행정행위 개념과 반드시 연관 지어서 이해할 것이 아니라 간순히 하나의 소송요건 문제로만 파악하자는 의미이다.

---

13) 홍정선 (2009), Rn.807a; 김도창 (1992), p.360

14) 대법원도 행정지도적 행위인 권고행위 즉 소위 '형식적 행정형위'의 처분성을 부인하고 있다. 대판 1995. 11. 21. 95누9099 판결, "무단 용도변경을 이유로 단전 조치된 건물의 소유자로부터 새로이 전기공급신청을 받은 한국전력공사가 관할 구청장에게 전기공급의 적법 여부를 조회한데 대하여, 관할 구청장이 한국전력공사에 대하여 (구) 건축법 제69조 제2항·제3항의 규정에 의하여 위 건물에 대한 전기공급이 불가하다는 내용의 회신을 하였다면, 그 회신은 권고적 성격의 행위에 불과한 것으로서 한국전력공사나 특정인의 법률상 지위에 직접적인 변동을 가져오는 것은 아니므로 항고소송의 대상이 되는 행정처분이라고 볼 수 없다"

15) 행정소송법 제2조 제1항 제1호의 입법문언의 자연스러운 문리적 해석에 의하더라도 분리론적 해석은 피할 수 없으며, 또한 1984년 행정소송법 개정의 입법취지도 분리론적인 입장에서의 국민권익구제의 확대를 꾀하였다고 논거를 제시한다.

② 의의 및 논거

최협의의 행정행위 개념에 입각한 전통적인 행정행위 개념은 행정소송법상의 처분 개념과 동일한 것으로 관념되어 왔다. 그러나 20세기에 있어서 급부행정 영역의 확대로 말미암아 전통적인 의미에서의 처분개념에 속하는 권력적 행정작용에 해당되지 않는 행정작용일지라도 항고소송의 형태로 권익구제를 하는 것이 적당하다고 판단되는 다양한 형태의 행정작용이 생겨나면서, 처분성의 인정의 범위를 확대하고자 하는 현실적 요구가 생겨나게 되었다. 이러한 현상은 독일과 같이 다양한 형태의 행정소송 유형이 발달되지 못한 우리나라와 일본의 경우 매우 실질적인 의미를 가지는 것이었다. 즉, 행정청의 고권적 작용에 대한 구제수단으로서 법정 항고소송이외의 다른 소송형태가 그다지 발전되지 못한 상황하에서는 처분성의 인정은 행정소송을 통한 권익구제의 가부를 결정짓는 사항이 되고 , 이러한 형편하에서는 국민의 권익구제의 기회를 확대하기 위해서는 처분성의 인정범위의 확대가 부득이 요청되는 것이다. 이 때문에 일본에서는 형식적 행정행위(또는 형식적 행정처분)론 등 처분성 확대를 위한 다양한 논의16)가 촉발되었고, 우리 행정소송법 제2조 제1항 제1호도 '처분'을 "행정청이 행하는 구체적 사실에 관한 법집행으로서의 공권력의 행사 또는 그 거부와 그 밖에 이에 준하는 행정작용"이라는 신축적인 개념으로 규정해 두었다. 그리하여, 이론적인 차원에서의 논의의 방향에 불문하고 우리 행정소송법 해석론상, 행정소송법상의 처분개념을 실체법적인 최협의의 행정행위 개념과는 다른, 그보다 넓은 개념으로 이해하는, 행정행위와 처분 개념에 이해에 있어서의 "실체법상 행정행위와 소송법

---

16) 이에 대해서는 앞의 제3장 제4절 Ⅱ. 3. (3) 참조.

상 처분 개념을 전혀 별개로 파악하는 분리적 법해석론(소위 이원론)이 대두하게 되었다. 그러나 이러한 입장은 종래의 행정행위 개념과 처분개념 일원론적 입장에 입각한 행정법학의 이론체계에 충격을 던졌고, 이로 인하여 우리 행정법학계에서는 양 개념을 일원적으로 이해할 것인가 이원적으로 이해할 것인가 하는 점에 대해서 논란이 있었다. 그러나 행정소송법 제2조 제1항 제1호의 입법문언의 자연스러운 문리적 해석에 의하더라도 실체법상 행정행위와 소송법상 '처분' 개념의 준별은 피할 수 없으며, 1984년 행정소송법 개정의 입법취지도 실체법상 행정행위와 소송법상 '처분' 개념을 구별하는 입장에서, 국민권익구제의 확대를 꾀하였다고 피력한다.

③ 평가

실체법적 개념과 연관지어서 이해할 때 '처분' 개념의 해석은 전체 행정법질서의 방향과 관련되는 중요한 과제가 되고, 후자로 단순한 하나의 소송요건으로 이해할 경우, '처분' 개념은 단순히 특정한 분쟁을 항고소송의 본안에서 심리할 문제로 받아들일 것인가 아닌가 하는 문제로 되어 논의의 부담은 현저히 줄어들 것이다. 단순한 소송요건으로 이해할 경우 '처분' 개념의 해석은 그것이 확대의 방향으로 갈 경우, 상당 부분 법원의 재량에 맡겨질 수 있는 문제가 된다. 즉 법원이 확장된 처분 개념으로 인한 심리의 부담을 감수할 경우 해석의 확장은 국민의 권리 보호와 행정의 합법성 원칙에 비추어 부인되어야 할 이유가 없기 때문이다. 그러나 행정절차법이 이미 행정소송법상의 '처분' 개념을 받아들이고 있으며[17], 취소소송의 형성소송성 및 행정소송의 객관소송으로 인하여 행정

---

17) 행정절차법 제2조 (정의) 제2호 "처분"이라 함은 행정청이 행하는 구체적 사실에 관한 법집행으로서의 공권력의 행사 또는 그 거부와 기타 이에 준하는 행정작용을 말한다.

소송법상의 처분 개념이 단순히 소송요건에 불과하여 실체법상 행정행위와 소송법상 '처분' 개념을 별개로 봐야 한다는 주장은 설득력이 없다.

④ 정리

처분개념은 행정행위 개념과 동일시되어 출발하였다. 독일의 경우 오늘날 양 개념 – 독일의 경우는 '처분' 개념을 사용하지 않고 행정행위(Verwaltungsakt) 개념을 사용하고 있음은 전 절에서 확인했다 – 은 원칙적으로 동일한 것으로 이해된다[18]. 행정행위 개념이 실정법에 규정되고 있는 독일[19]과 달리, 우리나라와 일본에서는 이것이 하나의 학문상 개념으로 존재하고 있는 까닭에 '행정행위' 라는 개념의 이해는 특히 처분 개념과의 관계에 있어서 다소간 혼선이 빚어지고 있는 것이 사실이다. 즉, 전통적으로는 행정행위 개념은 행정소송법상의 처분 개념과 동일시되는 것으로 이해되어 왔지만 오늘날 일본에서는 '형식적 행정행위' 개념이 유력하게 대두되고 있고, 우리나라에 있어서도 상술한 바와 같이 1984년 행정소송법 개정으로 실정법상 개념 규정된 '처분' 개념에는 해석상 종래의 최협의의 행정행위 개념보다 확장된 해석을 유도하는 입법문언이 채택되었다. 따라서, 우리나라와 일본의 경우, 실체법적 행정행위 개념과 행정소송상의 처분 개념 사이에 괴리가 논의되기에 이르렀을 뿐 아니라, 이러한 상황하에서, 전통적인 행정행위 개념이 과연

---

18) 독일에서도 형식적 행정행위(formeller Verwaltungsakt) 개념이 존재하며 이것 역시, 취소소송의 대상범위를 확대시키는 기능을 가지나 독일의 경우 다양한 소송형태가 존재하기 때문에 형식적 행정행위 개념의 쟁송법적 의의는 일본·우리나라에 비해 크지 않음은 확인했다. 제3장 제1절 Ⅱ. 3. 참조; Hans J. Wolff/Otto Bachof/Rolf Stober, Verwaltungsrecht Ⅰ, 1994. S. 653 – 654

19) 독일연방행정절차법(VwVfG) 제35조 1문.

행정법학에서 차지하는 위치가 무엇인가 하는 점이 근본적으로 재론되기에 이르렀다. 우리나라에서도, 행정행위 개념과 행정소송법상 처분 개념을 일원론 또는 이원론에 입각하여 논의를 전개하였다[20]. 행정행위 개념의 발전과정을 검토해 볼 때, 행정행위 개념의 쟁송법적 기능은 전통적인 행정법이론의 도구하에서는 행정행위 개념의 학문적 도구성의 핵심을 이루는 것이었다.[21] 이러한 전통적인 행정행위 개념의 역할에 비추어 볼 때, 실체법적 행정행위 개념과 처분 개념의 분리 현상은 전통적인 행정행위라는 개념과 용어의 학문적 도구성을 유명무실하게 할 여지도 충분히 있다고 본다.[22]

---

20) 이원설 또는 쟁송법적 개념설로 지칭되는 학설을 취하는 견해로 홍정선 (2009), Rn.807; 김도창 (1992), p.752; 서원우 (1991), p.24; 박윤흔·정형근 (2009), p.803; 김동희 (2009), p.701 등 참조. 그리고 일원설 또는 실체법적 개념설로 지칭되는 학설을 취하는 견해로 석종현·송동수 (2009)) p.886; 강구철, 강의행정법 I, p.331 (1992); 한편 일원설 또는 실체법적 개념설에서 입장을 바꾸어 이원설을 취하는 견해로서 김남진, (1995), p.198.

21) P. Krause, Rechtsformen des Verwaltungshandels, Überlegungen zu einem System der Handlungsformen des Verwaltung, mit Ausnahme der Rechtsetzung, 1974, S.115-116 특히 제2차 대전 이후 행정소송의 대상에 있어서의 개괄주의가 채택되고 난 이후에 있어서 행정행위 개념의 중심적 기능은 쟁송법적인 것이라는 점이 확연해졌다. 다만, 1960년에 제정된 현행 행정법원법(Verwaltungsgerichtsordnung) 40조 1항에 의해 항고소송과 당사자소송의 구별이 철폐되고, 행정소송의 허용성과 특정의 소송형식의 결합이 해소되어 행정행위를 대상으로 하는 경우만이 아니라 공법상의 분쟁에 있어서 포괄적인 행정소송의 길이 열림으로써 행정행위성의 문제는 취소소송과 의무화소송의 대상여부를 결정하는 의미만을 가지게 되었다. 그러나 이러한 상황에서도 행정행위의 소송법적 관련성은 가장 중요한 행정행위의 기능과 의미를 형성한다고 할 것이다. C. H. Ule, Verwaltungsprozeß recht, 9. Aufl., 1983, S.32.-33 참조.

22) 이러한 입장에서 강학상의 행정행위 개념과 쟁송법적 처분 개념을 일치적으로 판단하는 것이 가장 바람직하다고 볼 수 있으며, 개념 범주적으로 구성되어 구체적인 의미가 반드시 명확하지도 않은 강학상의 행정행위 개념에 경험적·실천적인 의미를 가지고 판례에 의해 구체화되고 있는 처분 개념을 맞추어 간다는 것이 과연 어떠한 의미가 있는가를 비판하는 학자가 있다. 이에 따르면, 오히려 판례에 의해 경험적인 차원에서 구체화되고 있는 처분개념을 실체법적 행정행위개념의 원형으로 의미를 부여함이 방법론상 더 유용한 결과를 가져오며, 이렇게 할 때, 실체법과 쟁송법의 일치적 해석이 가능할 뿐 아니라 현행 쟁송제도의 구제적 기능을 사회상황에 맞게 탄력성 있게 적응시키면서도 쟁송제도가 항고소송의 대상판정에 있어서 실체법원리를 무시하면서 까지 비논리적인 방향으로 나아가지 않도록 방지할 수 있다고 한다. 또한 행정소송법상의 처분에 대한 입법적 개념규정이 실질적인 법 판단기준으로 자리잡을 수 있으며, 동 개념규정의 해석에 바른 지침을 줄 수 있다고 주장한다. 김유환 (2004),

4) 검토

형식적 행정행위 이론 및 "실체법상 행정행위와 소송법상 '처분' 개념을 별개로 보는 견해"는 현행 행정소송법상 '처분' – '취소소송'의 편협된 소송구조에서 비롯되었다. 즉, '처분' 개념은 실체법적 행정행위를 예정해서 위법한 행정행위를 다투기 위하여 명시한 소송법적 도구개념이고, 사회적 복지행정의 패러다임은 행정청의 행정작용의 다양화를 초래하였으며, 그럼에도 행정행위 이외의 위법한 행정작용을 다투기 위한 소구제도는 행정소송법에서 마련되지 못한 연유로 이미 존재하고 있는 항고소송을 이용하기 위한 논리로 발생된 이론이다. 즉, 애초에 행정소송법 입법자는 행정청의 행정작용은 "행정행위"를 중심으로 행정상 입법, 관리행위 등에 불과하므로[23] 이에 대응할 수 있는 소송법적 도구개념인 '처분' 개념 – 행정행위 – 만을 행정소송법에 두었고, 현행에 발생하고 있는 사회적 복지행정의 다양한 행정작용을 예상하지 못하였기 때문이다. 즉, 사회적 복지행정의 패러다임과 더불어 등장한 급부행정 등은 행정작용을 다양화함으로써 기존에 예정하지 못했던 행정의 행위형식을 발생케 하였다. 결국, 사회적 복지행정을 통해 새롭게 등장한 행정작용의 소구방식은 "처분" 개념만을 예정하는 항고소송을 통해서가 아니라 각 행정작용의 특성에 맞는 소송형식 및 유형을 새롭게 도입함[24]으로써 권리구제를 가능하게 함이 행정작용체계론

---

p.514.

23) 김도창 (1958), p.10

24) 일반적으로 말해 행정과정은 소송제도와 밀접한 관계를 갖고 있다. 예컨대 행정행위의 공정력과 취소소송은 서로 원인과 결과의 관계에 있다. 행정재량의 관념은, 보는 관점에 따라, 입법원의 위임이지만, 동시에 법원의 심사범위의 문제이기도 하다. 또한 제소기간은 소송법상의 제도이지만, 그것과 실체법의 제도로서의 소멸시효는 어떠한 관계에 있는가도 주요한 문제이다. 나아가 사인의 행정과정에서의 권리가 청구취지나 판결의 방식과 직접 연결된다는 점은 말할 필요도 없다.

및 우리 헌법이 예정하는 행정소송의 법률상쟁송성에도 부합된다
고 할 것이다[25].

(4) 소결

우리 행정소송법상의 처분 개념을 확대해석한다고 하더라도 행
위의 법적성질과 같은 실체법적 의미관련을 도외시할 수는 없는
것이므로, 실체법적 법률행위의 분류와 쟁송형태를 대응시키고자
하는 원래의 행정소송 제도의 취지는 존중되어야 한다. 따라서 실
체법적 행정법관계가 다양할수록 쟁송법상의 쟁송유형도 다양하게
발전할 필요가 있으며, 결국, 처분개념을 법에서 명확히 하고, 이를

---

25) 이에 대하여, 박정훈 교수는 다음과 같이 비판한다. "소송유형의 세분화는 이론적 명확성 이
외에 아무런 실익이 없다. 실체법상의 '취소'는 존재하는 효력을 소급적으로 소멸시키는 형
성적 행위라고 할 수 있지만, 행정소송법상 '취소'라 함은 위에서 취소소송의 확인소송적 성
격과 관련하여 검토한 바와 같이 본질적으로 '위법성의 확인'이라고 할 것이다. 바로 이러한
취소판결의 '위법성 확인'에 관하여 기판력이 발생하는 것이며 그 기판력은 대세효를 갖는
것이다. 민사법상 취소는 유효한 법률행위를 임의로 취소하는 것이기 때문에, 위법한 처분을
법원이 반드시 취소해야 하는 행정소송에 민사법상의 취소 거념을 그대로 전이시킬 수 없다.
또한 행정청의 직권취소도 실체법적으로 형성적 행위라고 할 수 있으나, 이것은 처분을 한
행정청이 스스로 그 처분을 없던 것으로 만드는 것이기 때문이고, 따라서 이를 취소소송의
'취소'와 동일시할 수 없다. 요컨대, 취소소송의 '취소'는 계쟁 처분의 법적 성격을 막론하고
그 위법성을 확인하는 데 공통된 본질이 있으며, 그 구체적인 효과는 취소판결의 효력차원에
서 비로소 발생한다. 즉, 계쟁 처분이 단순한 사실행위라면 디를 금지하는 것이며, 계쟁 처분
이 법적 효력을 발생시키는 것이라면 처음부터 효력이 없었던 것으로 무효화시키는 것이다.
또한 양자의 경우 공통적인 효과는 행정청의 결과제거의무이다. 개별·구체적인 법적 처분의
경우에도 우리나라에서는 독일에서와 같은 실체적 공정력을 인정할 수 없기 때문에, 위법성
이 확인됨으로써 처음부터 무효인 것으로 돌아간다는 점에서 행정입법과 본질적인 차이가 없
고, 다만 행정입법의 경우에는 법적 안정성의 견지에서 후술하는 바와 같이 그 소급효를 일
부 제한해야 한다는 점에서 차이가 있을 뿐이다. 따라서 독일 행정법원법 제47조 소정의 규
범통제절차와 같은 특수한 소송유형을 마련할 필요가 없이 취소소송으로 포괄할 수 있다. 그
러나 현재 통설과 같이 개별·구체적인 법적 처분에 대하여 독일에서와 같은 실체적 공정력
을 인정하더라도 반드시 사실행위와 행정입법을 별도의 소송유형으로 다투도록 할 필요가 없
다. 소송법상의 "취소"를 위법성을 확정하는 확인판결과 실체적 공정력을 소급적으로 소멸시
키는 형성판결의 성격을 동시에 갖는 개념으로 이해하면 문제가 쉽게 해결된다. 즉, 개별·
구체적 법적 처분인 경우에는 양자(확인판결·형성판결)가 동시에 작동하지만 행정입법과 사
실행위의 경우에는 전자(확인판결)만이 작동하는 것이다. "취소"가 후자에만 한정되는 것으로
보는 것은 독일의 개념 틀에 갇혀 있기 때문이라고 할 수 있다. 법에 있어 모든 개념은, 심지
어 '법'개념 자체도, 目的의 産物이다." 박정훈 (2003b), p.112

수용할 수 있는 일정 형태의 항고소송 유형이 추가로 인정됨으로써, 다양한 실체적 법률관계를 대응시킬 수 있도록 하는 것이 타당할 것으로 본다. 이러한 연유로 입법론적으로 '처분'개념에 대한 새로운 의미부여가 필요하다고 생각된다. 즉, 처분개념을 단순히 쟁송법적인 관점에서만 이해할 것이 아니라 실체법적 의미관련에서의 일정한 행위개념과 결부시켜 이해하고 이런 관점에서 '처분' 개념을 실체법적 개념으로 구성하여 이를 유지해 나갈 필요가 있다.

Ⅱ. '처분'개념의 한계(문제점)와 재정립 필요

1. '처분'개념의 한계(문제점)

(1) 도입 – '처분' 개념의 불명확성

행정소송법상 '처분' 개념의 불명확성은 현행 행정소송제도의 문제 상황을 유발시킨 가장 근원적 원인에 해당한다.[26] 즉 우리 행정소송법상 '처분'에 관한 정의규정은 '일반조항'으로서 그 범위가 매우 넓고 상당히 불명확하게 되어 있기 때문에 현재의 역사발전단계에서 완결된 유형체계를 제시하는 것은 불가능할 뿐만 아니라 미래로의 발전을 제한하는 결과를 가져올 수 도 있을 것이다.[27] 이하에서는 지금까지 '처분' 개념의 문제점을 헌법·행정소송법·행정작용법체계·해외입법례·행정환경의 변화를 통해 고찰하였다.

---

26) 이에 대하여는 '처분' 개념의 모호성에서 기인한 해석갈등, 이로 인한 '처분' 개념 확대 논의, 헌법재판소의 '처분' 개념의 명확성 요청에서 자세히 살핀 바 있다. 각각 제2장 제2절 Ⅰ. 3. (2), 제2장 제2절 Ⅱ 및 제2장 제3절 Ⅱ. 3. 참조.

27) 이는 19세기말 독일의 민법전편찬논쟁에서 사비니가 반대했던 논거이기도 하다고 지적하고 있다. 선정원, "독일 행정법상 행정행위 흠장이론들의 등장과 발전", 공법연구 제27집 제2호, p.520 (한국공법학회 편, 1999)

본 항에서는 각 장 및 절에서 제시한 '처분' 개념의 문제점을 일목
요연하게 정리함으로써 '처분' 문제의 체계화를 도모하고자 한다.

(2) '처분' 개념의 문제점

1) 헌법 고찰을 통한 '처분' 개념의 문제점

① 처분과 명령·규칙과의 구별 모호성

헌법적 고찰을 통해서 도출된 '처분' 개념과 관련된 문제점은
(ㄱ) 현행의 행정소송법상 '처분' 개념은 헌법 제107조 제2항이 예
정한 처분의 명령·규칙과의 구별[28]을 명확하게 하지 않았다는 점
으로, 이는 행정소송법상 '처분' 개념의 모호한 법문에서 비롯된다
고 할 것이다. 특히, '그 밖에 이에 준하는 행정작용'의 모호성으
로 인하여 헌법이 예정한 '명령·규칙 - 행정입법 - '과의 구별이
모호했다는 점에 있다. 이는 결과적으로 '처분' 개념의 헌법적 구현
원리로 도출한 '실체법에 봉사하는 소송법'[29]에도 배치되게 된다.

행정입법과 처분의 구별 모호성은 '처분' 개념 자체의 모호한 규
정에서 비롯되지만, 문제를 유발시킨 또 하나의 근원적인 이유는
소송구조의 문제에도 있다. 즉, 행정소송법상 규범통제에 관한 명
문의 규정이 없으므로, '처분'의 모호한 개념을 활용함으로써 행
정입법에 대한 구제의 불비를 해결하기 위함이다.[30]

② '처분'에 대한 소송제도 불비'

행정소송법상 '처분' 개념 구현을 위한 헌법상 원리로 '사법적

---

28) 제2장 제1절 Ⅰ. 참조

29) 제2장 제1절 Ⅱ. 2. (3)

30) 이에 대하여는 제2장 제3절 Ⅰ. 3. 에서 "'처분' 개념의 오용(처분 - 취소소송 구조 극복론)"
    으로 설명하였다.

구제로서의 소송제도 완비'가 제시된 바[31], 현행 '처분' 개념은 '처분' 에 대한 소송제도를 취소소송·무효확인소송·부작위위법확인소송 으로 규정하고 '의무이행소송'을 불비함으로써 '처분' 자체가 "실체법상 행정행위"만 해당한다고 하는 경우에도 '처분' 에 포섭되는 '행정행위' 에 대한 소송제도의 불비를 초래하는 문제점을 가지고 있다.

2) 행정소송법 고찰을 통한 '처분' 개념의 문제점
① '처분' 개념의 불명확성

구 행정소송법에 대한 반성으로 개정한 현행 행정소송법은 권리구제 확대를 도모하기 위하여 '처분' 개념을 법문에 명시하였다. 그러나 '처분' 개념 중 '그 밖에 이에 준하는 행정작용' 에 대한 불명확성[32]으로 인하여 여타 행정작용의 처분성 긍정에 대한 논의가 지속되었다.[33] '처분' 의 법문 자체의 불명확성은 현재 우리 행정소송구조의 문제 상황의 근원적인 중핵에 해당한다.

② 취소소송의 형성소송성을 고려하지 못한 '처분' 개념의 확대 취지

개정 행정소송법은 법문상 '처분'을 가급적 넓게 인정하려는 취지가 보이나 실상 행정행위 이외의 행정작용을 '처분'으로 간주한다고 가정하는 경우에도 이를 포섭할 수 있는 소송유형 – 위법한 행정상 사실행위에 대한 금지소송, 위법한 행정입법에 대한 규범통

---

31) 제2장 제1절 Ⅱ. 2. (4)

32) 이에 대해서, 김유환 교수는 거부처분을 처분 개념의 한 범주로 독립하여 제시하고 있고, '그 밖에 이에 준하는 행정작용'이라는 불확정 개념을 처분 개념의 또 하나의 부분범주로 규정하고 있어 매우 특이하며, 불확실한 것으로서 입법문언의 채택이 그다지 적절하지 못하다고 지적하고 있다. 김유환 (2004), p.524.

33) 이른바 '처분성 확대 이론'에 대해서는 제2장 제2절 참조.

제소송 등 - 이 부재함을 확인한 바 있다.[34) 즉, 취소소송의 형성소송성으로 인하여, 사실행위 또는 행정입법에 대한 이론상 포섭 가능성이 없으므로 이는 행정행위의 공정력을 통설·판례가 인정하는 상황에서 '처분' 개념의 확대 취지가 만약 행정입법, 행정상 사실행위 등 까지 포함할 의도였다고 한다면, 이는 명백한 입법의 오류, 또는 더나아가 항고소송 - 특히 취소소송 - 의 성질을 고려하지 못하고 '처분' 개념만을 확대하려 했던 비체계적 입법의 한 유형에 해당할 여지가 있다고 볼 수밖에 없다.[35)

3) 판례 분석을 통한 '처분' 개념의 문제점
① '처분' 판단 시 권리·의무의 침해요건 추가

법원은 처분 개념을 해석함에 있어 행정소송법상 '처분' 개념 요건에 더하여 "'국민의 권리·의무를 침해' 하거나 '국민의 권리·의무에 직접변동을 초래하는 행위'"라는 별도의 요건을 추가함으로써 '처분'을 행정소송법상 '정의' 보다 좁게 인정하고 있다.[36) 이는 행정소송의 법률상 쟁송성에서 기인한 司法 본질상의 내재적 한계로서 불가피한 것이지만, '처분' 이라는 대상적격 판단에 있어서 '권리·의무'의 "침해 나 직접변동"까지 요구함으로써 본안판단의 결과를 초래하는 문제점을 안고 있다. 결국, 대상적격 판단을 본안판단으로 변질시키는 문제를 노정하고 있는 것이다.[37)

② '처분'과 행정입법·행정상 사실행위와의 구별 모호

법원은 예외적이긴 하였으나 조례 등 행정입법이나 행정상 사실

---

34) 제2장 제2절 Ⅲ. 1. 참조.
35) 제2장 제2절 Ⅱ. 2. (4) 2) 참조.
36) 이에 대해서는 제2장 제3절 Ⅰ. 2. (2) 에서 '권리의무 침해 요건 추가'로 설명하였다.
37) 제2장 제3절 Ⅰ. 2. (2) 3) 참조.

행위가 직접 침해성을 가질 때에는 이에 대하여 항고소송을 긍정하였다.[38] 이는 국민의 권익구제를 도모하기 위한 법원의 예외적 항고소송 활용이었지만, 결국에 문제의 핵심은 행정입법과 행정상 사실행위를 '처분' 개념에서 명확히 구분하여 놓지 못했기 때문에 기인한 결과이다. 물론 소송유형의 설시도 필요하지만, 그 이전에 개념에 대한 명확성이 선결성을 갖는 일이다.

4) 해외 입법례 분석을 통한 '처분' 개념의 문제점

① 취소소송의 '형성소송성'에 대한 고려가 부족했던 '처분' 개념

행정행위의 공정력을 인정하는 우리의 행정작용법체계하에서는 － 독일의 구법시대 취소소송(Anfechtungsklage)과 같이[39] － 취소소송이 형성소송의 성질을 가지고 있음을 확인하였다[40]. '처분' 개념을 구성할 당시에도, 처분에 대응하는 취소소송의 형성소송성을 감안하여 '처분'에 포함되는 행정작용은 강학상의 '행정행위'만을 대상으로 했다.[41] 행정소송법 개정과 더불어 '처분' 개념을 정의함에 있어 "그 밖에 이에 준하는 행정작용"이라는 문구를 설시함으로써, '처분' 개념의 확대를 통해 권리구제를 도모하려 하였으나, 상술한 취소소송의 기본적 성질 － 형성소송성 － 로 인하여 행정소송법 개정을 미완의 개혁으로 명명되게 하는 결과를 초래하게 했다. 즉, 취소소송의 형성소송성을 극복하기 위하여 도입된 프랑스의 월권소송에 대한 도입 논의는 우리나라의 행정소송제도에 있어서 취소소송

---

38) 이에 대하여는 '처분' 개념의 오용(처분 － 취소소송 구조 극복론)으로 명명하여 제2장 제3절 Ⅰ. 3.에서 설명하였다.

39) 독일 행정법원법상 취소소송의 형성소송성에 대해서는 제3장 제1절 Ⅱ. 1. (3) 2 에서 설명하였다.

40) 제2장 제2절 Ⅱ. 2. (4) 2)

41) 제2장 제2절 Ⅰ. 2. (2)

의 성질 – 더 나아가 행정소송의 기능 – 에 대한 고려가 부족하여 그대로 수용될 수 없음은 확인한 바와 같다.[42]

② '권리구제 다양화 주의'를 고려하지 못했던 '처분' 개념

독일은 행정작용의 다양화로 인해서 항고소송·당사자소송의 2원주의를 버리고 행정작용에 대한 별도의 소구방안을 명시함으로써 다원적 행정구제를 도모하였다.[43] 우리나라는 독일의 행정법을 계수하고, 행정행위에 터잡은 '처분' 개념을 경시하는 등 행정작용 체계를 중시하는 행정법학에 터잡고 있다.[44] '처분' 개념을 구성함에 있어서 '행정행위'를 예정하고 취소소송을 구비하였음에도 불구하고, 행정입법 등에 대한 구제책을 두지 않음으로 인하여 비록 예외적인 상황이었기는 하지만 '처분' 개념에 대하여 타 행정작용 – 직접침해성이 인정되는 행정입법 등 – 으로의 확대적용을 불가피하게 만든 측면이 존재한다.[45] 즉, 처분 이외의 행정작용에 대하여 각 행정작용의 행위형식에 적합한 소송유형의 부재 – 소위 '권리구제의 다양화 주의에 대한 비고려' – 는 모호한 '처분' 개념에 포섭되는 행정작용의 범위의 불명확성을 증가시키는 결과를 초래하였다.

5) 행정 환경 고려를 통한 '처분' 개념의 문제점

① 행정작용체계론을 반영하지 못한 '처분' 개념

우리의 행정법은 행정행위, 행정입법 등 행정작용체계론에 근거하여 전개되어왔다. 행정작용체계론에 따르면 소송법상 소송법적 도구 개념은 행정작용에 따른 하자유형의 개별성 등을 고려하여

---

42) 제3장 제2절 Ⅲ 1. 참조.
43) 제3장 제1절 Ⅰ. 1. (2) 참조.
44) 이에 대하여는 제3장 제1절 Ⅲ. 1 에서 기술하였다.
45) 제2장 제3절 Ⅰ. 3.

각기 행정작용의 특성이 반영되도록 구성되어야 한다. 그렇다면 하면, '처분' 개념의 구성에 있어서, 처분 개념은 "행정행위"만을 대상으로 삼음이 타당하고, 기타 행정작용은 별도의 소송유형을 통해 해결하는 방안이 타당함에도 '처분' 개념의 불명확성을 통해서 기타 행정작용과의 포섭의 가능성을 열어두었다는 점은 행정작용체계론의 입장에서는 타당하지 않은 것이다.[46] 이 역시 '처분' 개념의 불명확성에서 기인한다.

(3) 소결

처분 개념에 관하여 상술한 지반의 문제점은 '처분' 개념의 불명확성이 핵심이며, 이는 행정작용체계론을 고려하지 못한 연유에서 비롯된다. 즉 '처분'을 통해 넓은 행정작용을 포괄하겠다는 입법자의 의도는 취소소송의 성질 즉 형성소송으로서의 성질을 고려하지 못함으로 행정소송법의 개혁을 미완으로 남게 한 것이다.

2. '처분'개념 재정립 필요

(1) 처분 개념의 명확화

'처분' 개념은 국민의 권익구제를 위한 가장 기초적인 개념으로 명확한 입법을 통하여 국민, 행정청, 법원에게 별다른 해석의 여지를 주지 않도록 하여야 할 것이다[47]. 그간 입법의 불비 내지 불명확으로 인한 다양한 해석에 관한 논의, 그리고 다양한 해석 논쟁으

---

46) 제4장 제1절 2. 참조.

47) 명확하고 체계적으로 흠결없이 입법규정들을 제시하는 것이 기존 법질서의 개혁을 위해 가장 확실하고 안정된 기초가 되므로 가능한 한 불명확성이 제거되어야 한다. 그렇지만 명확화를 위한 지나친 노력이 시대변화와 사람들의 의식의 변화에 대응하여 학설과 판례의 발전을 통해 보충할 공간을 막아버리는 것은 경계하여야 한다. 선정원, "항고소송의 대상에 관한 입법적 검토", 행정법연구 제10호, p.7 (행정법이론실무학회 편, 2003)

로 인한 법원의 법적용상 곤란성 야기와 혼란으로 인한 국민의 권익구제 미비라는 악순환을 차단하기 위해서는 '처분' 개념을 법률적으로 명확하게 정립하는 것이 급선무일 것이다[48].

(2) 해석론 지양 · 입법론 필요

결국, '처분'개념의 해석론은 가급적 지양하고 헌법상 법치주의의 원리를 실현할 수 있는 새로운 '처분'개념의 입법을 우선시 하여야 할 것이다. 이것이 국민의 권익을 충실하고 완전하게 보장할 수 있는 행정소송제도를 만드는데 있어서 가장 큰 중핵에 해당할 것이다.

(3) 논의의 전개

다음 절에서는 지금까지 검토한 '처분' 개념 구성을 위한 모멘트 — 개념 구성에 있어서 지도원리 — 를 중심으로 '처분' 개념에 대한 구성을 시도하기로 한다.

---

48) 김성수 (2008), p.900 이와 관련하여 김성수 교수는 "'공권력의 행사', '이에 준하는 행정작용'이라는 포괄적 표현에 당연히 권력적 사실행위 등이 포함된다고 볼 수 있을까?"라는 의문을 제기하고 있는데, 이는 현행 '처분' 개념의 불명확성에 대한 가장 的確한 지적으로 파악된다.

제2절 새로운 '처분'개념의 구성

Ⅰ. 새로운 '처분'개념 구성을 위한 모멘트

1. '처분'개념 구성을 위한 모멘트

(1) 개관

1) 모멘트의 필요성

행정소송법상 '처분' 개념은 사회적 법관념, 국가의 법철학, 헌법, 실정법을 포함하는 국가 전체의 법제도, 행정법의 이론체계, 행정재판의 연혁, 행정소송의 구조 등의 총체가 반영되어 완성된다. 一面만을 반영하여 만들어지거나, 단순 模倣에 의한 '처분' 개념은 국법질서 전체에서 엇박자를 일으켜 법치주의의 방해요소로 전락할 것이다. 본 서에서는 '처분' 개념을 헌법, 행정소송법, 행정작용체계, 판례, 해외입법례 및 최근의 행정환경에 대입시킴으로써 "처분" 개념이 갖춰야할 지도원리 – 모멘트[49] – 를 검토·분석하였다. 전체를 개관하기로 한다.

2) 헌법으로부터 도출된 모멘트

제헌헌법 제81조 및 제헌자의 입헌취지 등을 고려한 객관적 헌법 해석을 통하여 '처분'과 '명령·규칙'의 分立, '위법한 처분에

---

[49] '모멘트(Moment)'는 槪念化 이전단계의 槪念을 돕는 指導思想 내지는 原理(principle)로서 유형화된 實體이기 보다는 無定形의 價値이다. '처분' 개념 구성을 위해서 각 영역(Sector)에서 논증한 無定形의 결과를 토대로 그 보다 상향의 價値 내지는 原理로서의 모멘트를 찾고, 이를 기반으로 槪念化 – 有形化 – 과정으로 가는 뜻(趣旨)에서 '모멘트(Moment)'라는 용어를 사용했다. 굳이 우리 말로 표현하면 "萌芽"로 대체될 수 있을 것이다.

대한 사법적 구제수단의 완비'를 도출하였다. 제헌헌법은 제81조에서 명령·규칙과 처분을 분리하여 열거함으로써 양자간의 구별을 전제하고 있으며,[50] 제헌헌법을 기초한 유진오 교수는 "헌법 제81조는 행정재판의 근거가 되는 조항으로서 '위법한 처분'에 관하여 '사법적 구제의 完備' - 행정소송제도의 완비 - 를 의미함을 확인하였다.[51] 1962년 헌법상 명문으로 추가된 '재판 전제성'에 관하여는 역대 헌법간의 유기적인 해석과 당시의 헌법학자의 견해를 종합하여 객관적으로 해석해 본 결과, 명령·규칙만을 한정하여 수식하는 문구로 해석함이 상당하고, '처분'에 대한 수식 문구로는 해석하지 않아, '처분'에 대해서는 재판전제성이 요구되지 않는 것으로 함이 타당하다. 또한 1962년 헌법상 '재판 전제성'은 제헌헌법 제81조 상 "재판 전제성"과 그 의미가 같은 바, 제헌자의 취지와 역대 헌법 및 행정소송법의 유기적 관계에 기초하여 객관적으로 해석해 볼 때, '선결문제'로 봄이 타당하다.[52] 결국, 현행 헌법 제107조 제2항은 '처분'에 관한 행정재판의 헌법상 근거로 새기는 것이 타당하다는 결론이 도출된다.[53] 법치주의에 입각하여 '처분' 개념 구성에 있어서 헌법적 구현 원리로는 '행정소송의 법률상 쟁송성', '실체법에 봉사하는 소송법', '사법적 권리구제로서의 소송제도 완비'가 있다.[54]

3) 행정소송법으로부터 도출된 모멘트

구 행정소송법 제정 당시 학계의 견해를 기초로 객관적으로 해

---

50) 제2장 제1절 Ⅰ. 2. (1) 1)
51) 제2장 제1절 Ⅰ. 2. (1) 2)
52) 제2장 제1절 Ⅰ. 2. (2)
53) 제2장 제1절 Ⅰ. 3.
54) 제2장 제1절 Ⅱ. 2.

석해 볼 때, '구 행정소송법'상 '처분' 개념의 출발은 '강학상 행정행위'를 전제한 것으로 파악된다.[55] 그러나 당시의 행정법학자는 '처분' 개념에 입법행위 뿐만 아니라 사실행위도 포함된다고 해석하고 있어 역대 헌법의 태도와 그 취지를 달리한 점이 이례적이었다.[56] 그러나 행정입법은 항고소송으로 다룰 경우 행정입법의 효력의 통일성이 확보되어야 하는 등 행정입법 고유의 하자체계가 있으므로 별도의 규범통제소송을 두는 것이 타당하다는 의견이 유력하고 타당하다.[57] 당시 판례는 직접적 침해행위가 있는 경우에 예외적으로 행정입법과 사실행위를 처분으로 간주하고 있다.[58]

개정 행정소송법 - 현행 행정스송법 - 은 처분 개념을 넓게 규정하여 구법시대의 행정상 권리구제의 미진함을 보완하려 하였다. 그러나 '처분' 개념에 대응하는 소송유형의 미비로 인하여, '처분' 은 '실체법적 행정행위'로 그 대상을 한정하여야만 했다. 행정소송법이 직면한 문제상황 - "처분 - 취소소송"의 편협한 소송구조 - 을 해결하기 위하여 취소소송의 개념을 확인 · 객관소송으로 파악하거나, 무명항고소송을 인정하여야 한다는 견해가 제시되었지만, 행정소송법상 취소소송은 형성 · 주관소송이며, 무명항고소송은 행정법 관계의 안정성을 도모해야 하는 견지에서 법원의 소송유형에 대한 해석권한을 무리하게 확장할 수 없으므로 수용되지 못했다. 판례 역

---

55) 제2장 제2절 Ⅰ. 2. (2) 3)

56) 김도창 교수는 행정청의 입법행위 또는 공고 등 일반처분도 그것이 직접 개인의 권리이익을 침해하는 것일 때에는 행정처분으로서 행정소송법의 대상이 된다고 주장하였다. 김도창, 행정법론(상), p.333 (1958); 이에 대하여는 제2장 제1절 Ⅰ. 1. (1) 에서 제헌 당시 헌법과 행정법의 생성모델의 차이 - 헌법은 통치구조 위주로, 행정법은 행정의 법률적합성을 판단하는 모델 - 등 헌법과 행정법의 완전 합치가 어려웠던 시대적 상황에서 기인한 결과라고 지적한 바 있다.

57) 박일경 (1957), p388. 자세한 기술은 제2장 제2절 Ⅰ. 2. (2) 5) 참조.

58) 대판 1954. 8. 19. 1953행상31. 이에 대한 자세한 내용은 제2장 제2절 Ⅰ. 2. (2) 3) 참조.

시 부인하였다.[59]

4) 판례로부터 도출된 모멘트

판례는 '처분' 개념을 판시함에 있어 행정소송법상 '처분' 개념에 권리·의무의 침해 요건을 추가하였으나, 항고소송의 대상적격 판단을 본안판단으로 변질시켜 국민의 재판청구권을 침해할 우려가 크므로, 법률상쟁송성의 요구를 충족할 수 있는 범위에서만 인정하여 최대한 항고소송의 대상적격으로 인정함이 타당하다고 본다.[60] 판례는 "실체법적 행정행위와 유리된 쟁송법적 처분개념"을 불인정하고, 처분은 실체법적 행정행위로 파악하였으며[61], 예외적으로 행정입법을 항고소송의 대상으로 간주하여, '직접 침해성'을 가진 행정입법의 항고소송을 허용하고 있으나, 이는 행정작용체계론에 의하여 하자유형체계를 달리하는 행정입법를 "항고소송"으로 다투는 것은 타당하지 않으므로, 일시적으로 인정함이 타당하고 궁극적으로는 별도의 행정소송유형을 둠이 행정작용체계론을 중시하는 입장에서 맞다.[62]

최근 헌법재판소는 '처분' 개념에 관한 위헌소원 사건에서 '처분' 개념의 의미에 관하여, 행정재판에서 역시 일반재판에서와 같은 사법본질상 한계 – 법률상 쟁송성 – 가 존재하고 있음을 판시하였다.[63] 또한 '처분' 개념의 명확성을 강조하였고, 명확성을 확보하기 위한 입법자의 구체적인 입법형성의 자유 역시 강조하였다.[64] 헌법재판

---

59) 제2장 제2절 Ⅱ.
60) 제2장 제3절 Ⅰ. 2. (2)
61) 제2장 제3절 Ⅰ. 2. (3)
62) 제2장 제3절 Ⅰ. 3.
63) 헌재 2009. 4. 30. 2006헌바66 전원재판부; 제2장 제3절 Ⅱ. 2.
64) 제2장 제3절 Ⅱ. 3.

소의 '처분' 개념에 관한 최근 판시는 행정소송법상 '처분' 개념에 관한 헌법이론적 측면의 의미관련성 – 행정소송의 법률상 쟁송성, '처분' 개념의 명확성 원칙 등 – 을 공식적으로 확인하고 주지시켰다는 측면에서 더욱 그 의미가 크다.

5) 해외입법례를 통해 도출된 모멘트

해외의 행정소송제도는 해당국의 전체 국법질서, 행정재판제도의 연혁과 배경 및 행정소송의 구조에 따라 상이하므로, 제도의 단순모방은 지양되어야 한다. 독일은 1945년 이전 구법 시대의 행정쟁송법에 근거한 소송구조는 우리 현행의 행정소송법상 행정소송의 구조와 유사하다. 제2차세계대전 이후, 독일은 행정법원법에서 개별 행정작용에 따라 행정소송유형을 명시함으로써 행정작용체계론에 충실하고 있다.[65] 프랑스는 행정소송의 재판관할권이 행정부소속의 꽁세유 · 데따에 부여되므로 객관성 통제의 경향이 강하고, 월권소송은 객관소송으로서의 성질을 갖고 있다. 월권소송은 확인소송이므로 모든 행정작용이 그 대상이 된다. 프랑스의 이러한 제도는 프랑스 고유의 행정법적 배경에서 기인한 것이고, 우리는 취소소송이 주관 · 형성소송성을 띄기 때문에 우리나라의 도입은 적절하지 못하다.[66] 영국 · 미국은 판례법이 중심이 되어 행정법이 생성한 나라로서 행정소송은 일반법원의 관할에서 이루어지고 영국은 객관소송성, 미국은 주관소송성을 띤다.[67] 일본의 최근 행정사건소송법 개정은 우리에게 시사하는 바가 큰 바, 행정작용체계론을 중시하여 개정이 이뤄졌으며, '처분' 개념에 있어서는 변동을 주지

---

65) 제3장 제1절 Ⅱ. 1. (2) 참조.
66) 제3장 제2절 Ⅱ. 2. (3)
67) 제3장 제3절 Ⅲ. 1. 참조.

않았다[68].

6) 다양한 행정작용의 증가로부터 도출되는 모멘트

사회적 법치국가의 등장, 시민적 복지행정의 출현으로 다양한 행정작용이 생기는 바, 이에 대해서는 개별 행정작용의 특성에 맞는 쟁송제도를 설계함이 행정의 행위형식의 체계성에 타당하다.[69]

이상의 논의를 정리하여 '처분' 개념의 구성에 있어서 지도원리 – 모멘트 – 를 추출해 내면 다음과 같다.

(2) 모멘트 1 – 처분과 명령·규칙 분리

우리 헌법은 제헌헌법에서 제81조 제1항에 '처분'에 관한 대법원의 최종적 심사권을 명시함으로써, 행정재판을 영미식의 일반사법법원이 관할하도록 하였다. 즉 제헌헌법 제81조는 1951년 제정 행정소송법의 헌법적 근거에 해당한다. 제헌헌법 제81조는 현행 제9차 개정 헌법 제107조 제2항으로 개정되기에 이르렀다. 그러므로 헌법 규정의 계속성·통일성에 비춰볼 때, 또한 107조 제3항이 행정심판법의 헌법적 근거임을 감안하여 헌법 제107조를 통일적으로 해석할 때, 현재에도 행정소송법의 헌법적 근거에 해당한다고 봄이 타당하다. 따라서 제107조 제2항의 "명령·규칙 또는 처분이 헌법이나 법률에 위반되는 여부가 재판의 전제가 된 경우에는"에 대한 해석은 제107조 제2항이 '처분'을 직접 심사하는 행정소송법의 근거조항에 해당하며, 제헌자의 제헌헌법 해석, "재판 전제성"의 문구가 삽입된 1962년 개정 헌법과 역대 행정소송법간의 유기적 해

---

68) 제3장 제4절 I. 1. (4) 참조.
69) 제4장 제1절 I. 2.

석 및 헌법학계의 의견을 객관적으로 종합해 볼 때, 재판 전제성은 '명령·규칙'에만 한정되고, '처분'까지 수식하는 문구로 해석되어서는 아니된다.[70] 즉 행정소송법상 '처분' 개념의 모멘트 1 인 명령·규칙과 처분 개념은 분리된다 라는 명제가 도출된다.

또한, 법치주의원리에 근거해 도출한 '처분' 개념의 헌법상 구현 원리 "실체법에 봉사하는 소송법"[71]에 따를 때에도, 행정작용 형식을 서로 달리하는 행정입법의 소송법적 도구 개념으로서의 명령·규칙과 실체적 공정력을 가지는 행정행위의 소송법적 도구 개념으로서의 '처분'은 구별됨이 타당하다. 제정 행정소송법 당시 행정법학자의 견해에 기초하여 객관적으로 해석해 보면, 제정 행정소송법상 '처분' 개념은 "강학상의 행정행위"에서 기인함을 알 수 있다. 즉 제정 행정소송법상 '처분' 개념은 '실체법상 행정행위' 로서 소위 "명령·규칙"을 예정한 개념은 아니었다고 봄이 타당하다[72]. 즉 처분과 명령·규칙은 혼입되지 못한다. 제헌헌법 제81조의 해석론에 따르면, 박일경 교수는 제헌헌법이 "명령·규칙·처분"에 대한 대법원의 최종 심사권한을 법률사항으로 위임한 바, 명령·규칙은 "처분"과 분리된 개념이므로 "처분"을 다투는 항고소송으로 다퉈질 수 없고, 별도의 규범통제소송을 설시함으로써 다뤄지는 것이 타당하다 라고 그 견해를 밝혔다.[73] 즉, 명령·규칙과 '처분'의 분리는 당연한 헌법 정신이었음을 확인할 수 있는 대목이다.

우리 대법원은 두밀분교폐지조례에 대한 항고소송을 긍정하였다. 이는 행정입법의 처분성을 인정하여 항고소송의 대상으로 삼은 판

---

70) 제2장 제1절 Ⅰ.
71) 제2장 제1절 Ⅱ. 2. (3)
72) 제2장 제2절 Ⅰ. 2. (2) 3)
73) 제2장 제2절 Ⅰ. 2. (2) 5)

례이다. 동 판례에 대하여는 행정소송법이 직면한 취소소송중심주의 라는 문제상황을 "국민의 권익구제를 위하여" 행정입법의 처분성을 예외적으로 인정한 판례로 보는 것이 타당하며[74], 장기적으로는 행정입법에 대한 별도의 규범통제소송을 두어야 한다는 견해가 우리 행정법이 취하는 행정작용체계론에 합당하다. 즉, 행정입법인 명령·규칙과 행정행위인 '처분'은 분리되는 것이 타당하다.

그 밖에도 명령·규칙과 처분은 분리되어야 함은 우리 행정법이 독일의 행정작용체계론에 입각하고 있다는 점[75]에 있어서도 나타남을 확인할 수 있다.

결국, 새로운 처분 개념을 구성함에 있어서 "모멘트 1" 명령·규칙과 처분을 분리하라 라는 지도원리는 반드시 반영되어야 할 것이다.

(3) 모멘트 2 – 주관·형성소송

'처분' 개념 구성에 있어서 두 번째 모멘트는 우리 행정소송의 주관소송으로서의 성질과 형성소송으로서의 성질을 반영하여야 한다는 점이다.

법치주의 원리에 근거한 헌법상 '처분' 개념의 지도원리 중 "행정소송의 법률상쟁송성"은 우리 행정소송이 주관소송에 입각하고 있음을 확인하게 한다.[76] 즉 행정소송은 헌법 제107조 제2항에 근거하여 대법원을 정점으로 하는 일반사법법원이 담당하며, 법원은 법원조직법에 근거하여 법률상 쟁송, 즉 주관소송의 원칙을 취하고 있으므로 이는 행정소송에서도 견지됨은 물론이다. 부연하면, 사법

---

74) 제2장 제3절 Ⅰ. 3.
75) 제3장 제1절 Ⅲ. 1.
76) 제2장 제2절 Ⅱ. 2. (2)

은 어디까지나 분쟁해결수단(ultima ratio)이다[77]. 이는 최근 2009. 4. 30. 2006헌바66 판결을 통허서도 확인되었다. 즉 헌법재판소의 "법률상 쟁송성에 터잡은 '처분' 개념"의 판시는 그간 헌법과 행정소송법간에 연결관계에서 이뤄진 '처분' 개념에 대한 논쟁에 있어서 '처분'을 다투는 행정소송 역시 일반의 司法的 소송의 한 유형에 해당하며-헌법 제101조-, 일반의 소송에 있어서 필요한 법률상 쟁송성-주관소송성-이 행정소송에도 적용됨을 공식적으로 확인한 것이다.[78]

우리 제정 행정소송법상 '처분' 개념은 '강학상 행정행위'를 전제로 하였다. 즉 "행정행위"는 일종의 사법적 구제를 위하여 만들어낸 개념으로서 효력 면에서 공정력을 지니며, 이에 기인하여 형성소송인 '취소소송'을 통해 그 효력을 제거하도록 하고 있다.[79] 즉 취소소송은 이에 기인하여 "형성소송"임을 전제로 한다. 이는 현행 행정소송법이 직면한 문제상황에서도 나타났다. 처분-취소소송의 구조하에서 취소소송의 형성소송성으로 인하여 사실행위 또는 행정입법은 '처분' 개념 안에 들어오고자 해도 들어올 수 없었다.[80] 즉 처분에 해당하는 사법적 구제유형인 "취소소송"으로는 해결이 불가능하기 때문이다. 결국, 새로운 '처분' 개념을 구성함에 있어서 취소소송은 "형성소송"의 성질을 가지고 있음을 유의하여야 하며, 이는 '처분' 개념 구성을 위한 제2 지도원리-모멘트 2-에 해당한다.[81]

---

77) 김성수 (2007), p.891.
78) 제2장 제3절 Ⅱ. 2.
79) 제2장 제2절 Ⅱ. 2. (4)
80) 제2장 제2절 Ⅱ. 2. (5)
81) 취소소송의 형성·주관소송성에 대한 자세한 논구는 제2장 제2절 Ⅱ. 2. (4) 에서 한 바 있으며, 이에 대한 명쾌한 논의 전개 및 정리는 김중권 (2003a), p.650 이하; 정하중

(4) 모멘트 3 - 행정작용체계론

우리 행정법은 독일법을 계수하였고, 이로 인하여 행정의 행위형식론 등 이론체계 소위 법도그마틱을 강조한다.[82] 이러한 환경 하에서, "형식의 파괴" 내지 "자율성"을 중시하는 프랑스나 영ㆍ미의 행정법을 여과없이 수용하는 것은 무리수를 두는 것이다. 해외 선진제도의 효율성ㆍ간편성이 아무리 높게 인정된다고 하여도 행정환경이 다른 우리에게 곧바로 수용하는 것은 그간 쌓아온 한국행정법이론체계를 무너트릴 수 있고, 이는 법치주의의 부전으로 이어질 염려가 있다.[83]

행정작용체계론을 중시한 제도 해석론 및 입법론 등은 '처분' 개념을 검토하는 과정에서도 여러 곳에서 발현되었다. 즉, 법치주의 원리에 근거한 '처분' 개념의 헌법상 지도원리 중 '실체법에 봉사하는 소송법'[84]은 실체법, 즉 행정작용체계의 중요성을 강조한다[85]. 또한 우리 헌법상 '처분' 즉 행정행위를 '명령ㆍ규칙' 즉 행정입법과 구별한 입법례[86]에서도 행정작용체계론을 발견할 수 있다. 우리

(2003a), p.25 이하 참조.

82) 이에 대하여는 제3장 제1절 II. 1. (2) 에서 1960년 독일 행정법원법 개정에 따른 행정의 행위형식별 소송유형의 설시와 제4장 제1절 I. 2. 에서 명시한 우리나라 행정법 교과서상 행정의 행위형식별 이론체계 구성 등을 통해 확인할 수 있는 사항이다. 이에 더하여 독일과 우리나라는 제3장 제1절 III. 1. 에서 기술한 바와 같이 우리의 '처분' 개념과 독일의 구법시대의 '행정행위(Verwaltungsakt)' 개념의 유사성 및 독일 구법시대 및 현행 우리의 행정소송 구조에 있어서의 2원주의 등 유사한 점이 많다.

83) 특히 프랑스의 행정소송제도의 도입에 있어서 특별히 고려 되어야 할 사항과 우리나라 행정소송제도에의 적용에 있어서 어려운 점에 대해서는 제3장 제2절 II. 2. (3) 에서 기술.

84) 제2장 제1절 II. 2. (3)

85) 처분개념에 관한 논의는 그저 소송법 차원에서 머물지 않고 행정작용법을 근간으로 한 행정법 전체에 결정적인 영향을 미친다. 왜냐하면 실체법과 소송법은 상호 밀접한 관련을 갖으며, 이들 간에는 交互作用(Wechselwirkung)이 존재하기 때문이다. 다시 말해 행정소송법은 그것에 선행하고 (그것의) 기초가 되는 행정(실체)법과 내적으로 본질적으로 연계되어 있다. 김중권 (2008b), p.54 이하 참조.

86) 제2장 제1절 I.

의 모법인 독일법도 취소소송 - 당사자소송의 2원주의에서 1945년 행정법원법을 통해 개별 행정작용별로 소송유형을 별도로 구성하는 체제로 행정소송체계를 변혁하였고[87], 일본의 행정사건소송법 개정도 기존의 '처분' 개념을 유지하고, 행정작용체계론의 견지에서 당사자소송, 금지소송, 확인소송 등을 추가하는 일부개정을 하였다.[88]

결국, 행정작용체계론은 새로운 '처분' 개념의 구성에 있어서도 견지되고, 고려되어야 할 모멘트에 해당한다.

(5) 모멘트 4 - 소송제도 완비

네 번째 모멘트는 "소송제도의 완비"이다. 행정소송도 당사자의 소제기에 의하려 비로소 절차가 개시된다. "소가 없으면 재판이 없다"(nemo judex sine actore)거나, "원고가 없는 곳에 법관은 없다"(Wo kein Kläger, da kein Richter)라는 법언으로 상징되는 소송의 개시에 관한 처분권주의는 행정소송의 영역에서도 그대로 적용된다고 할 수 있다. 이러한 소송의 개시에 관한 처분권주의는 필연적으로 원고로 하여금 소송의 대상과 유형(방식)을 특정할 것을 요구한다. 그러므로 행정소송의 종류 내지 소송유형에 관한 제반논의는 궁극적으로 소송유형의 선택론으로 귀결될 수밖에 없다. 적절한 소송유형의 선택은 민사소송에서도 논의될 수 있는 일이나, 행정소송의 경우 보다 복잡하고 곤란한 일이다. 그 이유는 주로, 행정청의 일련의 행위 중 어느 것이 행정소송의 대상이 되는 처분, 재결 또는 부작위에 해당하는 것인지를 판정하기 곤란한 경우가 있으며, 둘째로, 행정소송의 유형이 복잡다기하기 때문에 그 중 어느 것을

---

87) 제4장 제1절 Ⅱ. 1.
88) 제4장 제4절 Ⅰ. 1. (4)

이용할 것인지 확정하기 어려운 경우가 많기 때문이다. 이러한 선택의 곤란성에도 불구하고 행정소송에 있어서 소송유형의 선택은 결코 피할 수 없는 과제일 뿐만 아니라, 원고의 권리구제에 치명적인 영향을 미칠 수 있는 중요문제이다. 그러므로 명확한 소송유형의 획정은 국민의 사법적 권리보장에서 있어서 필수불가결한 선결과제인 것이다.

헌법상 법치주의 원리에 기반하여, 사법적 권리구제로서의 소송제도 완비를 요청하고 있으며[89], 우리 현행 행정소송법이 가지는 처분 – 취소소송의 취소소송중심주의 라는 문제상황도 각기 행정의 행위형식에 따른 소송제도를 완비하지 못했기 때문에 초래된 결과이다.[90] 즉 소송유형의 완비 역시 새로운 '처분' 개념 구성에 있어서 '처분' 개념을 완전하게 하기 위해 반드시 필요한 전제 사항이다. 소송유형의 세분화가 이론적 명확성 이외에 아무런 실익을 가져다 주지 않는다고 주장되나[91], 소송유형의 세분화는 의미로운 결과를 가져다 준다. 즉, 소송유형의 다양화는 작용형식의 다양성을 전제로 하여 그에 관한 심도있는 논의를 수반하게 함으로써, 행정법학과 행정소송에 있어서 진화를 가져다 준다. 하루바삐 항고소송 특히 취소소송을 전방위적 소송수단으로, 나아가 소위 '취소소송이라는' 소송수단만이 유일한 권리구제방안으로 보는 기본인식에 근본적 변화가 요구되며, 그러므로 '소송제도 완비'는 '처분' 개념 구성을 위한 모멘트에 해당한다.

그 밖에도, 독일의 1945년 행정법원법에서 소송유형의 세분화를

---

89) 제2장 제1절 Ⅱ. 2. (4)

90) 제2장 제2절 Ⅱ.

91) 박정훈 (2003a), p.72.

도모한 점, 일본의 행정사건 소송법 개정 등도 '소송제도의 완비'의 중요성을 암시하게 한다.[92]

(6) 모멘트 5 – 처분개념명확화

모멘트 5는 현행 '처분' 개념의 원초적 한계 이고 논란을 조성한 "핵"인 행정소송법 법문상 '처분' 개념의 명확성 문제이다.[93] 즉 명확하게 '처분' 개념이 지칭하는 행정작용의 범위를 명시하여야 할 것이다. 이는 법치주의의 대원칙인 명확성의 원칙에 비춰 봤을 때도 '처분' 개념을 구성함에 있어서 반드시 고려되어야 할 모멘트이다. 즉, '처분' 개념의 명확성은 '처분' 개념의 구성에 있어서 가장 중요한 절차적 – 도구적 – 가치에 해당한다. 특히 최근 2009. 4. 30. 2006헌바66 판결은 '처분' 개념에 있어서 명확성의 원칙을 중요시했다는 점에서 모멘트 5 – 처분 개념의 명확화는 의미가 더욱 크다.[94]

(7) 모멘트 6 – 처분대상 판단시 권리침해 배제

끝으로, '처분' 대상 판단 시 관례는 행정소송법상 '처분' 개념에 더하여 "국민의 권리의무를 침해하는 행위 또는 국민의 권리의무에 직접 변동을 초래하는 행위"라는 요건을 추가하고 있다.[95] 이는 '처분' 이라는 대상적격 판단을 본안판단화 함으로써 헌법상 재판청구권을 과도하게 침해할 소지가 크다. 따라서 새로운 '처분' 개념을 구성함에 있어서 법원의 '처분' 대상성 판단에 있어서 일종의 권한 유

---

92) 제4장 제1절 Ⅱ. 1. (2) 및 제4장 제4절 Ⅰ. 1. (4) 참조.
93) '처분' 개념의 모호성으로 인한 실정법 – 행정소송법 – 에 대한 해석갈등에 대해서는 제2장 제2절 Ⅰ. 3. (2) 참조.
94) 제2장 제3절 Ⅱ. 3.
95) 제2장 제3절 Ⅰ. 1. (2)

월을 방지할 수 있도록 '처분' 개념을 구성함이 필요하다고 본다. 이는 법문으로 표현하기 어려운 부분이 있으나, 첩원의 해석에 대하여 일정한 지침은 반드시 필요하다고 본다.[96]

(8) 소결

이상과 같이 새로운 '처분' 개념 구성을 위하여 필요한 지도원리 ─ 모멘트 ─ 로 (ㄱ) 모멘트 1 ─ 처분과 명령·구칙 분리 (ㄴ) 모멘트 2 ─ 주관·형성소송, (ㄷ) 모멘트 3 ─ 행정작용체계론 (ㄹ) 모멘트 4 ─ 소송제도 완비 (ㅁ) 모멘트 5 ─ 처분개념명확화 (ㅂ) 모멘트 6 ─ 처분대상 판단시 권리침해 배제를 제시하였다. 다음 항에서는 행정소송을 통한 권리구제라는 본연의 목적 달성을 위해서 '처분' 개념과 필수 불가결의 관계에 있는 "행정소송의 류형"을 대비시킴으로써 이상에서 제시한 "처분" 개념 구성을 위한 모멘트를 최대한 반영할 수 있는 "처분 ─ 소송유형"의 매트릭스를 찾아내 보기로 한다.

2. 새로운 처분 개념 구성을 위한 접근(입법적 대안)

(1) 처분 ─ 취소소송, 비처분 ─ 당사자소송

현재 행정소송법이 취하고 있는 행정소송의 유형에 해당한다. 소위 '취소소송 중심주의'의 편협된 소송구조는 오늘의 이 논의를 있게 한 원인이다. 제정 행정소송법의 입법자가 "넓은" 처분 개념을 예정했음에도 소위 "원 ─ 웨이(one ─ way)" 소송유형 즉 취소소송만으로는 입법자의 의도가 발현될 수 없었을 뿐더러, 소위 "넓은" 처분 개념 구성을 위한 "모호한" 처분 개념은 '처분" 개념에 대한 해석 논쟁을 일으켰다.[97] 본 연구의 범위 외 문제이나 법원의 당사자

---

96) 이에 대하여는 뒤의 제4장 제2절 II. 1. (2) 7) 참조.

소송 활용에 대한 소극적 태도[98]는 본 취소소송중심주의 난맥상을 심화시켰으며, 돌파구도 주지 못했다.

전항에서 제시한 '처분' 개념 구성의 지도원리 – 모멘트 – 에 따라 분석하면 본 행정소송의 유형은 "모멘트 5 – 처분 개념의 명확성", "모멘트 4 – 소송제도 완비"에 있어서 명시적으로 한계를 보였으며, '처분' 개념의 불명확성으로 등장한 이론 즉 객관·확인소송설은 "모멘트 2 – 주관·형성소송성" 및 "모멘트 1 – 처분과 명령·규칙 분리" 및 "모멘트 3 – 행정작용체계론"을 위배하였으며, 무명항고소송론은 "모멘트 3 – 행정작용체계론"에는 합당하였으나, "모멘트 4 – 소송제도완비"에서 한계를 보였고, 쟁송법적처분개념론은 "모멘트 1 – 처분과 명령·규칙 분리", "모멘트 3 – 행정작용체계론" 및 "모멘트 4 – 소송제도완비"를 위배하였다고 볼 수 있다.

결국, 현 행정소송의 유형에 대한 해결책은 규범통제소송을 신설하고, 사실행위에 대한 금지소송 등을 명시함으로써 "모멘트 3 – 행정작용체계론" 및 "모멘트 4 – 소송제도의 완비"를 도모하고, '처분'의 개념을 명확하게 제한함으로써 "모멘트 5 – 처분 개념의 명확성" 및 "모멘트 6 – 처분대상 관단 시 권리침해 배제를 제시"를 충족하고, 끝으로 행정입법의 개념을 명시함으로써 "모멘트 1 – 처분과 명령·규칙의 분리"를 도모하면 '처분' 개념의 지도원리 6가지를 모두 충족하게 됨으로써 우리 행정법 체계에 적합한 '처분' 개념으로 재정립 되게 된다 할 것이다.

---

97) '처분' 개념의 불명확성으로 인한 해석에 대한 논의는 새로운 '처분' 개념을 구성함에 있어서 가장 주효한 문제점으로 지적되었던 바, 이이 대해서는 제4장 제1절 Ⅱ. 1. 에서 '처분' 개념의 한계 – '처분' 개념의 불명확성 – 으로 기술하였다.

98) 홍준형 (2005), p.480 이하 참조.

(2) 처분(행정행위, 사실행위) – 항고소송(취소소송, 의무이행소송, 금지
소송), 비처분 – 당사자소송(확인소송)

본 입법적 대안은 일본의 2004년 행정사건소송법 개정을 반영한
것이다. 일본의 경우도 구 행정사건소송법체제 하에서 우리와 같은
소송법상 문제상황에 봉착하였고 이를 해결하기 위하여 행정사건
소송법 개정에 이르게 됨은 상술하였다.[99] 즉, 일본은 항고소송 –
당사자소송의 2원주의를 유지하였다. 이점은 후술할 독일의 경우를
대입한 입법적 대안[100]과 다른 점이다. 일본은 항고소송의 유형으
로 의무이행소송과 금지소송을 신설하였다. 즉, 행정행위의 부작위
및 사실행위에 대한 소구를 위함이다. 또한, 당사자소송의 유형으
로 확인소송을 명시하였다.

본 입법적 대안을 "모멘트"에 의거하여 검토하면, 항고소송 – 당
사자소송의 2원주의를 유지한 점은 독일에 비하여 "모멘트 3 – 행
정작용체계론"의 반영에 있어서 미흡함이 있다. 왜냐하면, 행정의
행위형식을 따지자면, 행정행위 · 행정입법 · 행정상사실행위로 대
별되고, 각 행위형식에 적합한 소구방식을 구성하는 독일에 있어서
보다 기준 부합성이 약하다고 판단된다. 즉, 행정입법에 대한 소구
방식을 명시하지 않은 점, 특히 행정입법은 여타의 행정의 행위형
식과 달리 사전통제절차 및 사후통제절차어 있어서 양태를 크게
달리함 – 예를들면 행정입법의 사전통제절차, 하자의 효과의 통일성
확보 등 – 에도 불구하고 별도의 규범통제절차를 두지 않았다는 측
면은 우리 행정법 및 행정재판의 특성을 고려해 놓고 보면 최적의
대안은 아니다. 특히, 사실행위에 있어서도 행정작용형식의 정합성

---

99) 제3장 제4절 Ⅰ. 1. (4)
100) 뒤의 제4장 제2절 Ⅰ. 2 (3)

을 따지자면 별도의 소송유형을 두는 것이 타당하다[101]. 즉 권력적 사실행위와 일반 행정상 사실행위의 구별이 선행되어야 금지소송으로 소구할 것인지, 확인소송 등의 당사자소송으로 소구할 것인지가 결정나게 되는데, 이에 대한 구별이 쉽지 않다. 즉 "모멘트 3 - 행정작용체계론"에 근거한 "처분" 개념의 구성은 소송법의 체계화 및 예측 가능한 권리구제 까지도 보장하게 한다고 할 것이다.

따라서 본 입법적 대안은 "모멘트 1 - 처분과 명령·규칙 분리"가 불충분할 여지가 있으며 - 왜냐하면 규범통제소송을 명시하지 않음으로써, 기존의 판례[102]가 "직접 침해성"을 가지는 행정입법을 항고소송의 대상으로 받아 들였는데, 확인소송을 새롭게 규정하긴 했지만 "직접 침해성"을 지니는 행정입법은 기존의 항고소송으로 해결될 가능성이 크므로 - , "모멘트 4 - 소송제도 완비" 역시 규범통제소송의 불비로 인하여 충족하지 못하게 된다.

결국, "처분", "행정입법" 및 "행정상 사실행위"의 개념 및 각 소구방안을 구성함으로써 "모멘트 3 - 행정작용체계론", "모멘트 1 - 처분과 명령·규칙 분리", " 모멘트 4 - 소송제도 완비" 및 "모멘트 5 - 처분개념 명확화"를 충족하게 된다고 할 것이다.

(3) 처분(행정행위) - (취소소송, 의무이행소송), 사실행위 - 금지소송, 행정입법 - 규범통제소송, 기타 소송(확인소송)

본 입법적 대안은 취소소송 - 당사자소송의 이원주의를 버리고,

---

101) 즉, '권력적 사실행위'에 대해 처분성을 인정하는 일반적 경향도 재고되어야 한다. 권리구제를 가능케 하기 위한 목적론적 접근의 발로라 여겨지나, 그것이 체계에 상응한 정당한 권리구제수단(당사자소송으로서의 이행소송)에 관한 관심과 필요를 저하시키지는 않았는지 곱씹어 보아야 한다. 참고로 독일에서의 다수 문헌은 합성적 처분과 같은 구성에 비판적이고, 이를 사실행위 차원 즉, 일반이행소송으로 강구하고자 한다. 김중권, (2004) p.162.

102) 대판 1996.9.20, 95누7994,95누8003

개별 행정작용별로 소송유형을 구성한 독일의 1960년 행정법원법 (VwGO) 모델이다.[103] 이는 처분, 행정입법, ㅅ-실행위를 분리함으로써 "모멘트 1 - 처분과 명령·규칙 분리" 및 "모멘트 5 - 처분개념 명확화"를 충족하고, 각 행정유형별로 별도의 소송제도를 완비함으로써 "모멘트 3 - 행정작용체계론" 및 "모멘트 4 - 소송제도 완비"를 충족하게 되며, 취소소송은 형성소송성을 가지고 행정쟁송제도는 주관소송에 입각하므로 "모멘트 2 - 주관·형성소송성"도 충족한다. 결국, 행정작용체계론에 따른 소송유형의 완비를 통해 상기에서 제시한 "처분" 개념 구성 원리를 충족하게 된다고 할 것이다.

3. 중결

본 항에서는 "처분" 개념 구성을 위한 모멘트를 제시하고 이에 따라 처분 - 소송유형의 입법적 대안을 설계한 이후에 각 입법적 대안을 "모멘트"를 기준으로 분석하였다.

"처분" 개념의 구성을 위한 지도원리 - 모멘트 - 를 만족하게 하는 행정소송의 구조는 행정작용체계론에 근거하여 개별 행정의 행위형식에 따라 별도로 소송유형을 구성하는 방안일 것이다.[104] 이는 우리나라의 현 행정소송법이 당면한 문제상황을 해결하는데 있어서도 시사하는 바가 크다고 본다.

---

103) 제3장 제1절 Ⅱ. 1. (2) 참조.

104) 김중권 교수는 이를 "권리구제방도를 향도(嚮導)하는 행정작용형식"으로 표현하고 있다. 또한 행정작용체계론은 법실현 뿐만 아니라 "법적용"의 과정에서도 막대한 "부담경감기능 (Entlastungsfunktion)"을 발휘하게 된다고 지적하고 있다. 즉, 무정형이 행정활동을 "형식적으로" 인도함으로써 사전에 권리의 침해를 저지할 뿐만 아니라 "법적 가치의 적극적 실현을 보장"하기도 한다고 하고 있다. 김중권, "행정처분의 의의와 종류", 행정소송(ⅰ), pp.482 - 483. 참조 (한국사법행정학회 편, 2008c)

Ⅱ. 새로운 '처분' 개념의 구성

1. '처분' 개념의 구성

(1) 도입

지금까지 '처분' 개념 구성을 위한 모멘트와 '처분'-'소송유형'의 입법적 대안을 고찰함으로써 '처분' 개념의 구성을 위한 원리 및 '처분'-'소송유형'의 구조 하에서 '처분'의 기능에 따른 구성상 "개념의 한계"를 검토했다. 그 결과는, 행정소송법상 '처분' 개념은 행정작용체계론에 근거하여 소위 강학상 "행정행위"-실체법적 행정행위-의 모습을 명확하게 표현하는 모습으로 "형상화" 됨으로써, 여타 행정작용-특히 행정입법, 행정상 사실행위-과의 혼입을 방지하도록 구성되어야 한다는 점이다.[105] 더불어, 판례에서 행정소송법상 "처분"의 요건보다 '권리·의무 침해 요건'을 추가하여 해석 하는 부분에[106] 대해서도 "요건 완화" 지침도 '처분' 개념의 해석원칙으로 제시함이 필요할 것이다.[107]

---

105) 이는 행정의 작용형식은 본래 하자유형체계에서 비롯되었다는 것과 일맥상통한다. 즉 현행의 권리보호체제하에서 하자효과에는 무효, 취소(취소가능성·폐지가능성), 유효(무결과), 원상회복청구권 및 손실보상청구권이 있으며, 하자 "결과"의 관점에서 행정의 작용형식체계는 행정행위, 행정입법, 공법상계약 및 사실행위의 네가지 유형으로 완성됨으로써 입법자가 정하는 '소송법적 도구' 개념 - 여기서는 '처분' 개념 - 이 행정작용체계론에 기반되어져야 함과 의미가 동일하다. 김중권 (2008c), p.483 참조.

106) 상술한 바와 같이 판례는 '처분'의 요건에 「국민의 권리 또는 이익을 침해하는 행위 또는 국민의 권리의무에 직접 변동을 초래하는 행위」를 추가하고 있다. 대판 1992.3.31 선고 91누4911

107) 김중권 교수는 이제라도 처분의 개념 징크에 관한 깊은 논의를 전제하면서 이에 관한 진지한 논의를 통해서 항고소송의 대상의 확대를 도모하는 것이 正道이고, 차제에 - 가령 법효과가 대외적으로 직접적으로 발생할 것이 담겨지는 식으로 - 처분의 개념적 징표를 좀더 정연하게 다듬을 필요가 있다고 지적한다. 김중권, (2002b), p. 314.

(2) '처분' 개념의 요소

1) 일반 - 실체법상 행정행위

'처분'은 '실체법상 행정행위'로 개념화하여, '처분' - '취소소송'의 소송구조를 갖는 것이 우리나라 법제도 환경, 실정법, 행정법이론체계 등에 부합함으로, 국민의 권익구제 및 법적안정성 확보에 기여할 수 있음을 확인하였다. 통상 실체법상 행정행위의 개념은 "행정청이 법 아래서 구체적 사실에 대한 법집행으로서 행사는 권력적 단독행위로서 공법행위"를 의미하고,[108] 현행 행정소송법 제2조 제1호의 '처분' 개념 중 전단에 해당하는 "행정청이 행하는 구체적 사실에 관한 법집행으로서의 공권력의 행사 또는 그 거부"로 표현된다. 즉, 현행의 "처분" 개념 중 "그 밖에 이에 준하는 행정작용"을 제외한 전단에 명시된 개념이 실체법상 행정행위를 의미하는 새로운 '처분' 개념에 해당할 수 있다. 따라서 실체법상 행정행위의 개념 - "행정청이 법 아래서 구체적 사실에 대한 법집행으로서 행사는 권력적 단독행위로서 공법행위 - 과 현행 행정소송법 제2조 제1호 전단 - "행정청이 행하는 구체적 사실에 관한 법집행으로서의 공권력의 행사 또는 그 거부" - 을 고려하여 '처분'의 개념요소를 추출하면, "(ㄱ) 행정청의 행위, (ㄴ) 공법상의 행위, (ㄷ) 법적 행위, (ㄹ) 구체적 사실에 대한 행위, (ㅁ) 법집행행위로서 권력적 단독행위"가 나올 수 있다[109].

---

108) 홍정선 (2009) Rn.809 이하 참조.

109) 홍정선 (2009) Rn.809. 다른 학자들이 제시한 개념요소로는 김남진·김연태 (2009), p.178이하 는 1. 행정청, 2. 구체적 사실, 3. 규율(법적 행위), 4. 대외적, 5. 공권력의 발동으로 행하는 일방적 공법행위로, 김철용 (2009), p.187이하 는 1. 행정청의 행위, 2. 구체적 사실에 관한 법집행행위, 3. 외부에 대하여 행하는 행위, 4. 행정객체에 대하여 직접적은 법적 효과를 발생시키는 행위, 5. 권력적 행위인 공법행위로, 김중권 (2008c), p.496이하 는 1. 행정청, 2. 구체적 사실에 관한 규율, 3. 법효과를 발생하는 규율로서의 성질, 4.

이러한 가운데, '처분' 개념을 "실체법적 행정행위"와 같은 의미로 파악하는 독일의 입법례는 '처분'의 "개념 요소"를 구성함에 있어 참조가 될 수 있다. 즉, 독일은 앞 장에서 살펴본 바와 같이 실체법상 행정행위와 '처분'을 - 독일법에서는 '행정행위(Verwaltungsakt)' - 일치시키고, "행정행위(Verwaltungsakt)"를 "행정청이 공법의 영역에서 개별사안의 규율을 위하여 행하는, 외부에 대하여 직접적인 법적 효과를 발생케 하는, 모든 처분, 결정 또는 기타 고권적 조치"[110]라고 하고 있으며, 그 개념요소로 (ㄱ) "規律性" - 반대개념으로서 사실행위, 준비행위나 부분행위, 규율성이 없는 행정청의 의사표시 - (ㄴ) 高權性 - 반대개념으로서 사법상의 행위 - (ㄷ) 個別事案性 - 반대개념으로서 일반·추상적 규율 - (ㄹ) 行政廳에 의한 行爲 - 반대개념으로서 사인에 의한 조치, 입법행위, 사법행위, 기능적인 의미에서의 통치행위 - (ㅁ) 直接的 外部效果性 - 반대개념으로서의 순수한 내부적 행위 - 이 제시된다.[111] 결국 "복잡다기한" '처분'의 개념요소의 구성 시, 독일의 "행정행위"의 개념요소는 - 앞 장에서 제시한 독일 행정소송과 우리 행정소송의 유사 구조 등에 기반하여(구체적으로 취소소송의 주관·형성소송성, 행정작용체계론 등) - 충분히 참작할 만하다[112].

공권력의 행사, 5. 대외적으로 직접적인 법효과의 발생을 적시하고 있다.

110) 독일 행정절차법 제35조 제1문. Verwaltungsakt ist jede Verfügung, Entscheiduing oder andere hoheitliche Maβnahme, die eine Behörde zur Regelung eines Einzelfalles auf dem Gebiet des öffentlichen Rechts trifft und die auf unmittelbare Rechtswirkung nach auβen gerichtet ist.

111) Maurer, Allgemeines Verwaltungsrecht, 17. Aufl., 2009, § 9 Rn37 - 39; Hufen, Verwaltungsprozessrecht, 2008, § 14 Rn.3 - 8; Kopp/Schenke, Verwaltingsgeri-chtsordnung, 15. Aufl., 2007, SS. 396 - 438; Ruffert, Matthias, in : Erichsen/Ehlers (Hrsg.), Allgemeines Verwaltungsrecht, 13. Aufl., 2006, § 20 Rn.14 - 50; Kopp/Ramsauer, Verwaltungsverfahrensgesetz, 7. Aufl., 2000, § 35 Rn.48 등 참조. 참조.

결국 독일의 개념요소와 우리의 개념요소를 병합해보면 다음과 같은 개념요소의 구성이 가능하다고 본다. 즉 "(ㄱ) 행정청의 행위일 것, (ㄴ) 공법상의 행위, (ㄷ) 법적행위((a) 외부적 행위, (b) 직접적인 법적효과, (c) 의사표시), (ㄹ) 구체적 사실에 대한 행위, (ㅁ) 법집행행위로서 권력적 단독행위((a) 법집행행위, (b) 권력적 단독행위 – 공권력의 행사)"이다. 이하에서는 제시한 개념요소를 상술한다.

2) 행정청의 행위일 것

행정청은 일반적으로 행정주체의 의사를 외부적으로 결정·표시할 수 있는 권한을 가진 기관을 의미한다. 행정청은 권리주체 그 자체가 아니라 권리주체를 위하여 활동하는 부처 – 기관 또는 부서 – 이고, 공법인이 아니라 안에서 활동하는 사람의 활동이 귀속되는 부서 그 자체이다.[113] 행정청은 조직법상의 의미의 '행정청'과 반드시 일치하지 않는다[114].

'행정청의 행위' 개념요소에 대해서는 이의가 없으며, 타 개념요소에 비하여 상대적으로 논쟁이 없으므로 '처분' 개념의 구성에 있어서 특별한 문제가 제기되지 않는다. 따라서, '처분' 개념에 문언에 있어서도 "행정청"으로 현행와 같이 표기하면 될 것으로 본다.

3) 공법상의 행위

행정법에 근거한 행위를 의미한다. 즉 행위의 효과가 공법적이라는 것이 아니라 행위의 근거가 공법적이라는 의미이다.[115] 따라서,

---

112) 절대적 원용은 불가하지만 독일 행정소송과 우리 행정소송의 구조적 유사성을 감안하여, 우리 '처분' 개념 구성 시 독일 '행정행위'의 개념요소를 모델로 삼는 것은 가능하다고 본다.

113) 김중권 (2008c), p.497

114) 홍정선 (2009), Rn.814; 김중권 (2008c), p.497

115) 홍정선 (2009), Rn.815; 김중권 (2008c), p.508.

사법적인 법적 행위는 행정행위가 아니다. 결국 사법적인 행정활동은 공법상의 행위가 아님은 물론이다.

이는 국고행위 등 행정청의 사경제적 행위에 대한 '처분'성의 준별기준을 부여하는 역할을 한다. '처분' 개념의 문언상으로는 "공법상의 행위"라는 표현을 달리 둘 것이 아니라 다른 문언에 자연스럽게 포함시켜서 구성하는 방안이 타당하다고 본다. 왜냐하면 취소소송을 포괄하는 "항고소송"에 있어서도 당연히 "공법상의 행위"를 대상으로 하는 것이므로, 특별히 "공법상의 행위"가 취소소송에서 달리 더 크게 요구될 사항은 아니기 때문이다. 따라서, '처분' 개념의 문언 구성에 있어서도 별도로 내세우는 것 보다, 다른 개념 안에 자연스럽게 흡습하도록 하는 방안이 효과적이라 생각된다.

4) 법적행위

① 일반

사실행위와 '처분' 개념을 구별시키는 요소이다. 법적행위란 외부적으로 직접적 법효과를 의도하는 의사표시를 의미한다.[116] 즉, 행정행위는 법효과를 발생·변경·소멸시키는 법적행위이다. 법효과의 발생여부는 근거규정의 법적 성질과 무관하게 관련 법규정 전체의 상관관계에서 탐문되어야 한다[117]

② 외부적 행위

행정조직내부영역을 능가하여 개인에 대해 직접적으로 권리·의무의 발생·변경·소멸 등의 법적효과를 가져오는 행위를 의미한다. 행정내부에서만 결정되었을 뿐, 밖으로 표시되지 않은 행위는

---

116) 홍정선 (2009), Rn.816

117) 김중권 (2008c), p.502

내부행위이므로 행정행위개념에서 배제된다.[118) 여기서 규준이 되는 것은 사실상의 외부효가 아니라 조치의 목적성(finalitat) - 직접성 - 이다.[119)

외부적 효과성은 '처분' 개념의 법문에 직접적으로 표현되기 보다 여타 다른 개념요소 - 현행 행정소송법상 '처분' 개념 전단 중에는 "공권력의 행사"에 외부적 효과성의 의미를 내포시켰다고 봄 - 에 포함시켜 그 개념요소와 동시에 표출되도록 함이 타당하다.

③ 직접적인 "법적"효과

당해 행위로서 직접 법적 효과 - 권리·의무의 발생·변경·소멸 - 를 가져오는 행위를 의미한다. 행정지도, 도로청소 등은 법적효과가 없으므로 사실행위에 불과하며[120), 수인의무를 내포하는 소위 '권력적 사실행위'도 사실행위에 불과한 것으로 파악한다. 이는 왜냐하면 사실행위는 별도의 행정작용으로 분리하여 별도의 소구방안을 마련하는 것이 행정작용체계론 및 처분개념의 명확성에 부합하기 때문이다. 처분 개념은 강학상의 '행정행위'만을 포함시킴으로써 행정작용체계론에 부합함으로, 권리구제의 명확성 및 법적 안정성을 도모하기 위함이다. 소위 '하자유형체계'의 관점에서 봤을 때도 권력적사실행위와 행정행위의 하자효과는 금지 - 원상회복청구권 내지는 손실보상청구권 - 와 취소로 상이하다. 오히려 권력적사실행위의 하자효과는 사실행위와 같게 됨을 알 수 있다. 행정

---

118) 김중권 (2008c), p.503

119) 독일의 행정행위 개념정의에선 "외부에 직접적 효과를 발생시키는"식의 기술을 통해서 조치의 목적성이 당연히 요구되지만, 우리 행정소송법상 '처분' 개념정의에는 그같은 기술이 없기에 논란이 있다. 그러나 "구체적 사실의 법집행"이란 다름 아닌 행정청의 목적적인 법적용을 전제로 한 것이므로 조치의 목적성은 당연히 요구된다. 김중권, (2008c), p.510.

120) 홍정선 (2009), Rn.817

작용체계론에 입각하여 실체법에 봉사하는 '소송법적 도구' 개념을 만듦이 타당함에 비추어 볼 때, 전항의 "입법적 대안"을 통해 검토한 바와 같이 권력적사실행위도 '처분' 개념에서 이제 이탈되고 사실행위로 포섭됨이 타당하다고 본다.[121]

"법적 행위"의 개념요소는 '처분'이 실체법적 행정행위를 의미하고 있으므로 포함됨이 타당하다고 본다. 또한 처분이 취소소송으로 해결된다는 점에 있어서도 "법적 행위"임이 전제됨이 필수이다.

5) 구체적 사실에 대한 행위
규범정립행위 즉 행정입법과 구별한다

① 개별사건(Einzelfall)성
구체적 사실에 관한 법집행이란, 개별사건(Einzelfall)에 대해서 일정한 규율을 한다는 것을 의미한다. 따라서, "개별 경우" - 개별 사건 - 만이 행정행위가 될 수 있다.[122] 행정입법 - 법규범 - 은 불특정 다수의 사건과 사람과 관련이 있기에, 일반·추상적 규율(general - abstrakte Regelung)에 해당하고, 반면 구체적 사안과 관련하여 일정한 사람을 목표로 삼는 경우에, 그것은 개별 규율 - 개별·구체적 규율(individuell - konkrete Regelung)에 해당한다.[123]

② 개인 - 추상적 규율의 문제
행정행위와 법규범간의 나눔이 규율내용 - 추상·구체성 - 과 규

---

121) 이에 대하여 김중권 교수는 "당사자소송의 활성화에 즈음하여 행정행위종속적 권리구제관은 문제가 있다"고 지적하면서 독일의 다수입장과 판례가 대집행실행에 대해서 권력적 사실행위를 전제로 한 합성처분적 논증을 통한 취소소송적 접근을 버리고, 정당하게 사실행위로 보아 일반이행소송을 통한 권리구제를 도모하고 있다"고 지적하고 있다. 김중권 (2008c), p.504, 각주 83 참조.

122) 김중권 (2008c), p.498.

123) 김중권 (2008c), p.499.

율수범자-일반인·개인-의 지표에 따라 행해질 때, 일반·추상적 규율은 '개별사건'성을 결하므로 법규범어 해당하고, 개인-구체적 규율은 '개별사건'성이 있으므로 '처분'어 해당된다고 볼 것이다. 문제는 개인-추상적 규율 및 일반-구치적 규율이다. 개인-추상적 규율의 경우 '구체적 사건성' 즉 '개별 경우'를 엄격히 적용하면 행정행위로 포섭되기 어려운 점이 있을 수 있으며, 이는 현행 실체법적 행정행위만을 '처분' 개념으로 포섭한다는 취지하에서는 '구체적 사건성'의 요건을 결하므로 '처분'개념에 포섭될 수 없음이 맞다고 본다.[124]

③ 일반-구체적 규율의 문제

일반-구체적 규율의 문제, 소위 '일반처분'의 문제는 "구체적" 사건성을 갖고 있으므로 비록 '불특정 다수'를 규율한다 하더라도 '개별 사건'성을 결한다고 보기 어려우므로[125], 실체법적 행정행위에 해당하여 '처분'성 인정이 가능하다고 본다.[126]

본 개념요소는 '처분' 개념 구성에 있어서 통상-실체법적 행정행위 개념, 행정소송법상 처분 개념, 양자 다 포함-표기되는 경향이다.

---

124) 개별-추상적 규율의 경우는 실제상 '하명'이 추상적이지 않고 구체적인 활동의무를 규율하므로 문제되지 않는다고 지적한다. 김중권 (2008c), p.499 각주.56 참조.

125) 김중권 교수는 '구체적 사실'이 항상 특정인 또는 특정가능한 인적 범주를 지향한다는 의미에서의 개별적이어야 한다고 하면 일반-구체적규율은 행정소송법상 "그 밖에 이에 준하는 행정작용"으로 포섭 가능하여 소위 '준처분'성을 인정할 수 있다고 지적한다. 김중권 (2008c), p.500 각주.58. 참조.

126) 독일의 경우도 행정절차법 제35조 제1문에서 특별히 인적 범주에 해당하는 표현을 사용하지 않고 단지 "개별경우"라고 기술함으로써, 명백히 사물조 기준에 의거하여 규율의 구체성을 규준으로 삼는다. 나아가 그들은 동조 제2문에서 세가지 유형의 일반처분(Allgemeinverfügung)을 명문화 함으로써 개별 경우 징표의 요청들 제도적으로 완화시켰다. 김중권 (2008c), p.500.

6) 법집행행위로서의 권력적 단독행위

행정청이 법률이 정한 바에 따라 일방적으로 국민의 권리·의무 기타 법적 지위를 구체적으로 결정하는 행위를 의미한다.

① 법집행행위

공법상 일방적인 처분행위를 의미한다. "법집행행위로서의"와 관련하여 여기서의 "법"이란 "법률의 법규창조력"에 바탕을 둔 "법규범"을 의미하고 따라서 행정행위의 법효과발생의 준거점이 된다고 한다.[127] '처분성' 인정에 있어서 행정행위를 발하기 위한 법적근거가 존재하는지 여부는 전혀 관계가 없으며, 요구되는 법적 근거의 부재는 행정행위를 위법하게 만들 뿐이지 그것의 '처분' 성을 갈음하지는 못한다. 즉 법률상의 근거의 유무와 상관없이 어떤 행위가 직접적인 근거규정 뿐만 아니라 관련 규정에 의거해서 행정행위의 개개의 징표를 충족하고 있는지가 요체이다.[128]

법집행행위는 '공법상 일방적인 처분행위'를 의미하여 행정입법과 행정행위를 구별하는 징표이므로, '처분' 개념에 있어서도 필수적으로 들어가야 할 개념요소라 하겠다.

② 권력적 단독행위 – 공권력의 행사

'처분'을 성립시키는 규율은 반드시 "공권력"의 행사이어야 한다. 여기서의 "공권력의 행사"는 고권적(hoheitlich) 또는 일방적(einseitig) 의미를 지닌 조치(처분, 결정 등)이다.[129] 공법상 계약이나 공법상

---

127) 김중권 (2008c), p.506.

128) 김중권, (2008c), p.507; 김중권, "실효한 행정처분에 대한 권리구제에 관한 소고", 법률신문 2006. 11. 20.(제3507호)(2006); 김중권, "근거규정의 성질과 처분성여부의 상관관계에 관한 소고", 법률신문 2005. 7. 4.(제3375호)(2005)

129) 김중권 (2008c), p.507.

합동행위는 단독행위가 아니므로 '처분'성을 갖지 못한다.

'처분'의 핵심은 행정청의 고권성 또는 일방성이므로 "공권력의 행사"의 개념요소도 명시적으로 표현됨이 타당하다고 본다.

7) '처분' 개념의 해석원칙 – '권리 · 의무 침해 요건 배제'(권리 · 의무 침해의 가능성)

'처분' 개념의 존부를 판단하기 위해선 그것의 개념적 징표에 관한 해석이 동반되어야 하기에, 민법상 의사표시에 관한 일반적 해석원칙이 적용되나, '처분'의 행정쟁송 – 권리구제 – 적 기능을 고려하여 '처분'성 판단시 "의심스러우면 관련인에게 유리하게"라는 법언을 고려해야 한다.[130] 따라서, 판례에서 '처분' 개념 판단 시 추가적으로 요청하는 '권리 · 의무 침해 요건'드 최소한의 요건으로 '권리 · 의무 침해의 가능성' 만 인정되면 '처분'으로의 대상적격을 인정하여야 할 것이다. 즉, 대상적격 판단을 "본안 판단"화 하는 법원의 '처분' 판단 기준은 "침해"에서 "침해 가능성"으로 최소화하여야 함이 필요하다.

(3) '처분' 개념

1) 일반 – '처분' 정의

이상의 '처분' 개념요소를 기준으로 행정소송법상 '처분' 개념은 가능하면 (ㄱ) 행정청의 행위일 것, (ㄷ) 법적 행위((a) 외부적 행위, (b) 직접적인 법적효과, (c) 의사표시), (ㄹ) 구체적 사실에 대한 행위, (ㅁ) 법집행행위로서 권력적 단독행위((a) 법집행행위, (b) 권력적 단독행위 – 공권력의 행사)의 개념요소가 포함되도록 구성됨이

---

130) 김중권 (2008c), p.520.

타당하다. 왜냐하면, '처분' 개념의 실체법상 행정행위에의 한정성과 명확성을 확보하기 위함이다. 이를 통해 '처분' 개념은 "행정청이 구체적 사실에 관하여 외부적으로 직접적인 법적효과를 발생시키며 행하는 법집행으로서의 공권력 행사"로 구성할 수 있다.[131]

이는 현행 행정소송법상 "처분" 개념과 비교할 때, 무엇보다도 확연한 차이는 현행 행정소송법상 처분 개념 중 "그 밖에 이에 준하는 행정작용" 문구의 삭제에 있다. 동 문구는 타협적 입법의 산물로서 '처분' 개념의 불명확성을 유발 시킨 근원에 해당하는 문구이므로 삭제하고 – 형식적 행정행위 개념 불인정 – '실체법상 행정행위'만이 '처분'에 해당하도록 하는 의도이다.

처분 개념인 "행정청이 구체적 사실에 관하여 외부적으로 직접적인 법적효과를 발생시키며 행하는 법집행으로서의 공권력 행사"에는 총 7개의 개념요소가 포함되어 있는 바, 상술한 "(ㄱ) 행정청의 행위일 것, (ㄴ) 공법상의 행위, (ㄷ) 법적행위((a) 외부적 행위, (b) 직접적인 법적효과, (c) 의사표시), (ㄹ) 구체적 사실에 대한 행위, (ㅁ) 법집행행위로서 권력적 단독행위((a) 법집행행위, (b) 권력적 단독행위 – 공권력의 행사)"이다. 직접적으로 법문에 명시되고 있는 개념 요소는 "(ㄱ) 행정청의 행위일 것, (ㄹ) 구체적 사실에 대한 행위, (ㅁ) 법집행행위로서 권력적 단독행위((a) 법집행행위, (b) 권력적 단독행위 – 공권력의 행사)이다.

---

131) 선정원 교수는 강학상의 행정행위와 권력적 사실행위를 포함하여 소위 "행정청의 공권력행사 또는 불행사"로 구성하였으며, 정하중 교수는 강학상의 행정행위(실체법적 행정행위)와 일반처분을 포함하여 '처분'개념을 "행정청의 구체적 사실행위에 대한 법집행행위로서 외부적 효력을 의도하는 공법상의 단독행위 및 일반처분과 행정심판의 재결"로 각각 제안하였다. 선정원, "항고소송의 대상에 관한 입법적 검토", 행정소송법 개정자료집Ⅰ, p.111 (법원행정처 편, 2007).: 정하중, "법규명령과 행정행위의 한계설정", 저스티스, 1997. 6, p.35 이하 참조 (1997)

2) "'처분'의 경계선상에 있는 행정작용"의 처분성 검토

① 일반

'처분' 개념의 도출은 '처분' 개념 구성을 의한 모멘트 - 특히 모멘트 5 '처분개념의 명확화' - 에서도 밝혔듯이 실제 이뤄지는 행정작용에 대하여 명확하게 '처분'의 가부 판단을 가능케 해야 한다[132]. 본 연구에서 제시된 '처분'이 '실체법적 행정행위' 임에는 틀림이 없다. 다만, '처분'성 판단에 있어서 소위 "可否의 경계선상"있는 행정작용에 대해서는 추가 검토가 필요하다. 이하에서는 소위 "처분의 경계선상에 있는 행정작용"에 대한 처분성 여부를 검토한다.[133] 또한 "처분의 경계선상에 있는 행정작용"의 '처분성'이 부정되는 경우는 어떤 소송유형으로 선용이 필요한지도 간략히 검토하기로 한다.

② 권력적 사실행위

'실체법상 행정행위'를 '처분' 개념으로 파악하므로 사실행위는 본 서에서 새롭게 제시한 '처분' 개념에 포섭되지 않음은 물론이다. 더불어 권력적 사실행위에 있어서도 '법적 행위성'을 결여하므로 '처분' 개념에의 포섭은 불가능하다. 즉 二間, 권력적 사실행위에

---

132) 김중권 교수는 '처분'개념요소 및 해석의 중요성을 다음과 같이 지적하고 있다 "요컨대 처분의 개념적 요소 - 원문에서는 징표 - 에 관한 설득력 있는 해석을 통하여 처분성확대를 기하기 보다는 범주적 접근 - 가령 행정입법이나 행정계획 등 - 으로 처분 자체의 틀을 확대하려는 것이 종래 이원설이 갖는 치명적 결함이자 한계이며, 그로 인해 도리어 행정처분의 이해에 난맥이 빚어졌다 하겠다. 이제 행정행위구속적인 행정구제관을 버리고 그것의 개념적 요소 - 원문에서는 징표 - 를 바르게 해석, 적용하는데 초점을 모아야 한다. 김중권 (2008a), p.493

133) 소위 '처분의 경계선상에 있는 행정작용'의 처분성이 긍정되는 때에, '경우에 따라서' '처분' - 즉 실체법적 행정행위 - 의 하자체계에 있어 "약간의 변용"이 수반되기도 한다. 이러한 변용에 대해서는 '행정작용체계론'의 관점에서 보면, 애초에 '처분' 개념으로 포섭되지 않음이 원칙이나, 불가피하게 소위 "약간의 변용"이 있는 경우에는 해당 행정작용의 "통제의 방식 내지 효과" 측면에서 그 정도의 가감이 있을 수 있음이다.

대한 '처분성' 긍정은 다양한 형태의 행정소송유형이 인정되고 있지 않거나 활용되지 못한 상황에서 불가피하게 비롯된 면이 없지 않았으며, 이로 인하여 학설은 권력적 사실행위가 수인의무를 수반한다는 점 비추어 논리적으로는 권력적 사실행위를 수인의무를 과하는 행정행위와의 합성행위로 이론구성하거나 또는 권력적 사실행위에는 수인의무를 부과하는 일종의 절차적 효과가 수반된다고 보아 "권력적 사실행위의 취소는 수인의무의 해제"의 효과를 가져오는 것으로 이론을 구성하기도 하였다. 그러나, 행정작용체계론을 중시하는 '처분' 개념은 순수한 실체법적 행정행위만을 구성대상으로 했으며, 이의 개념요소로 "법적행위"가 있는 바, "사실행위 – 권력적 사실행위 불문 – "는 "처분"으로 포섭될 수 없으며 계속적 사실행위에 대한 침해에 있어서는 금지소송 등 이행소송으로, 일회적 사실행위에 대한 침해에 있어서는 당사자소송 중 확인소송 등으로 선용함이 타당하다고 본다.

③ 일반처분

일반처분이란 불특정인에 대한 특정 – 구체적 – 사건의 규율을 말한다. 일반처분은 '처분' 개념요소 중 "개별 사안성" 가부의 결과에 따라 '처분성' 인정이 좌우된다. 일반처분에는 인적관련 일반처분[134] – 예정된 시위의 금지 –, 물적관련 일반처분[135] – 도로의 공용지정 –, 이용규율의 일반처분[136] – 박물관 · 도서관 이용의 이용규율 –

---

134) 인적 일반처분은 일반처분의 일반적인 형태이다. 인적 일반처분은 처분의 상대방이 객관적으로 확정되거나 또는 처분의 상대방이 행정청에는 알려지지 아니하지만 행정행위의 발령 시점에 일반적인 징표에 의하여 정해질 수 있을 때에 활용한다. 홍정선 (2009), Rn.825.

135) 물적 일반처분은 물건의 공법적 특성을 중하는 것을 내용으로 한다. 물적 일반처분은 물건에 공법적 성격을 부여 · 변경 · 박탈 또는 다른 방식으로 공법상 조건을 변경하는 처분이다. 물적 일반처분의 발령시에 처분의 상대방은 불특정다수이다. 물적 일반처분의 주된 적용영역은 도로의 경우이다. 홍정선 (2009), Rn.826.

의 3가지 종류가 있다. 본 서에서 제시한 '처분' 개념에 따르면 일반처분도 여타 개념요소를 충족함은 물론이고, 특히 '특정사건'을 대상으로 하는 것이므로, "구체적 사실에 관한"이라는 요건을 충족하게 된다. 즉, 개별사안성이 긍정되므로 '처분'에 포함되며, '일반처분'으로 법률상 이익을 침해된 자는 취소소송을 통해 권익구제를 받을 수 있다.

④ 행정상 확약

행정상 확약이란 어떤 권한 있는 행정청이 장차 어떤 행정적 조치를 할 것인지 혹은 중지할 것인지에 관하여 의사를 표시하는 것으로서, 행정청이 그 표명한 의사를 장차 실현해야 할 의무를 지는 것 - 소위 구속적 의사표시 - 을 말한다. 행정상 확약에 있어서 결정적으로 중요한 요소는 행정청이 행한 의사표시의 내용실현에 구속된다는 의미인 소위 구속적 의사표시라는 점이다.[137] 결국, 행정상 확약은 '처분'에 관한 여타의 개념요소가 충족됨은 물론이고, "행정청이 장래의 일정한 의무를 부담한다는 점"에서 "법적행위"의 요건도 충족되므로 '처분'성을 긍정함이 타당하다[138]. 따라서, 확약에 중대하고 명백한 하자가 있는 경우 두효확인소송, 단순위법의 하자가 있는 경우에는 취소소송을 통해 권리구제가 가능하다.

---

136) 이용약율의 일반처분은 인적관련 일반처분의 한 유형에 속한다. 이용규율의 일반처분은 실제상 교통신호와 많이 관련된다. 교차로에서 교통규율을 우한 교통경찰관의 수신호, 교통신호 등의 신호불빛 역시 일반처분으로 이해되고 있다. 도로상의 교통표지판의 명령도 그때그때 교통에 참여하는 자에게 계속적으로 반복되는 일반처분으로 이해되고 있다.

137) 김해룡, "행정상 확약의 법리", 고시계 2003년 10월호, ㄱ21 (고시계사 편, 2003)

138) 행정상 확약에 대해서는 행정행위의 모든 개념요소를 충족하였으므로 행정행위로 보는 견해(홍정선, (2009), Rn.1336; 김해룡 (2003), p.27; 박은흔, 최신행정법강의(상), p.404; 류지태, 행정법신론, p.148; 김동희, 행정법(ⅰ), p216), 행정청이 어떤 행정행위에 대한 확약을 한 경우 그에 관한 종국적 규율은 약속된 행정행위를 통해서 행해지는 것이지 확약 그 자체에 의한 것이 아니므로 확약은 행정법상 독자적 행위형식으로 보는 견해(김남진, 행정법(ⅰ), p.370; 정하중, 행정법총론, p.319)

행정상 확약과 유사한 "처분의 경계선상에 있는 행정작용"으로 '처분'에 포섭되는 행정작용으로 (ㄱ) "추후행위를 위한 법적 근거를 곧바로 확고히 하고자 하는 소위 "부담유보", (ㄴ) "개별법이 두/세단계의 형성을 규정한 경우"가 있다. 특히 "개별법이 두/세단계의 형성을 규정한 경우"는 거래보호와 법적안정성의 고려에서 통보된 조치의 소급적 파기가 저지됨으로써 절차의 2단계 형성에 의해 관련인의 권리보호가 앞당겨 질 때에 비로소 받아들여 질 수 있다.139)

⑤ 자동적으로 결정되는 행정행위

사람의 수작업을 경감시켜주는 기계사용으로부터가 아니라 외부적으로 조종됨 없이 자동적으로 기능하는 기계가 인간을 대신하여 행하는 행정행위를 자동적으로 결정되는 행정행위라 부른다. 컴퓨터의 도입으로 동일하거나 유사한 행정행위를 대량으로 하게 되었다. 즉, 일정의 처리된 자료가 컴퓨터에 투입되면 컴퓨터가 사전에 정해진 양식을 메움으로써 대량의 행위를 신속하게 처리할 수 있게 된 것이다. 여기서 컴퓨터의 도입은 행정행위의 성격을 방해하는 것은 아니며, 소위 '처분의 개념요소'가 논쟁의 소지가 없이 전부 충족된다. 따라서, 컴퓨터에 의해 이루어지는 결정으로 인해 권리 침해를 받은 자는 '처분'의 소송유형 - 취소소송. 무효등확인소송 - 에 따라 권리구제가 가능하다.140)

---

139) 이러한 논증을 바탕으로 독일에서는 확약, 강제수단의 계고(Androhung), 수공업자명부상의 예정된 등재의 통보에 대해선 처분성이 인정되는 반면, 은퇴통보, 운항일지부담의 계고, 외국인의 경고, 해직의 통보, 병역의무자구인의 계고 등에 대해선 부인되게 된다. 김중권 (2009), pp.527 - 528

140) 홍정선 (2009), Rn.1319.

⑥ 통고 · 통지

소위 '통고' 내지 '통지'는 특정한 사실에 관한 관념을 알리는 행위 – 특허출원의 공개, 귀하의 고시 등 – 와 의사를 알리는 행위 – 대집행의 계고, 조세체납자에 대한 독촉 등 – 로 나뉜다. 소위 '통고' 내지 '통지'는 그 자체가 알림이므로 처분성 여부는 그 알림의 대상 즉 내용과 연계되어 검토되어야 한다. 즉 행정조치(Maßnahme)의 통고가 문제 대상이다. 더욱더 중요한 것은 통보 그 자체가 '처분' 개념에 포섭될 수 있는지 즉, 그 자체로 인해 일정한 권리가 발생, 변경, 소멸되거나 확인될 것인지 여부이다. 해당조치의 요건이 '통보' 안에 존재하여 행정조치가 통고를 통해서 구속적으로 내려지되 될 경우에 "통고" 내지 "통지"는 '처분' 개념에 포섭된다.

그런데 통고처분의 존재는 결과 선취적 성격을 가지므로, 통고의 처분성 긍정은 무분별한 처분성 확대의 결과도 발생가능하므로 "관련 근거법령이 거래보호 와 법적안정성에 의거하여 당사자 등을 보호하기 위해 독립된 통고처분의 매개로 한 특별한 단계를 두었는지 여부를 심사함이 필요하다.[141]

⑦ 다단계적 행정행위

다단계적 행정행위(mehrstufiger VA)는 행정행위의 발급에 있어서 다른 행정청의 동의를 필요로 하는 행정행위를 의미한다.[142] 여기서 동의(Zustimmung)는 위계관계를 전제로 하여 사용하는 본래의 동의만이 아니라 대등한 관계에서의 협력을 의미하는 의견합치(합의, Einvernehmen)도 포함한다. 단계적 행정행위에 있어서는 소위 "동의"에 대하여 '처분'개념이 인정될 수 있는지가 문제된다. 여기

141) 김중권 (2008a), p.528
142) 김중권 (2008a), p.530

서 '동의'의 처분성은 당해 행정청들의 관계가 동치적인지 여부에 좌우된다. 즉 개개의 행정청이 자신의 임무를 독자적이고 전속적으로 수행하기에 나름의 소정의 관점을 고려할 수 있는 경우에는 '처분' 개념 요소 인 "법적 행위"에 해당하여 취소소송의 대상이 될 수 있게 된다.[143]

⑧ 사전결정과 부분허가

사전결정과 부분허가의 문제는 "대상과 범위가 사안전체를 포착하는지 아니면 사안의 일부만 포착하는지"가 핵심 쟁점이다. 원전이나 산업설비와 같은 대규모프로젝트의 허가절차에서는 복합적이고 광범위한 물음에 관한 하명과 결정이 일회적으로 내려져서는 안되고, 상이한 공익과 사익을 고려함과 아울러 여러 행정청이 다수 관련자를 참여시키면서 행해질 것이 요구된다. 사전결정과 부분허가는- 법률이 정하는 바에 따라- 존속력이 있게 결정이 내려진 부분에 대해서 신청자와 관련 제3자가 추후 이의제기를 하는 것을 배제시킨다. 또한 행정청으로 하여금 전체 설비의 허용성에 관해 잠정적, 내지 긍정적인 전체판단을 내리도록 요구하며, 후속 허가 부분과 관련하여 행정청에 대해서 어느 정도의 사전효과와 구속을 발생시킨다. 다만 판단의 잠정성으로 인해 구속효상의 제한은 필요하다. 따라서, 애초에 계획대로 실시할 수 없다는 것이 판명되거나 사실·법상황의 변화로 인하여 새로운 요구가 성립하여야 할 경우에는 구속효는 소멸된다.

사전결정제도가 가분적인 개개의 허가요건 이라면, 부분허가제도는 사실적으로 구분지울 수 있는 설비부문의 설립과 운영에 관한

---

143) 김중권 (2008a), pp.530 - 531 참조.

것이다. 따라서 부분허가는 완전허가(Vollgenehmigung)와는 내용상의 한정성에서 구분될 뿐, 그 자체로선 진정한 허가이다. 따라서 부분허가는 '처분' 개념의 요소를 충족하여 취소소송의 대상이 된다. 반면, 사전결정의 경우에는 설령 전체 사안의 잠정적, 긍정적 전체판단이 그것의 발급요건이라 하더라도, 결코 본허가에 관한 추단적 확약이 수반되지 않는다.[144]

(4) 소결

'처분 개념 구성을 위한 모멘트 및 행정작용 – 소송유형의 입법적 대안을 검토한 결과 '처분'은 "실체법상 행정행위"에 한정되어야 함이 타당하다. '처분'의 개념요소로는 (ㄱ) 행정청의 행위일 것, (ㄷ) 법적행위((a) 외부적 행위, (b) 직접적인 법적효과, (c) 의사표시), (ㄹ) 구체적 사실에 대한 행위, (ㅁ) 법집행행위로서 권력적 단독행위((a) 법집행행위, (b) 권력적 단독행위 – 공권력의 행사) 가 있는 바, 동 개념요소가 포함되도록 '처분' 개념을 구성하면 '처분' 개념은 "행정청이 구체적 사실에 관하여 외부적으로 직접적인 법적효과를 발생시키며 행하는 법집행으로서의 공권력 행사"이다. 새로운 '처분' 개념에 근거하여 그간 쟁점이 되어왔던 몇몇 행정작용을 검토한 결과, 행정상 확약, 자동적으로 결정되는 행정행위, 일반처분 및 부분허가는 '처분'성이 긍정되며, 권력적 사실행위와 사전결정은 처분성이 부정된다. 통보는 해당조치의 요건이 '통보' 안에 존재하여 행정조치가 통보를 통해서 구속적으로 내려지되 될 경우에 그 '처분성'이 인정되며, 다단계적 행정행위에 있어서는 행정청 간의 '동의'의 처분성 여부가 문제되는 바, 개별사안과 관련해서

---

144) 이상의 내용은 김중권 (2008a), pp.531 – 533.

당해 행정청들의 관계가 동치적적인 경우에는 그 '처분성'을 긍정하여 취소소송의 대상이 된다.

2. '처분'개념과 항고소송의 유형

(1) 도입

'처분' 개념은 강학상 최협의 "행정행위"를 의미하는 것으로 "행정청이 법률에 정한 바에 따라 일방적으로 국민의 권리·의무 기타 법적 지위를 결정하는 행위"로 개념화하였다. 이는 행정작용체계론에 의거 공정력을 가지는 '행정행위'에 해당하는 소송법적 도구 개념이므로 이에 대한 소송우형은 크게 취소소송·무효확인소송 및 의무이행소송으로 구성됨이 타당하며, 이에 더하여 가의무이행소송을 예방적 구제를 위해 둘 필요가 있다고 본다.

(2) 취소소송·무효확인소송

위법한 '처분'을 취소·변경하는 소송으로 취소소송을 두도록 하며, 처분 등의 유무효확인 및 존재·부존재확인을 위하여 항고소송의 일종으로 무효확인소송을 둔다. 무효확인소송은 처분에만 인정하는 항고소송이므로 사실행위 및 행정입법의 무효확인은 본 항고소송으로 해결하지 못함을 원칙으로 한다. 사실행위 및 행정입법은 개별 행정작용별로 소송유형을 구성한 독일의 1960년 행정법원법 (VwGO) 모델에 따라—즉 행정작용체계론에 부합되게—금지소송 및 규범통제소송으로 해결하도록 하게 한다.

(3) 의무이행소송

행정행위 중 "거부처분과 부작위"에 대한 구제를 위하여 행정청으로 하여금 일정한 "처분"을 하도록 명하는 이행판결을 구하는 소송을 둔다[145] 현행 행정소송법에서 채택하고 있는 부작위위법확인소송 대신에 법원의 이행명령을 구하는 소송을 도입하는 것이다. 주지하는 바와 같이 부작위위법확인소송은 행정청이 법규상 일정한 처분 등을 행할 의무가 있을 시에 당사자의 신청에도 불구하고 부작위로 일관할 경우 그 부작위가 위법하다는 확인을 구하는 소에 불과하다. 부작위위법확인의 판결은 그와 같은 법적 상태의 확인에 그치고, 그에 따라 행정청의 이행의무를 직접적으로 강제하는 구속력은 없다. 다만 행정소송법 제34조는 판결의 효력을 담보하기 위한 간접강제의 규정을 두고 있어, 이 조항이 부작위위법확인판결에도 적용된다는 점에서 어느 정도의 구속력을 가진다는 점을 부인할 수는 없다. 다른 한편 상대방이 행정청에 대하여 일정한 처분을 청구한데 대하여 이를 거부하는 의사를 표시한 경우, 그에 대한 취소를 구하는 소송이 가능한데, 문제는 거부처분의 취소가 가져오는 법률관계의 형성력은 단지 거부하지 아니한 상태로 법률관계를 회복시키는 것일 뿐 작위처분에 대한 취소와 같이 처분으로 인해 발생한 법률관계를 소급하여 배제하는 법률효과는 존재하지 아니한다. 이러한 점에서 이와 같은 거부처분의 취소의 실재적인 효과는 부작위위법확인의 경우와 다를 바 없다고 할 것이다. 이와 같은

---

145) 의무이행소송의 대표적인 유형으로는 독일의 행정법원법(VwGO) 42조 1항 후단의 규정에 의한 '의무이행소송(Verpflictungsklage)을 들 수 있다. 독일의 경우 의무이행소송은 거부처분에 대한 이행소송(Weigerungsgegenklage)과 부작위에 대한 이행소송(Untätigkeitsklage) 두 가지 유형으로 나뉘며, 행정법원법 제113조 제5항에서와 같은 재량에 의한 거나 부작위의 경우 재량행위요구소송(이른바 지령소송: Bescheidungsklage)이 허용되고 있고, 의무이행 판결의 집행을 보장하기 위하여 강제금(Zwangsgeld) 제도가 시행되고 있다. 또한 독일의 경우 의무이행소송과 일반이행소송(allgemeine Leistungsklage) 사이의 상호접근경향이 점점 더 부각되는 추세에 있다. 양자는 상호보완적일 뿐만 아니라 그 소송법적 규율에 있어서도(예컨대 제소권문제) 더 많은 공통성을 지니고 있다. 홍준형 (2001), p.476

현행 행정소송법의 부작위위법확인소송 대신에 행정청의 의무이행을 구하는 이행소송의 도입은 개인의 권리구제의 실효성을 한층 강화하는 의의가 있다는 점은 부인할 수 없다.

3. 중결

'처분' 개념은 '처분' 개념 구성을 위한 모멘트에 입각하여 처분과 명령·규칙 구별하고, 행정작용체계론에 입각해서, 소송제도를 완비할 수 있도록 명확화 해서 구성함이 타당하며. 이러한 모멘트를 반영한 처분 개념은 '강학상 최협의의 행정행위'를 의미하도록 "행정행위"를 의미하는 것으로 "행정청이 구체적 사실에 관하여 외부적으로 직접적인 법적효과를 발생시키며 행하는 법집행으로서의 공권력 행사"로 정의하는 방안을 검토해 보았다. '처분' 개념에 따른 항고소송은 "취소소송, 무효확인소송, 의무이행소송"을 명문화하는 것이 "소송제도의 완비"라는 '처분' 개념 구성을 위한 모멘트에도 합당하다고 판단된다.

제3절 개정 행정소송법안의 문제점과 개선방안

최근 대법원과 정부는 행정소송법 개정(안) 국회에 제출하였다[146]. 본 절에서는 지금까지 헌법·행정소송법·행정작용체계·판례·해외입법례·행정환경의 '처분' 관련 쟁점의 검토를 통하여

---

146) 대법원은 2006년 9월 8일에 행정소송법 개정의견을. 정부는 2007년 11월 19일에 행정소송법 전부개정법률안을 국회에 제출하였다.(2009.5.31. 최종방문)〈http://likms.assembly.go.kr/bill/jsp/BillSearchResult.jsp〉

도출된 '처분' 개념의 구성 모멘트를 중심으로 양 법률안을 검토하고, 그렇다고 한다면 과연, 우리 공법상 '처분' 개념의 지도원리를 잘 구현시킬 수 있는 행정소송법 개정방안은 무엇일까에 대해서 검토하고자 한다.

I. 개정 행정소송법안의 비판적 검토

1. 대법원 개정의견(2006.9.) 검토

(1) 도입

대법원은 현행 행정소송법의 처분 - 취소소송의 편협된 소송구조를 개선함으로써 국민의 권리 구제를 확대하고, 행정의 적법성 보장을 강화하기 위하여 2002년 4월 행정소송법개정위원회를 구성하였다. 행정소송법개정위원회가 주도가 되어 작성한 "행정소송법 개정 시안" - 소위 "개정 시안[147]" - 은 2004년 10월 "행정소송법 개정안 공청회"를 통하여 공표되었으며, 대법원은 이를 검토·조정하여 "행정소송법 개정안을 성안하고 2006년 9월에 "행정소송법 개정의견"으로 국회에 제출하였다.[148].

---

147) 행정소송법 개정위원회가 주도로 만든 "행정소송법 개정 시안"은 현행 행정소송법상 "처분"을 "행정행위"로 변경하고 이에 행정입법, 행정행위, 행정상 사실행위 등 모든 행정작용을 포괄하도록 하였다. 그러나 동 개정 시안은 대법원 내에서 검토·협의 절차를 거쳐 다시 '처분' 이라는 용어로 변경되었으며, '처분' 개념에서 부작위를 제외시켰다. 본 항의 검토에 있어서, 대법원의 최종의견인 행정소송법 개정의견으로 제출된 행정소송법 개정안을 그 검토의 대상으로 삼는다.

148) 자세한 내용은 국회 의안정보시스템 의안번호 ZZ1816.(http://likms.assembly.go.kr/bill/jsp/BillDetail.jsp?bill_id=036714) 참조.

(2) 주요내용

1) 항고소송의 대상 확대

협의의 '처분' 뿐만 아니라 권력적 사실행위나 법규명령 · 규칙을 모두 항고소송 – 취소소송 · 무효등확인소송 · 의무이행소송 · 예방적 금지소송 – 의 대상으로 포함하였다.

2) 법정외 행정소송 및 항고소송 가능성 개방

법정외 행정소송의 가능성을 열어두기 위하여 "행정소송의 종류는 다음과 같다" 및 "항고소송의 종류는 다음과 같다"라는 개방적인 표현을 사용하였다.

3) 의무이행소송의 신설

개정안은 당사자의 신청에 다한 행정청의 처분이나 명령 등의 거부 – 거부처분 등 – 또는 부작위에 대하여 처분이나 명령 등을 하도록 하는 소송인 의무이행소송을 신설하였다.

4) 예방적 금지소송의 신설

행정청이 장래에 일정한 처분이나 명령 등을 할 것이 임박한 경우에, 사후에 그 처분이나 명령 등의 효력을 다투는 방법으로는 회복하기 어려운 손해를 입을 우려가 있는 때에 그 처분이나 명령 등을 금지하는 예방적 금지소송을 도입하였다.

5) 명령 등을 대상으로 한 항고소송에 관한 특례 신설

명령 등은 항고소송의 대상이 되므로 명령 등에 대하여 취소소송 · 무효등확인소송 · 의무이행소송 · 예방적 금지소송에 관한 조항들이 원칙적으로 그대로 적용되지만, 명령 등의 특성을 감안하여

특례를 규정하였다.

6) 당사자소송의 구체화

당사자소송의 구체적인 소송형태를 예시함으로써 당사자소송이 활성화되도록 하였다. 또한, 행정상 손실보상, 처분 등의 위법으로 인한 손해배상·부당이득반환청구 소송 등이 당사자소송으로 취급되어야 한다는 점을 명백히 하였다.

(3) 소결(검토)

대법원 개정의견으로 제출한 행정소송법 개정안은 '처분' 개념에 대해서는 현행 행정소송법상 '처분' 개념에서 '거부'를 제외시키고, '명령 등'이라는 신규 개념을 법정화하며, 항고소송의 대상으로 '처분'과 '명령 등'을 포함한 새로운 "처분 등"이라는 개념을 정의하였다.[149] 즉, 항고소송의 대상으로 '처분 등'이라는 새로운 개념을 만들고, 그 안에 명령·규칙을 포함하였다.[150]. 그러나, 항고소송은 공정력을 지니는 '행정행위'를 예상하고 이에 대한 효력을 소급적으로 제거하기 위하여 취소소송을 인정하는 것으로서 형성소송성이 그 근본임은 이미 확인했다.[151] '행정입법'은 유무효의 문제이

---

149) 제2조 (정의) ① 이 법에서 사용하는 용어의 정의는 다음과 같다.
　　1. "처분"이라 함은 행정청이 행하는 구체적 사실에 관한 공권력의 행사 그 밖에 이에 준하는 행정작용을 말한다.
　　2. "명령 등"이라 함은 국가기관의 명령·규칙 및 지방자치단체의 조례·규칙을 말한다.
　　3. "처분 등"이라 함은 처분 및 명령 등 또는 그 거부와 행정심판에 대한 재결을 말한다.
　　4. "부작위"라 함은 행정청이 당사자의 신청에 대하여 상당한 기간 내에 일정한 처분 또는 명령 등을 하지 아니하는 것을 말한다.

150) 상술한 바와 같이 이와 같은 행정소송제도의 도입을 지지하는 입장은 우리나라에서의 행정소송제도는 일부 객관소송을 인정하고 있으나, 항고소송과 공법상 당사자소송을 근간으로 하고 있다는 점에서 행정작용의 행위형식과 원고의 청구목적물에 따라 다양한 행정소송의 유형을 정비해 두고 있는 '독일과는 상당한 거리가 있고 도히려 프랑스제도와 가까운 것'이라고 주장한다. 또한, '항고소송은 객관소송적 성격을 지니고 있고 취소소송은 위법확인적 성격을 지니고 있다'는 견해를 취한다. 박정훈 (2003b), ɔ.62 이하; 박균성, "행정소송법의 개정에 따른 주요 쟁점", 공법학연구, 제6권 제1호, p.181 (2005)

지, 취소의 문제는 아니다[152]. 즉 서로 다른 행정행위 형식을 하나의 소송법적 도구 개념 - 대법원 개정의견 상 "'처분 등'(처분 등 = 처분 + 명령 등)" - 을 활용하여 일거에 해결하려는 처사는 상술하였듯이 엇박자를[153] 일으키는 "소송법적 도구" 개념으로 인해서 행정작용체계론까지 붕괴될 수 있는 상황도 초래될 수 있다[154]. '처분' 개념의 헌법상 지도 원리인 "실체법에 봉사하는 소송법"에도 정면으로 위배되는 결과가 초래된다. 결국, 대법원 개정안은 항고소송의 성질을 확인소송으로 파악하고 이를 행정입법에 까지 확대해서 적용함을 파악할 수 있다. 이는 취소소송 즉 항고소송의 형성소송성을 인정하고 있는 우리의 행정법 환경에서는 수용되기 힘든 논리 일 것이다.[155] 즉, 취소소송을 형성소송으로 파악하는데 학설이 일치하고 있으며,[156] 취소소송을 명시적으로 형성소송으로 판시하고 있는 판례[157]도 이미 존재함은 확인한 바 있다. 결국 대법원

---

151) 이에 대하여는 제4장 제2절 Ⅰ. 1. 에서 제시한 "모멘트"로 확인한 바 있다.

152) 이에 대하여 김해룡 교수는 다음과 같이 지적했다. "취소소송의 객관소송적 성격과 확인소송적 성격을 강조하는 취지는 특히 일반적 - 추상적인 법규명령에 대해 항고소송을 통해 직접적으로 그 무효 내지 폐지(어떤 법규명령의 집행여하와 관계없이)를 청구할 수 있는 제도적인 틀을 마련하기 위한 것이라 할 것이다." 김해룡 (2006), p.377

153) 김중권 교수는 이를 다음과 같이 상세히 기술하고 있다. "행정작용의 법적 성질별 구분에 따른 행위형식구분은 오직 행정소송의 유형을 정하거나 항고소송을 제기하는 한계를 지우는데 그 의미가 한정되는 것이 아니라, 하자이론의 체계에서도 그 구분을 과소평가할 수 없다는 점에서도 비판이 제기되고 있다. 즉 '무효, 취소가능성, 무결과, 원상회복청구권, 손실보상청구권의 인정 등과 관련된 행정작용의 하자이론은 행정행위, 법률하위의 규범, 공법상 계약, 사실행위의 네가지 행위유형의 구분에 의해 체계화된다" 김중권 (2003), p.648

154) 동지: 김해룡 (2006) p.372 참조; 홍준형, "행정소송법 개정안에 대한 지정토론", 행정소송법개정안 공청회, p.61 (2004); 김해룡, "행정소송법 개정에 있어서의 법적 쟁점", 고시계, 2004년 8월호, p.35 (2004); 김중권 (2003), p.648

155) 동지: 김해룡 (2006) p.380; 정하중 (2003), p.32; 김중권 (2003) p.648; 김남철, "법규명령에 대한 항고소송의 문제점", 공법학연구 제6권 제1호, p.225 (2005); 김해룡 (2004), p.35 이하

156) 홍정선 (2009), Rn.2436; 김도창 (´993), p.744 - 745; 김남진 · 김연태 (2009), p.664; 김동희 (2009), p.671; 김철용 (2009) p.625; 박윤흔 · 정형근 (2009), p.772; 이상규 (2004), p.294; 홍준형 (2001), p.523 참조.

개정의견 상 '처분 등'이라는 개념은 명령·규칙과 처분을 분리하고 있는 우리 헌법의 태도, 주관·형성소송성을 띄는 우리의 취소소송제도의 본질, 행정입법과 행정행위의 하자체계 및 작용특성 등을 별도로 존중하는 행정작용체계론, 실체법에 봉사하는 소송법적 도구 개념 등 우리 공법질서 및 행정법학이 취하고 있는 '처분' 개념에 대한 개념징표와 전면적으로 위배되게 된다.

또한 개정안은 행정입법을 항고소송으로 소구하는 것을 원칙으로 하되, 행정입법의 특수성을 감안하여 특칙을 별도의 장으로 구성하여 법안내용으로 할애하고 있다. 결국, 행정입법이라는 행정의 행위형식의 특수성에서 비롯되는 문제를 별도의 규정으로 해결하고자 하는 것인데, 이렇게 되면 애초부터 별도의 규범통제소송을 둠이 훨씬 더 효과적임이 확인된다. 즉, 처음부터 항고소송과 별도로 규범통제소송유형으로 둘 경우, 규범통제소송으로의 일관성 및 체계성도 확보하고, 행정행위와 행정입법의 실체법적 특성도 각개의 소송법적 도구 개념에 반영함으로써 국민의 권익구제에 있어서도 명확성을 부여할 수 있을 것이다. 그럼에도 행정입법을 항고소송으로 해결하도록 하고 다시 그에 대한 예외는 두는 것은 거시적 측면에서 보아, 법규정의 혼재로 인한 사회적 비용을 낭비케 하는 입법형태이다.

그럼에도, 대법원 개정안은 "법정외 행정소송 및 항고소송 가능성 개방, 의무이행소송 및 예방적 금지소송의 신설, 당사자소송의 구체화"를 도모함으로써 행정소송을 실효적 권리구제 수단으로 기

---

157) 대법원 1960. 9. 30. 선고 4292행상20 판결: "취소한 행정처분의 취소를 구하는 형성의 소에 속하고 원고승소의 형성판결은 형성권의 존재를 확인하고 법률상태의 변경, 즉 형성의 효과를 生게 하는 것"이라고 판시하였다."

능하게 하려는 노력으로 호평할 수 있다.

끝으로 대법원 개정안을 '처분' 개념 구성을 위한 '모멘트' 입장에서 분석하면, "항고소송의 대상 확대"는 "모멘트-3 행정작용체계론"에 저촉되며, "법정외 행정소송 및 항고소송 가능성 개방, 의무이행소송의 신설, 예방적 금지소송의 신설 및 당사자소송의 구체화"은 각기 문제되는 사안에 따른 별도의 소구제도를 완비했다는 측면에서, "모멘트-4 소송제도의 완비"에 기여함이 크다고 본다.

2. 정부의 행정소송법 전부개정법률안(2007. 11.) 검토

(1) 도입

정부 역시 현행 행정소송법제의 행정상 권리구제 미완을 해결하기 위하여 "대법원 개정의견"과는 별도로 행정소송법 전부개정법률안을 2007년 11월 19일 국회에 제출하였다[158]. 동 개정법률안은 현행 행정소송법상 취소소송의 성질에 대한 변용이 없었다는 점, 행정입법의 통제에 관하여 특별한 증보가 없었다는 점에서 상술한 대법원의 행정소송법 개정의견과는 다르다.

(2) 주요내용

1) 의무이행소송의 도입

부작위위법확인소송 및 거부처분취소소송의 권리구제의 불완전성으로 인해 법원의 판결로 원하는 행정처분을 받도록 하는 의무

---

158) 법률안에 관한 자세한 내용은 국회 의안정보시스템 의안번호 177827(2009. 5. 31. 최종 방문)
⟨http://likms.assembly.go.kr/bill/jsp/BillDetail.jsp?bill_id=PRC_V0K7Q1X1T1-X9F1G4W4I1A4G0Q8X1K7⟩ 참조.

이행소송 제도를 도입하였다.

2) 예방적 금지소송의 도입

현행법상으로는 위법한 처분이 행하여질 개연성이 매우 높고 사후의 구제방법으로는 회복하기 어려운 손해가 발생할 것이 예상되더라도 사전에 그 처분을 금지하는 소송을 제기할 수 없어 권익구제절차가 불완전하다는 비판이 있어 왔다. 따라서, 취소소송으로는 권리구제를 할 수 없는 예외적인 경우 사전에 위법한 처분을 하지 못하도록 하는 예방적 금지소송 제도를 도입하였다.

(3) 소결(검토)

정부가 2007년 11월에 제출한 행정소송법 전부개정법률안은 현행 행정소송제도의 기본 틀을 유지하면서, 권리구제의 흠결이 나타나는 부분에 있어서만 실효성 있는 소송제도 - 의무이행소송, 예방적 금지소송 - 를 추가한 있는 법률안이다. 즉, 현행 행정소송제도의 기본적 특질 - 취소소송의 형성소송성 - 은 그대로 유지하고 있는 법률안이다. 따라서 정부의 개정안은 특정부분에 있어서 추가적 소송제도를 도입함으로써 어디까지나 현행 제도에 터 잡아 부분적 보완을 시도한 법률안으로 평가된다.

대법원의 개정의견은 항고소송의 대상에 행정입법을 포함시킴으로써 항고소송의 성질에 변용을 시도하였으나, 정부 안에서는 취소소송의 형성소송성에 대한 개념 조작은 없는 것으로 보인다. 반면, 현행 행정소송제도가 가지는 소위 '처분 - 취소소송의 문제상황'에 대한 입법론적 노력은 없다. 그러므로 본 개정안 체제하에서는 현 소송상황에서 발생되고 있는 문제, 첫째, 행정입법과 행정행위와의 구별 모호성, 둘째, 소송제도의 미완, 셋째, 행정의 행위형식에 따른 별도 행정소송 유형의 미비, 넷째 처분 개념의 불명확성, 다섯째, 법원의 '처분' 개념 해석시 "권리침해" "요건 요구" 등의 문제가 여전히 발생하게 될 것이다. 다만, 의무이행소송을 추가함으로써 부작위위법확인 및 거부처분 취소소송의 불완전성을 보충하였으며, 예방적금지소송의 도입은 사후의 구제방법으로는 회복하기 어려운 손해에 대하여 구제책을 명시함으로써, 권익구제절차의 완결을 기했다고 평가된다.

정부의 행정소송법 개정안은 다소 미온적이며, 1984년 행정소송법 개정이후 노정된 문제를 명확히 해결하려는 대안을 제시함에 있어서 다소 부족한 면이 있다고 사료된다. "처분" 개념 구성을 위한 "모멘트" 차원에서 본다면, 의무이행소송과 예방적금지소송을 도입한 것은 "모멘트 4 – 소송제도의 완비"에 기여하였으나, 기타 "모멘트 1 – 처분과 명령·규칙 분리", "모멘트 2 – 행정작용체계론" 및 "모멘트 – 4 처분개념의 명확성"을 위해서는 어떤 노력도 보이지 않았다는 측면에서 다소 소극적인 입법이라 평가된다.

3. 중결

현행 행정소송법제의 문제상황을 해결하기 위한 입법적 노력은 대법원과 정부에서 공히 추진되어 행정소송법 전부개정법률안으로 국회에 제출되었다. 대법원안은 행정소송의 특성·성질의 변용을 통한 문제해결 방식을 취함으로써, 자칫 행정법 질서 특히 행정작용체계론에 위협을 줄 수 있는 광안으로 판단되며, 정부안은 현재까지 통용되어 온 우리의 행정소송상 특성 및 성질은 유지하는 것을 원칙으로 하면서, 부분적인 제도 개선만을 도모하는, 다소 소극적 입법론에 해당한다고 판단된다. 결국, 대법원안, 법무부안 양자 모두 우리 행정소송법 현실이 당면하고 있는 문제를 해결함에 있어서는 부족함이 있다. 즉, 우리 행정소송법상 '처분' 개념에 관한 연구를 통해 '처분' 개념 구성에 있어서 필요한 모멘트를 모두 충족할 수 있는 행정소송의 유형과 구조를 만들어 내는 것이 행정소송의 지향인 국민의 권익구제와 행정의 적법성 통제가 공히 이뤄질 수 있는 최선의 방안이라고 생각된다. 다음 절에서는 '처분' 개념의 모멘트를 통해서 우리 행정소송법이 지향해야 할 가장 이상적인 소송의 유형 및 구조는 어떤 것인지를 검토하기로 한다.

Ⅱ. 새로운 '처분' 관점에서 바라본 행정소송법 개선방안

1. 도입

지금까지 '처분' 개념을 둘러싸고 있는 헌법의 문제, 행정소송법의 문제, 행정법이론체계에 관한 문제, 판례상에서 나타나는 문제, 해외 입법례를 통해서 각국의 연혁과 배경에 기반해서 생겼던 문제, 변화하는 행정환경 속에서 새롭게 출현하는 문제를 일일이 살펴보았다. 이를 통해서 대한민국 법체계 하에서의 '처분' 개념이 갖춰야할 모습이 무엇인지? – 즉 처분 개념 구성을 위한 모멘트, – 를 도출하였다.

'처분, 소송유형 등 소송법적 개념은 실체법적 권리를 보조하기 위해서 존재한다. 결국 '처분' 개념의 구성 원리 – 모멘트 – 중 가장 중요한 원리는 실체법에 봉사할 수 있는 "처분" 개념이며, 이는 "모멘트 – 3 행정작용체계론"이다. 결국 키워드는 행정작용의 체계에 맞춰서 "처분" 개념을 구성하는 것이며, 그에 따라 소송유형도 구성하는 것이다. 달리 거시적 측면에서 재론 하면 행정작용의 각 유형별로 소송법상 "소송법적 도구"의 단위개념을 만드는 것이 타당하며, 각기 개별·별도의 소송유형으로 연결시켜야 한다. 그럼 결론은 간단히 도출된다. 처분은 "강학상 행정행위, 즉 실체법적 행정행위"만을 의미하게끔, 소송법적 도구 개념으로 구성하여야 할 것이며 - 이는 '처분' 개념의 구성에서 살폈다 - 명령·규칙은 실체법상 행정입법 만을 의미하도록 "소송법적 도구 개념"으로 구성하여야 할 것이다. 끝으로 사실행위 역시, 행정상 사실행위 만을 의미하도록 '소송법적 도구 개념'으로 구성함이 필요하다.

행정의 작용형식 별로 만들어진 소송법적 도구 개념에 행정의 작용형식별 특성을 감안한 소송유형이 만들어져야 할 것이다. 상술한 바와 같이 처분은 취소소송·의무이행소송으로, 사실행위는 금지소송으로, 행정입법은 규범통제소송으로 각각의 소송법적 도구 개념에 필요한 각각의 소송유형이 필요하다. 아래에서는 이에 관해 기술한다.

2. 행정소송의 대상 세분화 및 명확화

(1) '처분' 개념 명확화

현행의 불명확한 '처분' 개념은 실체법적 행정행위만을 포함하도록 "그 밖에 이에 준하는 행정작용"이라는 문구를 삭제하고 전단의 문구만으로 "처분" 개념의 정의를 삼거나 상술한 "행정청이 구체적 사실에 관하여 외부적으로 직접적인 법적효과를 발생시키며 행하는 법집행으로서의 공권력 행사"로 실체법적 행정행위와 같게 구성하는 방안, 두 방안 모두 '처분' 개념이 의미하는 바는 실체법적 행정행위이다.

추가하여 새로운 '처분' 개념의 입법에 있어서 행정절차법·행정심판법과의 연계검토는 필수적임을 지적한다.

(2) 행정입법의 개념 정의

'처분'과 구분하여 별도로 헌법상 '명령·규칙'의 용어를 이어받아 '명령·규칙'에 대한 정의조항을 명시함이 필요하다. 대법원안은 행정입법의 개념을 정의하였다. 행정입법에 대한 개념정의도 고려해 보아야 한다[159]. 행정입법과 행정행위의 구별을 명확하게 함으로써 행정행위를 "행정입법"으로 오인하거나 또한 거꾸로 "행정입법"을 "행정행위"로 오인함으로써 행정작용체계론을 혼란스럽게 만드는 제도적 환경을 제거하기 위함이다. 또한, "실체법에 봉사하는 소송법"이라는 헌법상 처분' 개념의 구현원리가 잘 작동될 수 있게 하기 위해서는 소송의 대상을 명확하게 적시하는 일은 최우선성을 갖게 되기 때문이다.

더불어 행정절차·행정소송법 간의 소송관계법 구조차원에서 "행정입법"의 개념정의는 행정절차법상 '정의' 조항과의 연계검토가 필수적이다.

---

159) 선정원 교수는 행정절차법상 처분절차와 입법절차를 별개로 나누어 규정하고 있는 것을 고려할 때 행정소송법에서는 항고소송의 대상으로서 행정절차법상의 '처분' 개념과는 별도로 추가되는 행정입법개념을 새로이 정의하는 규정을 도입할 필요가 있다고 지적했다. 또한, "행정입법은 법규명령, 법규명령의 효력을 갖는 행정규칙, 조례, 규칙 등으로 법으로서 효력을 갖는 행정청이 제정하는 일반추상적 규정이다"는 정으 규정을 제시하였으며, 헌법 제107조와의 개념통일을 위해서 "명령·규칙"이라는 표현을 사용하여 정의규정을 두는 것도 바람직하다고 했다. 선정원, (2007) p.180 이하

3. 행정소송의 유형 확충

행정소송의 종류는 각 행정작용의 법적 성질과 소제기자의 소송목적물 여하에 따라 적절히 정비되는 것이 이상적인 것으로 여겨진다. 우리나라에서 정착되어온 행정법 이론체계는 행정작용의 법적 성질 구분을 근간으로 발전되어왔다고 해도 과언이 아니다. 이와 같은 행정법이론체계는 법적 성질별로 구분되는 행정작용들에 대하여 각기 그 수행근거, 절차 및 효력을 달리 인정하는 한편, 각각의 행정작용에 적합한 권리구제 수단을 정비하는데 그 의의가 있다고 할 것이다.

행정소송 대상의 세분화 및 명확화가 필요한 이유는 그에 맞는 행정소송의 유형을 두기 위함이다. 행정소송의 유형의 가장 이상적인 구성 방안은 "행정행위의 형식별 별도의 소송유형 설시이다[160]. 즉, 행정작용법상의 행위형식의 성질에 부합되는 행정소송을 유형화하여 법제화하는 것이다.

(1) 처분 – 취소무효확인등/의무이행소송

처분은 실체법적 행정행위를 의미하고 실체법적 행정행위가 갖는 공정력을 제거하기 위하여 형성소송인 취소소송으로 다투게 함이고, 처분의 존부 또는 유무효를 다투기 위하여는 무효확인소송을, 부작위 또는 거부처분에 대해서는 실효적인 확보수단으로 의무이행소송을 두어야 함은 상술한 바와 같다.

(2) 사실행위 – 금지/결과제거/이행소송

사실행위에 대한 행정쟁송의 수단은 미흡하다. 모든 공법상 사실

---

160) 행정소송의 종류는 각 행정작용의 법적 성질과 소제기자의 소송목적물 여하에 따라 적절히 정비되는 것이 이상적인 것으로 여겨진다. 김해룡 (2006), p.384 참조.

행위-권력적·비권력적 사실행위-에 대하여 효과적으로 사인이 권리보호를 할 수 있기 위해 사실행위의 부작위를 구하는 소송-금지소송-, 사실행위를 통해 야기된 사실상태의 제거를 구하는 소송-결과제거청구-, 그리고 사실행위를 구하는 소송-이행소송-이 요구된다.[161]

(3) 명령·규칙-규범통제소송

1) 일반

명령·규칙에 대해서는 규범통제소송을 별도로 두어야 한다[162]. 규범통제소송의 유형은 헌법 제107조 제2항이 명시한 "부수적 규범통제"를 둘 수 있으며[163], 우리 헌법이 본안적 규범통제 조항을 두는 것에 대하여 입법자의 재량에 맡겼으므로 본안적 규범통제 역시 행정소송법에 규율할 수 있다고 본다. 끝으로, 현행 행정소송법의 '처분' 개념으로 구제를 도모했던 조치적 법규[164]에 대한 규범통제의 유형도 새롭게 설치함이 필요하다고 본다[165]. 이에는 명

---

161) 홍정선 (2009), Rn.1412.

162) 이에 반하여 법규명령의 항고소송을 긍정하는 취지를 자세히 기술하고 있는 문헌은 박균성, "법규명령에 대한 항고소송의 제문제", 행정소송(ⅰ), pp.225-250 참조. (한국사법행정학회 편 2008)

163) 김중권 교수는 행정입법에 대한 구체적 규범심사절차가 효과적인 권리구제제도로서 충분히 기능하지 못하는 이유를 다음과 같이 지적한다. "행정입법에 대한 구체적 규범심사절차가 효과적인 권리구제제도로서 충분히 기능하지 못한 데는, 헌법 제107조 제2항이 이에 관한 근거규범이자 집행규범인 셈이 되어 버린 집행규정의 부재란 현재의 立法不備에 원인을 둘 수 있다. 하지만 행정입법에 대한 헌법소원심판이 활성화된 데에는, 무엇보다도 그간 법원이 규범심사절차를 활성화하기 위하여 행정소송법개정을 통해 관련규정을 마련하는 데 소홀히 하고, 실제로도-당사자소송과 항고소송에서의 처분성을 적극적으로 모색함을 전제로 한-구체적 규범심사절차의 운용에 큰 의미를 두지 않아 결과적으로 자신의 권한에 속한 규범심사절차를 형해화시킨 사실에서 찾아야 한다" 김중권 (2003) p.65

164) 이에 대하여는 제2장 제3절 Ⅰ. 2. '處分' 槪念의 誤用(處分-取消訴訟 構造 克服論)에서 상세히 기술하였다.

165) 선정원 교수는 규범통제소송의 유형으로 (ㄱ) 행정입법의 간접적·개별적 효력통제제도

령규칙의 효력에 관한 법원의 판결의 통일성을 기할 수 있는 방책이 강구하여야 할 것이다[166)

2) 부수적 규범통제제도 명문화

헌법 제107조 제2항은 명령·규칙의 위헌·위법이 재판의 전제가 된 경우에 대법원의 최종적 심사권한을 명시하고 있다. 행정소송법상 부수적 규범통제제도의 명문화는 우리 헌법상 명시된 부수적 규범통제제도를 구체화하는 것이다. 즉 행정입법 자체를 직접 소송대상으로 삼아 소가 제기되는 것이 아니라 다른 구체적 사건에 대한 재판의 전제로서 당해 행정입법의 위법여부를 판단하되 당해 사안과 관련해서만 당해 행정입법의 적용을 거부하는 "적용배제권"만 인정하여야 하며, 이는 결국, 개별적·상대적 무효에 불과하다. 이는 그간 헌법 제107조 제2항의 집행규정 부재로 인한 구체적 규범통제절차의 비실효성 문제와 제107조 제2항에 대한 해석논쟁을 불식시키고 부수적 규범통제의 명확성을 확보함으로써 위헌·위법의 명령·규칙에 대한 실효적인 국민권익구제에 크게 기여할 것이다.

3) 본안적 규범통제제도 도입

우리 헌법 제107조 제2항은 본안적 규범통제제도에 관해서는 언급이 없다. 즉 본안적 규범통제제도에 대해서 우리 헌법은 상술한 바와 같이 입법자의 의사에 맡기고 있다. 다만, 본안적 규범통제제도라는 규범통제의 한 유형이 헌법상 개방되어 있음이지, 본안적 규범통제가 곧바로 추상적 규범통제[167)를 의미하는 것은 아님을 유

(ㄴ) 일반적 효력통제제도 (ㄷ) 처분적 행정입법 통제제도를 제시하였다. 선정원 (2007) p.180 이하

166) 박일경 (1957), p.388

의해야 한다. 독일의 경우에도 본안적 규범통제의 운영에 있어서 "규정이나 그것의 적용으로 인해 자신의 권리에 침해를 받거나 장차 침해받을 것이라는 점을 주장할 것을" 본안적 규범통제에 있어서 신청자적격으로 두고 있어 법적으로 보호되는 이익의 훼손이 있는 경우에 규범통제의 신청을 할 수 있다.[168] 즉 독일의 본안적 규범통제는 완전한 일반적·추상적 규범통제를 의미하지 않는다[169].

본안적 규범통제 제도의 구체적 모습은 우리 헌법상 위헌법률심사제도와 유사하게 구성하는 방안이 있다. 즉, 법원에 계속 중인 구체적 사건에 대해서 행정입법의 적법성이 당해 사건의 선결문제인 경우, 행정입법에 대하여 전부나 특정한 일부를 위법확인하는 제도모형이다. 즉, 행정청이 제정한 명령·규칙이 상위법에 위반되는 여부가 재판의 전제가 된 때에는 당해사건을 담당하는 법원은 직권 또는 당사자의 신청에 의한 결정으로 대법원에 위법여부의

---

167) 상술한 바 있듯이 규범통제의 모습(분류)는 2가지 측면으로 가능하다. 첫 번째가 규범통제의 직접성과 효력에 따라 구별하는 본안적·부수적 규범통제이고, 두 번째가 재판전제성 – 구체적 사건성 – 에 기인하여 분류하는 구체적·추상적 규범통제이다. 좀더 상세히 설명하면 본안적 규범통제는 명령·규칙을 직접 심사하고 위헌 법의 경우에는 통상 명령·규칙의 효력을 절대적으로 소멸된다. 반면 부수적 규범통제는 부수적인 것에 불과하여 '처분'에 대한 당해 심판에서 명령·규칙의 적용이 거부될 뿐이다 그렇다면 부수적 규범통제는 당연히 재판전제성 내지 구체적 사건성을 띠는 구체적 규범통제에 해당하며, 본안적 규범통제는 직접 규범심사를 하고 규범의 효력을 부인하는 것에 ㅁ점이 맞춰져 있으므로 사전에 재판전제성의 유무는 본안적 규범통제의 본질적인 특성과는 직접 관련이 없게 된다. 즉 본안적 규범통제는 구체적 규범통제일 수도 있고, 추상적 규범통제의 모습을 띨 수도 있다. 한편 규범통제의 모습을 구체적·추상적이라는 재판전제성의 측면에서만 분류하게 되면 규범통제의 최종목적인 규범통제가 이뤄진 후 규범의 효력에 대해서는 구체·추상이라는 분류만을 놓고 보면 연관성 있는 답을 찾기 어렵다. 결국, 규범통제의 효력을 반영할 수 있는 분류 본안/부수적 규범통제의 분류가 심사대상의 직접성 및 효력을 반영할 수 있다는 차원에서 더욱 유용하게 활용될 수 있는 것이다.

168) 김중권 (2009), p.357

169) 우리나라에 있어서도 완전한 개방형 추상적 규범통제의 도입에 있어서는 매우 신중론을 펴온 바, 박일경 교수도 다음과 같은 지적을 했다. "추상적 규범통제를 부정하는 이유는 헌법재판소를 상설화하면 모든 법률의 위헌여부를 권리구제와 관계없이 제소할 수 있게 되는데 이렇게 되면 입법부에서 다수결에 패한 야당이나 일부극민이 무절제하게 제소하여 법질서를 혼란시키고 법의 권위를 저하시킬 염려가 있기 때문이다." 박일경 (1963), p.364.

결정을 제청할 수 있도록 하고 행정청이 제정한 명령·규칙이 상위법에 위반되는 여부가 재판의 전제가 된 때에는 당사자의 신청을 법원이 기각한 경우에 그 신청을 한 당사자는 대법원에 위법심사신청을 청구할 수 있게 하는 방안이다.

4) 조치적 법규 규범통제제도 도입

직접 침해성의 요건을 충족하는 '조치적 법규'는 현재 항고소송을 통해 예외적으로 권익구제가 이뤄지고 있는 상황이다. 조치적 법규에 대한 항고소송 역시 규범통제제도의 신설로 규범통제 부분으로 이관해 올 사항이다. 그 이유는 행정작용체계론 등 이미 상술한 바와 같다. 조치적 법규의 통제를 위하여 행정청이 제정한 명령·규칙에 의하여 직접 법률상 이익을 침해받은 자는 그 명령·규칙의 위법심사를 신청할 수 있게 하는 방안이다.[170]

(4) 당사자소송으로서의 확인소송 명시

확인소송을 당사자소송의 한 유형으로 명시함으로써 일반 법률관계의 유무효확인에 대한 사항을 다루게 하여야 한다. 물론 행정입법의 경우는 상술한 바와 같이 규범통제소송으로 소구하여야 할 것이다. 또한 법원의 당사자소송에 대한 적극적 활용의지가 전체 행정소송의 유형을 균형감 있게 활용하게 중요한 역할을 차지할 것으로 사료된다.

(5) 법정외 행정소송 인정 조항 명시

법률상으로 다른 재판권이 정해져 있지 않은 한에 있어서 비헌법적 종류의 모든 공법적 다툼에서 행정소송의 길이 주어질 수 있

---

170) 선정원 (2007) p.180 이하 참조.

도록 법정외 행정소송인 인정근거를 명시함도 타당할 것이다. 행정소송의 종류상의 개괄조항이 반드시 마련되어야 하고, 그리하여 이 규정이 행정소송법의 중심규범(Schlüsselnorm)으로서 행정소송법의 발전을 견인하여야 한다[171].

4. 중결

이상과 같이 "처분" 개념을 중심으로 대한민국의 공법·판례·법이론 및 세계입법례와 환경변화 등을 토대로 '처분' 개념의 구성에 있어서 필요한 모멘트를 찾아냈고, 이를 바탕으로 '처분' 개념을 구성하였다. 구성된 '처분' 개념은 단순히 '처분-취소·무효확인·의무이행의 소송구조만 잘 갖춰져 있다고 해서 '처분' 개념 자체의 기능이 잘 발현되는 것은 아니다. 이는 행정소송 전체로서의 각기 소송유형과 '처분'에 따를 소송유형이 유기적으로 기능분배를 원활히, 상호보완적으로 하고 있을 때 최적으로 발휘되게 된다. 행정소송 전체의 유형 및 구조는 "처분" 개념과도 유기적인 관계에 서 있는 것이다. 본 항에서는 '처분' 개념의 기능을 원활히 발휘하도록 하기 위해서 "처분-취소/무효확인/의무이행소송, 행정입법-본안적/부수적/조치적법규 규범통제, 권력적사실행위-금지/결과제거/이행소송, 당사자소송으로서의 확인소송"을 제시하였다.

행정소송법의 개정에 있어서도 실정법 국가로서의 한국적 특색에서 출발하지 않을 수 없다.[172] 결국 행정소송법 조문을 구체화하는 것이 성공적인 개혁의 관건이 된다고 하지 않을 수 없다. 즉, 입법자가 가능한 한 명확하게 입법안을 설계해서 제공하는 것이

---

171) 김중권 (2008a), p.492

172) 선정원 (2007), p.111.

필요하다. 행정소송에 있어서도 구체적인 소송의 유형을 법률에 적시하는 것이 실정법국가인 우리나라에서 국민의 권익구제에 한 차원 더 다가설 수 있게 하는 방법으로 생각한다.

제5장 처분론과 행정소송제도의 지향

1. 행정소송법상 '처분' 개념은 사회적 법관념, 국가의 법철학, 헌법, 실정법을 포함하는 국가 전체의 법제도, 행정법의 이론체계, 행정재판의 연혁, 행정소송의 구조 등의 총체가 반영되어 완성된다. 一面만을 반영하여 만들어지거나, 단순 模倣에 의한 '처분' 개념은 국법질서 전체에서 엇박자를 일으켜 법치주의의 방해요소로 전락할 것이다. 본 서에서는 '처분' 개념을 헌법, 행정소송법, 행정작용체계, 판례, 해외입법례 및 최근의 행정환경에 대입시킴으로써 "처분" 개념이 갖춰야할 지도원리 – 모멘트 – 를 검토·분석하였다. 전체를 개관하기로 한다.

2. 제헌헌법은 제81조에서 명령·규칙과 처분을 분리하여 열거함으로써 양자간의 구별을 전제했다. 제헌헌법을 기초한 유진오 교수는 헌법 제81조는 행정재판의 근거가 되는 조항으로서 '위법한 처분'에 관해서는 "사법적 권리구제의 전면적 완비 – 행정소송제도의 완비 – "가 전제되어야 함을 지적했다. 1962년 헌법에서 추가된 '재판 전제성'은 당시의 헌법학자의 견해를 종합해 볼 때, 명령·규칙만을 한정하여 수식하는 문구이그로 '처분'에 대해서는 재판전제성을 요구하지 않은 것으로 해석함이 타당하다. 재판전제성은 제헌헌법 제81조의 "재판 전제성"과 그 의미가 같은 바, 제헌자의 해석에 따라 '선결문제'로 봄이 타당하다. 결국, 현행 헌법 제107조 제2항은 '처분'에 관한 행정재판의 헌법상 근거로 새기는 것이 타당하다. 법치주의에 입각하여 '처분' 개념 구성에 있어서 구현 원리로는 '행정소송의 법률상 쟁송성', '실체법에 봉사하는 소송법', '사법적 권리구제로서의 소송제도 완비'가 있다.

3. 구 행정소송법 제정 당시 학계의 견해를 종합해 볼 때, '구 행

정소송법상' '처분' 개념의 출발은 '강학상 행정행위'를 전제한 것으로 파악된다. 그러나 당시의 대표적 행정법학자들은 '처분' 개념에 입법행위 뿐만 아니라 사실행위도 포함된다고 해석하고 있어 제헌자와 견해를 달리하였다. 그러나 행정입법은 항고소송으로 다툴 경우 행정입법의 효력의 통일성이 확보되어야 하는 등 행정입법 고유의 하자체계가 있으므로 별도의 규범통제소송을 두는 것이 타당하다는 의견이 유력하다. 당시 판례는 직접적 침해행위가 있는 경우에 예외적으로 행정입법과 사실행위를 처분으로 간주하고 있다.

1984년 개정 행정소송법 – 현행 행정소송법 – 은 처분 개념을 넓게 규정하여 구법시대의 행정상 권리구제의 기진함을 보완하려 하였다. 그러나 '처분' 개념에 대응하는 소송유형의 미비로 인하여, '처분'은 실체법적 행정행위만을 그 대상으로 삼았다. 행정소송법이 직면한 문제상황 – "처분 – 취소소송"의 편협한 소송구조 – 을 해결하기 위하여 취소소송의 개념을 확인·객관소송으로 파악하거나, 무명항고소송을 인정하여야 한다는 견해가 제시되었지만, 행정소송법상 취소소송은 형성·주관소송이며, 무명항고소송은 판례가 인정하지 않으므로 수용되지 못하였다.

4. 판례는 '처분' 개념의 판시에 있어 행정소송법상 '처분' 개념에 권리·의무의 침해 요건을 추가하고 있으나, 이러한 판례의 태도는 항고소송의 대상적격 판단을 본안판단으로 변질시켜 국민의 재판청구권을 침해할 우려가 크므로, 법률상 쟁송성의 요구를 충족할 수 있는 범위에서만 최소한도로 – 권리·의무 침해 가능성으로 한정함으로써 – 인정하여 최대한 항고소송의 대상적격성을 인정함이 타당하다고 본다. 판례는 "실체법적행정형위와 유리된 쟁송법적 처분개념"을 불인정하고, 처분은 원칙적으로 실체법적 행정행위로

파악하였으며, 예외적으로 행정입법을 항고소송의 대상으로 간주하여, '직접 침해성'을 가진 행정입법의 항고소송을 허용하고 있으나, 이는 행정작용체계론에 의하여 하자유형체계를 달리하는 행정입법을 "항고소송"으로 다투는 것은 타당하지 않으므로, 일시적으로 인정함이 타당하고 궁극적으로는 별도의 행정소송유형을 입법화함이 우리의 행정작용 체계론적 측면에서 타당하다.

5. 해외의 행정소송제도는 해당국의 전체 국법질서, 행정재판제도의 연혁과 배경 및 행정소송의 구조에 따라 상이하므로, 제도의 단순 모방은 지양되어야 한다. 독일의 1945년 이전 구법 시대의 행정법원법에 근거한 소송구조는 우리 현행의 행정소송법상 행정소송의 구조와 유사하다. 독일은 행정법원법에서 개별 행정작용에 따라 행정소송유형을 명시함으로써 행정작용체계론에 충실하고 있다. 프랑스는 행정소송의 재판관할권이 행정부소속의 행정재판소에 부여되므로 객관성 통제의 경향이 강하고, 월권소송은 객관소송으로서의 성질을 갖고 있다. 월권소송은 확인소송이므로 모든 행정작용이 그 대상이 된다. 프랑스의 이러한 제도는 프랑스 고유의 행정법적 배경에서 기인한 것이고, 우리는 취소소송이 주관·형성소송성을 띠기 때문에 우리나라의 도입은 적절하지 못하다. 영국·미국은 판례법이 중심이 되어 행정법이 생성된 나라로서 행정소송은 일반법원의 관할에서 이루어지고 영국은 객관소송성, 미국은 주관소송성을 띤다. 일본의 최근 행정사건소송법 개정은 우리에게 시사하는 바가 큰 바, 행정법학의 행정작용체계론을 중시하여 개정이 이루어졌으며, '처분' 개념에 있어서는 변화를 주지 않았다는 점이 그것이다.

6. 사회적 법치국가의 등장, 시민적 복지행정의 출현으로 다양한 행정작용이 새롭게 나타나는 바, 이에 대해서는 개별 행정작용의 특성에 맞는 쟁송제도를 설계함이 행정의 행위형식의 체계성에 타당하다.

7. 이상과 같이 헌법, 행정소송법, 행정작용체계, 판례, 해외입법례 및 최근의 행정환경과 '처분' 개념과의 관계성을 검토함으로써 "처분" 개념이 갖춰야할 지도원리 - 모멘트 - 를 도출하였다. 새로운 '처분' 개념 구성을 위하여 필요한 지도원리 - 모멘트 - 로 (ㄱ) 모멘트 1 - 처분과 명령 · 규칙 분리 (ㄴ) 모멘트 2 - 주관 · 형성소송, (ㄷ) 모멘트 3 - 행정작용체계론 (ㄹ) 모멘트 4 - 소송제도 완비 (ㅁ) 모멘트 5 - 처분개념명확화 (ㅂ) 모멘트 6 - 처분대상 판단시 권리침해 배제를 제시하였다.

8. "처분" 개념의 구성을 위한 지도원리 - 모멘트 - 를 만족하게 하는 행정소송의 구조는 행정작용체계론에 근거하여 개별 행정의 행위형식에 따라 별도로 소송유형을 구성하는 방안이다.

9. '처분' 개념의 구성을 위한 모멘트에 입각하여 처분 개념을 구성한다. '처분' 개념은 강학상 최협의 "행정행위"를 의미하는 것으로 "행정청이 구체적 사실에 관하여 외부적으로 직접적인 법적 효과를 발생시키며 행하는 법집행으로서의 공권력 행사"로 개념화하였다. 이는 행정작용체계론에 의거하여 공정력을 가지는 강학상 '행정행위'에 해당하는 개념이므로 이에 대한 소송유형은 크게 취소소송 · 무효확인소송 및 의무이행소송으로 구성됨이 타당하며, 이에 더하여 가의무이행소송을 예방적 구제를 위해 둘 필요가 있다고 본다.

10. 대법원 개정안은 '처분' 개념은 이전과 동일하게 유지하면서,[173] 항고소송의 대상으로 '처분 등' 뿐만 아니라 '명령 등' 도 포함하고 있다. 즉, 항고소송으로 명령·규칙도 포괄하여 해결하려는 의도이다. 그러나 항고소송은 공정력을 지니는 '행정행위'를 예정하고 이에 대한 효력을 소급적으로 제거하기 위하여 취소소송을 둔 것으로서 형성소송성이 그 기본이다. '행정입법'은 유무효의 문제이지, 취소의 문제는 아니다. 즉 서로 다른 행정행위 형식을 하나의 개념 내지 도구를 활용하여 일거에 해결하려는 처사는 상술하였듯이 엇박자를 일으키는 "소송법적 도구" 개념으로 인해서 행정작용체계론까지 붕괴될 수 있는 상황도 초래될 수 있다. '처분' 개념의 헌법상 지도 원리인 "실체법에 봉사하는 소송법"에도 정면으로 위배되는 결과가 초래된다. 결국, 대법원 개정안은 항고소송의 성질을 확인소송으로 파악하고 이를 행정입법에 까지 확장해서 적용하게 함을 알 수 있다. 이는 취소소송 즉 항고소송의 형성소송성을 인정하고 있는 우리의 행정법 환경에서는 수용되기 힘든 논리이다.

또한 행정입법은 항고소송으로 소구하는 것을 원칙으로 하되 행정입법의 특수성을 감안하여 특칙을 별도의 장으로 구성하여 법안 내용으로 할애하고 있다. 결국, 행정입법이라는 행정의 행위형식의 특수성에서 비롯되는 문제를 별도의 규정으로 해결하고자 하는 것인데, 이렇게 되면 애초부터 별도의 규범통제소송을 둠이 훨씬 더

---

173) 대법원 개정안은 실상 '처분' 개념의 내용을 현행 행정소송법상 '처분' 개념과 큰 틀에서 유지했다는 측면에서 '처분' 개념 자체에 대한 비판보다는 우리가 논의를 이끌어 왔던 행정작용체계론적 관점에서 "취소소송의 대상 - '처분'"의 관계를 대법원 개정안은 "취소소송의 대상 - 처분 등·명령 등"으로 취소소송의 대상을 "확대" - 결국은 현행법상 취소소송의 대상인 '처분'개념 안에 행정입법을 포함한 모양새와 같다. - 했다는 측면으로 접근하여 비판하는 것이 본 서의 흐름에 부합하여 불가피하게 '소송구조'의 측면에서 비판론을 전개하였다. 실제로는 "개념"에 대한 비판이고, 여기에서 주지할 수 있는 사항은 "대법원 개정안" 역시 현행 '처분' 개념이 그러했듯이 또 다른 "타협의 산물"이 아닌가 한다.

효과적임이 확인된다. 즉 처음부터 항고소송과 별도로 규범통제소송유형으로 둘 경우, 규범통제소송으로의 일관성 및 체계성도 확보하고, 행정행위와 행정입법의 실체법적 특성도 각개의 소송법적 도구 개념에 반영함으로써 국민의 권익구제에 있어서도 명확성을 부여할 수 있을 것이다. 그럼에도 행정입법을 항고소송으로 해결하도록 하고 다시 그에 대한 예외는 두는 것은 기시적 측면에서 보아, 법규정의 혼재로 인한 사회적 비용을 낭비케 하는 입법형태 임이다.

그럼에도 대법원 개정안은 "법정외 행정소송 및 항고소송 가능성 개방, 의무이행소송 및 예방적 금지소송의 신설, 당사자소송의 구체화"를 도모함으로써 행정소송을 실효적 권리구제 수단으로 기능하게 하려는 노력으로 호평할 수 있다.

끝으로 대법원 개정안을 '처분' 개념 구성을 위한 '모멘트' 입장에서 분석하면, "항고소송의 대상 확대"는 "모멘트－3 행정작용체계론"에 저촉되며, "법정외 행정소송 및 항고소송 가능성 개방, 의무이행소송의 신설, 예방적 금지소송의 신설 및 당사자소송의 구체화"은 각기 문제되는 사안에 따른 별도의 소구제도를 완비했다는 측면에서, "모멘트－4 소송제도의 완비"에 기여함이 크다고 본다.

11. 정부가 2007년 11월에 제출한 행정소송법 전부개정법률안은 현행 행정소송제도의 기본 틀을 유지하면서, 권리구제의 흠결이 나타나는 부분에 있어서만 실효성 있는 소송제도－의무이행소송, 예방적 금지소송－를 추가한 법률안이다. 즉 현행 행정소송제도의 기본적 특질－취소소송의 형성소송성－은 그대로 유지하고 있는 법률안이다. 따라서 정부의 개정안은 특정부분에 있어서 추가적 소송제도를 도입함으로써 어디까지나 현행 제도에 터 잡아 부분적 보

완을 시도한 법률안으로 평가된다.

대법원의 개정의견은 항고소송의 대상성에 행정입법을 포함시킴으로써 항고소송의 성질에 변용을 시도하였으나, 정부 안에서는 취소소송의 형성소송성에 대한 가념 조작은 없는 것으로 보인다. 반면, 현행 행정소송제도가 가지는 소위 '처분 - 취소소송의 문제상황'에 대한 입법론적 노력은 없다. 그러므로 본 개정안 체제하에서는 현 소송상황에서 발생되고 있는 문제, 첫째, 행정입법과 행정행위와의 구별 모호성, 둘째, 소송제도의 미완, 셋째, 행정의 행위형식에 따른 별도 행정소송유형의 미비, 넷째 처분 개념의 불명확성, 다섯째, 법원의 '처분' 개념 해석시 "권리침해" 요건 요구" 등의 문제가 여전히 발생하게 될 것이다. 다만, 의무이행소송을 추가함으로써 부작위위법확인 및 거부처분 취소소송의 불완전성을 보충하였으며, 예방적금지소송의 도입은 사후의 구제방법으로는 회복하기 어려운 손해에 대하여 구제책을 명시함으로써, 권익구제절차의 완결을 기했다고 평가된다.

정부의 행정소송법 개정안은 다소 미온적이며, 1984년 행정소송법 개정이후 노정된 문제를 명확히 해결하려는 대안을 제시함에 있어서 다소 부족한 면이 있다고 사료된다. "처분" 개념 구성을 위한 "모멘트" 차원에서 본다면, 의무이행소송과 예방적금지소송을 도입한 것은 "모멘트 4 - 소송제도의 완비"에 기여하였으나, 기타 "모멘트 1 - 처분과 명령·규칙 분리", "모멘트 2 - 행정작용체계론" 및 "모멘트 - 4 처분개념명혼"을 위해서는 어떤 노력도 보이지 않았다는 측면에서 다소 소극적인 입법이라 평가된다.

12. 현행 행정소송법제의 문제상황을 해결하기 위한 입법적 노력은 대법원과 정부에서 공히 추진되어 행정소송법 전부개정법률안

으로 국회에 제출되었다. 대법원안은 행정소송의 특성·성질의 변용을 통한 문제해결 방식을 취함으로써, 자칫 행정법 질서 특히 행정작용체계론에 위협을 줄 수 있는 방안으로 판단되며, 정부안은 현재까지 통용되어 온 우리의 행정소송상 특성 및 성질은 유지하는 것을 원칙으로 하면서, 부분적인 제도 개선만을 도모하는, 다소 소극적 입법론에 해당한다고 판단된다. 결국 대법원안, 법무부안 양자 모두 우리 행정소송법 현실이 당면하고 있는 문제를 해결함에 있어서는 부족함이 있다. 즉, 우리 행정소송법상 '처분' 개념에 관한 연구를 통해 '처분' 개념 구성에 있어서 필요한 모멘트를 모두 충족할 수 있는 행정소송의 유형과 구조를 만들어 내는 것이 행정소송의 지향인 국민의 권익구제와 행정의 적법성 통제가 공히 이뤄질 수 있는 최선의 방안이라고 생각된다.

13. 지금까지 '처분' 개념을 둘러싸고 있는 헌법의 문제, 행정소송법의 문제, 행정법이론체계에 관한 문제, 판례상에서 나타나는 문제, 해외 입법례를 통해서 각국의 연혁과 배경에 기반해서 생겼던 문제, 변화하는 행정환경 속에서 새롭게 출현하는 문제를 일일이 살펴보았다. 이를 통해서 대한민국 법체계 하에서의 '처분' 개념이 갖춰야할 모습이 무엇인지? – 즉 처분 개념 구성을 위한 모멘트, – 를 도출하였다.

'처분, 소송유형 등 소송법적 개념은 실체법적 권리를 보조하기 위해서 존재한다. 결국 '처분' 개념의 구성 원리 – 모멘트 – 중 가장 중요한 원리는 실체법에 봉사할 수 있는 "처분" 개념이며, 이는 "모멘트 – 3 행정작용체계론"이다. 결국 키워드는 행정작용의 체계에 맞춰서 "처분" 개념을 구성하는 것이며, 그에 따라 소송유형도 구성하는 것이다. 달리 거시적 측면에서 재론 하면 행정작용의 각

유형별로 소송법상 "소송법적 도구"의 단위개념을 만드는 것이 타당하며, 각기 개별·별도의 소송유형으로 연결시켜야 한다. 그렇다면 결론은 간단히 도출된다. 처분은 "강학상 행정행위, 즉 실체법적 행정행위"만을 의미하게끔, 소송법적 도구 개념으로 구성하여야 할 것이며 – 이는 '처분' 개념의 구성에서 살폈다 – 명령·규칙은 실체법상 행정입법 만을 의미하도록 "소송법적 도구 개념"으로 구성하여야 할 것이다. 끝으로 사실행위 역시, 행정상 사실행위 만을 의미하도록 하는 새로운 '소송법적 도구 개념'의 도입에 대한 검토가 필요하다.

행정의 작용형식 별로 만들어진 소송법적 도구 개념에 행정의 작용형식별 특성을 감안한 소송유형이 만들어져야 할 것이다. 상술한 바와 같이 처분은 취소소송·의무이행소송으로, 사실행위는 금지·결과제거·이행소송으로, 행정입법은 규범통제소송으로 각각의 소송법적 도구 개념에 필요한 각각의 소송유형이 필요하다.

14. 이상과 같이 "처분" 개념을 중심으로 대한민국의 공법·판례·법이론 및 세계입법례와 환경변화 등을 토대로 '처분' 개념의 구성에 있어서 필요한 모멘트를 찾아냈고, 이를 바탕으로 '처분' 개념을 구성하였다. 구성된 '처분' 개념은 단순히 '처분 – 취소·무효확인·의무이행의 소송구조만 잘 갖춰져 있다고 해서 '처분' 개념 자체의 기능이 잘 발현되는 것은 아니다. 이는 행정소송 전체로서의 각기 소송유형과 '처분'에 따를 소송유형이 유기적으로 기능분배를 원활히, 상호보완적으로 하고 있을때 최적으로 발휘되게 된다. 행정소송 전체의 유형 및 구조와 "처분" 개념과도 유기적인 관계에 서 있는 것이다. 결국 '처분' 개념의 월활한 기능 발휘는 "처분 – 취소/무효확인/의무이행, 행정입법 – 본안적/부수적규범통제, 사실행위 – 금지/결과제

거/이행소송, 당사자소송으로서의 확인소송"의 소위 "행정작용별 소송유형세트"가 체계적 · 구조적으로 완비되고, 유기적으로 실현될 때 가능하다고 사료된다.

15. 행정소송법의 개정이 단지 행정소송제도의 개편을 넘어서, 이제까지 구축되어 온 '행정법(학)' 전반에 "big Bang"을 가져다 줄 수 있음을 분명히 인식하여야한다.[174] 실체법적 행정법관계가 다양할수록 쟁송법상의 쟁송유형도 다양하게 발전할 필요가 있으며, 결국, 처분개념을 법에서 명확히 하고, 이를 수용할 수 있는 일정 형태의 항고소송 유형이 인정됨으로써, 다양한 실체적 법률관계를 대응시킬 수 있도록 하는 것이 타당하다. 이러한 연유로 입법론적으로 '처분'개념은 "실체법적 행정행위"로 한정하여 새롭게 구성함이 타당할 것이며, 행정입법 및 사실행위에 있어서도 별도의 소송법적 도구 개념 – 명령 · 규칙, 사실행위 – 을 도입하고 이에 대응되는 소송유형을 적시함이 타당하다.

---

174) 김중권, (2004), p.106.

참고문헌

국내문헌

단행본

홍정선, 행정법원론(상)(17판, 2009)
홍정선, 행정법원리: 독일의 이론과 실제(1990)
김철수, 헌법총람(1964)
김철수, 비교헌법론(상)(1980)
김철수, 헌법학개론(19전정신판, 2007)
강구철, 강의행정법Ⅰ(1992)
강의중 외, 행정법(2008)
강현호, 행정법총론(2007)
권영성, 헌법학원론(1998)
김남진, 행정법Ⅰ(4판, 1992)
김남진 · 김연태, 행정법Ⅰ(13판, 2009)
김도창, 일반행정법론(상)(1992)
김도창, 일반행정법론(상)(1993)
김도창, 행정법론(상)(1958)
김동희, 행정법Ⅰ(2009)
김동희, 행정작용법(2005)
김성수, 일반행정법(4판, 2008)
김영희, 형성권연구(2007)
김중권, 행정법기본연구Ⅰ(2008a)
김철용, 행정법Ⅰ(2009)

김향기, 행정법개론(2008)

류지태 · 박종수 행정법신론(2009)

문홍주, 한국헌법(1965)

박규하, 행정법학(상)(2005)

박균성, 행정법론(상)(2009)

박윤흔, 최신행정법강의(상)(1977)

박윤흔 · 정형근, 최신행정법강의(상)(2009)

박일경, 신헌법해의(1963)

박일경, 헌법요론(1957)

박정훈, 행정소송의 구조와 기능(2006)

박정훈, 행정법의 체계와 방법론(2005)

박종국, 행정법 Ⅰ(2007)

박종국 · 장교식, 행정구제법(2006)

법무부, 법무자문위원회 공법연구특별분과위원회 회의록 제1권(1983)

법원행정처, 법원실무제요(행정)(1998)

서원우, 현대행정법론(상)(1979)

서원우, 현대행정법론(상)(1983)

석종현 · 송동수, 일반행정법(상)(2009)

유명건, 실무행정소송법(2001)

유상현, 행정법 Ⅰ(2004)

유진오, 헌법해의(1949)

유진오, 헌법해의(1952)

유진오, 헌법기초회고록(1981)

윤세창, 행정법(상)(1976)

이광윤, 신행정법론(2007)

이광윤, 일반행정법(2006)

이상규, 신행정법론(상)(1964)

이상규, 신행정법론(상)(1981)

이상규, 신행정법론(상)(1994)

이상규, 신행정쟁송법(2000)

이상규, 행정쟁송법(2004)

이시윤, 신민사소송법(2006)

이종극, 행정법정의(1954)

이종극, 신행정법(상)(1955a)

이종극, 행정법정의(1955b)

이종극, 신행정법(하)(1960)

이현수, 행정소송상 예방적 구제(2006)

장태주, 행정법개론(2009)

장헌식, 강술·신해영 교열, 행정법대의(1908)

정우형, 독일법률용어사전(1993)

정하중, 행정법총론(2005)

조만형, 행정법 I (2009)

천병태 행정구제법(2009)

최정일, 행정법의 정석; 행정법 1(2009)

최태군, 행정법정론(2008)

한견우, 현대행정법강의(2008)

한태연, 헌법(1963)

허 영, 한국헌법론(2000)

허 영, 헌법이론과 헌법(1998)

호문혁, 민사소송법(2006)

홍준형, 행정구제법(4판, 2001)

황동준, 행정법원론(상)(1955b)

황동준, 행정법원론(하)(1955a)

논문

국회도서관, "헌법제정회의록(제헌의회)", 헌정사자료 제1집 (1967)

김남진, "행정상 확인소송의 가능성과 활용범위", 고시연구 2005년 5월
　　　호 (2005)

김남진, "참여정부와 공법제도의 개혁", 고시연구, 2003년 6월호 (고시
　　　연구사 편, 2003)

김남진, "법규명령과 행정규칙의 구분 등: 대법원 1997. 12. 26. 선고,

97누15418판결을 중심으로", 법제 제485호 (법제처 편, 1998)

김남진, "법률 명령 행정행위의 구별" 고시계 제39권 제6호 (국가고시학회 편, 1994)

김남진, "무효 등 확인소송과 소의 이익", 사법행정 제33권 제1호 (1992)

김남진, "행정소송법개정법률상의 문제점", 고시계 1985년 4월호 (1985)

김남진, "행정소송법시안상의 문제점", 고시연구 1984년 1월호, (1984)

김남철, "법규명령에 대한 항고소송의 문제점", 공법학연구 제6권 제1호 (2005)

김도창, "새 행정소송법운영 1년의 평가", 공법연구 15집, (한국공법학회 편, 1987)

김도창, "행정법 상의 신뢰보호원칙", 牧村김도창박사논문집 (1983)

김동희, "취소소송", 주석행정소송법 (김철용·최광률 편, 2004)

김동희, "새 천년의 행정법학의 발전방향 및 현안문제", 법조 제49권 제1호 (법조협회 편, 2000)

김동희, "프랑스의 행정입법제도에 관한 소고", 법학 제27권 제2호, 제3호 (서울대학교 법학연구소 편, 1982)

김성수, "항고소송", 주석행정소송법 (김철용·최광율 편, 2004)

김성수, "항고소송의 원고적격 및 기타 논점에 대한 지정토론", 행정소송법 개정자료집 (법원행정처 편, 2007)

김성수, "항고소송의 원고적격 및 기타 논점에 대한 지정토론", 행정소송법 개정자료집 (법원행정처 편, 2007)

김유환, "취소소송의 대상", 주석행정소송법 (김철용·최광율 편, 2004)

김유환, "헌법재판과 행정법의 발전 – 헌법재판소 판례의 분석", 공법연구 제27집 제1호 (1998).

김중권, "근거규정의 성질과 처분성여부의 상관관계에 관한 소고", 법률신문 2005. 7. 4.(제3375호)(2005)

김중권, "독일의 규범통제제도에 관한 개관과 그 시준점에 관한 소고", 중앙법학 제11집 제1호 (2009)

김중권, "命令(法律下位的法規範)에 대한 司法的統制에 관한 小考", 고시연구 2004년 6월호(통권 제363호) (고시연구사 편, 2004)

김중권, "실효한 행정처분에 대한 권리구제에 관한 소고", 법률신문 2006. 11. 20.(제3507호)(2006)

김중권, "조치적 명령내지 개별사건규율적 명령에 대한 권리보호에 관한 소고", 법조 제51권 제15호 (법조협회 편, 2002a).

김중권, "行政法上의 告示의 法的 性質에 관한 小考", 고시계 2008년 2월호 (2008b)

김중권, "행정소송제도의 개편방향에 관한 소고", 공법연구 제31집 제3호 (한국공법학회 편 2003)

김중권, "행정의 작용형식의 체계에 관한 소고", 공법연구 제30집 제4호 (한국공법학회 편, 2002b)

김중권, "행정처분의 의의와 종류", 행정소송(ⅰ) (한국사법행정학회 편, 2008c)

김하열, "행정소송법 개정안에 관한 의견", 행정소송법 개정안 공청회 (2004)

김해룡 "행정소송법개정안에 대한 고찰", 공법연구 제34집 제3호 (한국공법학회 편, 2006)

김해룡, "행정소송법 개정에 있어서의 법적 쟁점", 고시계, 2004년 8월호 (2004)

김해룡, "행정상 확약의 법리", 고시계 2003년 10월호 (고시계사 편, 2003)

류지태, "프랑스 행정법에 비추어 본 행정소송법 개정논의", 고려법학 제40호 (2003)

박균성, "행정소송법의 개정에 따른 주요 쟁점", 공법학연구, 제6권 제1호 (2005)

박균성, "법규명령에 대한 항고소송의 제문제", 행정소송(ⅰ) (한국사법행정학회 편, 2008)

박균성, "프랑스에서의 행정입법부작위에 대한 법적 구제", 행정법 연구 제7호 (행정법이론실무연구회 편, 2001)

박균성, "행정행위의 공정력과 구성요건적 효력" 고시연구 제25권 제8호 (고시연구사 편, 1998)

박정훈 "행정법의 체계적 이해를 위한 3개의 방법론적 범주", 고시계

1999년 11월호 (1999)

박정훈, "취소소송의 소송물에 관한 연구" 법조 제49권 제7호 (법조협회 편, 2000)

박정훈, "人類의 普遍的 智慧로서의 行政訴訟", 법학 제42권 제4호 (서울대학교 법학연구소 편, 2001)

박정훈, "행정소송법 개정의 기본방향" 현대공법학의 과제 – 최송화교수 화갑기념논문집 (2002)

박정훈, "행정소송법 개정의 주요 쟁점", 공법연구 제31집 제3호 (한국공법학회 편, 2003b)

박정훈, "헌법과 행정법 – 행정소송과 헌법소송의 관계", 법학 제39권 제4호 (서울대학교 법학연구소 편, 2003a)

박정훈, "영국의 행정소송", 주석행정소송법 (김철용 · 최광률 편, 2004)

법무부, 법무자문위원회 공법연구특별분과위원회 회의록 제1권 (1983)

서원우, "행정처분개념소고", 월간고시 1991년 1월호 (1991).

선정원, "항고소송의 대상에 관한 입법적 검토", 행정소송법 개정자료집 I (법원행정처 편, 2007)

선정원, "공부변경 및 그 거부행위의 처분성", 인권과 정의 2002년 11월호 (대한변호사협회 편, 2002)

선정원, "권위들의 충돌과 합법성 심사의 발전방향", 공법연구 제32권 제1호 (한국공법학회 편, 2003)

선정원, "독일과 오스트리아의 부작위소송에 관한 고찰", 행정법연구 제4호 (행정법이론실무학회 편, 1999)

선정원, "독일 행정법상 행정행위 확장이론들의 등장과 발전", 공법연구 제27집 제2호 (한국공법학회 편, 1999)

선정원, "항고소송의 대상에 관한 입법적 검토", 행정법연구 제10호 (행정법이론실무학회 편, 2003)

윤 준, "미국의 행정소송", 주석행정소송법 (김철용 · 최광률 편, 2004)

이광윤, "행정소송법개정안에 대한 검토", 행정소송법 개정자료집 II, (법원행정처 편, 2007)

정종섭, "헌법소송과 행정소송 – 현행 명령 · 규칙에 대한 위헌심판절차의 문제점과 그 해결방안", 헌법논총 3집 (關西憲法研究會 편,

1992b)

정종섭, "현행명령·규칙위헌심사제도에 대한 비판적 검토", 고시계 1992
   년 12월호 (1992a)

정하중, "행정소송법의 개정방향", 공법연구 제31집 제3호 (한국공법학
   회 편, 2003)

정하중, "무하자재량행사청구권의 법이와 그 실무화", 월간고시 1993년
   12월호 (1993)

정하중, "법규명령과 행정행위의 한계설정", 저스티스, 1997. 6 (1997)

정하중, "행정행위의 공정력과 구속력", 고시연구 2001년 8월호 (2001)

조용호, "항고소송의 대상인 행정처분", 행정소송에 관한 제문제(상), 자
   료 67집 (1995)

최광률, "행정소송의 종류", 주석행정소송법 (김철용·최광률 편, 2004)

최송화, "현행 행정소송법의 입법경위", 공법연구 제31집 제3호 (한국공
   법학회 편, 2001)

최송화, "제1조 목적", 주석행정소송법 (김철용·최광률 편, 2004)

최우용, "일본 개정행정소송사건법의 주요내용과 논점", 동아법학 제40호
   (동아대학교 법학연구소 편, 2008)

한견우, "프랑스 행정제도상 월권소송에 있어서 소의 이익", 연세법학
   연구 제1집 (연세대학교 법학연구소 편, 1990)

한견우, "프랑스 행정소송제도상 월권소송에 있어서 소의 이익", 연세
   법학연구 통권1호 (연세대학교 법학연구소 간, 1990)

홍정선, "행정소송법상 '처분'의 의미", 월간고시 1992년 9월호 (월간고
   시사 편, 1992)

홍정선, "행정행위개념과 행정소송법상 처분개념", 고시계 2001년 11월
   호 (통권 제537호), p.21 이하 (2001)

홍준형, "항고소송의 대상 확대 - 행정소송법 개정시안에 대한 입법론
   적 고찰-", 공법연구 제33집 제5호 (한국공법학회 편, 2005)

홍준형, "행정소송법 개정안에 대한 지정토론", 행정소송법개정안 공청
   회 (2004)

황도수, "원처분에 대한 헌법소원", 헌법논총 제6집 (1995)

외국문헌

독일

Ensenbach, Hans – Peter, Probleme der Verwaltungsakzessorietat im Umweltstrafrecht, 1989

Erichsen, Hans – Uwe/Ehlers, Dirk (Hrsg.), Allgemeines Verwaltungsrecht. 13. Aufl., 2006

Eyermann, Erich/Schmidt, Jörg, Verwaltungsgerichtsordnung. 10. Aufl., 1998

Eyermann, Erich, Verwaltungsgerichtsordnung. 11. Aufl., 2000

Georg Christoph von Unruh, "Einführung der Verwaltungsgerichtsbarkeit in Preußen," Jura 1982

Georg Christoph von Unruh, Verwaltungsgerichtsbarkeit im Verfassungsstaat, 1984

Glaeser, Schmitt, Verwaltungsaktsbegriff, NVwZ 1990, S. 1010

Glaeser, Schmitt, Verwaltungsprozeßrecht, 11. Aufl., 1992

Heghmanns, Michael, Grundzüge einer Dogmatik der Straftatbestände zum Schutz von Verwaltungsrecht oder Verwaltungshandeln, 2000

Hufen, Friedhelm, Verwaltungsprozessrecht, 7. Aufl., 2008

Ibler, Martin, Rechtspflegender Rechtsschutz im Verwaltungsrecht, 1999

Jarass, Hans D., Besonderheiten des französischen Verwaltungsrechts im Vergleich, DöV 1981

Kilian, Wolfgang, Rechtsschutz gegen Bundes – Rechtsverordnungen, NVwZ 1998

Kopp, Ferdinand. O.,/Ramsauer, Ulrich, Verwaltungsverfahrensgesetz, 7. Aufl., 2000

Kopp, Ferdinand. O.,/Schenke, Wolf – Rudiger, Verwaltingsgerichtsordnung, 15. Aufl., 2007

Kopp, Ferdinand. O., Verwaltungsverfahrensgesetz, 5. Aufl., 1991

Krebs, Walter, "Subjektiver Rechtsschutz und objektive Rechtskontrolle," in: System des verwaltungsgerichtlichen Rechtsschutzes (Festschrift für Menger, Christian – Friedrich Menger), 1985

Kuntz, Christoph, Der Rechtsschutz gegen unmittelbar wirkende Rechtsverordnungen des Bundes, 2001

Lorenz, Dieter, Verwaltungsprozeßrecht, Bd. I., 2000

Maurer, Hartmut, Allgemeines Verwaltungsrecht. 17. Aufl., 2009

Maurer, Hartmut, Rechtsstaatliches Prozessrecht, Festschrift 50 Jahre Bundesverfassungsgericht, Bd. Ⅱ., 2001

Mayer, Otto, Deutsches Verwaltungsrecht. Bd. I. 3. Aufl., 1923

Menger, Christian – Friedrich, System des verwaltungsrechtlichen Rechtsschutzes, 1945

Meyer – Hesemann, Wolfgang, Methodenwandel in der Verwaltungsrechtswissenschaft, 1981

Mußgnug, Reinhard, "Das allgemeine Verwaltungsrecht Zwischen Richterrecht und Gesetzesrecht," in: Festschrift der Jur. Fakultät zur 600 – Jahr – Feier der Ruprecht – Karls – Universität Heidelberg, 1986

Peters, Wolfgang, Zur Zulässigkeit der Feststellungsklage(§43 VwGO) bei untergesetzlichen Normen, NVwZ 1999

Pielow, Johann – Christian, "Neuere Entwicklungen beim "prinzipalen" Rechtsschutz gegenüber untergesetzlichen Normen", Die Verwaltung 1999

Redeker, Konrad/Hans – Joachim von Oertzen, Verwaltungsgerichtsordnung, 2. Aufl., 1997

Rosenberg, Leo/Schwab, Karl Heinz/Gottwald, Peter, Zivilprozessrecht, 15 Aufl., 1993

Ruffert, Matthias, Dogmatik und Praxis des subjektiv – öffentlichen Recht unter dem Einfluss des Gemeinschaftsrechts, DVBl., 1998

Ruffert, Matthias, in: Erichsen, Hans – Uwe/Ehlers, Dirk (Hrsg.), Allgemeines Verwaltungsrecht. 13. Aufl., 2006

Rüfner, Wolfgang, "Die Entwicklung der Verwaltungsgerichtsbarkeit," in: Jeserich u.a. (Hrsg.), Deutsche Verwaltungsgeschichte. Bd. III, 1984

Schäfer, Walter, Die Klagearten nach der VwGO, DVBl. 1960

Schenke, Wolf – Rüdiger, Rechtsschutz bei Divergenz von Form und Inhalt staatlichen Verwaltungshandelns, VewArch 72(1981)

Schenke, Wolf – Rüdiger, Verwaltungs – prozeßrecht, 2. Aufl., 1994

Schmitt Glaeser, Walter, Anfechtungsklage und formaler Verwaltungsakt, DVBl. 1960

Schmitt Glaeser, Walter, Verwaltungsprozeßrecht. 14. Aufl., 1997

Schoch, Friedrich/Schmidt – Aßmann, Eberhard/Pietzner, Rainer, Verwaltungsgerichtsordnung, 11. Aufl., 2000

Schoch, Friedrich/Schmidt – Aßmann, Eberhard/Pietzner, Rainer, Verwaltungsgerichtsordnung, 1998

Scholz, Georg, Die Kontrolle des Verwaltungshandelns, 2. Aufl., 1978

Stein/Jonas/Schumann, Kommentar zur Zivilprozeßordnung, 21. Aufl., 1996

Ule, Carl Hermann, Verwaltungsprozeßrecht, 8. Aufl., 1983

Werner, Fritz, "Verwaltungsrecht als konkretisiertes Verfassungsrecht", DVBl, 1959

Woehrling, Jean – Marie, Die deutsche und die französische Verwaltungsgerichrsbar – keit an der Schwelle Zum 21. Jahrhundert, NVwZ 1998

Würtemberger, Thomas, Verwaltungsprozeßrecht, 1998

프랑스

André de Laubaderè/Venezia, Jean – Claude/Gaudement, Yves, Droit administratif. 16e éd.. 1999.

André de Laubaderè/Venezia, Jean – Claude/Gaudement, Yves, Traité de droit administratif. Tome 1. 15e éd, 1999

Chabanol, Daniel, Code des tribunaux administratif et des cours administrative d'appel. 5e éd., 1998

Chapus, Rene, Droit administratif general. Tome 1. 14e éd., 2000

Chapus, Rene, Droit du contentieux administratif. 10e éd., 2002

Chapus, Rene, Droit du contentieux administratif. 9e éd., 2001

Jacques, Dalloz, Répertoire de contentieux administratif. Tome 1., 1996

Sistach, Dominique, Le juge pénal et les actes administratifs d'urbanisme, Debbasch, Charles/Ricci, Jean – Claude, Contentieux administrative. 7e^e éd., 1999

Vedel, Georges/Delvolve, Pierre, Droit administratif. Tome 2. 12e éd., 1992

영 · 미국

Leyland, Peter/Anthony, Gordon, Textbook on Administrative Law. 6.ed., 2008

Schwartz, Bernard, Administrative Law. 3.ed., Boston 1991

Emery, Carl, Administrative Law: Legal Challenges to Official Action, 1999

Lewis, Chris, Judicial Remedies in Public Law, 2000

Cane, Peter, Administrative Law 4.ed., 2004

Davis, Kenneth Culp/Pierce, Richard J., Administrative Law Treatise. Vol. Ⅲ. 3.ed., 1994

Smith, S. A. De./Woolf, F. Harry/Jowell, J. L., Judicial Review of Administrative Action. 5.ed., 1995

Gellhorn, Ernest /Levin, Ronald M., Administrative Law and Process. 4.ed., 1997

Davis, Kenneth Culp, Administrative Law. Text. 3.ed., St.Paul 1972

Lewis, Chris, Judicial Remedies in Public Law, London 2000

Lepsius, Oliver, Verwaltungsrecht unter dem Common Law. Amerikanische Entwicklungen bis zum New Deal, Tubingen 1997

Pierce, Richard J./Shapiro, Sidney A /Verkuil, Paul R., Administrative Law and Process. 2.ed., 1992

Schwartz, Bernard, Administrative Law. 3.ed., 1991

Strauss, Peter L./Rakoff, Todd D./Schotland, Roy A./Gellhorn, Walter/Byse, Clark, Administrative Law. 9.ed., 1995

Wade, William/Forsyth, Christopher, Administrative Law. 9.ed., 2004

일본

兼子仁, 行政爭訟法, 筑摩書房, 1973年

高木光, 行政訴訟論, 有斐閣, (2005)

南博方·高橋滋 編, 條解行政事件訴訟法, 弘文堂, (2004)

藤田宙靖, 行政法Ⅰ(2000a)

藤田宙靖, 행정사건과 일본의 최고재판소, 2004.4.29.(박정훈 역, 2004a)

木佐茂男, 行政訴訟の現狀と改革の方向, 自由と定義 45卷6号 (1994).

浜川 淸, 行政訴訟の諸形式とその選擇基準, 행정구제법, 1권, p.64 (1990)

山田洋, 確認訴訟の行方, 法律時報, 77卷3号

山村恒年, 行政處分の槪念の再檢討, 判例タイムズ205호

小早川光郎, 抗告訴訟の本質と體系, 現代行政法大系 4권, 동경, 有斐閣 (1984)

阿部泰隆, 行政訴訟の方向 , 法曹時報 第73卷4号

塩野 宏, 일본 행정법학의 전개에 관한 素描, 2004. 5. 3.(박정훈 역, 2004a)

塩野 宏, 일본행정법론 (서원우·오세탁 공역, 1996a)

塩野宏, 行政法Ⅱ, 有斐閣 (2004b)

塩原田尙彦, 행정소송총설, 現代行政法大系 4권 (1983)

園部敏, 행정법원론 (1924)

原田尙彦, 取消訴訟の對象は行政行爲に限られるべきか, 判例タイムズ 205호

山田 晟, ドイツ法律用語辭典 (1993)

색 인

방동희

▌약력
연세대학교 법과대학 및 동 대학원 졸
연세대학교 법학박사
연세대학교 대학원 우수논문상 수상
포스코 법무실, 대법원 법원행정처 송무국, 한국정보화진흥원 정책개발부 근무
현) 감사원 감사연구원 연구관 재직

▌주요 논문
지방의회와 지방자치단체장의 상호통제에 관한 연구(석사학위논문)
행정소송법상 '처분' 개념에 관한 연구(박사학위논문, 연세대학교 대학원 우수논문상 수상)
정보사회에서의 개인정보보호기구의 정립방향
정보사회에 대비한 입법의 원칙
IT법의 분류와 체계에 관한 연구
국가 정보화 법제 개편방향에 관한 연구
인터넷서비스 법제 발전방향에 관한 제언
이명박정부 국가정보화전략 실현을 위한 법제개선방향과 함의
지방자치권 실현과 감사원 감사의 관계에 관한 연구
재정민주주의 실현을 위한 '결산'의 개념과 '결산검사'의 합헌적 시행에 관한 연구
재정헌법기관으로서의 '감사원'의 지위와 지정권능의 실효성 제고에 관한 연구
저탄소 녹색성장 기본법의 규제실패 검토 및 발전적 시행에 관한 연구

▌주요 연구 관심 분야
행정법, 재정법, 지방자치법, 경찰법, 과학기술법, 언론법, 환경법, 감사법, 입법론

처분론

초판인쇄 | 2010년 4월 30일
초판발행 | 2010년 4월 30일

지은이 | 방동희
펴낸이 | 채종준
펴낸곳 | 한국학술정보㈜
주　소 | 경기도 파주시 교하읍 문발리 파주출판문화정보산업단지 513－5
전　화 | 031) 908－3181(대표)
팩　스 | 031) 908－3189
홈페이지 | http://www.kstudy.com
E－mail | 출판사업부　publish@kstudy.com
등　록 | 제일산－115호(2000. 6. 19)

ISBN　　978-89-268-0994-5　93360 (Paper Book)